LAW & BUSINESS

法商圖書

破解 IPO

疑难点剖析与案例点评

陈涣波 / 著

DECODING IPO
ANALYSIS OF DIFFICULT ISSUES AND
CASE COMMENTS

法律出版社 | LAW PRESS
北京

图书在版编目(CIP)数据

破解 IPO：疑难点剖析与案例点评 / 陈涣波著. --
北京：法律出版社, 2024
ISBN 978 -7 -5197 -8699 -1

Ⅰ. ①破… Ⅱ. ①陈… Ⅲ. ①上市公司－公司法－案例－中国 Ⅳ. ①D922.291.915

中国国家版本馆 CIP 数据核字(2024)第 014482 号

破解 IPO:疑难点剖析与案例点评
POJIE IPO:YINANDIAN POUXI YU ANLI DIANPING

陈涣波 著

责任编辑 赵明霞 魏艳丽
装帧设计 汪奇峰 鲍龙卉

出版发行 法律出版社
编辑统筹 法商出版分社
责任校对 王语童
责任印制 胡晓雅
经　　销 新华书店

开本 710 毫米×1000 毫米 1/16
印张 27.75 **字数** 448 千
版本 2024 年 6 月第 1 版
印次 2024 年 6 月第 1 次印刷
印刷 北京中科印刷有限公司

地址:北京市丰台区莲花池西里 7 号(100073)
网址:www.lawpress.com.cn
投稿邮箱:info@lawpress.com.cn
举报盗版邮箱:jbwq@lawpress.com.cn

销售电话:010 - 83938349
客服电话:010 - 83938350
咨询电话:010 - 63939796

书号:ISBN 978 - 7 - 5197 - 8699 - 1
定价:108.00 元
凡购买本社图书,如有印装错误,我社负责退换。电话:010 - 83938349

前言 foreword

首先，先衷心感谢读者朋友对系列第一册《IPO问询疑难点论证及案例剖析》一册的热烈支持与厚爱。正是您的鼓励和陪伴，才赋予了我继续前行的动力，让我能够推出这一系列图书的后续篇章。

本系列图书，每个疑难点都是从高频率的问询中选取的。与前作一脉相承，本册依然延续第一册《IPO问询疑难点论证及案例剖析》的写作风格：先正文总结，后案例点评。正文部分，清晰明了地解释了容易混淆的疑难点，同时提供了切实可行的整改措施与抗辩理由；案例部分，甄选了众多具有代表性的实例。所有案例都会标出重点信息，方便阅读。在案例中穿插了笔者的点评、思考，辅助理解。

不过，在继承前作优点的同时，本册图书也有自己的创新与突破之处。其一，在正文部分，将引用的法条以特殊的排版、不同的字体印刷，容易识别；其二，您会经常在正文当中看到"参见案例XX"，在点评中也可以在多处看到"请与案例XX比较"的字眼。这类图书，若只看正文总结，如同光嚼干饭，可能会不知所云，笔者这种文前文后相互引用的操作是想让书前书后相互提醒，遥相呼应，让读者更加能融会贯通。相比同类书，笔者相信读者会有便捷、高效的阅读体验；其三，特别加入了三个交易所的《发行上市审核动态》《会计监管动态》宝贵资料，这些都是监管机构官方发布的第一手资料，非常珍贵，极具有参考价值，值得我们好好研究。

本册图书聚焦于9个疑难点，精挑细选了113个案例进行解读，113个案例足以诠释9个疑难点。因为这些案例都是严格筛选的，旨在用尽可能少的篇幅去诠释核心疑难点，篇篇切中核心。

本册分为3个专题:发行人与股东合规性、劳动用工与社会保障、股权激励。

专题一讨论了发行人与股东的合规性,有4个疑难点。"疑难点1 股东适格性"讨论了公司股东资格的瑕疵,笔者摘录了问询中最常见的4类股东或问题——私募投资基金、股份代持、证监会系统离职人员、外资股东;以企业申报时点为界,新增股东可以分为申报前新增股东与申报后新增股东,它们共同的前提都是产生了新股东,但二者有不同的审核要求,踩错点新增了股东,最严重的要终止申报,这些笔者在"疑难点2 申报前后新增股东"给读者总结得很全面,同时提醒了多个注意事项;发行人及其控股股东、实际控制人的某些行为可能构成重大违法行为,哪些情形会被认定为重大违法行为,该如何把握、解释,请阅读"疑难点3 重大违法行为";环境保护问题常见于化工、医药、畜牧养殖等容易污染的行业,法规有严格的披露、核查要求,该如何核查、披露,以及环保有哪些特有的违法行为和补救措施,笔者在"疑难点4 环境保护问题"向大家一一汇报。

专题二为劳动用工与社会保障,笔者暂时收集了3个疑难点。"疑难点5 任职资格"谈及董事、监事和高级管理人员的任职资格。2018年的《公司法》第146条和2024年7月1日将施行的《公司法》第178条是董监高任职资格的第一法条,在实务中非常重要,笔者在第一节"疑难点5-1"详细解释。另外,公务员、高校老师、独立董事在实务中比较常见,也有特殊的任职限制,笔者在"疑难点5-2""疑难点5-3""疑难点5-4"为大家一一梳理;少缴、不缴"五险一金"是未上市企业的通病,"疑难点6 社会保险与住房公积金"帮大家总结了应对方案,并再分两小节让大家了解一下不太常见的"第三方代缴""港澳台员工和境外工作员工"两个小问题;企业为了节省成本,喜欢用劳务派遣和劳务外包,"疑难点7 劳务派遣与劳务外包"先用一张大表格帮大家区分劳务派遣与劳务外包,然后再总结"劳务派遣比例超过10%"等问题的应对之策。

专题三为股权激励,有2个疑难点。"疑难点8 员工持股计划"阐述了员工持股计划的优势、设立要求、参加要求、离职处理等多个细节,为"疑难点9 股份支付"作铺垫。"疑难点9 股份支付",可以说是本书的"明星"章节。股份支付在实务中非常复杂,企业高管可能拍一下脑袋就会掀起一团是否构成股份支付的迷雾。疑难点9,按顺序分成认定、定价、计量三节,每一节都无比重要。在第一节"疑难点9-1 如何认定"中,笔者抛出了这本书中最引以为傲的研究心得,即判断构成股份支付的小公式:关联人+获益+换取服务=股份支付。用这个小公式,我们可以轻易判断绝大多数情形是否要确认股份支付。小公式中的“获益”是指受访对象是否以公允价格支付，而股份的公允价格该如何参考、计算，笔者在第二小节“疑难点9－2如何定价”带领大家深入探讨。构成股份支付，费用该当一次性计入发生当期的非经常性损益还是在等待期内分摊并计入经常性损益？这里有个关键点——等待期。在“疑难点9－3如何计量”中，笔者引用大量的规定、案例解释了可行权条件与非可行权条件、市场条件与非市场条件、回购条款等对等待期的影响。在最后，帮大家总结了股权激励方案该如何设计才能将股份支付费用一次性计入发生当期的非经常性损益。股份支付实在是太复杂了，笔者精挑了36个案例，并消耗大量的纸墨点评、串联，希望读者朋友认真阅读，不要辜负笔者的一片苦心。

正如笔者在第一册《IPO问询疑难点论证及案例剖析》中所言，“一本书很难穷尽企业在上市路上可能碰到的重点问题”，第二册即使有四百多页，仍然只能覆盖9个大型的核心议题。在系列的第三册中，笔者将全册介绍IPO中财务最重要的收入问题，包括：单项履约义务、可变对价、合同变更、应付客户对价、重大融资成分、时点法与时段法、13种特殊销售模式、附有销售退回条款的销售、净额法、额外购买选择权、授予知识产权许可、售后回购、客户未行使的权利、无须退回的初始费。未来，还会有更多图书和大家见面，请关注笔者的名字。

请允许我强调，这类书并不是一两天就可以读完的小说，而是需要您有耐心、恒心、诚心去研读的专业书籍。只要您能不厌其烦、反反复复、仔仔细细地研读，我相信，窥一斑而知全豹，您在实务中碰到的绝大多数问题将会迎刃而解。不过，读时没完全搞清楚也没关系，工作中碰到问题时再来翻书，或许会有一番新的领会。除此之外，笔者建议各位读者朋友，读完，把知识彻底消化之后，构建自己的方法论，尝试去研究问题，跳出笔者这系列图书去看整个企业上市。

笔者的能力实在是有限，虽然写书、检查熬坏了眼睛，但错误难免，请发邮件到：arpaulchan@qq.com，或网络搜索笔者的网名“投行智多星”留言，咱们一起解决问题、共同成长。

最后，感谢法律出版社的赵明霞、魏艳丽等多位老师，你们的辛勤劳动和无私奉献，才使这一系列图书能够与大家见面。

简目 contents

详目 contents

专题一

发行人与股东合规性

IPO

疑难点 1

股东适格性

股东资格或股东适格，是指各民事主体作为公司[①]股东的一种身份和地位，它是股东行使股东权利、承担股东义务的基础。IPO 要求对公司股东的适格性发表明确意见，要求核查股东资格，即核查公司的股东是否存在或曾经存在法律法规、任职单位规定不得担任股东的情形或者不满足法律法规规定的股东资格条件等主体资格瑕疵的问题。股东核查、披露的要求主要来自《监管规则适用指引——关于申请首发上市企业股东信息披露》《监管规则适用指引——发行类第 2 号》。

一、绝对禁止持股的主体

绝对禁止持股的主体，如表 1－1 所示，自然人中有公务员、现役军人、县以上党和国家机关退(离)休干部以及党政机关在职干部、职工等，非自然人中有职工持股会、工会、党政机关等，这些都是重点的核查对象。

表 1－1　绝对禁止持股的主体

类型	对象	法律法规	发布部门	内容
自然人	公务员	《公务员法》	全国人大常委会	第五十九条　公务员应当遵纪守法，不得有下列行为：(十六)违反有关规定从事或者参与营利性活动，在企业或者其他营利性组织中兼任职务。

① 本系列正文中不刻意区分发行人、公司与企业。

续表

类型	对象	法律法规	发布部门	内容
	党政机关在职干部、职工	《关于严禁党政机关和党政干部经商、办企业的决定》(中发〔1984〕27号)	中共中央、国务院	二、乡(含乡)以上党政机关在职干部(包括退居二线的干部),一律不得以独资或合股、兼职取酬、搭干股分红等方式经商、办企业;也不允许利用职权为其家属、亲友所办的企业谋取利益……党政机关干部可以采取向投资公司投资的方式,为国家和地方的经济发展作贡献,投入的资金可按照银行的规定获得利息,但不能参与有关企业的经营活动,更不得从中分红。
		《关于进一步制止党政机关和党政干部经商、办企业的规定》(中发〔1986〕6号)		二、凡上述机关的干部、职工,包括退居二线的干部,除中央书记处、国务院特殊批准的以外,一律不准在各类企业中担任职务。已经担任企业职务的,必须立即辞职;否则,必须辞去党政机关职务。在职干部、职工一律不许停薪留职去经商、办企业。已停薪留职的,或者辞去企业职务回原单位复职,或者辞去机关公职。
	县以上党和国家机关退(离)休干部	《关于县以上党和国家机关退(离)休干部经商办企业问题的若干规定》(中办发〔1988〕11号)	中共中央办公厅、国务院办公厅	一、党和国家机关的退休干部,不得兴办商业性企业,不得到这类企业任职,不得在商品买卖中居间取酬,不得以任何形式参与倒卖生产资料和紧俏商品,不得向有关单位索要国家的物资,不得进行金融活动。 四、党和国家机关的退休干部从事养殖业、种植业生产,进行技术开发、咨询、服务,讲学、写作、翻译,以及从事为改善机关后勤服务而开办小卖部、洗衣房、理发室等经营服务活动,继续按中发〔1984〕27号文件的有关规定执行,取得合理报酬,严格照章纳税,其原享受的退休待遇不变。
		《对〈关于县以上党和国家机关退(离)休干部经商办企业问题的若干规	中共中央组织部	一、关于"县以上党和国家机关退(离)休干部"的范围。《规定》所称"县以上党和国家机关",是指县和县以上各级党委机关、国家权力机关、行政机关、审判机关、检察机关,也包括工会、共青团、妇联等联合团体机关,以及隶属上

续表

类型	对象	法律法规	发布部门	内容
		定〉中有关问题的说明》（1989 年 1 月 26 日）		述机关编制序列的事业单位。《规定》所称"县以上党和国家机关退（离）休干部"，是指县和县以上党和国家机关中已办理退（离）休手续的所有干部，不只是指这些机关中曾任县和县级以上领导职务的退（离）干部。
	现役军人	《中国人民解放军内务条令（试行）》（军令〔2018〕58 号）	中央军委	第一百零五条　军人不得经商，不得从事本职以外的其他职业和网络营销、传销、有偿中介活动，不得参与以营利为目的的文艺演出、商业广告、企业形象代言和教学活动，不得利用工作时间和办公设备从事证券期货交易、购买彩票，不得擅自提供军人肖像用于制作商品。
非自然人	分公司	《公司法》（2018 年修正）	全国人大常委会	第十四条第一款　公司可以设立分公司……分公司不具有法人资格，其民事责任由公司承担。①
	一人有限责任公司			第五十八条　一个自然人只能投资设立一个一人有限责任公司。该一人有限责任公司不能投资设立新的一人有限责任公司。②
	职工持股会	《关于职工持股会及工会能否作为上市公司股东的复函》（法律部〔2000〕24 号）	中国证监会	根据国务院《社会团体登记管理条例》和民政部办公厅 2000 年 7 月 7 日印发的《关于暂停对企业内部职工持股会进行社团法人登记的函》（民办函〔2000〕110 号）的精神，职工持股会属于单位内部团体，不再由民政部门登记管理。对此前已登记的职工持股会在社团清理整顿中暂不换发社团法人证书。因此，职工持股会将不再具有法人资格。在此种情况改变之前，职工持股会不能成为公司的股东。
	工会			根据中华全国总工会的意见和《中华人民共和国工会法》的有关规定，工会作为上市公司的股东，其身份与工会的设立和活动宗旨不一致，可能会对工会正常活动产生不利影响。因此，我会也暂不受理工会作为股东或发起人的公司公开发行股票的申请。

续表

类型	对象	法律法规	发布部门	内容
	党政机关	《关于进一步制止党政机关和党政干部经商、办企业的规定》(中发〔1986〕6号)	中共中央、国务院	一、党政机关,包括各级党委机关和国家权力机关、行政机关、审判机关、检察机关以及隶属这些机关编制序列的事业单位,一律不准经商、办企业。
	社会团体	《社会团体登记管理条例》(2016年修订)	国务院	第四条第二款　社会团体不得从事营利性经营活动。

①此规定在2024年7月1日将施行的新《公司法》中见第13条第2款:"公司可以设立分公司。分公司不具有法人资格,其民事责任由公司承担。"内容并无变化。

②此规定在2024年7月1日将施行的新《公司法》中已被删除。

1. 职工持股会、工会

考虑到发行条件对发行人股权清晰、控制权稳定的要求,2023年2月发布的《〈首次公开发行股票注册管理办法〉第十二条、第十三条、第三十一条、第四十四条、第四十五条和〈公开发行证券的公司信息披露内容与格式准则第57号——招股说明书〉第七条有关规定的适用意见——证券期货法律适用意见第17号》(中国证券监督管理委员会公告〔2023〕14号,以下简称《证券期货法律适用意见第17号》)(之前,以下内容在《首发业务若干问题解答》[①]问题2,没有改动)第5条第2项规定:

发行人控股股东或者实际控制人存在职工持股会或者工会持股情形的,应当予以清理。

对于间接股东存在职工持股会或者工会持股情形的,如不涉及发行人实际控制人控制的各级主体,发行人不需要清理,但应当予以充分披露。

对于职工持股会或者工会持有发行人子公司股份,经保荐机构、发行人律师

① 2023年2月全面实行注册制之后,《首发业务若干问题解答》(2020年6月修订)被废止,其中的多数内容被拆分进入《监管规则适用指引——发行类第4号》《监管规则适用指引——发行类第5号》,变成新"39条",剩余的大部分条款或挪至《证券期货法律适用意见第17号》等文件中,或在实践仍然适用,故本系列仍然会引用讲解。引用的案例中涉及《首发业务若干问题解答》,笔者不特别说明,读者将内容与新"39条"、《证券期货法律适用意见第17号》等文件对照即可,内容并无重大新增、修改。

核查后认为不构成发行人重大违法行为的，发行人不需要清理，但应当予以充分披露。

概言之，发行人控股股东、实际控制人不允许存在职工持股会或工会持股，而发行人的间接股东、子公司满足条件后可允许存在职工持股会、工会持股。

2. 社会团体

表1－1的社会团体能不能持股在实践中有歧义，可能是法律法规对社会团体的定义不一样。

国务院发布的《社会团体登记管理条例》第2条第1款规定的社会团体，是指：

中国公民自愿组成，为实现会员共同意愿，按照其章程开展活动的非营利性社会组织。

而《民法典》指的是符合法人条件的社会团体，如《民法典》第90条规定：

具备法人条件，基于会员共同意愿，为公益目的或者会员共同利益等非营利目的设立的社会团体，经依法登记成立，取得社会团体法人资格；依法不需要办理法人登记的，从成立之日起，具有社会团体法人资格。

但不少地区的法规、规章、政府民政部门的官方问答等允许社会团体对外投资，包括设立法人企业以及非法人企业。而且，国家市场监督管理总局原则上也可以为社会团体办理股东的工商登记，并未明令禁止社会团体对外进行股权投资。关键是，一些上市公司的股东名单的确存在社会团体，参见案例"1－1 必易微 2021－07"。

IPO审核应该是倾向于《民法典》中社会团体具有法人资格的理念，并未明确禁止或限制全部社会团体持有拟上市企业的股份，但需要考虑到社会团体对发行人股权清晰度、控制权稳定性的影响。

二、有条件禁止持股的主体

部分允许、部分禁止持股的主体如表1－2所示，包括已离职公务员、国有企业领导人员、事业单位以及党政机关领导干部的子女、配偶等。其中，已离职公务员与党政机关领导干部的子女、配偶是IPO中重点的核查对象。

表1-2 有条件禁止持股的主体

类型	对象	法律法规	发布部门	内容
自然人	有限合伙人	《合伙企业法》(2006年修订)	全国人大常委会	第十四条 设立合伙企业,应当具备下列条件:(一)有二个以上合伙人。合伙人为自然人的,应当具有完全民事行为能力。
	已离职公务员	《公务员法》(2018年修订)	全国人大常委会	第一百零七条 公务员辞去公职或者退休的,原系领导成员、县处级以上领导职务的公务员在离职三年内,其他公务员在离职两年内,不得到与原工作业务直接相关的企业或者其他营利性组织任职,不得从事与原工作业务直接相关的营利性活动。
	党政机关领导干部的子女、配偶	《关于禁止领导干部的子女、配偶经商的决定》(中发〔1985〕8号)	中共中央、国务院	凡县、团级以上领导干部的子女、配偶,除在国营、集体、中外合资企业,以及在为解决职工子女就业而兴办的劳动服务性行业工作者外,一律不准经商。所有干部子女特别是在经济部门工作的干部子女,都不得凭借家庭关系和影响,参与或受人指派,利用牌价议价差别,拉扯关系,非法倒买倒卖,牟取暴利。
	国有企业领导人员	《国有企业领导人员廉洁从业若干规定》(中办发〔2009〕26号)	中共中央办公厅、国务院办公厅	第五条 国有企业领导人员应当忠实履行职责。不得有利用职权谋取私利以及损害本企业利益的下列行为:(一)个人从事营利性经营活动和有偿中介活动,或者在本企业的同类经营企业、关联企业和与本企业有业务关系的企业投资入股。
	国有企业领导人员的配偶、子女及其他特定关系人			第六条 国有企业领导人员应当正确行使经营管理权,防止可能侵害公共利益、企业利益行为的发生。不得有下列行为:(一)本人的配偶、子女及其他特定关系人,在本企业的关联企业、与本企业有业务关系的企业投资入股。

续表

类型	对象	法律法规	发布部门	内容
	国有企业职工	《关于规范国有企业职工持股、投资的意见》(国资发改革〔2008〕139号)	国务院国有资产监督管理委员会	(四)严格控制职工持股企业范围。职工入股原则限于持有本企业股权。国有企业集团公司及其各级子企业改制,经国资监管机构或集团公司批准,职工可投资参与本企业改制,确有必要的,也可持有上一级改制企业股权,但不得直接或间接持有本企业所出资各级子企业、参股企业及本集团公司所出资其他企业股权。科研、设计、高新技术企业科技人员确因特殊情况需要持有子企业股权的,须经同级国资监管机构批准,且不得作为该子企业的国有股东代表。 (八)关联企业指与本国有企业有关联关系或业务关联且无国有股份的企业。严格限制职工投资关联关系企业;禁止职工投资为本企业提供燃料、原材料、辅料、设备及配件和提供设计、施工、维修、产品销售、中介服务或与本企业有其他业务关联的企业;禁止职工投资与本企业经营同类业务的企业。
非自然人	外商投资企业	《关于外商投资企业境内投资的暂行规定》(2015年修正)	商务部	第五条　外商投资企业应符合下列条件,方可投资: 1. 开始盈利; 2. 依法经营,无违法经营记录。
	事业单位	《关于进一步制止党政机关和党政干部经商、办企业的规定》(中发〔1986〕6号)	中共中央、国务院	一、党政机关,包括各级党委机关和国家权力机关、行政机关、审判机关、检察机关以及隶属这些机关编制序列的事业单位,一律不准经商、办企业。凡违反规定仍在开办的企业包括应同机关脱钩而未脱钩,或者明脱钩暗不脱钩的,不管原来经过哪一级批准,都必须立即停办,或者同机关彻底脱钩。
		《关于贯彻执行〈中共中央、国务院关于进一步制止党政机关和党	中共中央办公厅、国务院办公厅	二、根据《中共中央关于科学技术体制改革的决定》、《中共中央关于教育体制改革的决定》和国家有关规定,科研、教育等事业单位,可以从事

续表

类型	对象	法律法规	发布部门	内容
		政干部经商、办企业的规定〉几个问题的说明》(中办发〔1986〕9号)		与本单位业务、技术有关的技术转让、技术咨询、技术服务、技术承包等经营活动,不得从事与本单位业务、技术无关的经营活动。
	高校	《关于积极发展、规范管理高校科技产业的指导意见》(教技发〔2005〕2号)	教育部	6.高校要依法组建国有独资性质的资产经营有限公司或从现有校办企业中选择一个产权清晰、管理规范的独资企业(以下统称高校资产公司),将学校所有经营性资产划转到高校资产公司,由其代表学校持有对企业投资所形成的股权。高校以投入到高校资产公司的财产承担有限责任。 7.高校除对高校资产公司进行投资外,不得再以事业单位法人的身份对外进行投资。
		《直属高校党员领导干部廉洁自律"十不准"》(教党〔2010〕14号)	教育部	6.不准以本人或者借他人名义经商、办企业。
	商业银行	《商业银行法》(2015年修正)	全国人大常委会	第四十三条　商业银行在中华人民共和国境内不得从事信托投资和证券经营业务,不得向非自用不动产投资或者向非银行金融机构和企业投资,但国家另有规定的除外。
	金融控股公司	《金融控股公司监督管理试行办法》(中国人民银行令〔2020〕第4号)	中国人民银行	第二条　本办法所称金融控股公司是指依法设立,控股或实际控制两个或两个以上不同类型金融机构,自身仅开展股权投资管理、不直接从事商业性经营活动的有限责任公司或股份有限公司。

三、未明确能否持股的主体

法律法规对某些自然人、非自然人的公司股东适格性未明确。

1. 限制与无民事行为能力人

现行《公司法》未明确限制和无民事行为能力人不能担任公司股东，而《民法典》第145条第1款却规定：

限制民事行为能力人实施的纯获利益的民事法律行为或者与其年龄、智力、精神健康状况相适应的民事法律行为有效；实施的其他民事法律行为经法定代理人同意或者追认后有效。

自然人作为公司股东，在进行非纯获利益决策时应当具备完全行为能力，而实施纯获利益的行为则不需要。

2. 未成年人

《公司法》对未成年人能否成为公司股东没有作出限制性的规定，道理与上文"1. 限制与无民事行为能力人"一样。

3. 村民委员会

法律法规并没有明确禁止村民委员会作为公司股东。

四、核查范围

对股东穿透核查时按照实质重于形式原则，根据企业实际情况合理确定穿透核查范围，审慎履行核查义务，切实防范利用上市进行利益输送、违法违规"造富"等行为。

1. 最终持有人

2021年2月，中国证券监督管理委员会发布的《监管规则适用指引——关于申请首发上市企业股东信息披露》主要对股权代持、临近上市前突击入股、入股价格异常等市场反映的突出问题进了规范。其第5条要求加强对入股交易价格明显异常的自然人股东和多层嵌套机构股东的信息穿透核查：

发行人股东的股权架构为两层以上且为无实际经营业务的公司或有限合伙

企业的,如该股东入股交易价格明显异常,中介机构应当对该股东层层穿透核查到最终持有人……

此处“两层以上”指的是发行人的股东为两层以上的(包括两层)、相对较为复杂的,且主要以持有发行人股权为目的的股权架构,如股东入股交易价格明显异常,应当层层穿透核查到最终持有人。

注意,上文还有个前提是:股东的入股交易价格明显异常。

那哪些主体可视为最终持有人?2021年4月,深圳证券交易所、上海证券交易所发布的《关于股东信息核查中“最终持有人”的理解与适用》给了答案。发文认为:

除自然人外,“最终持有人”还包括以下类型:上市公司(含境外上市公司)、新三板挂牌公司等公众公司,或穿透核查至国有控股或管理主体(含事业单位、国有主体控制的产业基金等)、集体所有制企业、境外政府投资基金、大学捐赠基金、养老基金、公益基金以及公募资产管理产品。

案例链接:1-2 天地环保 2021-07。

此处请注意最终持有人与实际控制人认定穿透的区别。《公开发行证券的公司信息披露内容与格式准则第57号——招股说明书》第32条第3项规定:

实际控制人应披露至最终的国有控股主体、集体组织、自然人等……

相比之下,实际控制人认定往上穿透的力度要比最终持有人强得许多。

2. 重要性原则

2021年6月,深圳证券交易所、上海证券交易所同时发文《关于进一步规范股东穿透核查的通知》,要求:

股东穿透核查应当把握好重要性原则,避免免责式、简单化的核查。对于持股较少、不涉及违法违规“造富”等情形的,保荐机构会同发行人律师实事求是发表意见后,可不穿透核查。

持股较少可结合持股数量、比例等因素综合判断。原则上,直接或间接持有发行人股份数量少于10万股或持股比例低于0.01%的,可认定为持股较少。

重要性原则,其实就是“偷懒原则”。此通知将持有股份数量少于10万股或持股比例低于0.01%的股东视为非核心、非主要的投资者,缩小了IPO股东穿透核查的范围,有效地防止过度核查,特别是对于员工持股计划、工会、职工持股会等持股人数过多的情形,大大地简化了投行人员的工作量,降低成本。

3. 专项承诺

《监管规则适用指引——关于申请首发上市企业股东信息披露》第2条要求:

发行人在提交申报材料时应当出具专项承诺,说明发行人股东是否存在以下情形,并将该承诺对外披露:(一)法律法规规定禁止持股的主体直接或间接持有发行人股份;(二)本次发行的中介机构或其负责人、高级管理人员、经办人员直接或间接持有发行人股份;(三)以发行人股权进行不当利益输送。

4. 豁免核查、锁定的范围

发行人在全国中小企业股份转让系统挂牌、境外证券交易所上市交易期间通过集合竞价、连续竞价交易方式增加的股东,以及因继承、执行法院判决或仲裁裁决、执行国家法规政策要求或由省级及以上人民政府主导取得发行人股份的股东,可以申请豁免《监管规则适用指引——关于申请首发上市企业股东信息披露》的核查和股份锁定要求。

这是因为,在集合竞价、连续竞价交易方式下,买卖是按交易系统设定的规则自动撮合成交,发行人、控股股东、实际控制人、董事、监事及高级管理人员无法知晓、影响和控制交易。

五、常见问询

■ 请保荐机构、发行人律师核查说明:直接或间接持有发行人股份的主体是否具备法律、法规规定的股东资格,与本次发行中介机构及其负责人、高级管理人员、经办人员是否存在亲属关系、关联关系、委托持股、信托持股或其他利益输送安排;发行人股东是否以发行人股权进行不当利益输送。

■ 请发行人说明:穿透核查股东基本情况、入股背景、资金来源等信息,说明是否存在违反股东适格性要求、股权代持等情形。

■ 说明××投资穿透后的其他有限合伙间接股东是否均为私募基金,如不属于私募基金,则说明原因及进一步穿透后自然人股东的基本情况、投资和控制的企业;穿透后非自然人股东是否均具备法律法规规定的股东资格,自然人股东及其投资或控制的企业与发行人及其客户、供应商是否存在资金、业务往来,是否存在未披露的关联关系或其他利益安排。

1-1 必易微 2021-07①

根据保荐机构、发行人律师提交的股东专项核查报告,1家境外注册企业(非上市)及3家社会组织类间接股东未作进一步穿透,对发行人股东适格性的核查情况不够充分,最近1年新增股东及发行人的专项承诺不符合相关规定。

请发行人、保荐机构、发行人律师:按照《监管规则适用指引——关于申请首发上市企业股东信息披露》《关于科创板落实首发上市企业股东信息披露监管相关事项的通知》《关于股东信息核查中"最终持有人"的理解与适用》的规则要求,对股东信息披露事项进行核查和披露,并完善专项核查报告、专项承诺。

| 回复 |

经核查,发行人此前未作进一步穿透的1家***境外***注册企业(非上市)恒得国际有限公司(Hintex International Limited,以下简称恒得国际)已穿透至***最终持有人***。根据恒得国际向香港公司注册处提交的《2020年周年申报表》,恒得国际系***澳大利亚籍自然人***Yu Ming持股100.00%的公司。

点评②

1.若外资股东的出资人不存在境内主体,并充分认证该外资股东入股发行人的价格不存在明显异常,可将该外资股东视为"最终持有人",不必穿透核查,详见"疑难点1-4 外资股东"。

2.本案例的外资股东背景很简单,就一个外籍自然人,穿透核查也不用花多大力气。

根据发行人股东穿透的文件,发行人现未穿透的主体为发行人股东金浦新兴的***间接***股东***东阳市横店社团经济企业联合会***、***横店社团经济企业联合会***、***东阳市***

① 本系列所有精选的案例皆来自中国证券监督管理委员会、证券交易所等公开披露。本书在引用时,除了影响阅读的明显错误之外,对其中的格式、文字、标点符号、逻辑等不做修改。另外,公司简称后的日期为被引用文件披露的日期。

② 本系列案例中的"点评"一般是针对上文,特别是重点强调的内容。

影视旅游促进会。另经核查，“横店社团经济企业联合会”为东阳市横店社团经济企业联合会的曾用名。即发行人现未作进一步穿透的主体共两家，分别是东阳市横店社团经济企业联合会、东阳市影视旅游促进会，其间接持有发行人股份的比例均***未超过0.01%***，具体情况如下：

1. 东阳市横店社团经济企业联合会，曾用名横店社团经济企业联合会，成立于***2001年***8月3日，其在东阳市民政局登记的业务范围为：（一）对资本投入企业单位实行管理；（二）开展企业单位经营管理的理论研究；（三）开展对社会责任贡献的理论研究与实践探索；（四）发展公益、慈善事业。该联合会除***间接持有发行人股份***之外，还***间接持有多家上市公司的股份***，如横店影视（603103）、普洛药业（000739）等。

2. 东阳市影视旅游促进会，成立于***1998年***10月1日，其在东阳市民政局登记的业务范围为：“（一）***对资本投入企业单位实行管理***；（二）开展企业单位经营管理的理论研究；（三）开展对社会责任贡献的理论研究与实践探索；（四）发展公益、慈善事业。”

根据《民法典》第八十七条，“为公益目的或者其他非营利目的成立，不向出资人、设立人或者会员分配所取得利润的法人，为***非营利法人***。非营利法人包括事业单位、***社会团体***、基金会、社会服务机构等。”且根据《社会团体登记管理条例》中的规定，社会团体是为实现会员共同意愿，按照其章程开展活动的***非营利性***社会组织。申请成立地方性的社会团体，需要经其业务主管单位审查同意后，向当地所在人民政府的登记管理机关申请登记。社会团体成立后亦需要经过登记管理机关及业务主管单位的监督，***在业务主管单位的指导下开展活动***。

综上，上述未作进一步穿透的主体系以非营利目的登记设立的社会团体，其***间接***持有发行人股份的比例***未超过0.01%***，且金浦新兴***入股发行人的价格不存在明显异常***，因此，根据《关于进一步规范股东穿透核查的通知》的规定，上述主体未作进一步穿透核查。

点评

1. 东阳市横店社团经济企业联合会、横店社团经济企业联合会、东阳市影视旅游促进会，是很早之前就成立的社会团体。实践中，社会团体归当地政府管理，是可以对外投资的，IPO审核也并未明确禁止社会团体不得持有拟上市企业的股份,该案例就是最好的证明。

2.《关于进一步规范股东穿透核查的通知》给了中介机构股东穿透核查的自主权:直接或间接持有发行人股份数量少于10万股或持股比例低于0.01%的,可认定为持股较少,可以不用进一步穿透核查。该案例中,3个社会团体间接持有股份的比例未超过0.01%,加之入股价格正常,可以豁免穿透核查。

1-2 天地环保 2021-07

请发行人说明:绿能基金属于国有主体控制的产业基金的认定依据,是否符合股东适格性要求,是否属于穿透核查后的最终持有人。

| 回复 |

一、绿能基金属于国有主体控制的产业基金的认定依据

1.《企业国有资产交易监督管理办法》

根据《企业国有资产交易监督管理办法》(国资委、财政部令第32号)第四条的规定:"本办法所称国有及国有控股企业、国有实际控制企业包括:(一)政府部门、机构、事业单位出资设立的国有独资企业(公司),以及上述单位、企业直接或间接合计持股为100%的国有全资企业;(二)本条第(一)款所列单位、企业单独或共同出资,合计拥有产(股)权比例***超过50%***,且其中之一为最大股东的企业;(三)本条第(一)、(二)款所列企业对外出资,拥有股权比例***超过50%***的各级子企业;(四)政府部门、机构、事业单位、单一国有及国有控股企业直接或间接持股比例***未超过50%,但为第一大股东,并且通过股东协议、公司章程、董事会决议或者其他协议安排能够对其实际支配***的企业。"

截至本回复出具日,绿能基金的合伙人出资情况如下:①

合伙人名称	出资比例(%)	合伙人性质
浙能资本控股有限公司	***33.3311***	***有限合伙人***
国新国控投资有限公司	***26.6649***	***有限合伙人***

① 为了节省篇幅,本系列引用的案例表格中不重要内容会被省略,但不影响阅读理解。另外,如无特别注明,表中金额的单位为"万元",比例的单位为"%"。

续表

合伙人名称	出资比例(%)	合伙人性质
浙能电力	19.9987	有限合伙人
……		
浙江浙能投资管理有限公司	0.0067	***普通合伙人***

其中:

(1)截至本回复出具日,浙能资本控股有限公司(以下简称浙能资本)的股权结构如下:

股东名称(第一层)	出资比例	最终出资人	出资比例
浙能集团	100%	浙江省国资委	90%
		浙江省财政厅	10%

(2)截至本回复出具日,国新国控投资有限公司(以下简称国新国控)的股权结构如下:

股东名称(第一层)	出资比例	最终出资人	出资比例
中国国新控股有限责任公司	100%	国务院	100%

浙能资本与国新国控分别为国有全资企业与国有独资公司,合计持有绿能基金***59.996%***的合伙份额,***超过50%***,且***浙能资本系绿能基金第一大出资人***,符合《企业国有资产交易监督管理办法》的有关规定。

2. 绿能基金《有限合伙协议》

截至本回复出具日,绿能基金的***普通合伙人与执行事务合伙人浙江浙能投资管理有限公司***(以下简称浙能投资)的股权结构如下:

股东名称	出资比例
浙能资本	75%
国新国同(浙江)投资基金合伙企业(有限合伙)	25%

由上表可知,浙能投资系由浙能资本持股***75%***的国有控股公司。

根据绿能基金《有限合伙协议》第7.1.2条与第8.3.3条的约定:有限合伙及

其活动之管理、控制、运营、决策的权力全部排他性地归属于***执行事务合伙人***；有限合伙人不得参与管理或控制合伙企业的投资业务及其他以合伙企业名义进行的活动、交易和业务，不得代表合伙企业签署文件，亦不得从事其他对合伙企业形成约束的行为。

3. 绿能基金出具的说明

根据绿能基金出具的说明，其系***由浙江省国资委最终实际控制的产业基金***。

综上，绿能基金系由国有主体控制的产业基金。

点评

1. 有限合伙企业的控制人一般是执行事务合伙人，而有限合伙人通常是控制人的“绝缘体”，除非有限合伙人可以在合伙人会议、投资决策委员会中影响会议的决策，进而控制合伙企业。详细请参阅本系列已经出版的第一册《IPO问询疑难点论证及案例剖析》中“疑难点17 实际控制人”之“疑难点17－1 实际控制人认定”。

2. 该案例中，绿能基金是合伙企业，控制人是谁得看谁是执行事务合伙人。执行事务合伙人——浙能投资层层解剖，穿透到最后，发现控制人是绿能基金的有限合伙人——浙能资本，都是国有主体！

二、绿能基金符合股东适格性要求

根据《中华人民共和国民法典》第一百二十五条的规定，民事主体依法享有股权和其他投资性权利。绿能基金作为依法设立并有效存续的民事主体，依法具有对外投资及享有股权的权利。

根据《私募投资基金监督管理暂行办法》第二条的规定，私募基金财产的投资包括买卖***股票、股权***……及投资合同约定的其他投资标的。绿能基金系依法设立并经中国证券投资基金业协会***备案***的私募基金（基金编号：SCU511），依法可投资于其他公司股票、股权。

综上，绿能基金符合股东适格性要求。

点评

私募投资基金一般办理了管理人登记、基金备案之后，就具备了当股东的资格。

三、绿能基金是否属于穿透核查后的最终持有人

如前文所述，绿能基金系由国有主体控制的产业基金，根据上交所科创板上市审核中心发布的《关于股东信息核查中“***最终持有人***”的理解与适用》：除自然人外，“最终持有人”还包括以下类型：……或者穿透核查至***国有控股***或***管理主体***（含事业单位、国有主体控制的产业基金等）……

综上，根据上交所科创板上市审核中心发布的《关于股东信息核查中“最终持有人”的理解与适用》的规定，绿能基金系属于发行人穿透核查后的最终持有人。

点评

1. 上市公司、公众公司、国有控股或管理主体、集体所有制企业、境外政府投资基金、大学捐赠基金、养老基金、公益基金以及公募资产管理产品可视为最终持有人，不用再穿透核查。

2. 本案例中，绿能基金被层层穿透，发现其是省国资委最终实际控制的产业基金，已经是最终持有人了。

疑难点 1－1　私募投资基金

IPO 是私募投资基金退出的重要渠道。私募投资基金先在企业首次公开发行前投资入股或受让股权，待企业上市成功后再择高点退出。

《监管规则适用指引——关于申请首发上市企业股东信息披露》第 6 条重点要求：

私募投资基金等金融产品持有发行人股份的，发行人应当披露金融产品纳入监管情况。

一、股东适格性

根据《私募投资基金监督管理暂行办法》、《私募投资基金管理人登记和基金备案办法（试行）》（已失效）、《证券投资基金法》（2015 年修正）等文件的规定，管理人未登记、应该备案而未完成备案的私募投资基金不得参与证券投资。

私募投资基金一般在办理管理人登记、基金备案之后,才具备上市公司股东资格。管理人未登记、应该备案而未经备案的私募投资基金不得成为IPO企业的股东,应当及时备案或者在申报前转出。

根据组织形式的不同,目前,私募投资基金可以分为契约型基金、公司型基金、合伙型基金。

1. 契约型基金

契约型基金本身不具备法律实体地位,其与基金管理人的关系为信托关系,因此,契约型基金无法采用自我管理,且需由基金管理人代其行使相关民事权利。

基金管理人既可以承担有限责任,也可以承担无限责任。基金管理人须先登记为私募基金管理人,再由已登记的私募基金管理人履行契约型基金备案手续。

契约型私募投资基金是IPO中常说的三类股东之一。根据2023年2月出台的《监管规则适用指引——发行类第4号》第4条,三类股东现在包括资产管理产品、契约型私募投资基金两大类,准确应该叫作"两类股东"。三类股东都系信托结构下以契约为载体的资金集合,不具有独立的法律人格,不能独立享有民事权利和承担民事义务,因而不享有股东资格。企业IPO时,在满足"持股比例小+产品备案+管理人登记+充分披露"多个条件之后,三类股东可以不用清理,详见本系列已经出版的第一册《IPO问询疑难点论证及案例剖析》中"疑难点15 三类股东"的内容。

2. 公司型基金

公司型基金本身是一个独立的法人实体,公司股东或投资人以其出资额为限承担有限责任,并共同参与公司治理。因此,公司型基金多采用自我管理,由公司董事会自聘管理团队进行管理。公司型基金也可以委托专业基金管理机构作为受托人具体负责投资运作,采取受托管理的,管理机构须先登记为私募基金管理人,再由已登记的私募基金管理人履行公司型基金备案手续。公司型基金自聘管理团队进行管理,按照中国证券投资基金业协会的《私募投资基金管理人登记和基金备案办法(试行)》,该自我管理的公司型基金应作为私募基金管理人登记手续,其后由其履行私募基金备案手续。

3. 合伙型基金

合伙型基金本身与契约型基金一样也不是一个法人主体,执行事务合伙人为普通合伙人(GP),GP负责合伙事务并对基金承担无限责任。

GP既可以自任为私募基金管理人，也可以另行委托专业私募基金管理机构作为管理人具体负责投资管理运作。GP担任基金管理人的，由GP来进行私募基金管理人登记，再由已登记的管理人进行合伙型基金备案；另行委托专业基金管理机构作为受托人具体负责投资运作的，该专业基金管理机构应先登记为私募基金管理人，并由其履行私募基金备案手续。

二、股东人数计算

中国证券监督管理委员会在2014年8月发布的《私募投资基金监督管理暂行办法》（中国证券监督管理委员会令第105号）第13条规定：

下列投资者视为合格投资者：

（一）社会保障基金、企业年金等养老基金，慈善基金等社会公益基金；

（二）依法设立并在基金业协会备案的投资计划；

（三）投资于所管理私募基金的私募基金管理人及其从业人员；

（四）中国证监会规定的其他投资者。

以合伙企业、契约等非法人形式，通过汇集多数投资者的资金直接或者间接投资于私募基金的，私募基金管理人或者私募基金销售机构应当穿透核查最终投资者是否为合格投资者，并合并计算投资者人数。但是，符合本条第（一）、（二）、（四）项规定的投资者投资私募基金的，不再穿透核查最终投资者是否为合格投资者和合并计算投资者人数。

而中国证券投资基金业协会发布的《私募投资基金备案须知》第6条第1款规定：

以合伙企业等非法人形式投资私募投资基金的，募集机构应当穿透核查最终投资者是否为合格投资者，并合并计算投资者人数。投资者为依法备案的资产管理产品的，不再穿透核查最终投资者是否为合格投资者和合并计算投资者人数。

可见，社会保障基金、企业年金等养老基金，慈善基金等社会公益基金天然就无须穿透，不用合并计算投资者人数。

而在嵌套结构中，上层是合伙企业、契约型等非法人形式的，应当穿透核查，并合并计算投资者人数；上层是资产管理产品的，如果已经依法在基金业协会备案，无须穿透核查，只按一个投资者计算。

三、不用备案的情形

中介机构应对发行人股东中或事先确定的投资者中是否有私募投资基金、是否按规定履行备案程序进行核查。

一般来说，私募投资基金分别办理了管理人登记、产品备案程序之后，才具备法律法规规定的股东资格，但也有不用备案就具有股东资格的例外情形。

《私募投资基金监督管理暂行办法》第 2 条第 1、2、3 款规定：

本办法所称私募投资基金（以下简称私募基金），是指在中华人民共和国境内，以非公开方式向投资者募集资金设立的投资基金。

私募基金财产的投资包括买卖股票、股权、债券、期货、期权、基金份额及投资合同约定的其他投资标的。

非公开募集资金，以进行投资活动为目的设立的公司或者合伙企业，资产由基金管理人或者普通合伙人管理的，其登记备案、资金募集和投资运作适用本办法。

《私募投资基金募集行为管理办法》第 2 条规定：

私募基金管理人、在中国证监会注册取得基金销售业务资格并已成为中国证券投资基金业协会会员的机构及其从业人员以非公开方式向投资者募集资金的行为适用本办法。

……

本办法所称募集行为包含推介私募基金，发售基金份额（权益），办理基金份额（权益）认/申购（认缴）、赎回（退出）等活动。

由此可见，存在非公开募集行为的投资基金才需要备案。出资人以自有资金出资的基金，无须履行私募投资基金备案程序。例如在“合伙企业套合伙企业”的嵌套结构中，上层基金需要履行管理人登记、产品备案手续，但下层基金由于没有非公开募集，就无须履行产品备案等手续了。参见案例“1－5 新通药物 2022－05”“1－6 新巨丰 2021－09”。

1-3　华新环保 2021-09

申报文件显示，发行人股东青域敦行出资人中存在契约型基金，其中龙树资本 1504 号契约型私募股权投资计划产品到期日为 2021 年 8 月 6 日。

请发行人：说明青域敦行相关契约型基金出资人未直接持有发行人股份的原因，对应契约型基金产品间接持有发行人股份是否符合相关监管规定，是否满足股东适格性要求。

｜回复｜

一、青域敦行相关契约型基金出资人未直接持有发行人股份的原因

龙树资本 1504 号的***基金管理人***对于自身擅长且具有相关投资经验的投资领域，会通过管理人直接投资的方式对项目进行投资；对于具有发展前景但管理人自身不具有相关投资经验的投资领域，管理人会选择通过投资相关投资领域具有专业能力和丰富投资经验的私募基金进行投资，进而以***间接***方式投资具体项目。***青域敦行***作为节能环保、清洁技术等生态环境领域股权投资的专业机构投资者，对节能环保、清洁技术等生态环境领域投资具有丰富的经验和专业能力。因此，龙树资本 1504 号的***基金管理人选择通过青域敦行间接投资***节能环保、清洁技术等生态环境领域的项目。

歌斐系列契约型***基金管理人***主要运营私募股权***母基金***，不直接参与项目投资，***通过寻找市场上优秀的基金管理人及基金进行投资***，对于基金管理人及基金投资的具体项目，***歌斐系列契约型基金管理人并不参与决策和管理***。

作为节能环保、清洁技术等生态环境领域的专业投资者，青域敦行目前投资的相关项目情况如下：

……①

点评

基金管理人自身不参与决策和管理，而是寻找、委托其他基金管理人进行投资，这是典型的管理人的管理人基金（Manager of Managers，MoM）。

---

① 本系列为了节省篇幅，案例中不重要的内容会省略，以“……”代替，不影响阅读、理解。

二、对应契约型基金产品间接持有发行人股份是否符合相关监管规定,是否满足股东适格性要求

《私募投资基金监督管理暂行办法》第十三条规定:下列投资者视为合格投资者:……(二)依法设立并在基金业协会备案的投资计划;以合伙企业、契约等非法人形式,通过汇集多数投资者的资金直接或者间接投资于私募基金的,私募基金管理人或者私募基金销售机构应当穿透核查最终投资者是否为合格投资者,并合并计算投资者人数。但是,***符合本条第(一)、(二)、(四)项规定的投资者投资私募基金的,不再穿透核查最终投资者是否为合格投资者和合并计算投资者人数***。

中国证券投资基金业协会发布的《私募投资基金备案须知(2019版)》第六条规定,以***合伙企业***等非法人形式投资私募投资基金的,募集机构应当穿透核查最终投资者是否为合格投资者,并合并计算投资者人数。***投资者为依法备案的资产管理产品的,不再穿透核查最终投资者是否为合格投资者和合并计算投资者人数***。

根据上述规定可知,对于以***契约***等非法人形式,通过***汇集多数投资者的资金***直接或者间接投资于私募基金的,属于依法设立并在基金业协会***备案***的投资计划,视为***合格投资者***。

因此,青域敦行相关契约型基金产品间接持有发行人股份符合《公司法》、《私募投资基金监督管理暂行办法》等相关法律法规及相关监管规定,满足***股东适格性***要求。

点评

契约型基金无法采用自我管理,需要由基金管理人代为行使。已经登记的管理人给基金备案之后,契约型基金就满足了股东适格性的要求。

1-4 实朴检测 2021-09

长瑞风正基金管理人系长瑞恒兴;因长瑞恒兴之股东长瑞当代处于中基协自律案件核查中,长瑞恒兴暂无法完成基金管理人登记,导致长瑞风正暂无法进行私募基金备案;上述事项不影响发行人股东适格性。

请补充披露:私募基金长瑞风正备案存在不确定性的背景,是否影响发行人

股东适格性;请参照《深圳证券交易所创业板股票首次公开发行上市审核问答》①(以下简称"《审核问答》")相关内容,披露以上事项是否对本次发行上市构成法律障碍。

| 回复 |

长瑞风正曾持有发行人36.89万股份计0.41%股权,后因其办理私募基金登记备案事项具有不确定性,为不影响发行人上市进程,其将上述股权转让予实谱投资。

1.长瑞风正私募基金备案存在不确定性的背景

长瑞风正未完成私募基金备案主要原因***系其基金管理人武汉长瑞恒兴投资基金管理有限公司***(以下简称"长瑞恒兴")***未完成私募基金管理人登记,无法进行备案***。

2019年4月,长瑞恒兴向中国证券投资基金业协会(以下简称"中基协")提交私募基金管理人登记申请;2020年4月10日,长瑞恒兴收到中基协反馈意见称:持有长瑞恒兴17%股份的股东长瑞当代资本管理有限公司(以下简称"长瑞当代")正处于自律案件核查中,请长瑞恒兴于长瑞当代自律案件核查结束后再提交登记申请。

长瑞当代处于自律案件核查的主要原因系其控股股东武汉天盈投资集团有限公司持股49%的子公司天丰天财(武汉)金融信息服务有限公司因自身经营风险***被中基协关注***。

因长瑞当代自律案件核查尚未结束,长瑞恒兴无法进行基金管理人***登记***,故长瑞风正无法办理私募基金***备案***。

2.长瑞风正私募基金备案问题对发行人股东适格性的影响

根据《证券投资基金法》《私募投资基金监督管理暂行办法》《私募投资基金管理人登记和基金备案办法(试行)》等相关法律法规,***私募基金未完成登记备案不得参与证券投资***;长瑞风正不具备成为发行人首次公开发行股票并在创业板***上市***的股东资格,故其***所持发行人股份已于申报前转出***。

长瑞风正自2019年12月20日至2020年8月13日持有发行人股份,***未进行私募基金备案不影响其作为发行人上市前股东的主体资格***。长瑞风正系依法成

---

① 已失效,内容现在参考《监管规则适用指引——发行类第4号》即可。

立的合伙企业,其增资发行人的款项系合法取得的***自有资金***,不存在国家有关法律、法规及规章规定的不得投资的情形;***未进行私募基金备案不影响长瑞风正与发行人签订的相关协议的有效性***,其有权依法行使发行人股东权利并履行相关股东义务。

综上,长瑞风正私募基金备案问题不影响发行人股东的适格性。

点评

1. 契约型基金无法采用自我管理,需由基金管理人代其行使相关民事权利。基金管理人须先登记为私募基金管理人,再由管理人给基金产品备案。

2. 本案例中,基金管理人——长瑞恒兴因故无法登记,其管理的产品自然而然就无法备案。应该备案而未备案的私募投资基金不得参与证券投资,不能作为上市企业的股东。所以,为了不影响上市,最后只能被迫将股权转让出去。

3. 参照《审核问答》的核查情况

根据《证券投资基金法》《私募投资基金监督管理暂行办法》《私募投资基金管理人登记和基金备案办法(试行)》等相关法律法规,长瑞风正应当进行私募基金备案而未备案的法律后果由其自身承担,与发行人无关;长瑞风正已于申报前将所持的发行人股份转出,其与发行人及发行人的股东之间不存在法律纠纷。

综上,长瑞风正私募基金备案问题不会对发行人本次发行上市构成法律障碍。

1-5　新通药物 2022-05

根据股东核查报告,发行人股东汉富瀚宽的有限合伙人诺远资产管理有限公司(代表:鼎鑫6号私募投资基金投资)投资人数179人,与公开资料显示的股东登记人数存在较大差异。同时,存在部分人员未取得身份信息的情况,但是汉富瀚宽及其穿透后的上层股东具备法律、法规规定的股东资格。

请保荐机构和发行人律师说明:(1)股东人数存在上述差异的原因,出资资金来源合法合规性;(2)认定汉富瀚宽及其穿透后的上层股东资格适格性的依据是

否充分。

| 回复 |

一、股东人数存在上述差异的原因，出资资金来源合法合规性

1. 股东人数存在上述差异的原因

汉富瀚宽工商登记的合伙人为汉富（北京）资本管理有限公司与诺远资产管理有限公司（简称“诺远资产”）。其中，***诺远资产***系代表鼎鑫6号私募投资基金（简称“鼎鑫6号”）作为工商登记主体被登记为汉富瀚宽的***有限合伙人，登记于诺远资产名下的财产份额实际均由鼎鑫6号进行出资***，该等财产份额的所有权亦属于鼎鑫6号。

因此，汉富瀚宽的有限合伙人***诺远资产（代表：鼎鑫6号）上一层的投资人数量应为鼎鑫6号投资人数量***，与公开资料显示的诺远资产工商登记的股东数量存在较大差异。

点评

1. 鼎鑫6号是契约型基金，管理人是诺远资产，而诺远资产（代表：鼎鑫6号）是发行人股东——汉富瀚宽的有限合伙人，这是契约型基金嵌套合伙企业。

2. 根据《私募投资基金备案须知》的规定，在嵌套结构中，上层是合伙企业等非法人形式的，应当穿透核查最终投资者是否为合格投资者，并合并计算投资者人数。在本案例的嵌套结构中，上层是契约型基金——鼎鑫6号，属于非法人形式，按规定应当穿透核查并合并计算投资者人数。故契约型基金——鼎鑫6号的投资人数量应当被合并计算。

2. 出资资金来源合法合规性

经保荐机构和发行人律师核查，鼎鑫6号对汉富瀚宽的出资资金系其***向投资人募集***所得。

点评

契约型基金——鼎鑫6号的资金是向投资人非公开募集来的，需要备案。

鼎鑫6号的基金管理人诺远资产已出具《情况说明》，承诺：鼎鑫6号的募集

对象、募集程序等均符合《私募投资基金募集行为管理办法》等法律法规规定,不存在非法募集等违法违规行为,鼎鑫6号的全体投资人用于认购基金份额的财产为其拥有合法所有权或处分权的资产,该等财产的来源及用途符合法律法规和相关政策规定,不存在委托持有、信托持有、利益输送等情况。

鼎鑫6号的基金托管人恒泰证券股份有限公司已出具《关于资金来源合法合规性的说明》,载明:(1)鼎鑫6号全部投资人的认购资金均从各自名下银行账户转账至募集资金专用账户;(2)鼎鑫6号的全部投资人已承诺用于认购/申购基金份额的财产为其拥有合法所有权或处分权的资产,资金来源符合法律法规和相关政策规定。

综上,保荐机构和发行人律师认为,鼎鑫6号对汉富瀚宽的出资资金来源合法合规。

二、认定汉富瀚宽及其穿透后的上层股东资格适格性的依据是否充分

根据《监管规则适用指引——关于申请首发上市企业股东信息披露》《关于进一步规范股东穿透核查的通知》等文件要求,保荐机构和发行人律师对汉富瀚宽及其上层股东穿透核查至"***直接或间接***持有发行人股份数量***不少于10万股***"的主体。此外,保荐机构和发行人律师补充获取了此前未提供身份信息的6名间接自然人股东(该等人士间接持有发行人股份数量均少于10万股)的身份信息,并向中国证监会陕西监管局进行了补充查询,确认汉富瀚宽***穿透后的全部境内自然人股东均不属于证监会系统离职人员***。

点评

1. 原则上,直接或间接持有发行人股份数量少于10万股或持股比例低于0.01%的,可认定为持股较少,不用穿透核查。

2. 本案例中,发行人股东汉富瀚宽就被穿透核查至"直接或间接持有发行人股份数量不少于10万股"的主体,包括契约型基金鼎鑫6号中4个机构投资人。

经保荐机构和发行人律师核查,汉富瀚宽及其穿透后持有发行人股份数量不少于10万股的上层股东具备资格适格性,具体情况如下:

1. 汉富瀚宽的资格适格性

经核查,汉富瀚宽为有效存续的***有限合伙企业***,不存在根据法律、法规或者其合伙协议需要终止或解散的情形；汉富瀚宽作为***私募基金***，已纳入国家金融监管部门有效监管，已按照规定完成私募基金***备案***（基金编号：SY9744），其基金管理人汉富（北京）资本管理有限公司也已***登记为私募基金管理人***（登记编号：P1000829）；汉富瀚宽***与本次发行中介机构及其负责人、高级管理人员、经办人员不存在亲属关系、关联关系、委托持股、信托持股或其他利益输送安排，不存在以发行人股份进行不当利益输送的情况***。

综上，保荐机构和发行人律师认为，汉富瀚宽具备成为发行人适格股东的资格。

2. 汉富瀚宽穿透后的上层股东资格适格性

截至本问询回复出具日，汉富瀚宽经工商登记的出资人情况如下：

合伙人名称	类型	出资额(万元)	出资比例
汉富（北京）资本管理有限公司	***普通合伙人***	200.00	1.00%
诺远资产（代表：鼎鑫6号）	有限合伙人	19,800.00	99.00%
合计		**20,000.00**	**100.00%**

经核查，汉富瀚宽的合伙人中，持有发行人10万股以上的主体为诺远资产（代表：鼎鑫6号）。对于诺远资产（代表：鼎鑫6号）及其穿透后的上层股东资格适格性，具体核查情况如下：

（1）诺远资产（代表：鼎鑫6号）的资格适格性

①诺远资产代表鼎鑫6号作为工商登记主体持有汉富瀚宽财产份额的行为系基金管理人代表私募基金实施的有效法律行为

经核查，鼎鑫6号为***契约型基金***，其***备案***的基本情况如下：

……

鼎鑫6号的基金管理人诺远资产已在中国证券投资基金业协会***登记为私募基金管理人***，具体信息如下：

……

《私募投资基金合同指引1号（契约型私募基金合同内容与格式指引）》第二十条规定："根据《私募办法》及其他有关规定订明私募基金管理人的权利，包括但不限于：……以私募基金管理人的名义，代表私募基金与其他第三方签署基金投资相关协议文件、行使诉讼权利或者实施其他法律行为”。《中国基金业协会关于发布私募投资基金合同指引的通知》进一步指出:“***契约型基金本身不具备法律实体地位,其与基金管理人的关系为信托关系***,因此契约型基金无法采用自我管理,且***需由基金管理人代其行使相关民事权利***”。

《鼎鑫6号私募投资基金基金合同》第十二条第(三)款约定:“全体基金份额持有人在此授权并同意:***基金管理人***有权代表本基金以自己的名义与相关方签署基金投资相关文件与协议。基金管理人仅代表本基金签署相关协议,相关协议的权利义务全部由本基金实际享有和承担。基金管理人代表本基金持有的财产份额实际归属于本基金,相关财产权益、投资收益、风险或亏损亦由本基金实际享有和承担”。

②鼎鑫6号在客观上无法办理作为汉富瀚宽有限合伙人的工商登记手续

《中华人民共和国合伙企业法》第九条规定:“申请设立合伙企业,应当向企业登记机关提交登记申请书、合伙协议书、合伙人身份证明等文件”。《中华人民共和国市场主体登记管理条例》第十六条规定:“申请办理市场主体登记,应当提交下列材料:(一)申请书;(二)申请人资格文件、自然人身份证明;(三)住所或者主要经营场所相关文件;(四)公司、非公司企业法人、农民专业合作社(联合社)章程或者合伙企业合伙协议;(五)法律、行政法规和国务院市场监督管理部门规定提交的其他材料……”。

鼎鑫6号为契约型私募基金产品,本身不具有法律实体地位,在客观上无***法办理作为***汉富瀚宽***有限合伙人的工商登记手续***。

③基金管理人代表契约型私募基金作为名义出资人属于行业惯例

澳华内镜(688212)、奥精医疗(688613)、阳光诺和(688621)等已过会的科创板企业均存在***股东系契约型私募基金,并由其基金管理人作为名义出资人***的情形,该等安排符合行业惯例。

点评

1. 契约型基金不具有法律实体地位,一定要有基金管理人代其行使民事权利,这在理论与实务中没有任何争议。

2. 契约型私募投资基金是IPO中常说的三类股东之一,IPO时,在满足“间接股东+持股比例小+产品备案+管理人登记+充分披露”多个条件后,可以不用清理，详见本系列已经出版的第一册《IPO问询疑难点论证及案例剖析》中“疑难点15 三类股东”。

综上，诺远资产代表鼎鑫6号作为工商登记主体持有汉富瀚宽财产份额的行为系基金管理人代表私募基金实施的有效法律行为，具有资格适格性。

(2)鼎鑫6号穿透后的上层股东资格适格性

鼎鑫6号穿透后持有发行人***10万股以上***的机构股东为北京诺远控股有限公司、汉富控股有限公司、珲泽实业有限公司、诺远资产。前述机构股东均为有效存续的有限责任公司，不存在根据法律、法规需要终止或解散的情形；诺远资产作为私募基金管理人，已纳入国家金融监管部门有效监管，已按照规定完成私募基金管理人登记(登记编号：P1032266)；前述机构股东与本次发行中介机构及其负责人、高级管理人员、经办人员不存在亲属关系、关联关系、委托持股、信托持股或其他利益输送安排，不存在以发行人股份进行不当利益输送的情况。

鼎鑫6号穿透后持有发行人***10万股以上***的自然人股东为孔淡崧、李明晖、韩学渊，前述人士不属于证监会系统离职人员，不属于法律法规规定禁止持股的主体，与本次发行中介机构及其负责人、高级管理人员、经办人员不存在亲属关系、关联关系、委托持股、信托持股或其他利益输送安排，未以发行人股份进行不当利益输送。

综上，经核查，保荐机构和发行人律师认为，汉富瀚宽及其穿透后持有发行人股份数量不少于10万股的上层股东具备成为发行人适格股东的资格。

点评

在此案例的嵌套结构中，上层基金的资金是募集来的，需要履行产品备案手续，但下层基金由于不是非公开募集，本来产品可以不用备案。当然，产品备一下案也不麻烦。在下一个案例“1－6 新巨丰 2021－09”中，下层基金就没有备案。

1-6 新巨丰 2021-09

首轮问询回复显示:

(1)发行人总共18名非自然人股东,其中6名股东已取得私募基金备案资格,其余12名股东不属于私募投资基金。此外,历史上部分股东入股和转让发行人股份的定价存在较大差异,但相关分析论证不够充分。

(2)珠海聚丰瑞持有发行人1.21%的股份,未在中国基金业协会登记备案,其执行事务合伙人为袁训军,有限合伙人包括宁波梅山保税港区华点创世股权投资合伙企业(以下简称华点创世)。华点创世穿透后的合伙人包括杭州华点投资管理有限公司、宁波梅山保税港区亿曼特投资管理合伙企业(以下简称亿曼特投资),其中华点创世已在中国基金业协会登记备案。

请发行人:结合私募基金监管规定,相关股东基本情况及相关案例情况等,说明珠海聚丰瑞的合伙人中包括已在中国基金业协会登记备案的私募基金是否实质上属于"募集资金行为",其自身未履行登记备案程序是否合法合规。

| 回复 |

1.相关股东基本情况

珠海聚丰瑞的有限合伙人华点创世已于2016年12月28日办理了私募基金***备案***,基金编号为SR0732,其私募基金管理人杭州华点投资管理有限公司已于2016年7月20日办理了私募基金***管理人登记***,登记编号为P1032343。

华点创世属于有限合伙企业,基本情况如下:

名称	宁波梅山保税港区华点创世股权投资合伙企业(有限合伙)
类型	***有限合伙企业***
执行事务合伙人	杭州华点投资管理有限公司

2017年4月28日,华点创世签署《珠海聚丰瑞股权投资管理合伙企业(有限合伙)合伙协议》,约定华点创世认缴147.6444万元出资额,成为珠海聚丰瑞的***有限合伙人***。

发行人股东珠海聚丰瑞***未以任何形式向特定投资者募集资金,也未管理任何私募投资基金,珠海聚丰瑞未办理私募投资基金备案***。

2.私募基金监管规定

《私募投资基金监督管理暂行办法》(以下简称《暂行办法》)第二条规定,"本办法所称私募投资基金(以下简称私募基金),是指在中华人民共和国境内,以***非公开方式***向投资者***募集资金***设立的投资基金。私募基金财产的投资包括买卖股票、股权、债券、期货、期权、基金份额及投资合同约定的其他投资标的。***非公开募集资金***,以进行投资活动为目的设立的公司或者合伙企业,资产由基金管理人或者普通合伙人管理的,其登记备案、资金募集和投资运作适用本办法。……”

《私募投资基金募集行为管理办法》第二条规定,“……本办法所称募集行为包含推介私募基金,发售基金份额(权益),办理基金份额(权益)认/申购(认缴)、赎回(退出)等活动。”

《中华人民共和国合伙企业法(2006修订)》第二十条规定,“合伙人的出资、以合伙企业名义取得的收益和依法取得的其他财产,***均为合伙企业的财产***。”

根据上述规定,华点创世属于经备案的私募基金,华点创世***募集的资金由其合伙人以出资方式投入华点创世即成为其合伙企业财产,华点创世以其合伙企业自有财产对珠海聚丰瑞进行出资***,在该过程中,珠海聚丰瑞并***未从事推介私募基金***,发售基金份额(权益),办理基金份额(权益)认/申购(认缴)、赎回(退出)等资金募集行为,珠海聚丰瑞自身***不属于《暂行办法》规定的私募基金***。

3. 相关案例情况

在以下市场案例中,***经备案的私募基金通过有限合伙企业平台投资入股***相关实体企业,涉及的有限合伙企业平台均***未办理私募基金备案***:

私募基金(已备案)	私募基金投资的合伙企业(未备案)	未备案合伙企业投资的实体企业(已上市)
青岛海尔股权投资基金企业(***有限合伙***)	长兴乾重企业管理咨询合伙企业(***有限合伙***)	上海德必文化创意产业发展(集团)股份有限公司(SZ. 300947)
中电科(成都)网络安全股权投资基金合伙企业(***有限合伙***)	中电科(天津)网络信息科技合伙企业(***有限合伙***)	天融信科技集团股份有限公司(SZ. 002212)
中电电子信息产业投资基金(天津)合伙企业(***有限合伙***)		
天津歌斐鑫股权投资基金合伙企业(***有限合伙***)	天津达晨盛世股权投资基金合伙企业(***有限合伙***)	广州鹏辉能源科技股份有限公司(SZ. 300438) 广东东方精工科技股份有限公司(SZ. 002611) 惠州硕贝德无线科技股份有限公司(SZ. 300322) 广州博济医药生物技术股份有限公司(SZ. 300404)

综上,珠海聚丰瑞的合伙人包括已在中国证券基金业协会登记备案的私募基金华点创世***不属于"募集资金行为"***,珠海聚丰瑞自身***不属于私募基金,其不需要办理私募基金备案***,也不存在违反私募基金备案登记相关法规的行为。

点评

1. 以非公开方式向投资者募集资金设立的私募投资基金才需要备案,而以自有资金出资的私募投资基金,无须履行备案手续。

2. 本案例属于合伙企业嵌套合伙企业,上层合伙企业华点创世已经备了案,而下层合伙企业珠海聚丰瑞因为没有非公开募集资金,不用备案。此案例与上个案例"1-5 新通药物 2022-05"不同的是,上个案例是契约型基金嵌套合伙企业,上下层基金都有备案,而此案例是合伙企业套合伙企业,下层基金没有备案。其实,备一下案也不麻烦,备了反倒不用多加解释。

疑难点1-2　代持

《监管规则适用指引——关于申请首发上市企业股东信息披露》第1条就要求发行人股东在提交申请前依法清理股权代持:

发行人应当真实、准确、完整地披露股东信息,发行人历史沿革中存在股份代持等情形的,应当在提交申请前依法解除,并在招股说明书中披露形成原因、演变情况、解除过程、是否存在纠纷或潜在纠纷等。

法律法规并不排斥股权代持的存在,但有些特殊行业却不允许,如《商业银行股权管理暂行办法》(中国银行业监督管理委员会令2018年第1号)第12条规定:

商业银行股东不得委托他人或接受他人委托持有商业银行股权。商业银行主要股东应当逐层说明其股权结构直至实际控制人、最终受益人,以及其与其他股东的关联关系或者一致行动关系。

股权代持会模糊、复杂化企业的股权结构,影响企业控制权的清晰、稳定,是上市的红线,中介机构若识别出来,应当责令企业在提交申请之前全部彻底清理,否则股东会不适格。股权代持的更多内容,详见本系列已经出版的第一册《IPO

问询疑难点论证及案例剖析》中“疑难点 14 股权代持”。

1－7　盘古智能 2021－10

申报材料显示:2017 年 3 月,海纳瑞科设立时注册资本为 100 万元,由盘古有限及关联公司员工邵胜利、李昌健分别持股 65%、35%,均系为盘古有限代持。邵胜利、李昌健均为盘古有限及关联公司的员工。2020 年 2 月,盘古有限通过法院诉讼方式解除海纳瑞科的股权代持关系。

请发行人说明:股份代持的原因,股权代持及解除的具体过程;代持协议的主要内容,是否通过代持规避相关法律法规,代持期间代持人是否参与发行人及子公司的经营,股权代持及解除中,是否有签署股权代持协议/解除代持协议、转账凭证、资金流水证明等证据证明;相关股权代持/解除是否存在潜在纠纷或争议。

｜回复｜

海纳瑞科股权代持事宜的***代持***时段为 2017 年 3 月至 2020 年 3 月。代持期间,邵胜利先后为邵安仓、李玉兰实际控制的企业瑞恩机械、海纳瑞科、盘古有限的员工,一直从事后勤管理工作;李昌健为盘古有限的员工,从事研发工作。

海纳瑞科设立时,为了规避海纳瑞科经营性风险对盘古有限的影响,盘古有限让邵胜利、李昌健代为持有相应股权并签署了股权代持协议。海纳瑞科股权代持及解除过程如下:

1. 海纳瑞科设立时的股权代持

2017 年 3 月 15 日,邵胜利、李昌健共同签署《青岛海纳瑞科自动控制技术有限公司章程》,约定共同出资设立海纳瑞科,海纳瑞科注册资本 100.00 万元,其中邵胜利出资 65.00 万元,李昌健出资 35.00 万元。

2017 年 3 月 23 日,盘古有限与邵胜利签订《***股权代持协议书***》,约定盘古有限委托邵胜利代为持有海纳瑞科 65.00% 股权(65.00 万元认缴注册资本),***代持期间为 2017 年 3 月至 2019 年 3 月***。2017 年 3 月 23 日,盘古有限与李昌健签订《股权代持协议书》,约定盘古有限委托李昌健代为持有海纳瑞科 35.00% 股权(35.00 万元认缴注册资本),代持期间为 2017 年 3 月至 2019 年 3 月。根据访谈确认,盘古有限与邵胜利、李昌健***口头约定了股权代持费用为 2 万元***。

2018 年,海纳瑞科出具《股东出资证明书》,证明:截至 2018 年 3 月 21 日,邵胜利累计向海纳瑞科缴纳出资 61.00 万元。根据邵胜利的访谈与中国农业银行出具的《网上银行电子回单》等***支付凭证***,邵胜利向海纳瑞科 61.00 万元的出资由盘古有限提供。

点评

1. 股权代持对内不对外,即双方知道,外部人可能不知晓。所以,仅由二人出示代持协议,承认代持关系还远远不够,一般还需要资金来源、分红等银行流水辅助证明。

2. 代持最好用银行转账方式留一手痕迹,要是用现金,怕日后跳到黄河也洗不清。如本案例中,实际出资人——盘古有限有向名义持有人——邵胜利、李昌健出资的转账凭证,便是有力的证明,后面闹到法院去,盘古有限也是有理有据。

2. 海纳瑞科代持还原

在盘古有限推进上市的过程中,为了业务整合,盘古有限要求邵胜利、李昌健***以股权转让的方式还原股权代持***。

点评

清除股权代持的方法有还原、清退、转让给第三方、平移等。本案例中,被代持人——盘古有限要求代持人——邵胜利、李昌健将股权转回给自己,属于还原的方法。清除股权代持的方法在本系列已经出版的第一册《IPO 问询疑难点论证及案例剖析》中“疑难点 14 股权代持”已有详细的阐述。

2019 年 6 月 10 日,盘古有限分别向邵胜利、李昌健发出《关于进行股权变更的通知函》,要求邵胜利、李昌健将其代持的股权转让给盘古有限;邵胜利、李昌健辩称盘古有限未能兑现代持股费用,拒绝股权变更。因海纳瑞科股东资格确认存在纠纷,盘古有限起诉至山东省青岛市城阳区人民法院。

2020 年 1 月 21 日,山东省青岛市城阳区人民法院出具《民事判决书》[(2019)鲁 0214 民初 10696 号],判决:盘古有限为海纳瑞科的股东,持有海纳瑞科 100.00% 股权;邵胜利、李昌健应在本判决书生效之日起 10 日内将相应股权变更至盘古有限名下;海纳瑞科应在本判决书生效之日起 10 日内将相应股东变更在市场监管部门备案。

2020 年 3 月 2 日，青岛市城阳区人民法院出具《执行裁定书》[（2020）鲁 0214 执 610 号]，裁定：青岛市城阳区人民法院（2019）鲁 0214 民初 10696 号民事判决书执行完毕，予以结案。

根据邵胜利、李昌健的访谈，邵胜利、李昌健已分别收到盘古有限支付的***代持费用 2 万元***，对海纳瑞科股权不存在争议。

点评

代持解除过程有纠纷，像本案例为了 2 万元的代持费闹到法院去，对股东资格的认定很不利。

综上所述，海纳瑞科股权代持与还原不违反法律、行政法规的强制性规定，不存在通过代持规避相关法律法规的情形，代持期间代持人不参与发行人及子公司的经营，股权代持及解除已履行完毕，不存在潜在纠纷或争议。

1－8　锡南科技 2022－07

申请文件及首轮问询回复显示：发行人曾于 2011—2017 年期间为无锡瑞盛代持无锡农商行的股份。无锡瑞盛的股东为张瑞庆、张盛，首轮问询回复未说明二人的基本情况。

请发行人：说明发行人曾代持上市公司无锡农商行的股份，是否违反当时金融监管或发行上市审核相关规定，是否构成利益输送或存在其他未披露利益安排；结合上述情况，说明发行人及其实际控制人是否存在被处罚的风险。

｜回复｜

一、发行人曾代持上市公司无锡农商行的股份，是否违反当时金融监管或发行上市审核相关规定

2011 年，无锡农商行在其届时的全体法人股东范围内定向增资扩股，发行人当时为其股东，***具有认购资格***。无锡瑞盛股东张瑞庆与发行人实际控制人李忠良系***朋友关系***。因无锡瑞盛***看好无锡农商行发展前景***却无认购资格，因此，经双方协商，发行人代无锡瑞盛持有无锡农商行 100 万股股份（以下简称“本次代持”），代持股份数占当时无锡农商行定向增资扩股后股份总数的***0.08%***，发行人自持及代持的股份数合计占当时无锡农商行定向增资扩股后股份总数的***0.2992%***。

2017年10月,发行人***通过A股二级市场卖出上述代持的全部股份,代持关系解除***。

点评

1. 看好××所处行业和未来发展前景是投资入股的万能理由。

2. 代持人锡南科技将代持的股份在二级市场转让出去,代持解除。

1. 发行人是否违反当时金融监管的相关规定

《最高人民法院关于适用〈中华人民共和国公司法〉若干问题的规定(三)》(法释〔2011〕3号,2011年2月实施)第二十五条规定,“有限责任公司的实际出资人与名义出资人订立合同,约定由实际出资人出资并享有投资权益,以名义出资人为名义股东,实际出资人与名义股东对该合同效力发生争议的,如无合同法第五十二条规定的情形,人民法院应当认定该合同有效。”即在《公司法》层面,***股权代持系经司法实践认可的行为***。

上述代持发生时,当时有效的有关商业银行股权监管的法律、法规、规范性文件主要包括《中华人民共和国商业银行法(2003修正)》(以下简称“《商业银行法》”)、《中华人民共和国银行业监督管理法(2006修订)》(以下简称“《银行业监督法》”)、《中国银监会中资商业银行行政许可事项实施办法(2006)》(中国银行业监督管理委员会令〔2006〕第2号,以下简称“《许可办法2006》”)。根据上述当时有效的规定,境内非金融机构作为股份制商业银行法人股东的条件(《许可办法2006》第十二条和第六十四条第一款)中亦未明确禁止股权代持,且对于商业银行股东的监管,主要系针对持股5%以上的主要股东,该等股东资格需经前置审批许可,持股1%以下股东不涉及行政许可和备案程序,因此发行人为无锡瑞盛代持无锡农商行股份的行为在发生时未违反当时有效的监管规定。

2018年1月,针对商业银行股权管理的专项规定《商业银行股权管理暂行办法》(中国银行业监督管理委员会令2018年第1号,2018年1月5日实施)颁布,其明确“***商业银行股东不得委托他人或接受他人委托持有商业银行股权***。”***此时,代持事项已解除***,不存在违反《商业银行股权管理暂行办法》的情形。

综上,发行人为无锡瑞盛代持无锡农商行股份的行为在发生时未违反***当时有效***的监管规定,股份代持的事实状态已于***2017年10月消除***,对此,双方不存在任何纠纷。

点评

《商业银行股权管理暂行办法》规定，商业银行的股东不允许找人代持股权。但《商业银行股权管理暂行办法》是在2018年1月才生效的，生效前，本案例的股份代持已经解除。

2. 发行人是否违反发行上市审核的相关规定

无锡农商行于2016年8月首次公开发行股票并上市，无锡农商行上市时适用的《首次公开发行股票并上市管理办法(2015修正)》第十三条规定："***发行人的股权清晰***，控股股东和受控股股东、实际控制人支配的股东持有的发行人股份不存在重大权属纠纷。"无锡农商行发行上市时，发行人持有无锡农商行***0.2992%***的股份，不属于无锡农商行的控股股东或实际控制人支配的股东，其股份代持事项不违反当时发行上市审核的法律法规，不实质影响无锡农商行的上市条件。

综上，发行人为无锡瑞盛代持无锡农商行股份的行为在发生时未违反***当时有效***的金融监管或发行上市审核相关规定。

点评

1. 法律法规并没有禁止股权代持，但股权代持会模糊、复杂化企业的股权结构，影响控制权的稳定，是企业上市的红线。中介机构若识别出来，应当责令企业在申报之前全部彻底清理掉。

2. 本案例中，发行人虽然只代持上市公司无锡农商行0.2992%的股份，但若依现行上市审核的要求，不管代持多少，一定得清理。

二、是否构成利益输送或存在其他未披露利益安排

经访谈张瑞庆和张正明(张正明系张瑞庆之配偶、张盛之母)，查阅张瑞庆、张盛、张正明出具的《调查表》、代持相关资金流水和书面协议、查阅发行人及其实际控制人报告期内的银行流水，取得发行人及其实际控制人出具的有关书面确认，本次代持系基于***朋友关系***形成的投资安排，有关委托持股涉及的资金流转情况清晰且均已结清，各方亦已就代持关系的建立和解除签署书面协议确认，无任何争议纠纷。

此外，报告期内除因股权代持关系解除产生资金往来外，***发行人及其实际控

制人等关系密切人员与张瑞庆、张盛不存在其他资金或业务往来,基于上述核查和双方书面确认,发行人为无锡瑞盛代持无锡农商行股份的情形不构成利益输送,不存在其他未披露利益安排。

三、结合上述情况,说明发行人及其实际控制人是否存在被处罚的风险

发行人为无锡瑞盛代持无锡农商行股份的行为在发生时未违反当时有效的监管规定,股份代持的事实状态已于 2017 年 10 月消除;股份代持事项未曾违反发行上市审核的相关规定。

经查询涉及商业银行股东资格的相关法律、法规、规范性文件,其均***未针对持股 1% 以下股东设置处罚规定***,发行人及其实际控制人不属于处罚对象;此外,《中华人民共和国行政处罚法(2021 修订)》第三十六条规定:"违法行为在***二年内***未被发现的,不再给予行政处罚;涉及公民生命健康安全、金融安全且有危害后果的,上述期限延长至***五年***。"股份代持事项于 2017 年 10 月解除,***至今已超过 2 年***且不属于"涉及公民生命健康安全、金融安全且有危害后果的"情形,故即使存在行政处罚事项,发行人及其实际控制人亦不会因此被处以行政处罚。此外,发行人的实际控制人李忠良、李明杰出具***承诺***,如发行人因本次代持事项受到任何行政处罚或产生任何法律纠纷,发行人实际控制人将全额承担所有连带责任并赔偿发行人因此遭受的损失。

点评

行政处罚的追溯时效一般是 2 年,最长也不超过 5 年。本案例中,即使发行人为无锡瑞盛代持无锡农商行股份的行为违反了《商业银行股权管理暂行办法》的规定,也超过了行政处罚最长 5 年的追溯期限,没有被处罚的风险。

综上所述,发行人及其实际控制人不存在因曾代持无锡农商行股份事项受到行政处罚的风险。

疑难点 1 - 3　证监会系统离职人员

为了在金融系统反腐,2021 年 5 月,中国证券监督管理委员会发布了《监管规则适用指引——发行类第 2 号》,明确了证监会系统离职人员入股拟公开发行并上市或新三板精选层挂牌企业的核查要求,要求中介机构做好证监会系统离职人员入股的核查工作。上海证券交易所等表示,将始终坚持从严监管,发现系统离职人员入股拟上市企业的,无论持股数量多少、比例高低,都将按照防范离职人员不当入股相关规定开展审核工作。

1. 专项说明

《监管规则适用指引——发行类第 2 号》第 2 条要求,发行人及中介机构在提交发行申请文件时,应当提交专项说明,专项说明包括以下内容:

(一)是否存在离职人员入股的情形;

(二)如果存在离职人员入股但不属于不当入股情形的,应当说明离职人员基本信息、入股原因、入股价格及定价依据、入股资金来源等;离职人员关于不存在不当入股情形的承诺;

(三)如果存在离职人员不当入股情形的,应当予以清理,并说明离职人员基本信息、入股原因、入股价格及定价依据、清理过程、是否存在相关利益安排等。

其中,不当入股是核查的重中之重,《监管规则适用指引——发行类第 2 号》第 3 条规定:

不当入股情形包括但不限于:

(一)利用原职务影响谋取投资机会;

(二)入股过程存在利益输送;

(三)在入股禁止期内入股;

(四)作为不适格股东入股;

(五)入股资金来源违法违规。

这里的入股禁止期,是指副处级(中层)及以上离职人员离职后 3 年内、其他离职人员离职后 2 年内。

2. 离职人员的范围

《监管规则适用指引——发行类第 2 号》第 7 条规定,该指引规范的离职人员是指:

发行人申报时相关股东为离开证监会系统未满十年的工作人员,具体包括从证监会会机关、派出机构、沪深证券交易所、全国股转公司离职的工作人员,从证监会系统其他会管单位离职的会管干部,在发行部或公众公司部借调累计满 12

个月并在借调结束后三年内离职的证监会系统其他会管单位的非会管干部,从会机关、派出机构、沪深证券交易所、全国股转公司调动到证监会系统其他会管单位并在调动后三年内离职的非会管干部。

3. 豁免核查、清理的范围

以下情形不适用《监管规则适用指引——发行类第 2 号》规定的核查范围,它与普通股东的豁免核查范围差不多:

(1)离职人员入股属于发行人在全国中小企业股份转让系统挂牌期间通过集合竞价、连续竞价、做市交易等公开交易方式、参与向不特定合格投资者公开发行股票配售增加的股东,以及因继承、执行法院判决或仲裁裁决取得发行人股份的股东。

(2)通过上市公司、新三板挂牌企业入股发行人的。

上述两种豁免核查的情形,其实也是豁免清理掉的情形。

除此之外,如果股东人数过多,如存在工会、职工持股会,一一核查不太现实,可结合“疑难点 1 股东适格性”之“四、核查范围”的规定,重点核查直接或间接持有发行人股份数量不少于 10 万股或持股比例不低于 0.01% 的股东即可,具体操作可参考案例“8 - 11 灿勤科技 2021 - 10”。

存在证监会系统离职人员入股,最明智的做法是清理掉。但从一些案例来看,如果不属于上文两种无须核查、清理的情形,证监会系统离职人员在股权结构高层级、间接地持有发行人很小比例的股份,也可以不清理,参见案例“1 - 9 BYD 半导 2022 - 04”。

1 - 9 BYD 半导 2022 - 04

请发行人按照中国证监会《监管规则适用指引——关于申请首发上市企业股东信息披露》《监管规则适用指引——发行类第 2 号》(以下简称《发行指引 2 号》)等规定,说明直接或间接持有发行人股份的主体具备法律、法规规定的股东资格,是否存在《发行指引 2 号》规定的证监会系统离职人员不当入股发行人的情形。

| **回复** |

发行人及中介机构已严格按照《监管规则适用指引——关于申请首发上市企

业股东信息披露》、《***监管规则适用指引——发行类第2号***》等规定的要求对直接或间接持有发行人股份的主体是否具备法律、法规规定的股东资格及是否存在证监会系统离职人员不当入股发行人的情形进行核查，逐条认真落实核查工作，具体情况详见《中国国际金融股份有限公司关于比亚迪半导体股份有限公司股东信息披露的***专项核查***报告》及《北京市天元律师事务所关于比亚迪半导体股份有限公司股东信息披露***专项核查***报告》。

现就发行人直接或间接股东中是否存在证监会系统离职人员不当入股发行人的情形补充说明如下：发行人的***直接股东***为45名机构股东，不存在自然人股东；发行人的***间接股东***中是否存在证监会系统离职人员不当入股发行人的情形具体如下：

1. 直接股东博华创业的间接股东中存在证监会系统离职人员，直接股东小米产业基金的间接股东中曾存在证监会系统离职人员。

博华创业系发行人的***直接***股东，博华创业的***第五层***自然人股东杨小松、孔令雯、吴增涛属于证监会系统离职人员，其***间接***持有发行人比例低于***0.01%***。经查询国家企业信用信息公示系统及工商档案，杨小松、孔令雯、吴增涛分别于2019年3月入股厦门合泽祥企业管理合伙企业（有限合伙）（“厦门合泽祥”）、厦门合泽益企业管理合伙企业（有限合伙）（“厦门合泽益”）。根据中国***证监会***于2019年7月24日出具的《关于核准南方基金管理股份有限公司变更股权的批复》（证监许可[2019]1361号），同意核准厦门合泽祥、厦门合泽益等有关企业认缴南方基金管理股份有限公司（以下简称“南方基金”）新增注册资本。根据中国证监会的前述批复、南方基金官网介绍以及南方基金于2019年8月1日发布的《关于公司股东及股东出资比例变更的公告》，经中国证监会核准，南方基金完成实施员工持股计划，通过员工持股和股东增资，注册资本增至36,172万元人民币，厦门合泽祥、厦门合泽益成为南方基金的股东。发行人未能通过博华创业取得杨小松、孔令雯、吴增涛的其他入股资料及书面确认，但鉴于厦门合泽祥、厦门合泽益入股南方基金事宜已经过中国***证监会核准***，且厦门合泽祥、厦门合泽益***所在发行人间接股东的层级较高***，杨小松、孔令雯、吴增涛间接持有发行人的股份比例合计***低于0.01%***，因此该等事宜不会对本次发行上市构成实质性法律障碍。

点评

证监会系统离职人员只是在股权结构高层级上间接地持有发行人很小比例的股份,可以考虑不清理。如本案例中,3名证监会系统离职人员在股权结构的第五层,且间接合计的持股比例低于0.01%,加之先前通过合伙企业入股公募基金得到中国证券监督管理委员会的核准,后面才成为发行人的间接小股东。有了中国证券监督管理委员会的加持,故未清理。

小米产业基金系发行人直接股东,证监会系统离职人员王宝桐曾通过杭州三仁焱兴投资合伙企业(有限合伙)("三仁焱兴")***间接***持有小米产业基金的权益,为其间接股东。根据三仁焱兴工商档案,截至2022年2月,王宝桐***已不再持有***三仁焱兴财产份额。

点评

证监会系统离职人员入股拟上市公司,无论是间接还是直接持股,持股多少,把股份清理掉都是最佳选择。

2. 直接股东系上市公司或上市公司的全资子公司不适用其间接股东是否存在证监会系统离职人员不当入股的规定。

发行人的直接股东比亚迪股份、华强实业系上市公司,发行人的直接股东中金浦成、英创盈分别系上市公司中金公司、深圳市英威腾电气股份有限公司的全资子公司。根据《监管规则适用指引——发行类第2号》的规定,***通过上市公司入股发行人的,不适用该指引***。因此,比亚迪股份、华强实业、中金浦成、英创盈等四名股东无需适用其***间接***股东中是否存在证监会系统离职人员不当入股的规定。

点评

《监管规则适用指引——发行类第2号》给了两个证监会系统离职人员豁免核查的范围:一是发行人在新三板期间通过集合竞价、连续竞价、做市交易、公开配售等公开交易等方式进入的;二是通过上市公司、新三板挂牌企业入股的。此处的情形属于后者,无须核查、清理。

3. 除上述第(1)项及第(2)项外的其他直接股东的间接股东(穿透至最终持有人)中不存在证监会系统离职人员。

根据除上述第(1)项及第(2)项外的其他机构股东出具的确认函,其他直接股东的间接股东中(***穿透至最终持有人***)不存在证监会系统离职人员,也不存在证监会系统离职人员不当入股发行人的情形。

4. 截至本问询函回复出具之日,发行人不存在证监会系统"离职人员"入股的重大媒体质疑。

1-10　美硕科技 2022-04

申报材料显示:中介机构的《股东信息披露专项核查报告》显示,发行人间接股东历史上曾存在证监会系统离职人员,但截至目前已退出发行人。具体而言,平阳欧硕的历史基金管理人/执行事务合伙人为杭州兆恒投资管理有限公司(以下简称兆恒投资),兆恒投资的实际控制人薛青锋为证监会系统离职人员。2021年9月,兆恒投资将其持有的全部平阳欧硕财产份额(即1.92%的财产份额,对应实缴出资额20万元)以人民币141.29万元的价格转让给上海浚泉信,并将平阳欧硕的执行事务合伙人及基金管理人变更为上海浚泉信。

请发行人说明:

一、薛青锋曾经入股发行人的入股原因、持股数量及比例、入股价格及定价依据、入股资金来源等,并提供离职人员关于不存在不当入股情形的承诺

| 回复 |

经核查,薛青锋作为杭州兆恒投资管理有限公司(以下简称"兆恒投资")的股东,直接持有兆恒投资60%的股权。兆恒投资于2020年10月至2021年9月期间持有平阳欧硕1.92%的出资份额,担任平阳欧硕的基金管理人/执行事务合伙人,并通过平阳欧硕间接持有发行人股份。平阳欧硕持有发行人800,000股股份,占发行人总股本的比例为1.48%。

薛青锋曾经入股发行人的入股原因、持股数量及比例、入股价格及定价依据、入股资金来源如下:

入股原因	间接持股数量	持股比例	入股价格	定价依据	入股资金来源
看好发行人所处行业和未来发展前景	*9,216股*	*0.0171%*	平阳欧硕以*12.99*元/股的价格入股发行人	平阳欧硕经与发行人协商,以2020年预计净利润确定价格	合法自有资金

点评

1. 证监会系统离职人员入股拟上市企业担心的是利益输送、腐败,所以,持股比例大小、入股价格是否公允、资金来源一定得解释清楚。

2. 该案例中,证监会系统离职人员——薛青锋在发行人的持股比例高于0.01%,由于身份特殊,在对腐败"零容忍"的大环境下,最后清理掉了。

薛青锋已出具《关于不存在不当入股情形的承诺函》,具体内容如下:

"本人于2020年10月30日通过平阳欧硕股权投资合伙企业(有限合伙)间接入股浙江美硕电气科技股份有限公司不存在中国证券监督管理委员会《监管规则适用指引——发行类第2号》所规定的如下***不当入股***情形:

(一)利用原职务影响谋取投资机会;

(二)入股过程存在利益输送;

(三)在入股禁止期[副处级(中层)及以上离职人员离职后三年内、其他离职人员离职后二年内]内入股;

(四)作为不适格股东入股;

(五)入股资金来源违法违规。"

点评

《监管规则适用指引——发行类第2号》明确,证监会系统离职人员存在利用原职务影响谋取投资机会、入股过程存在利益输送、在入股禁止期内入股、作为不适格股东入股、入股资金来源违法违规等情形,属于不当入股。

二、兆恒投资将其持有的全部平阳欧硕财产份额转让给上海浚泉信的交易价格及定价公允性，上海浚泉信受让相关财产份额的资金来源、支付方式

｜回复｜

2021 年 8 月 27 日，兆恒投资与上海浚泉信签署了《关于在平阳欧硕股权投资合伙企业（有限合伙）的财产份额转让协议书》，将其持有的全部平阳欧硕财产份额（即 1.92% 的财产份额，对应实缴出资额 20 万元）以人民币***141.29*** 万元的价格转让给上海浚泉信，并将平阳欧硕的执行事务合伙人及基金管理人变更为上海浚泉信。经核查，前述份额转让的价格由转让双方协商确定，***定价公允***。

根据对本次转让双方的访谈并核查其价款支付凭证，上海浚泉信受让相关财产份额的资金来源为自有资金，上海浚泉信已根据协议约定以银行转账的方式完成全部财产份额转让价款的支付。

1－11　德芯科技 2022－06

申报文件显示：

(1)祥智投资、蔡曼莉为发行人在全国中小企业股份转让系统挂牌后新增股东，其中祥智投资执行事务合伙人为和易瑞盛资产管理有限公司，蔡曼莉持有和易瑞盛资产管理有限公司 15% 的股权并任经理。

(2)《关于发行人股东信息披露的专项核查报告》显示，发行人股东中存在证监会系统离职人员蔡曼莉、黄晓萍、刘刚入股发行人的情形，其中刘刚、蔡曼莉的交易对手方均为于铁艳。

请发行人：

一、说明于铁艳持有发行人股份背景、持股变动情况、资金来源；刘刚直接入股时间晚于蔡曼莉入股时间，但入股价格显著低于蔡曼莉入股价格的合理性；于铁艳、刘刚、蔡曼莉、黄晓萍是否存在代他人持有发行人股份的情形

｜回复｜

1.说明于铁艳持有发行人股份背景、持股变动情况、资金来源

于铁艳于 2016 年 12 月通过***股转系统***购入发行人股票。入股时，于铁艳查阅了发行人披露的年度报告等，认为发行人的业绩良好且较为稳定，***看好发行人的发展前景***，故以约***18.60 元/股***的价格，购入了***376,000 股***发行人股票。***入股价格参考了当时发行人股票在二级市场的价格***，资金来源为自有资金。

于铁艳持有的发行人股份变动情况如下：

时间	转让方	受让方	转让股数	转让价格
2017年6月	于铁艳	蔡曼莉	***161,000*** 股	***18.62*** 元/股
2019年6月		刘刚	***215,000*** 股	***8.98*** 元/股

点评

1. 证监会系统离职人员于铁艳入股的价格参考了当时发行人股票在二级市场的价格。坦白讲，新三板中绝大多数挂牌公司是一潭死水，交易频率、数量、金额都非常低，甚至股价可以被轻易操控。所以，新三板挂牌公司的股价没有多少参考意义。《监管规则适用指引——发行类第2号》豁免核查、清理的范围强调的是“在全国中小企业股份转让系统挂牌期间通过集合竞价、连续竞价、做市交易等公开交易方式、参与向不特定合格投资者公开发行股票配售增加的股东”，这是因为集合竞价、连续竞价、做市交易的成交价格相对比较公允。

2. 如此处，于铁艳不是通过集合竞价、连续竞价、做市交易等公开交易方式入股的。时隔两年，转让价格一个18.62元/股，一个8.98元/股，说价格公允，实在难以服众。

2017年6月，于铁艳考虑其持有发行人股票数量较多，拟转让部分发行人股票，其朋友蔡曼莉亦***看好发行人发展前景***，但由于发行人***股票在二级市场成交量小***，且蔡曼莉通过公开渠道较难获取转让意向等信息，因此，蔡曼莉在得知于铁艳的转让意向后，愿意购买于铁艳持有的发行人股票。双方就此事进行协商并达成一致，于铁艳按照当时适用的股转系统交易规则，将其持有的***161,000***股发行人股票以***18.62***元/股的价格，一次性转让给了蔡曼莉，转让价格参考并高于发行人股票在二级市场的价格[*14.96*元/股，该价格为转让当天前60个交易日发行人股票成交均价(前复权)]。

2019年，于铁艳因拟入职野村东方国际证券有限公司，需注销证券账户，其朋友刘刚亦***看好发行人发展前景***，但刘刚考虑到发行人股票在二级市场成交量小，价格波动较大，故一直未从二级市场购入。刘刚在得知于铁艳的转让意向后，愿意购买于铁艳持有的发行人股票，双方就此事进行协商并最终达成一致。于铁艳按照当时适用的股转系统交易规则，在注销其账户前将其持有的剩余**215,000**股发行人股票以**8.98**元/股的价格，一次性转让给刘刚，转让价格参考并高于发行人股票在二级市场的价格[7.32元/股，该价格为转让当天前60个交易日发行人股票成交均价(前复权)]。

除上述两次转让外，于铁艳曾持有的发行人股票不存在其他变动情形。

2. 刘刚直接入股时间晚于蔡曼莉入股时间，但入股价格显著低于蔡曼莉入股价格的合理性

2017年6月至2019年6月期间，发行人股票价格存在较明显的下跌，具体情况如下：

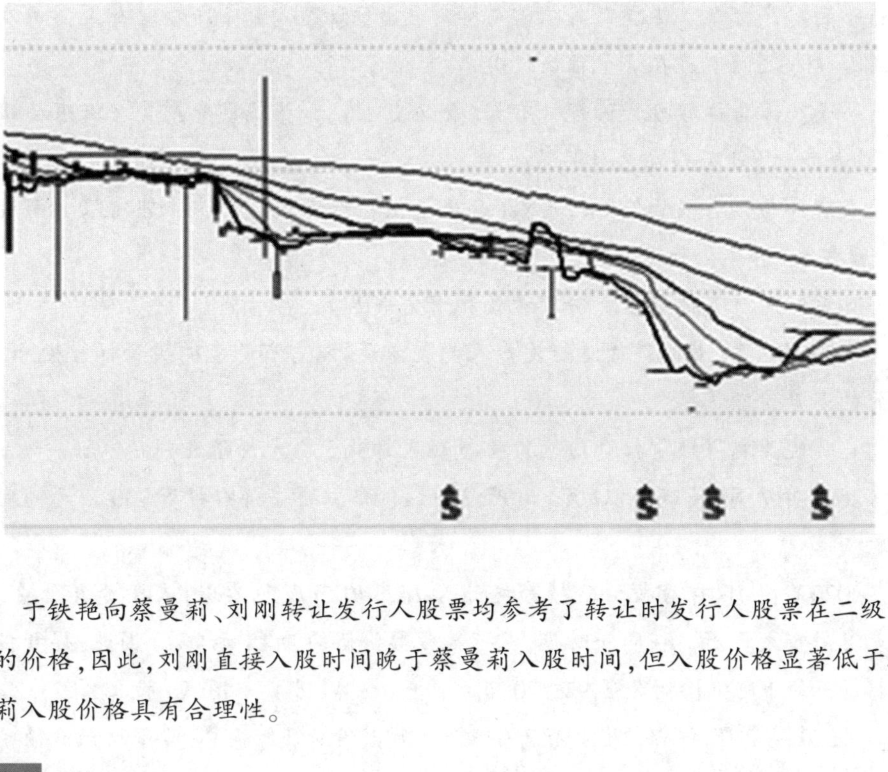

于铁艳向蔡曼莉、刘刚转让发行人股票均参考了转让时发行人股票在二级市场的价格，因此，刘刚直接入股时间晚于蔡曼莉入股时间，但入股价格显著低于蔡曼莉入股价格具有合理性。

点评

两次转让，都是悉数整块、平价转让，无盈亏，十分可疑。

3. 于铁艳、刘刚、蔡曼莉、黄晓萍是否存在代他人持有发行人股份的情形

于铁艳、刘刚、蔡曼莉、黄晓萍不存在代他人持有发行人股份的情形。

二、说明黄晓萍离职前与祥智投资、和易瑞盛资产管理有限公司及股东或合伙人之间的资金往来情况,其与祥智投资份额持有人(含历史上)和易瑞盛资产管理有限公司股东(含历史上)是否存在亲属关系,其持有祥智投资份额背景和资金来源,取得祥智投资份额价格是否显著低于公允价值及判定依据

| 回复 |

1. 黄晓萍离职前与祥智投资、和易瑞盛资产管理有限公司及股东或合伙人之间的资金往来情况

黄晓萍于2019年11月自深圳证券交易所退休。2020年7月,黄晓萍以***1元/财产份额***的价格取得了祥智投资100万元的财产份额,黄晓萍自此持有祥智投资3.31%的财产份额。黄晓萍离职前与祥智投资、和易瑞盛资产管理有限公司及股东或合伙人之间不存在资金往来情况。

2. 黄晓萍与祥智投资份额持有人(含历史上)、和易瑞盛资产管理有限公司股东(含历史上)是否存在亲属关系

黄晓萍与祥智投资份额持有人(含历史上)、和易瑞盛资产管理有限公司股东(含历史上)不存在亲属关系。

3. 黄晓萍持有祥智投资份额背景和资金来源

2020年7月,黄晓萍因***看好发行人发展前景***,以自有资金购买了祥智投资100万元的财产份额。

4. 黄晓萍取得祥智投资份额价格是否显著低于公允价值及判断依据

2020年7月,黄晓萍以***1元/财产份额***的价格取得了祥智投资100万元的财产份额。

2020年7月,***祥智投资除持有发行人162.40万股股票外,未投资其他企业,亦无其他重大资产***。在同一时期,发行人股票价格约为18元/股。因此,祥智投资所持资产的市场价格约为2,923.20万元(即162.40万股 * 18元/股 = 2,923.20万元)。2020年7月,祥智投资共有3,025万元财产份额。经换算,其每财产份额的市场价格约为***0.97***元(即2,923.20万元/3,025万财产份额 = 0.97元/财产份额),略低于黄晓萍取得祥智投资财产份额的价格(***1元/财产份额***)。

综上,黄晓萍取得祥智投资的财产份额价格不存在显著低于公允价值的情况。

点评

1. 祥智投资除了持有发行人的股票之外,没有投资其他企业,也没有其他重大资产,仿佛就是专门为投资发行人而设立的,而证监会系统离职人员黄晓萍就在其中,这难免会让人怀疑。

2. 存在证监会系统离职人员入股,最明智的做法是全部清理掉,要不瓜田李下,说不清楚。该企业最后撤材料,不知道跟这个有没有关系。

疑难点1-4 外资股东

1. 穿透程度

根据2021年4月发布的《关于股东信息核查中"最终持有人"的理解与适用》的规定,对于外资股东:

如果中介机构能以适当核查方式确认外资股东的出资人不存在境内主体,并充分认证该外资股东入股发行人的价格不存在明显异常,可将该外资股东视为"最终持有人"。

视外资股东为"最终持有人"有两个前提:一是外资股东的出资人在境内没有主体;二是入股价格不明显异常。

2. 负面清单

《外商投资准入特别管理措施(负面清单)》(2021年版)列出了31条针对外商投资者的股权、高管等要求。同时规定,境外投资者不得作为个体工商户、个人独资企业投资人、农民专业合作社成员,从事投资经营活动。

中介机构应核查发行人股东中的外商投资者有无进入外商投资准入的负面清单。

1-12 泓博医药 2022-03

申报材料及审核问询回复显示:

(1)发行人控股股东香港泓博股东存在多层架构,其股东泓博国际设立于英属维京群岛,泓博控股设立于开曼群岛;

(2)香港泓博经穿透后的股东 Trustee of the Genesis Trust 系公司外部投资人 Mingxia Fu 出于家族财富传承和资产管理需要设立的家族信托。

请发行人：结合实际案例，补充说明和论证香港泓博经穿透后的境外家族信托股东 Trustee of the Genesis Trust 是否具备法律、法规规定的股东资格。

| 回复 |

根据 VISTRALEGAL（BVI）LIMITED 出具的关于 HONEYCOMB 的法律意见书及 HONEYCOMB 的登记注册文件、HONEYCOMB 的董事出具的声明及调查问卷，香港泓博经穿透后的股东 HONEYCOMB 的股权架构如下：

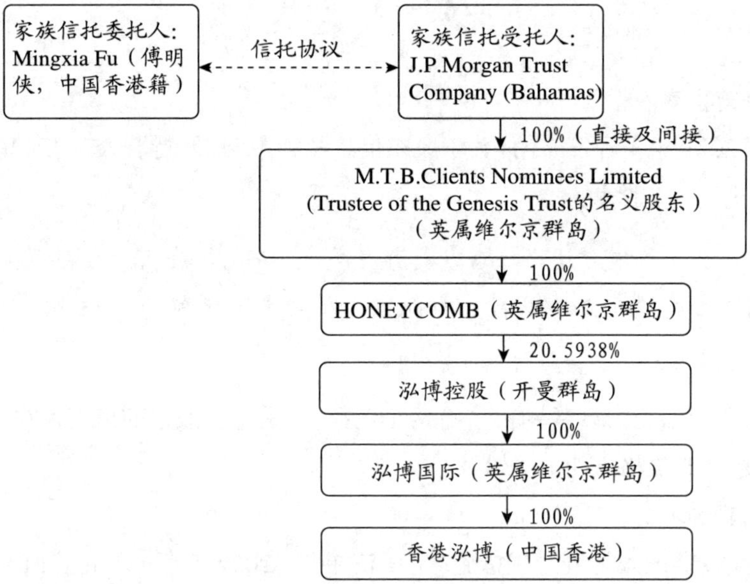

点评

这是一种典型的红筹架构，境外往上分别是香港公司、BVI 公司、开曼公司、公司股东。

如上图所示，香港泓博经穿透后的***境外家族信托***股东 J. P. Morgan Trust Company（Bahamas）Limited（代表"Trustee of the Genesis Trust"）系发行人***间接控股股东***泓博控股的股东 HONEYCOMB 的股东。

根据 VISTRALEGAL（BVI）LIMITED 出具的关于 HONEYCOMB 的法律意

见书及 HONEYCOMB 的书面确认,***M. T. B. Clients Nominees Limited 持有 HONEYCOMB 的 100%股份***,其所持 HONEYCOMB 不存在纠纷及潜在纠纷。部分 A 股上市公司和拟上市公司的股权架构中亦涉及境外家族信托的情形,具体情形如下:

公司名称	境外家族信托持股情况
晶晨股份(688099. SH)	截至晶晨股份上市之日,晶晨股份的间接控股股东晶晨集团设立于开曼群岛,晶晨集团通过晶晨开曼(设立于开曼群岛)、晶晨控股(设立于中国香港)间接持有晶晨股份 39. 53% 股份。 截至晶晨股份上市之日,晶晨集团的股东中有 1 名***信托***股东,即"Chuang Family Trust Dated June 26, 2001"(以下简称"Chuang Family Trust"),持有晶晨集团的股份为 62,500 股,占晶晨集团已发行股本的比例为***0. 28%***。Chuang Family Trust 成立于 2001 年 6 月 26 日,委托人为中国台湾地区自然人庄大能先生及其妻子美国籍自然人 Grace Huei – Huan Hu Chuang 女士,受益人为美国籍自然人 Allan Chuang、Enoch Chi – An Chuang 及 Peter Chien – An Chuang,受益人均系委托人的子女,Chuang Family Trust 为庄大能先生的***家族信托***。
芯原股份(688521. SH)	截至芯原股份上市之日,芯原股份的***第一大股东*** VcriSilicon Limited 设立于开曼群岛,直接持股芯原股份 17. 9079% 股份。 作为 VeriSilicon Limited 股东、以 Wayne Wei – Ming Dai(戴伟民)及其配偶为委托人、以其子女为受益人的***信托***基金为 Brandon Dai 2019 Irrevocable Trust 和 Tiffany Dai 2019 Irrevocable Trust。截至 2019 年 6 月 30 日,Brandon Dai 2019 Irrevocable Trust 持有 VeriSilicon Limited 的股份为 1,206,301 股,占 VeriSilicon Limited 已发行股本的比例为***5. 0772%***;Tiffany Dai 2019 Irrevocable Trust 持有 VeriSilicon Limited 的股份为 1,088,374 股,占 VeriSilicon Limited 已发行股本的比例为***4. 5808%***。
佳力图(603912. SH)	截至佳力图上市之日,佳力图的***第二大股东***安乐集团设立于百慕大,安乐集团直接持有佳力图 36. 04% 股份。 截至佳力图上市之日,潘乐陶先生以其持有的安乐集团股权委托 HSBC International Trustee Limited 设立的***信托***产品持有安乐集团 84. 63% 股权,受益人为潘乐陶先生和其家庭成员。

续表

公司名称	境外家族信托持股情况
盛美上海 (688082. SH)	截至 2021 年 5 月 31 日,纳斯达克上市公司美国 ACMR 系盛美股份的控股股东,美国 ACMR 设立于特拉华州,持有盛美股份 91.67% 股份。 截至 2021 年 5 月 31 日,盛美股份的实际控制人为 HUI WANG,HUI WANG(王晖)及其儿子 BRIAN WANG、女儿 SOPHIA WANG 分别持有美国 ACMR 部分股权,并通过两个***家族信托***——David HuiWang & Jing Chen Family Living Trust(生存信托)及 David HuiWang & Jing Chen Irrevocable Trust(不可撤销信托)持有美国 ACMR 部分股权,通过美国 ACMR 间接控股盛美股份。截至 2020 年 12 月 31 日,David HuiWang & Jing Chen Family Living Trust 持有美国 ACMR 合计206,667股 A 类普通股,占美国 ACMR A 类普通股比例为***1.22%***;David HuiWang & Jing Chen Irrevocable Trust 持有美国 ACMR60,000 股 A 类普通股,占美国 ACMR A 类普通股比例为 ***0.36%***,持有美国 ACMR7,334 股 B 类普通股,占美国 ACMR B 类普通股比例为***0.41%***。

基于 VISTRALEGAL(BVI)LIMITED 出具的关于 HONEYCOMB 的法律意见书及 HONEYCOMB 的书面确认,结合上述已上市案例的类似情况,境外家族信托股东 Trustee of the Genesis Trust 可以作为英属维尔京群岛公司 HONEYCOMB 的股东和发行人的***间接***股东。

点评

1. 境外家族信托本质上还是信托,资金信托属于三类股东,可以作为发行人的股东,但应考虑对发行人控股权权属清晰、稳定的影响。如果是间接持股且持股比例不大,不影响发行人的控制权股权清晰稳定,可以不拆,详见本系列已经出版的第一册《IPO 问询疑难点论证及案例剖析》中“疑难点 15 三类股东”。

2. 本案例中,信托由发行人的第三大股东设立,属于间接股东,但持股比例为 20.59%,不算少,但也算特别多。出于审慎,该案例最后还是将境外家族信托拆除了。

1-13　格力博 2022-04

申报材料显示:2005 年 2 月至 2016 年 6 月期间,发行人前身格力博有限实际控制人为陈寅的姐姐 CHEN NINGYUN。

请发行人说明:CHEN NINGYUN 的股东适格性,是否涉及规避发行监管等相关法律法规规定的情形。

| 回复 |

一、关于 CHEN NINGYUN 股东适格性

(一)CHEN NINGYUN 的履历

CHEN NINGYUN,女,***英国国籍***,1960 年 6 月出生,护照号码:56356 * * * *,系陈寅之姐姐。

CHEN NINGYUN 于 1993 年取得英国华威大学硕士学位,并于 2001 年 8 月 25 日取得英国国籍,目前长期定居英国。CHEN NINGYUN 与丈夫 LIU WEIQUN 于 1996 年前后在英国开始共同创业,先后投资英国 Vica Power Ltd.、Normanton Park Hotel Ltd.、Castle Bromwich Hall Hotel Ltd. 等企业。

(二)CHEN NINGYUN ***股东适格性***

根据《公司法》《证券法》《首次公开发行股票并在创业板上市管理办法》①《监管规则适用指引——关于申请首发上市企业股东信息披露》《关于创业板落实首发上市企业股东信息披露监管相关事项的通知》等相关法律法规的要求,保荐机构和发行人律师对 CHEN NINGYUN 股东适格性进行了核查。经核查:

1. CHEN NINGYUN 不存在不符合法律、行政法规和规章规定的股东资格、***无民事行为能力或者限制民事行为能力***的情形;

2. 自 2005 年持股发行人至本回复出具日,CHEN NINGYUN 不存在***重大违法违规***记录;

3. CHEN NINGYUN 与本次发行中介机构及其负责人、高级管理人员、经办人员不存在亲属关系、关联关系、委托持股、信托持股或其他***利益输送***安排,也不存在以发行人股权进行不当利益输送的情形;

4. CHEN NINGYUN 并非***证监会离职人员***,亦未被采取证券市场禁入措施;

5. 发行人所处行业并非***外商投资准入特别管理措施(负面清单)的行业***,不存

---

① 已失效,现参考《首次公开发行股票注册管理办法》。

在限制或禁止 CHEN NINGYUN 及其控制的境外主体持有发行人股份的情形。

点评

1. 外资股东身处境外,不易管理,容易隐藏信息,是比内资股东难核查许多。以上相当于给了我们一份外资股东核查的清单。

2. 除了内资股东常规的核查点,外商投资者可以有条件不用穿透核查,但应当特别注意有无踩到准入的负面清单。

综上所述,CHEN NINGYUN 不存在不得成为发行人股东的情形。

二、CHEN NINGYUN 不存在涉及规避发行监管等相关法律法规规定的情形

经保荐机构和发行人律师与陈寅和 CHEN NINGYUN 确认并经核查:

1. 除母亲陈淑君对江苏金飞达电动工具有限公司(陈淑君持有该公司2.5259%的股权,该公司系台式电动工具专业生产厂商,主要产品有斜断锯系列、台锯系列、刨类系列、台钻系列、带锯系列、线锯系列、切割机系列等,与发行人主营业务存在一定的相似性,但产品类型差异较大)存在***比例较低的财务性投资***外,***CHEN NINGYUN 及其近亲属对外投资或担任董监高的其他企业不存在与发行人从事相同或相似业务的情况***。

2. 2016 年陈寅和 CHEN NINGYUN 之间完成对格力博集团在内的家族事业的分割,CHEN NINGYUN 控制的 Long Shining 退出格力博有限持股,系 CHEN NINGYUN 与陈寅在引入 STIHL 战略投资的过程中协商一致的结果,CHEN NINGYUN ***不存在为规避发行监管而转让股权的情形***,股权转让真实,CHEN NINGYUN 与陈寅及 GHHK 不存在委托持股或其他利益安排,不存在纠纷或潜在纠纷。

综上所述,CHEN NINGYUN 不存在涉及规避发行监管等相关法律法规规定的情形。

点评

CHEN NINGYUN 原先是实际控制人,因是外籍,转让股份在 IPO 审核中容易被质疑是在规避发行监管。

1－14　东和新材 2021－08

请说明：股东资格及其合法合规性。

| 回复 |

截至本回复出具日，发行人共有218名股东，其中自然人股东214名，合伙企业股东2名，法人股东2名。

持股***5%以上***股东 Qingbin Zhang（张庆彬）在已取得***澳大利亚国籍后仍以境内自然人身份投资并持股内资企业***之行为存在法律瑕疵，Qingbin Zhang（张庆彬）***开立证券账户的违法状态已经消除，其正在办理国籍等相关信息变更手续***，其在已取得澳大利亚国籍后仍以境内自然人身份开立证券账户之行为不会对发行人本次发行上市构成实质性影响。

点评

张庆彬是外籍，但仍以中国籍的身份开立证券账户，问题说大不大，说小不小。有过则改之，最后将证券账户注销了。

发行人通过增资产生的其他新增股东，因马晓忠等七名股东***未能取得联系***，尚未能进一步确认其股东资格及其合法合规性，该等股东合计持有发行人***120万股***股份，占发行人总股本***0.82%***。***根据发行人实际控制人的确认***，发行人实际控制人所持发行人股份与该等股东就该等股权事项不存在权属争议或纠纷，亦不存在导致发行人控制权可能变更的重大权属纠纷。

点评

1. 中介机构可以自主把握股东穿透核查的度。《关于进一步规范股东穿透核查的通知》要求，股东穿透核查可以把握重要性。原则上，直接或间接持有发行人股份数量少于10万股或持股比例低于0.01%的，可认定为持股较少，不用穿透核查。但是，不穿透核查则应当发表意见。

2. 此案例中，失联的7名股东合计持有发行人120万股股份，占比0.82%，平均下来，每个股东持股17万股，占比0.11%。虽然超过了10万股、0.01%两条红线，但联系不上，最后通过向实际控制人确认来简化操作，省事不少，可以为鉴。

除上述股东外,发行人其他自然人股东均为中国国籍,且不存在担任国家公务员、党政机关领导干部等不能担任公司股东的情况,具备法律、法规规定的股东资格。

疑难点 2

申报前后新增股东

申报前后新增股东以企业申报时点为界,分为申报前新增股东与申报后新增股东,二者有不同的审核要求。之前,主要规定来自《首发业务若干问题解答》(2020 年 6 月修订)问题 4、《监管规则适用指引——关于申请首发上市企业股东信息披露》。2023 年 2 月全面实行注册制之后,《首发业务若干问题解答》(2020 年 6 月修订)问题 4 中申报前引入新股东的解答被挪至《监管规则适用指引——发行类第 4 号》第 2 条,申报后新增股东的解答被挪至《证券期货法律适用意见第 17 号》,内容都有改动、新增。

一、存在新增股东

申报日之前(含申报日,参见案例"2 - 1 泰恩康 2021 - 11")新增的股东属于申报前新增股东,申报日之后新增的股东是申报后新增股东。无论是申报前新增股东还是申报后新增股东,前提条件都是产生了新增股东,参见案例"2 - 8 阿拉丁 2020 - 07"。如果股东将股份转让给公司其他股东,即由老股东受让股份,这过程并未新增股东,自然不属于申报前、后新增股东了;另外,新增股东的时点以完成工商变更登记为准,参见案例"2 - 2 志高股份 2022 - 06"。

二、常见问询

■ 请发行人:以工商变更时间为准,披露申报前 12 个月内发行人新增股东的情况。新增股东股份锁定承诺是否符合规定,若否,请补充完善相关股东股份锁定事项。

■ 详细说明申报前新增股东的基本情况,相关自然人同时受让发行人股份的具体背景和资金来源。

■ 申报前新增股东的情形是否符合《监管规则适用指引——发行类第4号》《证券期货法律适用意见第17号》的相关规定及其依据。

2-1 泰恩康 2021-11

申报文件显示:2020年10月28日,发行人向本所申报IPO上市申请,10月29日起发行人股票在全国股转系统停牌。发行人此次申报文件显示股东信息截止时间为10月20日。

请发行人:说明在申报当日是否存在新增股东,是否属于《审核问答》问题12[①]中申报后新增股东应当撤回发行申请的情形。

| 回复 |

经比对中证登北京分公司出具的权益登记日分别为2020年10月27日及2020年***10月28日***的公司《全体证券持有人名册》,***申报当日存在新增股东***(该新增股东不包括2020年10月27日持有公司股份,但申报当日即2020年10月28日增持公司股份的股东),新增股东及其持股情况如下:

……

根据《审核问答》问题12的规定,***申报后通过增资或股权转让产生新股东的,原则上发行人应当撤回发行申请重新申报***。《全国中小企业股份转让系统挂牌公司股票停复牌业务实施细则》第十二条规定:"挂牌公司向中国证监会或境内证券交易所申请公开发行股票并上市,***应当申请股票于收到中国证监会申报材料接收凭证或向交易所提交申报材料的次一交易日停牌***。"公司系于2020年***10月28日提交申报***,于2020年***10月28日向股转公司提交申请,并于2020年10月29日起在股转系统停牌***。公司申报及申请停牌符合相关法律法规的要求。

因此,***申报当日***即2020年***10月28日***存在新增股东;公司***申报后***即自2020年***10月29日***起不存在通过增资或股权转让产生新股东的情形,不属于根据《审核问

① 是指《深圳证券交易所创业板股票首次公开发行上市审核问答》(已失效),问题12现参考《证券期货法律适用意见第17号》即可。

答》问题 12 中申报后新增股东应当撤回发行申请的情形。

点评

1. 向交易所提交申请的当日就马上申请停牌，是保险做法。

2. 申报当日新增的股东，属于申报前新增股东，而不是申报后新增股东。

2-2　志高股份 2022-06

申报材料显示：2021 年 8 月黄振华提出离职，不再担任公司董事、副总经理职务。2021 年 9 月 2 日，黄振华与谢存、徐永锋、应汉元、魏先德、黎兰英签订《股权转让协议》，黄振华将其持有的股份以 8.38 元价格分别转让给谢存、应汉元、徐永锋、魏先德、黎兰英；截至招股说明书签署之日，上述股权转让事项尚未完成工商变更登记。

请发行人说明：黄振华股权转让事项是否构成申报后新增股东。

| 回复 |

1. 黄振华股权转让事项的具体情况

2021 年***9 月 2 日***，黄振华与谢存、徐永锋、应汉元、魏先德、黎兰英***签订《股权转让协议》***，约定黄振华将其持有的发行人 45.24 万股股份以 8.38 元/股的价格转让给上述受让方，具体情况如下：

……

2021 年***12 月 25 日***，公司向深圳证券交易所报送了《浙江志高机械股份有限公司关于首次公开发行股票并在创业板上市申请报告》（志高股份证字[2021]第 1 号）及相关***申请***文件，于 2021 年***12 月 29 日***收到了《关于***受理***浙江志高机械股份有限公司首次公开发行股票并在创业板上市申请文件的通知》（深证上审[2021]562 号）。

2022 年***3 月 29 日***，发行人就上述股权转让事项***办理了工商变更登记***，股权结构变更为：

……

2. 发行人本次申报后，黄振华转让其直接持有发行人股份事项完成工商变更登记，不属于《证券期货法律适用意见第 17 号》规定的“申报后，通过增资或股权

转让产生新股东"的情形

(1)黄振华***转让其直接及间接持有的发行人股份,相关意向及协议签署、款项支付均已经在申报之前完成***

发行人于2021年12月向深圳证券交易所提交本次发行上市的***申请***。黄振华离职时于2021年9月2日与公司股东签署了《股权转让协议》,约定其在符合《公司法》第一百四十一条"公司董事、监事、高级管理人员……离职后半年内,不得转让其所持有的本公司股份"的相关股权转让条件后,将其持有的45.24万股股份转让给发行人申报前之股东。

2021年***9月***,上述股权受让方已经***将股权转让价款支付给黄振华***。上述股权转让的相关意向达成及协议签署、款项支付均已经在申报之前完成。

2022年***3月29日***,黄振华将其直接持有的发行人股份转让事项已经***完成工商变更登记手续***。

点评

2021年12月25日,发行人向深圳证券交易所报送了上市申请文件,应当以12月25日这一天为界区分申报前、申报后新增股东。本案例巧就巧在协议签署、款项支付都是在申报日之前,而工商变更是在申报日之后,但这还不是关键。

(2)黄振华转让其直接及间接持有的发行人股份,受让方均系公司内部股东,不存在新增股东的情形

为保证股权转让完成后原各主要自然人股东持股比例相对不变并结合各股东的受让意愿,经综合协商,黄振华将其直接及间接持有的发行人股权转让给谢存、徐永锋、应汉元、魏先德、黎兰英五人。上述五人中,谢存为公司实际控制人、董事长及总经理,徐永锋为监事会主席、志高动力质保部经理,应汉元为董事、副总经理、财务总监、董事会秘书,魏先德为总经理助理,黎兰英为魏先德之前妻。上述人员***均为公司之原有股东,不存在通过股权转让新增股东的情形***。

点评

1. 如果股份在原股东里流转,其间并未新增股东,自然不属于申报前、后新增股东了,这是关键。

2. 本案例就是这样,股东黄振华将股份全部转给公司原有的股东,自己退出公司,过程中并未产生新的股东,自然而然就不受《监管规则适用指引——发行类第4号》第2条、《证券期货法律适用意见第17号》、《监管规则适用指引——关于申请首发上市企业股东信息披露》的约束了。

(3)黄振华转让其直接及间接持有的发行人股份,未导致公司控制权和持续经营能力受到重大不利影响

上述股权转让前后,公司控股股东***始终***为志高控股,变动前后均持有公司45.90%股权、为控股股东;上述股权转让前后,公司实际控制人均为谢存,其直接及间接持有公司股权比例均超过50%、为实际控制人;上述***股权转让未造成控股股东、实际控制人变更,未对发行人控股权的稳定性和持续经营能力造成不利影响***。发行人已经就黄振华上述股权转让事项办理完毕工商变更登记,除黄振华退出持股外,发行人的股东结构与提交首次公开发行股票并在创业板上市申请时的股东结构相同,不存在新增股东的情形。

点评

"上述股权转让未造成控股股东、实际控制人变更,未对发行人控股权的稳定性和持续经营能力造成不利影响"其实是《证券期货法律适用意见第17号》中申报后新增股东无须重新申报的前提条件之一,参见"疑难点2-2 申报后新增股东"。本案例尽管在申报日之前签署协议、支付款项,但申报日之后才进行工商变更,最后还是承认属于申报后股东,而不是申报前股东。笔者之所以删去"新增"二字,是因为股份确实是在老股东之间流转,没有产生新的股东。

(4)部分A股上市公司存在申请首次公开发行股票并上市后发生股权转让的情形

经查阅部分上市公司的公开披露文件,其也存在申请首次公开发行股票并上市后其股东将持有股权***转让给公司原股东***的情形,具体内容如下:

公司名称/股票代码	上市情况	申报后股权转让具体情况及转让原因	股权受让方具体情况	是否认定为构成申报后新增股东
玉禾田(300815. SZ)	2018 年 9 月***申报***,2020 年 1 月上市	2019 年 10 月 15 日,玉禾田之私募基金股东禹龙九鼎将其所持玉禾田股份转让给***玉禾田控股股东藏天之润***,***退出***玉禾田。	发行人***原股东***	***否***
大宏立(300865. SZ)	2019 年 4 月***申报***,2020 年 8 月上市	2020 年 5 月 25 日,实际控制人控制的股东西藏大宏立与私募基金股东金帝创业签署《股权转让协议》,***西藏大宏立受让金帝创业持有的发行人全部股份***,金帝创业***退出***大宏立。		
禾川科技(688320. SH)	2021 年 6 月***申报***,2022 年 4 月上市	无锡惠晶希望通过转股退出提前取得投资收益,同时***禾川科技现有股东***达晨一号、达晨二号资金充足并看好禾川科技的长期发展,愿意增持禾川科技的股份。2022 年 1 月 21 日,原私募基金股东无锡惠晶与私募基金股东达晨一号、达晨二号签署《股权转让协议》,约定达晨一号、达晨二号***受让***无锡惠晶所持有的禾川科技的***股份***。		

综上所述,黄振华股权转让事项真实,股权变动各方于申报之前签署的相关协议合法、有效,各方不存在任何纠纷、潜在纠纷及其他安排;相关意向达成及协议签署、款项支付均已经在申报之前完成,黄振华直接持有发行人股份转让事项涉及的工商变更登记手续也已经于 2022 年 3 月 29 日完成;上述股权转让事项属于内部股东之间的转让,不存在新增股东的情形;本次股权变动未造成发行人实际控制人的变更,未对发行人股权结构的稳定性和持续盈利能力造成不利影响。

因此,发行人本次***申报后***,黄振华转让其直接持有发行人股份事项完成***工商变更登记***,***不属于***《证券期货法律适用意见第 17 号》规定的"***申报后***,通过增资或股权转让产生新股东"的情形。

疑难点2－1　申报前新增股东

监管机构对申报前突击入股的问题一直要求很严格，担心通过突击入股输送利益。

一、核查范围

《首发业务若干问题解答》(2020年6月修订)问题4和《监管规则适用指引——发行类第4号》第2条都将申报前12个月内产生的新股东认定为突击入股，且股份取得方式包括增资扩股和股份受让。二者对核查要求稍有差别，但本质没变。

(一)《首发业务若干问题解答》(2020年6月修订)

之前的《首发业务若干问题解答》(2020年6月修订)问题4的核查要求在实务中仍然可以借鉴。问题4要求，对于IPO前通过增资或股权转让产生的股东，保荐机构、发行人律师应主要考察申报前一年新增的股东，全面核查以下内容。

1. 发行人新股东的基本情况、产生新股东的原因、股权转让或增资的价格及定价依据

如果申报日的证券持有人名册没有，得用申报日之后最新的股东名册往前推算一年，对照之后才能得到新增的股东名单。

入股原因，一般说是看好公司、行业的发展前景，这些是“万能”的理由。

如何定价非常重要，因为若是低价入股，相当于在变相地输送利益。定价，有的是通过新三板集合竞价交易系统交易的，有的是PE投资机构尽职调查、估值，并经相关方友好协商确定的，有的是参考同类公司股票二级市场交易价格以及同行业公司近期股票发行的市盈率确定的。不管用哪个方式定价，一定不能太不公允。

2. 有关股权变动是否是双方真实意思表示，是否存在争议或潜在纠纷

股份若是通过二级市场交易取得的，权属会比较清晰，不太会存在纠纷或潜在纠纷。

3. 新股东与发行人其他股东、董事、监事、高级管理人员、本次发行中介机构及其负责人、高级管理人员、经办人员是否存在亲属关系、关联关系、委托持股、信托持股或其他利益输送安排

通过证券持有人名册、发行人提供的信息不一定能够联系到全部的新增股东。如果失联的新增股东合计持股比例较小,可以访谈发行人的控股股东、实际控制人、董事、监事、高级管理人员,并核查银行流水等,以确认他们是否与新增股东存在亲属关系等关联关系。之所以能这么操作,主要是因为持股占比小,未取得调查资料也不会对发行人股权清晰、控制权稳定造成重大不利影响。

另外,无论是旧股东还是新增股东,IPO 企业股东中都绝不允许股份代持的存在,参见“疑难点 1 – 2 代持”以及本系列已经出版的第一册《IPO 问询疑难点论证及案例剖析》中“疑难点 14 股权代持”。

4. 新股东是否具备法律、法规规定的股东资格

这其实是要求核查股东的适格性,参见“疑难点 1 股东适格性”。

参见案例“2 – 3 海诺尔 2022 – 03”。

(二)《监管规则适用指引——发行类第 4 号》

对 IPO 申报前 12 个月通过增资或股权转让产生的新股东,2023 年 2 月新出台的《监管规则适用指引——发行类第 4 号》第 2 条要求,按照《监管规则适用指引——关于申请首发上市企业股东信息披露》《监管规则适用指引——发行类第 2 号》的相关要求核查。

1.《监管规则适用指引——发行类第 2 号》

《监管规则适用指引——发行类第 2 号》是关于证监会系统离职人员入股拟公开发行并上市或新三板精选层挂牌企业的核查要求。证监会系统离职人员是突击入股的嫌疑人,为此,新规《监管规则适用指引——发行类第 4 号》第 2 条特别要求重点核查,参见“疑难点 1 – 3 证监会系统离职人员”。

2.《监管规则适用指引——关于申请首发上市企业股东信息披露》

《监管规则适用指引——关于申请首发上市企业股东信息披露》第 3 条要求:

发行人提交申请前 12 个月内新增股东的,应当在招股说明书中充分披露新增股东的基本情况、入股原因、入股价格及定价依据,新股东与发行人其他股东、董事、监事、高级管理人员是否存在关联关系,新股东与本次发行的中介机构及其负责人、高级管理人员、经办人员是否存在关联关系,新增股东是否存在股份代持

情形。

其实,上述的核查要求跟之前的《首发业务若干问题解答》(2020 年 6 月修订)问题 4 没有多大差别,读者可参考前文"(一)《首发业务若干问题解答》(2020 年 6 月修订)"。

二、披露

发行人在招股说明书信息披露时,除满足招股说明书信息披露准则的要求外,还应当:

(1)如新股东为法人,发行人应披露其股权结构及实际控制人;

(2)如为自然人,应披露其基本信息;

(3)如为合伙企业,应披露合伙企业的普通合伙人及其实际控制人、有限合伙人的基本信息;

(4)最近一年末资产负债表日后增资扩股引入新股东的,申报前须增加一期审计。

对于"最近一年末资产负债表日后增资扩股引入新股东的,申报前须增加一期审计",引入新股东的标准是该股东已经被列入股东名册,而非完成增资款缴纳,这点可参考案例"2 – 2 志高股份 2022 – 06"。如果发行人在资产负债表日前已经将该股东名称列入股东名册,则申报前无须增加一期审计。

发行人最近一年末资产负债表日后资本公积转增股本的,不属于"最近一年末资产负债表日后增资扩股引入新股东的,申报前须增加一期审计"之情形,但由于总股本发生变动,涉及发行股数的计算以及各相关人员锁定股份的数量等,应当增加一期审计。受理环节不作强制要求,但在审期间因该事项增加审计不扣除计时,发行人不得仅以此为由申请中止审核。

对于老股转让新增股东,由于总股本未发生变动,无须增加一期审计。

三、锁定期

锁定期按对象可划分为三拨,如表 2 – 1 所示。

表 2-1 锁定期分类

<table>
<tr><th colspan="2">对象</th><th>锁定期</th></tr>
<tr><td colspan="2">申报前 12 个月通过股份受让产生的新增股东的新增股份</td><td>自取得之日起 36 个月内不得转让</td></tr>
<tr><td rowspan="2">增资扩股</td><td>申报前 6 个月内的新增股份或 12 个月内新增股东的新增股份</td><td>自完成增资扩股工商变更登记手续之日起锁定 36 个月</td></tr>
<tr><td>申报前超过 6 个月的新增股份或 12 个月新增股东的新增股份</td><td>自公司股票在证券交易所上市交易之日起一年内不得转让</td></tr>
<tr><td colspan="2">在申报前 6 个月内从控股股东或实际控制人处受让的股份</td><td>比照控股股东或实际控制人所持股份进行锁定</td></tr>
</table>

2023 年 2 月发布的《证券期货法律适用意见第 17 号》和之前的《首发业务若干问题解答》(2020 年 6 月修订)问题 4 都规定:

发行人申报前六个月内进行增资扩股的,新增股份的持有人应当承诺新增股份自发行人完成增资扩股工商变更登记手续之日起锁定三十六个月。

《证券期货法律适用意见第 17 号》和之前的《首发业务若干问题解答》(2020 年 6 月修订)问题 4 都只将锁定 36 个月的范围限制在"申报前六个月内进行'增资扩股''新增股份的持有人'"上,未涉及股份受让等其他情形。

但是,2021 年 2 月发布的《监管规则适用指引——关于申请首发上市企业股东信息披露》将对象聚焦在"新增股东"上,延长了临近上市前入股行为认定的时间标准,将申报前 12 个月内产生的"新增股东"认定为突击入股,且股份来源包括增资扩股和股份受让两种方式。其要求,"新增股东"应当承诺所持"新增股份"自取得之日起 36 个月内不得转让,老股东在提交申请前 12 个月内取得股份的,无须按照前述规则进行锁定。

锁定 36 个月的对象,《证券期货法律适用意见第 17 号》、《首发业务若干问题解答》(2020 年 6 月修订)问题 4 的范围是"申报前六个月进行'增资扩股'的'新增股份'",而《监管规则适用指引——关于申请首发上市企业股东信息披露》(2021 年 2 月)的范围却只限制于"提交申请前 12 个月内所有'新增股东'的'新增股份'"。相较之下,《证券期货法律适用意见第 17 号》、《首发业务若干问题解答》(2020年6月修订)问题4须锁定的范围放大了,而《监管规则适用指引——关于申请首发上市企业股东信息披露》将入股时间前移了6个月,取股方式扩大到了股份受让。

(一)股份受让

股份受让得区分是否产生新股东。

对于在IPO申报前12个月通过股份受让产生的新增股东,只需根据《监管规则适用指引——关于申请首发上市企业股东信息披露》的规定,承诺所持新增股份自取得之日起36个月内不得转让,参见案例“2-5保丽洁2021-12”。

若受让者是老股东,则无上文《监管规则适用指引——关于申请首发上市企业股东信息披露》的锁定要求。

(二)增资扩股

增资扩股同样得区分有无引入新股东。

对于申报前6个月内进行增资扩股的老股东,新增股份只需遵从《证券期货法律适用意见第17号》、《首发业务若干问题解答》(2020年6月修订)问题4的规定,即新增股份自发行人完成增资扩股工商变更登记手续之日起锁定36个月。例如,发行人在申报前6个月内和在审期间通过资本公积转增股本都属于这种“老股东增资扩股”的情形,通过资本公积转增股本获得新增股份的老股东应当承诺新增股份自完成工商变更登记手续之日起锁定36个月。

而对于IPO申报前6个/12个月通过增资扩股产生的新增股东的新增股份,《证券期货法律适用意见第17号》、《首发业务若干问题解答》(2020年6月修订)问题4与《监管规则适用指引——关于申请首发上市企业股东信息披露》(2021年2月)规定的不一样。《证券期货法律适用意见第17号》、《首发业务若干问题解答》(2020年6月修订)问题4对时间段的要求是“申报前6个月内”,而《监管规则适用指引——关于申请首发上市企业股东信息披露》强调的是“提交申请前12个月内”。

1. 申报前6个月或12个月内新增股东

该听谁的?笔者认为,《监管规则适用指引——关于申请首发上市企业股东信息披露》发布之日,即2021年2月9日前受理的企业应遵从《首发业务若干问题解答》(2020年6月修订)问题4的规定;2021年2月9日至2023年2月17日受理的企业得遵守《监管规则适用指引——关于申请首发上市企业股东信息披露》的规定,2023 年 2 月 17 日之后受理的企业应遵守《证券期货法律适用意见第 17 号》之规定。不过,谨慎的话,可以考虑从严处理。

另外,《公司法》第 141 条第 1 款后半句[①]规定:

公司公开发行股份前已发行的股份,自公司股票在证券交易所上市交易之日起一年内不得转让。

为此,申报前 6 个月或 12 个月内新增股份面临着双重的锁定要求,一个是自取得之日起 36 个月,另一个是上市交易之日起 1 年,应择久锁定,参见案例“2 - 6 华人健康 2022 - 03”。

2. 申报前超过 6 个月或 12 个月新增股东

申请前超过 6 个月或 12 个月新增股份,即使引入了新增股东,也没有特殊之处,只需根据《公司法》第 141 条的规定,上市交易之日起锁定 1 年即可。

(三) 从控股股东或实际控制人处受让的股份

从控股股东或实际控制人处受让的股份无须区分有无引入新股东,只需遵守《证券期货法律适用意见第 17 号》第 2 条第 5 项的规定:

在申报前 6 个月内从控股股东或实际控制人处受让的股份,应比照控股股东或实际控制人所持股份进行锁定。

一般是自发行人首次公开发行股票上市之日起锁定 36 个月。

四、不视为新股东的情形

《监管规则适用指引——关于申请首发上市企业股东信息披露》将提交申请前 12 个月内的新增股东视为新股东。换而言之,提交申请前超过 12 个月的新增股东则不视为新股东。《监管规则适用指引——发行类第 4 号》第 2 条特别强调了以下两种特殊情形。

1. 红筹企业

红筹企业(是指注册地在境外、主要经营活动在境内的企业)拆除红筹架构以

① 此规定在 2024 年 7 月 1 日即将实施的新《公司法》[本书以下简称《公司法》(2023 年修订)]中见第 160 条第 1 款第 1 句,内容未变。

境内企业为主体申请上市，如该境内企业直接股东原持有红筹企业股权、持有境内企业股权比例为根据红筹企业持股比例转换而来，且该股东自持有红筹企业股权之日至IPO申报时点满12个月，原则上不视为新股东。

2. 股权置换

发行人直接股东如以持有发行人重要子公司（置换时资产、营业收入或利润占比超过50%）股权置换为发行人股权的，如该股东自持有子公司股权之日至IPO申报时点满12个月，原则上不视为新股东。

五、核查与锁定豁免

为了在合理的范围内减轻发行人和中介机构的负担，与“疑难点1 股东适格性”之“四、核查范围”之“4. 豁免核查、锁定的范围”所述的普通股东相比，《监管规则适用指引——关于申请首发上市企业股东信息披露》第9条同样明确了申请前12个月内新增股东可以申请核查、锁定豁免：

> 发行人在全国中小企业股份转让系统挂牌、境外证券交易所上市交易期间通过集合竞价、连续竞价交易方式增加的股东，以及因继承、执行法院判决或仲裁裁决、执行国家法规政策要求或由省级及以上人民政府主导取得发行人股份的股东，可以申请豁免核查和股份锁定要求。

注意，此条款列举的范围明确，不应随意扩大，实践中容易理解错误，特别是通过全国股份转让系统交易，应当区分不同的交易方式。

1. 大宗交易

通过全国股转系统大宗交易方式购买公司股票，投资者可以采取成交确认委托方式委托会员进行大宗交易。成交确认委托，是指投资者买卖双方达成成交协议，委托会员按其指定的价格和数量与指定对手方确认成交的指令。大宗交易定价依据系结合二级市场交易价格与转让方协商后确定，不属于通过集合竞价、连续竞价交易方式增加的情形，不能适用《监管规则适用指引——关于申请首发上市企业股东信息披露》第9条的豁免条款，需要适用该规则的核查和股份锁定要求。

2. 集合竞价、连续竞价

申报前12个月内通过全国股转系统增持股份的原股东不属于《监管规则适用指引——关于申请首发上市企业股东信息披露》所指的新增股东，可按《监管规则适用指引——关于申请首发上市企业股东信息披露》第9条的规定申请核查、股份锁定豁免。

2-3 海诺尔 2022-03

申报文件显示，截至2020年11月10日，发行人最近一年新增股东41名，均系在股转系统通过集合竞价交易而来，新增股东取得公司股份的价格系集合竞价方式产生的市场价格。发行人股票于2020年12月18日起在新三板停牌。

请发行人：(1)披露截至停牌日股东及持股数量是否有其他变化，是否符合发行条件。(2)按照《深圳证券交易所创业板股票首次公开发行上市审核问答》问题12的要求，披露申报前一年新增股东的核查情况。

| 回复 |

一、披露截至停牌日股东及持股数量是否有其他变化，是否符合发行条件

海诺尔股票于2020年12月18日起在新三板停牌，2020年11月10日至2020年12月18日，公司股票在新三板正常交易。在此期间，公司股东及持股数量发生了增减变动，具体情况如下：

……

上述期间内，公司股东及持股数量变化***不涉及公司实际控制人持股变动，不影响公司控制关系，亦未改变发行人主要股东的持股情况***，且均通过新三板***集合竞价***交易系统产生，***股权变动清晰，不存在纠纷或潜在纠纷***，符合《公司法》、《证券法》、《创业板首发注册办法》等规定的发行条件。

二、申报前一年新增股东的核查情况

公司首次公开发行股票并在创业板上市的***申报***材料于***2020年12月17日***获得深圳证券交易所***受理***，并***2020年12月18日***起在新三板***停牌***，经核查比对***2019年11月29日***及***2020年12月18日***中国证券登记结算有限公司北京分公司出具的《全体证券持有人名册》，公司***申报前12个月***新增股东***43名***，其中新增自然人股东40名，法人股东3名，均系通过新三板交易系统***竞价交易***产生。

点评

1. 申报前后新增股东以企业申报时点为界。

2. 对于43名申报前新增的股东，以下以前按《首发业务若干问题解答》(2020年6月修订)问题4、《监管规则适用指引——关于申请首发上市企业股东信息披露》的要求核查，现在按新出台的《监管规则适用指引——发行类第4号》第2条核查。其实，要求差不多。

针对上述新增股东，保荐机构、发行人律师履行了如下核查程序：(1)查阅中国证券登记结算有限公司北京分公司出具的《全体证券持有人名册》，核查最近一年发行人股东变化情况；(2)查阅发行人在全国中小企业股份转让系统公开披露的文件及发行人出具的声明；(3)电话访谈新增股东，取得部分新增股东填写的调查问卷、身份证明文件、工商登记资料等文件；(4)取得发行人董事、监事、高级管理人员及中介机构相关人员的书面确认意见等资料；(5)通过天眼查、国家企业信用信息公示系统查阅新增法人股东工商登记信息等。

截至本招股说明书签署日，共取得了21名股东提供的股东调查问卷，18名股东虽未提供股东调查文件，但接受了电话访谈，***4名***股东无法取得联系或取得联系后拒绝接受访谈。具体核查情况如下：

(1)新增股东的基本情况

……

(2)产生新股东的原因、股权转让或增资的价格及定价依据，有关股权变动是否是双方真实意思表示，是否存在争议或潜在纠纷

上述新增股东均系通过新三板交易系统***竞价交易***取得公司股份，股权转让价格根据二级市场集合竞价情况确定，***新增股东的股权变动清晰***，不存在纠纷或潜在纠纷；根据股东访谈、调查问卷以及中国证券登记结算有限公司的登记信息，上述新增股东所持股份不存在质押、冻结的情形。

(3)新股东与发行人其他股东、董事、监事、高级管理人员、本次发行中介机构及其负责人、高级管理人员、经办人员是否存在亲属关系、关联关系、委托持股、信托持股或其他***利益输送***

安排公司持股5%以上的主要股东，公司的董事、监事、高级管理人员及中介机构分别***出具声明***，***确认***公司的董事、监事、高级管理人员，本次发行中介机构负

责人、高级管理人员、项目经办人员与公司申报前一年新增股东不存在亲属关系、关联关系、委托持股、信托持股或其他利益输送安排。

(4)新股东是否具备法律、法规规定的股东资格

上述新增股东均系通过全国股转系统***竞价交易***取得发行人股份，已按照《全国中小企业股份转让系统投资者适当性管理办法》开立了全国股转系统的股票账户，具备法律法规规定的***股东资格***。

点评

股东资格的更多内容，参见“疑难点 1 股东适格性”。

(5)股份锁定安排

发行人上市申请于 2020 年***12 月 17 日***获得深圳证券交易所***受理***。根据中国证监会《***监管规则适用指引——关于申请首发上市企业股东信息披露***》第十一条规定，上述申请前***12 个月内***新增股东锁定期无需承诺其所持新增股份***自取得之日起 36 个月***内不得转让。该等股东根据《公司法》第一百四十一条的规定，自发行人股票在证券交易所上市交易之日起***12 个月***内不转让其持有的发行人股份。

点评

1.43 名新增股东系通过竞价交易取得发行人股份，属于在 IPO 申报前 12 个月通过股权转让产生的新股东，应当根据《监管规则适用指引——关于申请首发上市企业股东信息披露》的规定，须承诺所持新增股份自取得之日起 36 个月内不得转让。

2. 此案例中，新增股东的股份是通过全国股转系统竞价交易取得的，根据《监管规则适用指引——关于申请首发上市企业股东信息披露》的规定，本可以申请豁免核查和股份锁定要求，即新增股份不需要自发行人工商变更登记手续完成之日起锁定 36 个月。不过，即使不用锁定 36 个月，也得自证券交易所上市交易之日起 1 年内不得转让。

(6)是否存在申报前 6 个月内从控股股东或实际控制人处受让股份的情况

发行人控股股东、实际控制人骆毅力所持股份自报告期初至今未发生过变化，不存在申报前 6 个月内从控股股东或实际控制人处受让股份的新股东。

三、说明在申报后存在新增股东，是否符合《深圳证券交易所创业板股票首次公开发行上市审核问答》（以下简称《审核问答》）问题12的规定

（一）停牌日新增股东的核查情况

2020年***12月17日***晚18点30分，发行人收到深交所IPO申请材料的***受理***通知（深证上审［2020］789号），本次上市申请获深交所受理。2020年***12月18日开市前***，公司通过主办券商向全国股转系统申请紧急***停牌***，但由于主办券商办理紧急停牌审批流程较长，公司股票***未能在上午9点30分开市前停牌***，而是在2020年12月18日***中午***起停牌。

经对比2020年12月17日与2020年12月18日的股东名册，2020年12月18日上午交易时间，公司***新增2名股东***孙茂振和杨桂红，分别持有公司3,000股和1,800股，合计持股4,800股，持股比例为***0.0043%***，持股比例较小。

点评

1.《全国中小企业股份转让系统挂牌公司股票停复牌业务实施细则》（股转公告〔2023〕54号）第12条规定，挂牌公司向境内证券交易所申请公开发行股票并上市，应当申请股票于向交易所提交申报材料的次一交易日停牌。本案例是收到深圳证券交易所IPO申请材料的受理通知才申请紧急停牌，似乎有点不妥。

2.本案例中，晚上收到转板的受理通知，匆匆忙忙的，次日开市前来不及停牌，中午才停牌。偏偏在这半天里，就有2名股民潜伏进来了，他们属于申报后新增股东。不好好处理、解释的话，可能得重新申报。保险做法是学案例“2－1泰恩康2021－11”，向交易所提交申请的当日就马上申请停牌。

经查，发行人未及时办理停牌主要系发行人经办人员对新三板交易规则变更不知情、主办券商持续督导人员未能及时提醒所致，保荐机构及发行人律师还核查了发行人及其董事、监事、高级管理人员，实际控制人及其关联方以及中介机构负责人、经办人员及其直系亲属在交易期间买卖海诺尔股票的情况，未发现上述***内幕信息知情人***存在买卖海诺尔股票的情形。经电话访谈孙茂振和杨桂红，确认发行人及其董监高、实际控制人及其关联方以及中介机构负责人及其经办人员***与该2名新增股东不存在关联关系***，其所持股份亦不存在质押、委托持股、信托持股或其他利益输送安排。同时，上述***2名股东已承诺：自发行人股票上市之日起36***

个月内,不转让或者委托他人管理本人所直接或间接持有的发行人股份(包括由该部分派生的股份,如送红股、资本公积金转增等),也不要求发行人回购该部分股份。

根据《审核问答》问题12的要求,保荐机构及发行人律师已比照申报前一年新增股东的核查和信息披露要求处理。发行人***申报后新增股东未造成发行人实际控制人变更,未对发行人控股权的稳定性和持续经营能力造成不利影响***。

根据《创业板首发注册办法》第十二条①第(二)项的规定:"……控股股东和受控股股东、实际控制人支配的股东所持发行人的股份权属清晰,最近二年实际控制人没有发生变更,不存在导致控制权可能变更的重大权属纠纷。"公司***申报后新增股东不涉及公司实际控制人持股变动***,不影响公司控制关系,亦未改变发行人主要股东的持股情况,且均通过新三板***集合竞价***交易系统产生,***股权变动清晰***,不存在纠纷或潜在纠纷,符合《首发注册办法》第十二条规定的发行条件。

综上所述,上述2名新增股东持股数量较少,股权清晰,均系通过新三板集合竞价交易产生,未造成发行人实际控制人变更,发行人主要股东持股数量未发生变化,亦未对发行人控股权的稳定性和持续经营能力造成不利影响,并已承诺自发行人股票上市之日起锁定***36个月***,保荐机构及发行人律师已***比照申报前一年新增股东的核查和信息披露要求处理***。

点评

1. 两名申报后产生的新股东,按《证券期货法律适用意见第17号》的规定本来得重新申报。但本案例辩称,是失误,非主观故意。加之,两名新股东不是内幕信息知情人,持股比例极小。所以,按申报受理前新增股东处理,没有重新申报,最后只锁定36个月。

2. 新三板是个很不活跃的交易市场,关键时刻冒出了2名新股东,是不是内幕信息知情人,股权变动是否清晰,容易说不清楚,好在股数不多。

① 已失效,现参考《首次公开发行股票注册管理办法》第12条第2项:"……发行人的股份权属清晰,不存在导致控制权可能变更的重大权属纠纷,首次公开发行股票并在主板上市的,最近三年实际控制人没有发生变更;首次公开发行股票并在科创板、创业板上市的,最近二年实际控制人没有发生变更。"

（二）股份继承情况

发行人***上市审核期间***，原自然人股东骆相发去世，其名下股份已由其配偶蒲*****继承*并已办理完毕过户手续。

保荐机构及发行人律师已根据《审核问答》问题12的规定，就上述新增股东情况核查如下：

蒲**的基本信息如下：蒲**，女，1952年4月出生，身份证号码：****，住址成都市金牛区九里堤南路****。

根据蒲**填写的调查问卷及出具的承诺，蒲**为骆毅力、骆建力**已故**叔叔骆相发的配偶，除该关系外，其与发行人其他股东、董事、监事、高级管理人员、本次发行中介机构负责人及其签字人员不存在亲属关系、关联关系、委托持股、信托持股或其他利益输送安排，其具备法律、法规规定的股东资格。上述股权变动***未造成发行人实际控制人变更，发行人主要股东持股未发生变化，亦未对发行人控股权的稳定性和持续经营能力造成不利影响***。

点评

1. 申报后新增股东产生系因继承、离婚、执行法院判决、执行仲裁裁决、执行国家法规政策要求或者由省级及以上人民政府主导，且新股东承诺其所持股份上市后36个月之内不转让、不上市交易（继承、离婚原因除外），无须重新申报。

2. 该案例是在上市审核期间，因继承产生的新股东，此次股份变动并未造成实际控制人变更，未对发行人股权结构的稳定性和持续盈利能力造成不利影响，无须重新申报，并且无须锁定36个月。

2-4　华大智造2021-08

招股说明书披露，申报前发行人经历多次股权转让及增资，引入了诸多新股东。

请发行人说明：对照中国证监会及申报会计师相关要求，说明上述股东的锁定期安排。

｜回复｜

根据中国证监会于2021年2月5日发布的《监管规则适用指引——关于申

请首发上市企业股东信息披露》(以下简称"《监管指引》")的规定,发行人提交***申请前12个月内***新增的股东,应当承诺所持新增股份自取得之日起36个月内不得转让,但是,***《监管指引》发布前已受理的企业不适用前述股份锁定要求***。鉴于发行人已在《监管指引》发布前提交申报文件并获***受理***,因此,发行人无需遵循《监管指引》的锁定要求。

点评

此案例中是在《监管规则适用指引——关于申请首发上市企业股东信息披露》发布之日(2021年2月9日)前获受理的,只有申报前6个月内通过增资扩股新增股份的持有人(无论新老股东),才受《首发业务若干问题解答》(2020年6月修订)问题4中锁定36个月的约束。

发行人新增股东锁定期安排如下表所示:

不同锁定期的情形	新增股东范围
申报前***6个月***内进行***增资扩股***入股发行人之情形	天津鲲鹏、丰盈七号
申报前***6个月***内***从控股股东或实际控制人处受让***股份之情形	松禾四号、HHSPR - XIV
新增股东与控股股东和实际控制人不存在***亲属关系***之情形	不适用
其他自公司股票在证券交易所上市交易之日起***一年内***不得转让之情形	除天津鲲鹏、丰盈七号、松禾四号、HH-SPR - XIV之外的40家新增股东

1. 新增股东存在增资扩股入股发行人之情形

天津鲲鹏、丰盈七号属于***申报前6个月内***进行***增资扩股***入股发行人之情形,根据《证券期货法律适用意见第17号》,申报前6个月内进行***增资扩股***的,新增股份的持有人应当承诺:新增股份自发行人完成增资扩股工商变更登记手续之日起锁定***3年***。天津鲲鹏、丰盈七号已出具的相关承诺如下:

"1. 对于公司提交首次公开发行股票申请前***6个月内***本企业对公司***增资***取得的股份,自该次***增资***的***工商变更登记办理完结***之日起***36个月***内,不转让或者委托他人管理该部分股份,也不提议由公司回购该部分股份。

2. 本企业将严格遵守法律、法规、规范性文件关于股东持股及股份变动(包括减持)的有关规定,规范诚信履行股东的义务。在持股期间,若股份锁定和减持的法律、法规、规范性文件、政策及证券监管机构的要求发生变化,则愿意遵守变更后的法律、法规、规范性文件、政策及证券监管机构的强制性要求。”

2. 新增股东存在从控股股东或实际控制人处受让股份之情形

松禾四号、HHSPR – XIV 属于申报前***6 个月内***从控股股东或实际控制人处受让股份之情形,根据《证券期货法律适用意见第 17 号》,***在申报前 6 个月内从控股股东或实际控制人处受让的股份,应比照控股股东或实际控制人所持股份进行锁定***。松禾四号、HHSPR – XIV 已出具的相关承诺如下:

“1. 对于公司提交首次公开发行股票申请前***6 个月内***,本企业自公司实际控制人处受让的股份,自发行人***首次公开发行股票上市之日起 36 个月***内,不转让或者委托他人管理本企业于本次发行上市前已直接或间接持有的公司股份,也不提议由公司回购该部分股份。本次发行上市完成后,若本企业拟减持公司股份,将按照适用的法律、法规、规章、规范性文件及证券交易所的规定执行。

2. 在本企业持股期间,若股份锁定和减持的法律、法规、规范性文件、政策及证券监管机构的要求发生变化,则本企业愿意自动适用变更后的法律、法规、规范性文件、政策及证券监管机构的要求。

3. 若本企业违反上述承诺给公司或投资者造成损失的,本企业将依法承担相应的责任。”

点评

《证券期货法律适用意见第 17 号》要求,在申报前 6 个月内从控股股东或实际控制人处受让的股份,应比照控股股东或实际控制人所持股份进行锁定。一般是自发行人首次公开发行股票上市之日起锁定 36 个月。

3. 新增股东与控股股东和实际控制人不存在亲属关系之情形

发行人提交申请前 12 个月内新增股东与控股股东和实际控制人不存在亲属关系之情形。

4. 新增股东已根据相关法律法规的规定出具锁定承诺

根据《公司法》第一百四十一条规定:“公司公开发行股份前已发行的股份,***自***

公司股票在证券交易所上市交易之日起一年内不得转让”。除天津鲲鹏、丰盈七号、松禾四号及HHSPR－XIV之外,其他新增股东的锁定期按照法律规定执行,***锁定期为一年***。该等股东已出具相关承诺:

“1. 自本次发行上市之日起***12个月***内,不转让或者委托他人管理本企业于本次发行上市前已直接持有的公司股份,也不提议由公司回购该部分股份。

点评

申报前超过6个月或12个月的新增股东,亦属于普通股东,自公司股票在证券交易所上市交易之日起锁定1年就可以了。

2. 本企业将严格遵守法律、法规、规范性文件关于股东持股及股份变动(包括减持)的有关规定,规范诚信履行股东的义务。在持股期间,若股份锁定和减持的法律、法规、规范性文件、政策及证券监管机构的要求发生变化,则愿意遵守变更后的法律、法规、规范性文件、政策及证券监管机构的强制性要求。”

因此,发行人申报前新增股东已对照中国证监会及上交所相关要求作出相关股份锁定承诺安排。

2－5 保丽洁2021－12

招股说明书披露,发行人系股转系统挂牌公司,因二级市场交易产生的新增股东较多。截至2020年9月30日,与发行人截至2019年9月30日的股东相比新增股东62名。

请发行人根据《监管规则适用指引——发行类第4号》关于申报前新增股东等相关规定补充披露:最近一年发行人新增股东的持股数量及变化情况、取得股份的时间、价格和定价依据。

|回复|

根据发行人在股转系统发布的停牌公告,发行人于***2020年11月16日***起在股转系统***停牌***。根据发行人提供的股权登记日为***2019年11月30日***、***2020年11月30日***(发行人***停牌当月月末***的《***证券持有人名册***》)、***最近一年***新增股东提供的《调查表》、查询Wind下载的包含发行人最近一年每日股票成交量、成交价格的《行情序列》等资料,发行人最近一年新增股东68名,已经提供调查表的新增股东共计57名，其持股数量及变化情况、取得股份的时间和价格如下：

……

点评

1. 如果申报日的证券持有人名册没有，得用申报日之后最新的股东名册往前推算1年，对照之后才能得到新增的股东名单。

2. 该案例的新增股东是通过二级市场交易产生的，一般得承诺所持新增股份自取得之日起36个月内不得转让，但有机会申请豁免，这在实务中没有争议。

根据最近一年新增股东提供的《调查表》、承诺函、发行人的说明，并经查阅《全国中小企业股份转让系统股票交易规则》（股转系统公告[2019]1844号）：

1. 发行人最近一年新增股东均为外部股东，其***通过集合竞价方式或盘后互报成交确认委托方式进行交易***。如通过集合竞价方式交易，则系股转系统按照买方申报的买入价格、卖方申报的卖出价格，按照价格优先、时间优先的原则自动撮合成交；如通过盘后互报成交确认委托方式交易，则系买卖双方协商一致后自行通过股转系统进行申报，股转系统按照"买卖双方的申报，对证券代码、申报价格和申报数量相同，买卖方向相反，指定对手方交易单元、证券账户号码相符及成交约定号一致的成交确认申报进行确认成交"。

发行人最近一年新增股东的交易价格及定价方式符合股转系统的业务规则。

2. 最近一年，发行人先后公告了审议首次公开发行并上市的董事会决议（2020年3月）、股东大会决议（2020年4月）、2019年年度报告（2020年4月）、通过中国证监会江苏监管局的上市辅导验收（2020年6月）、更换保荐机构（2020年8月）等市场消息。发行人股票交易价格在最近一年持续上涨。

2-6　华人健康2022-03

请发行人：参照《深圳证券交易所创业板股票首次公开发行上市审核问答》[①]的相关内容，补充披露发行人及中介机构是否已针对申报前新增股东进行完整核

① 已失效，现参考《监管规则适用指引——发行类第4号》第2条、《证券期货法律适用意见第17号》。

查、披露并按规定承诺锁定期安排。

| 回复 |

申报前一年内,发行人通过增资方式新增4名股东,分别为黄山赛富、腾元投资、长菁投资和华西投资。根据《审核问答》相关规定,发行人及中介机构已经针对申报前新增股东进行完整核查,具体如下:

点评

对申报前1年内新增的4名股东,根据《监管规则适用指引——发行类第4号》第2条的规定,现在按《监管规则适用指引——发行类第2号》《监管规则适用指引——关于申请首发上市企业股东信息披露》的要求核查。

1. 新增股东基本情况

……

2. 新增股东的入股原因、取得股份的价格和定价依据

发行人有意通过引进投资者,进一步推动现有业务的发展,新股东亦有意对公司进行投资,系***正常投资需求***。

2020年9月20日,华人健康与黄山赛富、腾元投资、长菁投资、华西投资签署《增资协议》,约定黄山赛富、腾元投资、长菁投资、华西投资分别以货币方式对公司增资6,000万元、1,000万元、1,000万元和3,000万元,合计11,000万元。本次增资价格为19.89元/股(对应投后整体估值为250,000万元),***系经PE投资机构尽职调查、估值分析以及内部决策程序,并经相关方友好协商确定***。

3. 股权变动真实性

本次以增资方式引入新股东系各方真实意思表示,不存在争议或潜在纠纷。

4. 新增股东与发行人其他股东、董事、监事、高级管理人员、本次发行的中介机构及其负责人、高级管理人员、经办人员的关联关系

发行人申报前一年新增股东中,黄山赛富、腾元投资、长菁投资与苏州赛富***为同一实际控制人控制的企业,存在关联关系***,发行人董事鲁勖为苏州赛富提名董事。新增股东与发行人其他股东的关联关系如下:

股东名称	持股比例	关联关系
苏州赛富	5.48%	苏州赛富、黄山赛富、腾元投资、长菁投资***为同一实际控制人控制的企业***
黄山赛富	2.40%	
腾元投资	0.40%	
长菁投资	0.40%	
合计	**8.68%**	

除前述关联关系，发行人申报前一年新增股东与发行人其他股东、董事、监事、高级管理人员、本次发行中介机构及其负责人、高级管理人员、经办人员之间不存在其他亲属关系、关联关系、委托持股、信托持股或其他利益输送安排。

点评

1. 存在关联关系的新增股东，入股价格更得公允，否则会被怀疑利益输送。

2. 此处只是对关联关系的简单列表，笔者认为远远不够，还应当详细解释清楚。

5. 新增股东的股东资格

黄山赛富、腾元投资、长菁投资、华西投资均为根据中国法律注册并有效存续的有限责任公司或有限合伙企业，不存在法律、法规规定的不适合担任发行人股东的情形，发行人申报前一年内新增股东具备法律、法规规定的股东资格。

6. 新增股东股份锁定情况

发行人***申报前一年内***新增股东黄山赛富、腾元投资、长菁投资、华西投资已承诺，就本次发行前所持发行人股份自取得之日起***36 个月***内不得转让。具体如下：

“(1)自华人健康首次公开发行人民币普通股(A 股)股票并***在深圳证券交易所上市交易之日起 12 个月***内(“限售期”)，不转让本企业在华人健康首次公开发行前持有的股份(包括由该部分派生的股份，如送红股、资本公积金转增等，下同)。

(2)除上述限售安排外，本企业于 2020 年 9 月 22 日通过***增资***方式获得的华人健康股份，该等***股份自取得之日起 36 个月***内不得转让。

点评

申报前6个月或12个月内通过增资产生的新股东面临着双重锁定，一个是自取得之日起36个月，另一个是上市交易之日起1年，应取并集锁定。

（3）本企业保证在限售期届满后减持本企业在华人健康首次公开发行前持有的股份的，将严格按照《中华人民共和国公司法》《中华人民共和国证券法》等有关法律、法规、规范性文件和中国证监会、深圳证券交易所的有关规定执行。

（4）本企业愿意承担违背上述承诺而产生的法律责任。”

疑难点2－2　申报后新增股东

1. 无须重新申报的情形

一般情况下，引进新股东是公司正常融资活动的结果，但是股份权属稳定历来是公司公开发行上市的基本要求。在发行监管实践和IPO审核阶段，有必要关注发行人申报后的增资扩股及股权转让活动。

因此，《证券期货法律适用意见第17号》第4条第2款对申报后新增股东的处理有明确的规定：

发行人申报后，通过增资或者股权转让产生新股东的，原则上应当终止发行上市审核程序或者发行注册程序……

注册制下，发行审核阶段时间缩短，可预期性提高，上述规定对发行人的影响有限。

在此基础上，考虑到发行人的实际情况，按照不对发行条件产生实质影响的原则，《证券期货法律适用意见第17号》第4条第2款接着往下规定了例外情形：

但股权变动未造成实际控制人变更，未对发行人股权结构的稳定性和持续经营能力造成不利影响，且符合下列情形的除外：新股东产生系因继承、离婚、执行法院判决、执行仲裁裁决、执行国家法规政策要求或者由省级及以上人民政府主导，且新股东承诺其所持股份上市后三十六个月之内不转让、不上市交易（继承、离婚原因除外）。

从上文的规定可以看出，申报后新增股东的例外条款包含三个要件，一是股权变动未造成实际控制人变更,二是未对发行人控股权的稳定性和持续经营能力造成不利影响,三是符合列举的特定情形。这三者是并列关系,缺一不可。

以吸收合并为例。申报后因吸收合并,间接股东变为直接股东,尽管股东的股权变动未造成发行人的实际控制人变更,未对发行人控股权的稳定性和持续经营能力造成不利影响,满足了前两个要件,但是吸收合并却不属于第三个要件所列举的特定情形(新股东产生系因继承、离婚、执行法院判决、执行仲裁裁决、执行国家法规政策要求或者由省级及以上人民政府主导)。因此,不能适用《证券期货法律适用意见第 17 号》规定的豁免情形,发行人应当撤回申请,重新申报。参见案例“2－7 格灵深瞳 2021－10”。

另外,还需注意,第三个要件中,因继承、离婚导致申报后新增的股东,无须承诺所持股份上市后 36 个月之内不转让、不上市交易,参见案例“2－3 海诺尔 2022－03”。

2. 核查和信息披露

在核查和信息披露方面,发行人申报后产生新股东且符合上文“1. 无须重新申报的情形”要求无须重新申报的,应比照申报前 12 个月新增股东的核查和信息披露要求处理。

除此之外,保荐机构和发行人律师还应对股权转让事项是否造成发行人实际控制人变更,是否对发行人股权结构的稳定性和持续盈利能力造成不利影响进行核查并发表意见。

2－7　格灵深瞳 2021－10

根据问询回复,五矿信托已向博雍一号等相关方发出履行债务的通知。博雍一号确认无法偿付债务后,五矿信托将向公证机关申请出具执行证书,五矿信托将持经公证的赋予强制执行效力的债权文书和执行证书等材料向人民法院申请司法强制执行。

请发行人说明:认定申报后新增股东事项符合《证券期货法律适用意见第 17 号》中除外条款的依据,依据赋强文书申请法院强制执行是否属于“执行法院判决或仲裁裁决”,博雍一号处置事项是否属于“执行国家法规政策要求”或其他情形。

| 回复 |

发行人本次新股东产生属于“执行国家法规政策要求”,符合《证券期货法律

适用意见第17号》中的除外情形,依据如下:

1.执行国家法规政策的背景情况

近年来,随着我国资产管理业务快速发展,在满足居民和企业投融资需求、改善社会融资结构等方面发挥积极作用的同时,也存在部分业务发展不规范、多层嵌套、刚性兑付、规避金融监管和宏观调控等问题。2018年开始,国家相继出台一系列监管法规政策,不断规范我国资产管理业务的健康发展。

2018年4月,中国人民银行、中国银行保险监督管理委员会、中国证监会、国家外汇管理局联合发布《关于规范金融机构资产管理业务的指导意见》(银发[2018]106号,以下简称"***资管新规***"),在统一监管标准、消除多层嵌套、打破刚性兑付、降低期限错配等方面提出指导意见,相关条款的具体规定如下:

第三条规定:"资产管理产品包括但不限于人民币或外币形式的银行非保本理财产品,资金信托,证券公司、证券公司子公司、基金管理公司、基金管理子公司、期货公司、期货公司子公司、保险资产管理机构、金融资产投资公司发行的资产管理产品等。"

第二十二条规定:"资产管理产品可以再投资一层资产管理产品,但所投资的资产管理产品不得再投资公募证券投资基金以外的资产管理产品。"

第二十九条规定:"按照'新老划断'原则设置过渡期,确保平稳过渡。过渡期为本意见发布之日起至2020年底……金融机构应当制定过渡期内的资产管理业务整改计划,明确时间进度安排……过渡期结束后,金融机构的资产管理产品按照本意见进行全面规范(因子公司尚未成立而达不到第三方独立托管要求的情形除外),金融机构不得再发行或存续违反本意见规定的资产管理产品。"

2020年7月,中国人民银行发布《优化资管新规过渡期安排引导资管业务平稳转型》,为平稳推动资管新规实施和资管业务规范转型,经国务院同意,人民银行会同发展改革委、财政部、银保监会、证监会、外汇局等部门审慎研究决定,资管新规过渡期延长至2021年底。

根据上述国家法规政策,如果资产管理产品存在多层嵌套情形,则不符合资管新规的监管要求,应当于过渡期到期日(2021年年底)前完成全面规范,过渡期到期日之后不得再发行或存续。

2.本次股东变更系执行国家法规政策要求的具体依据

博雍一号系持有发行人3.50%股权的股东,为已备案的私募投资基金,博雍一号的有限合伙人之一为五矿信托，五矿信托投资博雍一号合伙份额的资金来源为“博雍1号信托”，属于资产管理产品中的信托产品。博雍一号已将其持有的发行人3.50%股权质押予信托受托人五矿信托，以保障受托人的产品收益。

“博雍1号信托”成立于2017年4月，产品期限为5年，设立时资管新规尚未发布实施，该产品设立至今的信托受托人为五矿信托，其资金来源为银行理财产品资金。因此，“博雍1号信托”存在银行理财产品投资于信托产品，信托产品再次投资于私募投资基金的多层嵌套情形，不符合资管新规第二十二条“***资产管理产品可以再投资一层资产管理产品，但所投资的资产管理产品不得再投资公募证券投资基金以外的资产管理产品***”的规定。

根据资管新规第二十九条及《优化资管新规过渡期安排引导资管业务平稳转型》的规定，资产管理产品应当于过渡期（2021年年底前）内完成全面规范，过渡期结束后不得再发行或存续违反资管新规规定的资产管理产品。因此“博雍1号信托”应于2021年年底前完成整改，在过渡期到期日之后不得再发行或存续。鉴于“博雍1号信托”的产品到期日为2022年4月，五矿信托计划进行产品***提前清算***以保障在过渡期到期前整改完毕。

根据“博雍1号信托”的整改规范计划，五矿信托通过对博雍一号质押的发行人3.50%股权申请司法强制执行的方式完成产品清算，具体为五矿信托以公证机关赋予强制执行效力的债权文书和执行证书向人民法院申请强制执行，由法院出具执行裁定并通过***司法强制执行***程序处置质押的发行人股权以完成产品的退出清算。

综上所述，发行人本次股东变更系间接股东五矿信托根据国家新颁布的法规政策对“博雍1号信托”进行整改，系由于国家法规政策发生变化的不可抗力因素导致，系为保障符合最新法规政策要求采取的规范性措施，目的是为解决发行人间接股东因监管政策变动产生的历史遗留问题，不存在变相规避减持或存在其他利益输送的情形，属于《证券期货法律适用意见第17号》中“执行国家法规政策要求”的情形。

点评

1. 对于申报后新增股东，《证券期货法律适用意见第17号》规定，申报后，通过增资或股权转让产生新股东的，原则上发行人应当撤回发行申请，重新申报。

但股权变动未造成实际控制人变更，未对发行人股权结构的稳定性和持续盈利能力造成不利影响，且符合下列情形的除外：新股东产生系因继承、离婚、执行法院判决、执行仲裁裁决、执行国家法规政策要求或者由省级及以上人民政府主导，且新股东承诺其所持股份上市后36个月之内不转让、不上市交易（继承、离婚原因除外）。

2. 本案例是为了执行“资管新规”，被司法强制执行退出清算，才造成申报后新增了股东，这属于《证券期货法律适用意见第17号》规定的“执行法院判决、执行仲裁裁决”，无须重新申报，只需承诺所持股份上市后36个月之内不转让、不上市交易。

2-8 阿拉丁 2020-07

上海理成殷睿投资管理中心（有限合伙）持有发行人4.7847%股份，已提前清算。

请发行人说明：理成殷睿清算进展，是否会导致申报后新增股东；如是，请按照《证券期货法律适用意见第17号》的要求做好信息披露工作。

｜回复｜

截至本回复出具日，理成殷睿持有公司3,622,000股，占比***4.7847%***。理成殷睿的经营状态为存续，具体情况如下：

企业名称	上海理成殷睿投资管理中心（有限合伙）
企业类型	***有限合伙企业***

理成殷睿成立之初作为私募基金于2016年2月23日在中国证券投资基金业协会履行了基金备案登记，基金编号为“SE3642”。其管理人理能资产已于2015年2月11日完成私募基金***管理人登记***，登记编号为“P1008182”。截至本回复出具日，理成殷睿在中国证券投资基金业协会信息公示系统运作状态为***提前清算***。

根据理成殷睿出具的《情况说明》：“因理成殷睿在中国证券投资基金业协会系统中备案登记成为私募投资基金产品后超过一年未对外进行任何投资，基于商业考虑，经全体合伙人一致同意于2017年12月向中国证券投资基金业协会申请‘提前清算’，并于2018年2月完成***基金产品清算***。自2018年3月，理成殷睿在中国证券投资基金业协会基金**备案**系统上的运作状态变更为**'提前清算'**。**此后理成般睿不再为私募基金产品**，但仍作为有限合伙企业存续，**承诺不再以基金名义募集投资者资金并从事基金投资活动**。同时，理成般睿原基金管理人理能资产已于2018年1月19日出具《承诺函》，承诺理能资产在理成般睿清算后不违规宣传理成般睿投资运作情况、不以理成般睿名义进行基金投资活动、不再以理成般睿为载体另行募集投资者资金。自产品'提前清算'后，理成般睿没有开展主体清算所必备的流程，且没有向工商主管部门提交清算报告等文件。

截至本说明出具之日，理成般睿依法有效存续，且无主体解散清算和注销登记的计划和安排。”

综上所述，理成般睿在中国证券投资基金业协会基金备案系统中办理的“提前清算”**并非工商主体资格方面的清算并注销**，理成般睿的工商主体资格仍有效存续，公司**不存在申报后新增股东**的情况。

点评

基金产品清算、工商主体资格未注销的合伙型私募基金，不具有股东资格，更谈不上会构成申报前后新增股东。

疑难点3

重大违法行为

“重大违法行为”是指发行人及其控股股东、实际控制人违反国家法律、行政法规，受到刑事处罚或情节严重行政处罚的行为。它是一个衡量发行人及其控股股东、实际控制人是否合规的重要标准，IPO中常见的情形有违规对外担保、行贿、应缴未缴五险一金、偷税漏税、转贷、劣质产品、安全生产、劳动保护、出资瑕疵、租赁集体土地建设房产以及危害公共安全、环保处罚等。

一、法律法规

2019年修订前的《证券法》将最近3年无重大违法行为作为公开发行新股的条件之一。其第50条第1款第4项要求，股份有限公司申请股票上市，应当符合：

公司最近三年无重大违法行为，财务会计报告无虚假记载。

但何为重大违法行为，2019年修订前的《证券法》并没说清楚。2019年修订的《证券法》将“最近三年无重大违法行为”删掉，改成要求：

发行人及其控股股东、实际控制人最近三年不存在贪污、贿赂、侵占财产、挪用财产或者破坏社会主义市场经济秩序的刑事犯罪。

追根究底，《证券法》是直接引用《公司法》(2018年修正)第146条[①]第1款第2项的规定，将重大违法行为具体化、明细化：

---

① 现为《公司法》(2023年修正)第178条，内容稍有改动，详见本书“疑难点5－1 《公司法》第178条”。

因贪污、贿赂、侵占财产、挪用财产或者破坏社会主义市场经济秩序，被判处刑罚，执行期满未逾五年，或者因犯罪被剥夺政治权利，执行期满未逾五年。

其实，除了上述《证券法》统领性的规定，已经失效的《首次公开发行股票并上市管理办法》(2022 修正)还另外要求，发行人最近 36 个月内不得违反工商、税收、土地、环保、海关等规定。

之前的科创板、创业板还特别要求，最近 3 年内，发行人及其控股股东、实际控制人不涉及国家安全、公共安全、生态安全、生产安全、公众健康安全等领域的重大违法行为。不过，2023 年 2 月全面实行注册制之后，这个要求已经推广到所有板块，体现在《首次公开发行股票注册管理办法》(中国证券监督管理委员会令第 205 号)第 13 条第 2 款中：

最近三年内，发行人及其控股股东、实际控制人不存在贪污、贿赂、侵占财产、挪用财产或者破坏社会主义市场经济秩序的刑事犯罪，不存在欺诈发行、重大信息披露违法或者其他涉及国家安全、公共安全、生态安全、生产安全、公众健康安全等领域的重大违法行为。

二、如何把握

对于发行人及其控股股东、实际控制人的合规性，发行人和中介机构应如何把握？之前，《首发业务若干问题解答》(2020 年 6 月修订)问题 11(内容与《深圳证券交易所创业板股票首次公开发行上市审核问答》问题 15、《上海证券交易所科创板股票发行上市审核问答》问题 3 相似)给出了专业的解答。2023 年 2 月全面实行注册制之后，《首发业务若干问题解答》(2020 年 6 月修订)问题 11 被挪至《证券期货法律适用意见第 17 号》，有改动。

(一)重大违法行为

中国证券监督管理委员会与交易所各板块对重大违法行为的认定有差异，前者着重于经济类犯罪，后者强调安全类犯罪，应当兼并考虑。

1. 认定为重大违法行为的情形

《首次公开发行股票注册管理办法》第 13 条第 2 款明确规定：

最近三年内，发行人及其控股股东、实际控制人不存在贪污、贿赂、侵占财产、挪用财产或者破坏社会主义市场经济秩序的刑事犯罪……

这是引用了《证券法》第12条、《公司法》第146条中的规定，它们都属于经济类犯罪，详见“疑难点5-1 《公司法》第178条”。

已经失效的《首次公开发行股票并上市管理办法》（2022修正）第18条第2项曾要求，发行人不得有下列情形：

最近36个月内违反工商、税收、土地、环保、海关以及其他法律、行政法规，受到行政处罚，且情节严重。

《首次公开发行股票并上市管理办法》（2022修正）其实是画了“工商、税收、土地、环保、海关”五个圈，踩到了，还得满足“行政处罚，且情节严重”才能认定为重大违法行为。这块预计在实务中将继续适用。

《首次公开发行股票注册管理办法》第13条第2款规定：

最近三年内，发行人及其控股股东、实际控制人……不存在欺诈发行、重大信息披露违法或者其他涉及国家安全、公共安全、生态安全、生产安全、公众健康安全等领域的重大违法行为。

《首次公开发行股票注册管理办法》强调了国家、公共、生态、生产、公众健康“五安全”。跟贪污、贿赂、侵占财产、挪用财产、破坏社会主义市场经济秩序一样，“五安全”也属于犯罪类型，不是具体罪名，在《刑法》中分布很广，参见案例“3-2 碧橙数字2022-05”。

《首次公开发行股票注册管理办法》第13条所说的“五安全”比较模糊，《证券期货法律适用意见第17号》第3条第1项将其清晰化：

涉及国家安全、公共安全、生态安全、生产安全、公众健康安全等领域的重大违法行为是指发行人及其控股股东、实际控制人违反相关领域法律、行政法规或者规章，受到刑事处罚或者情节严重行政处罚的行为。

……

违法行为导致严重环境污染、重大人员伤亡或者社会影响恶劣等并被处罚的……

首先，违法行为必须发生在“五安全”领域之内；其次，即便落在“五安全”领域内，违法行为还得是：

（1）受到刑事处罚；

(2)受到情节严重的行政处罚;

(3)导致严重环境污染并被处罚;

(4)导致重大人员伤亡并被处罚;

(5)导致社会影响恶劣并被处罚。

以上《证券期货法律适用意见第 17 号》中列举的 5 种情形有一个共性——被处罚,才可能会被认定为重大违法行为,构成发行上市的法律障碍。这些情形,其实都是情节严重、波及面广、造成严重后果的违法行为,踩到了自然无法赦免。

2. 不认定为重大违法行为的情形

构成重大违法行为的前提是被处罚,但即便如此,《证券期货法律适用意见第 17 号》第 3 条第 1 项规定,有以下情形之一且中介机构出具明确核查结论的,可以不认定为重大违法行为:

1. 违法行为轻微、罚款数额较小;

2. 相关处罚依据未认定该行为属于情节严重的情形;

3. 有权机关证明该行为不属于重大违法。

违法行为导致严重环境污染、重大人员伤亡或者社会影响恶劣等并被处罚的,不适用上述规定。

如有上述违法行为,可以用以下笔者总结的理由整改、抗辩:

■ 违法行为的情节轻微,未造成严重后果、恶劣影响。

■ 已经足额支付了罚款,并按要求逐步或已经全部整改到位。

■ 属于法条中"应当依法从轻或者减轻行政处罚"的法定裁量情节,被以罚款幅度内的最低档、最低金额处罚。

■ 处罚决定书未认定该行为属于情节严重的情形。

■ 未受到过行政处罚,未被调查或立案或者已经结案,被刑事处罚的风险较小。

■ 处罚金额占当年年度营业收入的比例较低,不会对公司的经营产生不利影响。

■ 处罚决定未涉及责令停产整治、吊销经营资质。

■ 该处罚是一次意外的偶发事件导致的,不具有持续性。

■ 处罚机关、检察院、法院、主管部门等出具了不属于重大违法行为的证明。

■ 处罚系××的个人行为,与发行人、其他人员、发行人的主营业务无关。

■ 该行为没有为发行人谋取不当利益。

■ 发行人健全并有效地执行相关的内部控制。

参见案例"3-1 智融科技 2022-07"。

(二)子公司

《证券期货法律适用意见第17号》第3条第2项第1段规定:

> 发行人合并报表范围内的各级子公司,如对发行人主营业务收入或者净利润不具有重要影响(占比不超过百分之五),其违法行为可不视为发行人本身存在重大违法行为,但相关违法行为导致严重环境污染、重大人员伤亡或者社会影响恶劣等的除外。

子公司得是发行人的重要子公司(主营业务收入或净利润占比超过5%),才受影响。

若子公司的违法行为发生在被控制之前、失去控制之后,则对发行人没有影响。

发行人控股股东等其他主体控制的,不在发行人合并报表范围内的各级子公司,存在重大违法行为的,即使对发行人控股股东的主营业务收入或净利润占比超过5%,也不应视为控股股东等其他主体存在相关情形。

参见案例"3-7 纽泰格 2021-09"。

(三)收购

《证券期货法律适用意见第17号》第3条第2项第2段规定:

> 如被处罚主体为发行人收购而来,且相关处罚于发行人收购完成之前已执行完毕,原则上不视为发行人存在重大违法行为。但发行人主营业务收入和净利润主要来源于被处罚主体或者相关违法行为导致严重环境污染、重大人员伤亡或者社会影响恶劣等的除外。

之前的《首发业务若干问题解答》(2020年6月修订)问题11:但发行人主营业务收入和净利润主要来源于被处罚主体或违法行为社会影响恶劣的除外。《证券期货法律适用意见第17号》将违法行为的后果范围扩大到"严重环境污染、重大人员伤亡"。

(四)起算时点

《证券期货法律适用意见第17号》第3条第3项明确了起算时点：

最近三年从刑罚执行完毕或者行政处罚执行完毕之日起计算三十六个月。

最近三年重大违法行为的起算时点，从刑罚执行完毕或行政处罚执行完毕之日起计算。

三、常见问询

■ 结合行政处罚的具体事项、整改情况，说明发行人及子公司受到行政处罚是否属于损害投资者合法权益或社会公共利益的重大违法行为。

■ 请发行人说明子公司报告期内未取得经营资质的原因，相关情形是否构成重大违法行为。

■ 说明发行人实际控制人历史上两次行贿事项的背景，是否涉及单位行贿、是否涉及谋取不正当利益、行贿资金来源；发行人相关内控制度是否健全、运行是否有效，是否对报告期内发行人合规性产生重大不利影响。

■ 结合转贷事项发生的原因及性质、时间及频率、金额及占比、可能承担的后果等，充分论证相关事项属于主观故意或恶意行为，是否违反相关法律法规并构成重大违法行为，是否存在被处罚的风险或其他潜在的不利影响。

■ 结合租赁集体土地并自建房屋情况、有权机关的认定意见等，说明土地和房屋的取得和使用是否符合《土地管理法》等法律法规的规定、是否构成重大违法行为。

■ 请发行人补充说明：历次股权转让、增资、转增股本、利润分配及整体变更等过程中涉及的控股股东及实际控制人缴纳所得税、发行人代扣代缴情况，是否存在违反税收法律法规等情形，是否构成重大违法行为。

3-1　智融科技 2022-07

根据申报文件，2020年6月9日，珠海市公安局高新分局出具的行政处罚决定书(珠公高行罚决字[2020]00107号)，因智融有限公司网站域名被篡改为博彩网站，被认定为构成不履行网络安全保护义务，处以罚款一万元。保荐机构和发

行人律师认为，根据《中华人民共和国网络安全法》第五十九条的规定，上述罚款金额系法定罚款幅度内的最低金额，发行人已及时缴纳罚款并进行内部整改，上述违法行为未造成严重后果，不属于重大违法违规行为。

请保荐机构和发行人律师按照审核问答关于“有以下情形之一且中介机构出具明确核查结论的，可以不认定为重大违法”的相关规定，具体说明发行人所适用情形及不属于重大违法的具体依据；请提供相关行政处罚决定书备查。

| 回复 |

2020 年 6 月 9 日，珠海市公安局高新分局出具《行政处罚决定书》（珠公高行罚决字[2020]00107 号），认定发行人网址曾被篡改为博彩网站，发行人未履行对公司网站的网络安全保护义务，被处以***罚款***一万元的处罚。发行人已缴纳罚款并制定了《网络安全管理制度》，完善了网络安全管理，对上述违法行为进行了***整改***。同时，发行人已完成公司网址的更新，并对公司官方网址办理域名注册及 ICP 备案。

珠海市公安局高新分局于 2022 年 5 月 12 日对发行人网络安全管理落实情况进行现场检查，并出具了《网络安全检查意见书》，认定发行人上述未严格履行网络安全保护义务的行为因违法行为***情节轻微，未造成严重后果***，并按要求进行了整改；发行人制定了安全管理制度及应急响应预案，符合网络安全防范要求。

根据《上海证券交易所科创板股票发行上市审核问答》第 3 问[①]的规定，有以下情形之一且中介机构出具明确核查结论的，可以不认定为重大违法：

具体情形	是否适用	发行人具体情况
违法行为显著轻微、罚款数额较小	是	根据《中华人民共和国网络安全法》第五十九条第一款的规定“网络运营者不履行本法第二十一条、第二十五条规定的网络安全保护义务的，由有关主管部门责令改正，给予警告；拒不改正或者导致危害网络安全等后果的，处一万元以上十万元以下罚款，对直接负责的主管人员处五千元以上五万元以下罚款。”发行人该行为被处以罚款 1 万元，系法定罚款***幅度内的最低金额，数额较小***

① 《上海证券交易所科创板股票发行上市审核问答》已失效，第 3 问现参考《证券期货法律适用意见第 17 号》。

续表

具体情形	是否适用	发行人具体情况
相关规定或处罚决定未认定该行为属于情节严重	是	《行政处罚决定书》***未认定该行为情节严重***
有权机关证明该行为不属于重大违法	是	珠海市公安局高新分局出具《网络安全检查意见书》,认定该***违法行为情节轻微,未造成严重后果***
违法行为导致严重环境污染、重大人员伤亡或者社会影响恶劣等并被处罚的,不适用上述规定	否	该违法行为***未***导致严重环境污染、重大人员伤亡、社会影响***恶劣***等后果

保荐机构和发行人律师认为,发行人的上述行政处罚罚款金额系法定***罚款幅度内的最低金额***,相关规定及行政处罚决定书均***未认定该行为属于情节严重的情形***,且发行人已支付罚款并采取整改措施,珠海市公安局高新分局已认定发行人上述违法行为情节轻微,未造成严重后果。上述行为***不构成重大违法违规行为,不会对发行人的持续经营产生重大不利影响***,亦不会对发行人本次发行上市造成实质性障碍。

点评

1.《证券期货法律适用意见第17号》给出了3种不认定为重大违法的情形:①违法行为显著轻微、罚款数额较小;②相关处罚依据未认定该行为属于情节严重;③有权机关证明该行为不属于重大违法。本案例列表一一说明,内容看起来很清晰。

2. 对于第一种情形,"是罚款幅度内的最低金额"是对付重大违法行为万能的抗辩理由。

3. 对于第二种情形,情节严不严重,处罚书未认定是情形严重就过关。此案例中,发行人的网址被篡改为博彩网站,非主观故意,发行人也是受害者,情形远远谈不上严重。

4. 对于第三种情形,须请主管机关出具证明,证明违法行为情节轻微,未造成严重后果,不属于重大违法,这会非常有说服力。政府都会力推当地的企业上市,一般也不会刻意为难。

综上所述,发行人上述行政处罚符合《上海证券交易所科创板股票发行上市审核问答》规定的可以不认定为重大违法的情形,发行人认定上述行为不属于重大违法行为的依据充分。

3-2 碧橙数字 2022-05

2019年1月,公司主要股东之一杜鹏因开设赌场罪被杭州市下城区人民检察院提起公诉。杭州市下城区人民法院于2020年6月判处杜鹏有期徒刑一年七个月,缓刑二年,并处罚金人民币20,000元。该案现已审理终结。根据杭州市下城区人民检察院、杭州市下城区人民法院分别出具的函,杜鹏上述案件不属于贪污、贿赂、侵占财产、挪用财产或者破坏社会主义市场经济秩序的刑事犯罪。

请发行人:说明该案是否属于其他涉及国家安全、公共安全、生态安全、生产安全、公众健康安全等领域的重大违法行为,是否构成发行上市的法律障碍。

| 回复 |

1.根据《中华人民共和国刑法》(以下简称《刑法》)分则相关规定,开设赌场罪不属于国家安全、公共安全、生态安全、生产安全、公众健康安全等领域的违法行为。

根据杭州市下城区人民法院"(2019)浙0103刑初72号"《刑事判决书》,杜鹏上述行为被认定为"开设赌场罪",根据《刑法》分则第六章第一节,***"开设赌场罪"属于"妨害社会管理秩序罪"项下的"扰乱公共秩序罪"***。根据刑法的"法益保护原则",对犯罪构成要件的解释结论,必须以法条保护的法益为指导,违法行为被认定为《刑法》规定的一项犯罪的,则侵犯了《刑法》相应条款所保护的法益,而不涉及危害其他《刑法》条款所保护的法益。***"开设赌场罪"侵害的客体为"社会管理秩序"***,该类违法行为不存在侵害***国家安全、公共安全、生态安全、生产安全、公众健康安全***方面法益的情形,因此不属于该五个方面的违法行为。

根据《刑法》相关规定,上述***五个方面的犯罪行为由特定的其他章节条款予以规定***,国家安全领域的犯罪行为主要由《刑法》分则第一章"危害国家安全罪"规定,公共安全领域的犯罪行为主要由《刑法》分则第二章"危害公共安全罪"规定,生态安全领域的犯罪主要由《刑法》分则第六章第六节"破坏环境资源保护罪"规定,生产安全领域的犯罪主要由《刑法》分则第二章"危害公共安全罪"项下的"重大责任事故罪"、"危险作业罪"、"重大劳动安全事故罪"、"危险物品肇事罪"、"工程重大安全事故罪"及"不报、谎报安全事故罪"予以规定,公众健康领域的犯罪主要由《刑法》第三章"破坏社会主义市场经济秩序罪"项下的"生产、销售、提供假药罪"、"生产、销售、提供劣药罪"、"妨害药品管理罪"、"妨害药品管理罪"、"生产、销售有毒、有害食品罪"、"生产、销售不符合标准的医用器材罪"及第六章第五节"危害公共卫生罪"予以规定。

鉴于杜鹏的行为被认定为开设赌场罪,不涉及其他领域的违法结果认定,不涉及数罪并罚的处罚结果,开设赌场罪侵犯的法益及其犯罪构成要件与国家安全、公共安全、生态安全、生产安全、公众健康安全相关犯罪行为均不同,因此杜鹏上述违法行为不属于国家安全、公共安全、生态安全、生产安全、公众健康安全等领域的违法行为。

2. 根据其他法律、法规及规范性文件的规定,杜鹏的上述违法行为不涉及国家安全、公共安全、生态安全、生产安全、公众健康安全领域的违法行为。

(1)《中华人民共和国国家安全法》(以下简称《国家安全法》)系现行有效的规定国家安全保护领域的主要法律,根据《国家安全法》规定:国家安全是指国家政权、主权、统一和领土完整、人民福祉、经济社会可持续发展和国家其他重大利益相对处于没有危险和不受内外威胁的状态,以及保障持续安全状态的能力。根据上述定义及《国家安全法》相关规定,"开设赌场"行为不属于**国家安全**领域的违法行为。

(2)根据习近平总书记在中共中央政治局第二十三次集体学习的讲话:"党的十八届三中全会围绕健全公共安全体系提出食品药品安全、安全生产、防灾减灾救灾、社会治安防控等方面体制机制改革任务"。根据现行有效的涉及公共安全的相关规定,包括《最高人民法院关于加大对涉及重大公共安全事故等案件的审判力度全力维护社会稳定的通知》《最高人民法院关于充分发挥审判职能作用切实维护公共安全的若干意见》、公安部《关于发布公共安全行业标准的公告》等文件的规定,"开设赌场"行为不属于**公共安全**领域的违法行为。

(3)根据《国家安全法》、《中华人民共和国环境保护法》、《中华人民共和国湿地保护法》、《中华人民共和国固体废物污染环境防治法》、《中华人民共和国大气污染防治法》、《中华人民共和国土壤污染防治法》、《中华人民共和国水污染防治法》、《中华人民共和国噪声污染防治法》、《中华人民共和国畜牧法》以及《2021 年全国人民代表大会常务委员会工作报告》等现行有效涉及生态安全的法律、法规及其他文件的规定或表述,“开设赌场”行为不属于**生态安全**领域的违法行为。

(4)根据《中华人民共和国安全生产法》,“开设赌场”行为不属于**生产安全**领域的违法行为。

(5)根据《中华人民共和国食品安全法》《中华人民共和国药品管理法》《中华人民共和国疫苗管理法》《中华人民共和国农产品质量安全法》《中华人民共和国生物安全法》《中华人民共和国环境保护法》《中华人民共和国固体废物污染环境防治法》《中华人民共和国大气污染防治法》《中华人民共和国土壤污染防治法》《中华人民共和国水污染防治法》《中华人民共和国噪声污染防治法》等现行有效涉及公众健康安全的法律、法规及其他文件的规定,“开设赌场”行为不属于***公众健康安全***领域的违法行为。

因此,根据涉及国家安全、公共安全、生态安全、生产安全、公众健康安全领域相关法律、法规及其他规范性文件的规定以及其他政策性文件的表述,“开设赌场”行为不属于上述安全领域的违法行为。

点评

2023年2月全面实行注册制之后,所有板块都强调了国家、公共、生态、生产、公众健康“五安全”。“五安全”是犯罪类型,不是具体罪名,在刑法中分布很广。本案例将“五安全”在刑法中的分布归纳得很清楚,读者可以直接拿来用。

3. 杜鹏上述行为不属于法定的情节严重的情形。

(1)根据杭州市下城区人民法院“(2019)浙0103刑初72号”《刑事判决书》,主审法院认定“被告人杜鹏等在共同犯罪中起到次要作用,系从犯,应当***从轻或者减轻处罚***”。

(2)根据《刑法》第三百零三条规定:“开设赌场的,处五年以下有期徒刑、拘役或者管制,并处罚金;***情节严重的,***处五年以上十年以下有期徒刑,并处罚金。”鉴于杜鹏被判处刑罚为“有期徒刑一年七个月,***缓刑***二年,并处罚金人民币20,000元”,***不涉及情节严重的罚则***。

(3)根据上述《刑事判决书》,杜鹏涉及非法收入约为2.1万元。根据最高人民法院、最高人民检察院、公安部共同出具的《关于办理网络赌博犯罪案件适用法律若干问题的意见》:“明知是赌博网站,而为其提供下列服务或者帮助的,属于开设赌场罪的共同犯罪,依照刑法第三百零三条第二款的规定处罚:(一)为赌博网站提供互联网接入、服务器托管、网络存储空间、通讯传输通道、投放广告、发展会员、软件开发、技术支持等服务,收取服务费数额在2万元以上的","实施前款规定的行为,数量或者数额达到前款规定标准5倍以上的,应当认定为刑法第三百零三条第二款规定的'情节严重'"。因此,杜鹏的上述违法行为***所涉金额低于情节严重的认定标准***。

点评

情节严不严重,从判决书就可以看得出来,如本案例的判决书就说得很清楚,"应当从轻或者减轻处罚"。

4. 杜鹏上述刑事处罚不涉及发行人行为,杜鹏不属于发行人实际控制人、董事、监事或高级管理人员。杜鹏上述违法行为***系其个人行为,与发行人主营业务无关,不涉及发行人其他人员,不涉及发行人本身,不涉及杜鹏在发行人的任职与本职工作,不会因此导致发行人或其董事、监事、高级管理人员被行政处罚或刑事处罚***。

点评

"重大违法行为"是针对发行人及其控股股东、实际控制人、董事、监事、高级管理人员的合规性而言的,杜鹏只是发行人的主要股东之一,自然不受"重大违法行为"相关法律法规的约束。

5. 根据拱墅区人民***检察院***、拱墅区人民***法院***分别出具的《***函***》:杜鹏上述案件不属于贪污、贿赂、侵占财产、挪用财产或者破坏社会主义市场经济秩序的刑事犯罪;对杜鹏的上述刑事处罚不涉及国家安全、公共安全、生态安全、公众健康安全等领域的违法行为。

点评

虽说2021年第4期的《创业板注册制发行上市审核动态》说明,不强制要求必须取得有权机关出具的证明。但不可否认,请处罚机关、检察院、法院、主管部门等出具不属于重大违法行为的证明,是应对重大违法行为最有力的必备件。

综上,杜鹏上述违法行为不属于国家安全、公共安全、生态安全、生产安全、公众健康安全等领域的重大违法行为,不属于法定的情节严重的情形,不涉及发行人主体行为,不涉及发行人实际控制人、董事、监事、高级管理人员或发行人其他人员,且上述处罚相关主管部门已确认该等处罚不涉及国家安全、公共安全、生态安全、公众健康安全等领域的违法行为,不会因此构成本次发行的法律障碍。

3-3 万香科技 2022-06

申请文件及问询回复显示,发行人及其实际控制人、董监高等存在行贿事实及海事局、海关等行政处罚。

请发行人:

一、结合贿赂案件的请托事项及相关规定,说明行贿事项是否涉及单位行贿行为、是否为发行人谋取不正当利益、行贿资金是否来源于发行人,发行人相关内部控制是否健全、运行是否有效,行贿行为是否对发行人资产、业务合规性存在重大不利影响

| 回复 |

点评

行贿在IPO的民营企业中比较常见,但被查出算是少见,此案例是在抗辩行贿不属于重大违法行为。

1.相关主体的涉嫌行贿行为及具体请托事项

根据控股股东、实际控制人、董监高的书面确认,发行人住所地市级、区级检察机关江苏省淮安市人民***检察院***、淮安市淮阴区人民检察院、淮安市清江浦区人民检察院出具的证明以及淮安市***监察委员会***出具的***证明***,并经访谈淮安市淮阴区人民检察院、淮安市清江浦区人民检察院、石嘴山市惠农区人民检察院的相关人员,检索中国裁判文书网披露的公开信息,除公司实际控制人李春南曾于2016年12月23日、发行人及子公司宏邦化工曾于2017年9月18日先后因涉嫌行贿罪、单位行贿罪被原淮安市清浦区人民检察院***立案侦查***外,报告期内,发行人其他现任董监高不存在因涉嫌行贿而被立案的情形,且江苏省淮安市人民检察院、淮安市监察委员会已出具书面文件确认***不会再对发行人现任董监高及其工作单位涉***

嫌的相关行贿行为予以追究，并且截至本问询函回复出具之日，淮安市监察委员会***未对发行人及其子公司、董事、监事、高级管理人员及核心技术人员进行调查或立案***。

根据前述文件，并经检索中国裁判文书网披露的公开信息，下述9个刑事判决中提及发行人部分董监高、核心技术人员涉嫌行贿事项：

类型	序号	涉嫌行贿金额(万元)	受贿案件目前状态	发行人及董监高等相关主体是否因涉嫌行贿行为被立案	刑事判决书载明的涉嫌行贿行为
报告期内	1	2	2020年10月，受贿人桑绍淮被刑事判决[(2020)苏08刑初24号]	***未被立案***	2019年春节前，被告人桑绍淮利用担任淮安高新区党工委委员、管委会副主任的职务之便，在工业经济和人才科技奖励、上市补缴税收奖励等方面为万香科技股份有限公司谋取利益，在其淮安高新区管委会办公室收受该公司执行副总经理龙某所送的人民币2万元。
报告期外	2	10	2018年7月，受贿人王海平被刑事判决[(2017)苏09刑初56号]	***未被立案***	被告人王海平利用担任淮安市清河区区长的职务便利，在江苏汇丰房产实业有限公司开发房地产项目过程中，为该公司协调推进土地拆迁工作提供帮助，于2011年上半年，在办公室收受该公司实际控制人李某1贿送的10万元。
	…				

2. 结合贿赂案件的请托事项及相关规定，说明行贿事项是否涉及单位行贿行为、是否为发行人谋取不正当利益、行贿资金是否来源于发行人

(1)说明行贿事项是否涉及单位行贿行为

如上所述，根据李春南的书面说明、淮安市清江浦区人民检察院出具的《关于李春南等主体在全国检察机关统一业务应用系统中查询情况的说明》，并经访谈

淮安市清江浦区人民检察院、检索中国裁判文书网披露的公开信息，因涉嫌于2009年春节至2013年10月期间对王桂先行贿(王桂先已于2014年5月因受贿罪被刑事判决)、于2012年至2014年期间对孙健行贿(孙健已于2016年7月因受贿罪被刑事判决)，公司实际控制人李春南于2016年12月23日、发行人及子公司宏邦化工于2017年9月18日先后因涉嫌行贿罪、单位行贿罪被原淮安市清浦区人民检察院立案侦查。因此，在王桂先、孙健受贿案中，***行贿事项涉及单位行贿行为***。

2017年12月11日，淮安市清江浦区人民检察院出具《撤销案件决定书》(清检反贪撤[2017]5号)，因***情节显著轻微，危害不大，不认为是犯罪***，根据《中华人民共和国刑事诉讼法》第十五条的规定，决定***撤销***万邦香料单位行贿案。2018年2月6日，淮安市清江浦区人民检察院出具《撤销案件决定书》(清检反贪撤[2018]1号)，因***不应作行贿犯罪追诉***，根据《中华人民共和国刑事诉讼法》第十五条的规定，决定***撤销宏邦化工、李春南涉嫌单位行贿案***。

上述相关主体被立案情况已经被检察机关依据相关法规进行撤案处理，除前述立案侦查情况外，报告期内，发行人其他现任董监高不存在因涉嫌行贿而被立案的情形，且江苏省淮安市人民检察院、淮安市监察委员会已出具书面文件确认***不会再对发行人现任董监高及其工作单位涉嫌的相关行贿行为予以追究***。

点评

1.《首次公开发行股票注册管理办法》第13条要求，董事、监事和高级管理人员不得存在最近3年内受到中国证券监督管理委员会行政处罚，或者因涉嫌犯罪正在被司法机关立案侦查或者涉嫌违法违规正在被中国证券监督管理委员会立案调查且尚未有明确结论意见等情形。

2.该案例中，发行人、董事、监事、高级管理人员等涉嫌行贿罪，但绝大多数未被立案。未被立案自然而然就不属于《首次公开发行股票注册管理办法》第13条规定的“被司法机关立案侦查”“被中国证监会立案调查”之情形。

(2)说明行贿事项是否为发行人谋取不正当利益

如上表所示，除公司原副总裁龙晋辉在第1个案件中涉嫌的相关行贿行为系***发生在报告期内***，其余案件涉嫌的相关行贿行为均发生在2017年1月1日之前，不涉及报告期内为发行人谋取不当利益的情形。

就第1个案件中的涉嫌行贿事项而言，根据淮安高新技术产业开发区管理委员会及淮安市淮阴区人民*政府*分别出具的***说明***，报告期内发行人收到的相关财政补贴符合《市政府关于进一步鼓励企业上市的意见》（淮政发［2011］42号）及《淮安市淮阴区人民政府文件——区政府关于进一步鼓励企业挂牌上市的意见》（淮政发［2019］13号）的相关规定，补贴发放程序合法合规，发行人符合补贴发放条件，***不存在为发行人谋取不当利益的情形***。

如上表所示，根据相关受贿案刑事判决书载明的内容，上述第2个、第6个、第8个案件均系与江苏汇丰房产实业有限公司（以下简称"江苏汇丰"）的房地产开发业务相关，***与发行人无关***，不涉及为发行人谋取不当利益的情形。

就第3个、第4个、第5个、第7个及第9个案件而言，根据李春南等相关主体的书面确认及江苏省淮安市人民检察院于2022年1月10日出具的证明，李春南等主体赠送相关礼金的目的系为加强与相关主管人员的联系，便于顺利开展相关项目申报等事项，***不涉及为发行人谋取非法利益的情形***。

点评

《公司法》《证券法》等之所以强调经济类犯罪，是担心企业从中谋取不当利益。本案例辩称高级管理人员行贿不是在为公司谋取不正当利益，该理由很难被接受。

除公司原副总裁龙晋辉在第1个案件中涉嫌的相关行贿行为系发生在报告期内，其余案件涉嫌的相关行贿行为均发生在2017年1月1日之前，不涉及报告期内为发行人谋取不当利益的情形。就第1个案件涉嫌行贿的相关事项而言，不存在为发行人谋取不当利益的情形；另外，上述第2个、第6个、第8个案件均系与江苏汇丰的房地产开发业务相关，与发行人无关，不涉及为发行人谋取不当利益的情形。就第3个、第4个、第5个、第7个及第9个案件等其他5个案件而言，不涉及为发行人谋取非法利益的情形。

（3）说明行贿资金是否来源于发行人

①涉嫌行贿资金金额均较小，发行人实际控制人多年从事实业，具有一定的资金积累

根据发行人实际控制人李春南填写的调查表，李春南自1981年开始从事实

业,至今已经41年。在前述期间内,李春南积累了一定的个人资产。从上述9项涉嫌行贿的案件可见,相关***案件涉及的资金金额较低,李春南的个人资产均足以覆盖前述资金***。

②除第8个及第9个案件外,相关资金非来源于发行人

如上表所示,根据相关受贿案刑事判决书载明的内容,在上述第8个、第9个案件中,李春南曾通过发行人或相关子公司为受贿案被告的子女发放劳务报酬,因此部分资金系***通过发行人发放***。

除上述案件外,根据李春南等人的书面确认,相关资金均***非来源于发行人***。

点评

对行贿进行抗辩,一定得强调是个人的行为,不是公司的集体行为,而且资金来源于个人,不是公司提供的。但事实是不是真的这样,就只有天知地知当事人知了。

3. 发行人相关内部控制是否健全、运行是否有效

如上所述,除桑绍淮案件中涉嫌的相关行贿行为系发生在2019年春节前(系发行人设立前)外,其余案件涉嫌的相关行贿行为均发生在2017年1月1日之前,***不涉及报告期内***的行为。报告期前,发行人尚未建立完善的法人治理结构和体系化的内部治理制度。

发行人前身万邦香料于2019年6月通过整体变更为股份有限公司的形式设立发行人,发行人已按《公司法》《证券法》《上市公司治理准则》等法律、法规、规章和规范性文件的要求,建立了由股东大会、董事会及各专门委员会、监事会等组成的健全的公司组织结构并设置了总裁、副总裁、财务总监、董事会秘书等公司管理职位,报告期内,该等机构及人员能够发挥相应的作用。

其次,发行人制定了《股东大会议事规则》《董事会议事规则》《监事会议事规则》《独立董事工作制度》《总裁工作细则》《董事会秘书工作细则》《董事会战略委员会工作细则》《董事会审计委员会工作细则》《董事会提名委员会工作细则》《董事会薪酬与考核委员会工作细则》以及《内部审计制度》等各项相关公司治理制度,报告期内,该等制度能够为公司的规范运作提供制度基础。在第1个案件的被告桑绍淮被刑事判决后,龙晋辉***已辞去公司副总裁职务,不再担任公司高级管***

理人员职务。同时,发行人进一步加强了对董事、监事、高级管理人员及其他员工的反商业贿赂培训及内部控制,制订或完善了《反商业贿赂管理制度》《费用管理办法》《公司业务招待费管理规定》等内部控制制度,***规范公司***各项费用的***管理控制***,避免再次出现相关情形。

点评

公司副总裁龙晋辉在第1个案件中涉嫌行贿,担心触碰到2018年《公司法》第146条董事、监事、高级管理人员很被忌讳的五类经济类犯罪(详见"疑难点5-1 《公司法》第178条"),所以辞去董事、监事、高级管理人员职务。

发行人内部控制制度健全且被有效执行,能够合理保证公司运行效率、合法合规和财务报告的可靠性,并由天职国际出具了无保留意见的内部控制鉴证报告。

综上,发行人相关内部控制健全且被有效执行。

4. 行贿行为是否对发行人资产、业务合规性存在重大不利影响

如上表所示,根据相关受贿案刑事判决书载明的内容,上述第2个、第6个、第8个案件均系与江苏汇丰的房地产开发业务相关,***与发行人无关***。

就第1个、第3个、第4个、第5个、第7个及第9个案件而言,***不涉及为发行人谋取非法利益或涉及报告期内发行人谋取不当利益的情形***。

发行人就其土地使用权、房屋所有权、专利、商标等主要资产均依法持有相关权属证书,对相关资产享有完整的使用权或所有权。根据发行人相关主管部门出具的证明、走访发行人相关主管部门,相关主管部门均确认发行人报告期内不存在重大违法违规行为。因此,上述涉嫌行贿的行为,***不会对发行人资产、业务合规性产生重大不利影响***。

综上,相关涉嫌行贿行为不会对发行人资产、业务合规性产生重大不利影响。

二、结合相关法律法规条款,说明王海平案件是否导致发行人及其控股股东、实际控制人存在刑事犯罪等风险,是否符合《首次公开发行股票注册管理办法》(以下简称《注册管理办法》)第十三条的规定

| **回复** |

根据王海平案件的刑事判决书载明的内容,李春南涉嫌行贿行为系发生在

2011 年上半年,截至本问询函回复出具之日,已超过 10 年,***已超过刑法规定的追诉期限***,即使构成犯罪行为,也不存在被追究刑事犯罪的风险,具体分析如下:

1. 刑法关于追诉时限的相关规定

根据《中华人民共和国刑法》第八十七条规定:"犯罪经过下列期限不再追诉:1. 法定最高刑为不满五年有期徒刑的,经过五年;2. 法定最高刑为五年以上不满十年有期徒刑的,经过十年……"

2. 王海平案件不会导致发行人及其控股股东、实际控制人存在刑事犯罪等风险

根据《中华人民共和国刑法》第三百九十条、《最高人民法院、最高人民检察院关于办理贪污贿赂刑事案件适用法律若干问题的解释》(以下简称"《贪污贿赂案件司法解释》")第七条和第八条,行贿罪构成要件及处罚期限情况如下:

……

根据王海平案件的刑事判决书载明的内容及李春南的说明,李春南涉嫌行贿行为涉及的款项数额为 10 万元,且李春南支付前述款项的原因为江苏汇丰房产实业有限公司开发房地产项目过程中,为该公司协调推进土地拆迁工作提供帮助***不涉及使国家遭受重大损失***的情形。即李春南的相关情形属于上表所列一般情形,即使李春南涉嫌行贿行为构成行贿罪,也属于"处五年以下有期徒刑或者拘役,并处罚金的情形"。根据《中华人民共和国刑法》第八十七条的规定,适用 5 年的追诉时限。如上所述,李春南涉嫌行贿行为系发生在 2011 年上半年,截至本问询函回复出具之日,***已超过 10 年,已超过刑法规定的 5 年追诉期限***,即使构成犯罪行为,也不存在被追究刑事责任的风险。

综上所述,就王海平案件而言,李春南涉嫌行贿行为已超过刑法规定的追诉期限,即使构成犯罪行为,也不存在被追究刑事责任的风险,符合《首次公开发行股票注册管理办法》第十三条的规定。

三、结合相关法律法规的规定,说明认为相关行政处罚所对应事项"不属于重大违法违规行为"的具体依据及其充分性

| **回复** |

2017 年 1 月 1 日至报告期末,除万邦香料 2017 年海事局处罚及实际控制人 2018 年外汇处罚外,发行人及其控股股东、实际控制人的其他行政处罚事项均***已取得相关主管部门出具的不属于重大违法违规行为的书面确认文件***。万邦香料

2019 年受到的海关处罚亦取得了主管部门出具的“该处罚属于一般违反海关监管规定行为，***不属于情节严重的违法行为***”的书面确认文件。

基于如下理由认为，万邦香料 2017 年海事局处罚及实际控制人 2018 年外汇处罚不属于重大违法违规行为：

1. 万邦香料 2017 年海事局处罚

由于发货人(供应商)发货后未及时通知万邦香料及其清关代理公司，导致船靠上海港后，万邦香料及其清关代理公司在不知情的情况下未能在船泊靠上海港之前完成货物申报，违反了《防治船舶污染海洋环境管理条例》关于应当于船舶靠岸前完成货物申报的相关规定。

对此，2017 年 2 月，中华人民共和国浦东海事局对万邦香料作出“沪海事罚字[2017]810059 号”《行政处罚决定书》，根据《防治船舶污染海洋环境管理条例》第六十四条规定，针对万邦香料“未按规定向海事部门办理污染危害性货物申报”行为，作出***罚款 1 万元***的行政处罚。

根据《防治船舶污染海洋环境管理条例》第六十四条规定，违反本条例的规定，未经海事管理机构批准，船舶载运污染危害性货物进出港口、过境停留或者过驳作业的，由海事管理机构处***1 万元以上***5 万元以下的罚款。因此，主管机关依据***处罚标准的下限***对万邦香料作出了行政处罚。

对中华人民共和国上海海事局的相关人员进行了访谈，其确认万邦香料所受的上述处罚***不属于情节严重***的行政处罚。

鉴于相关罚款已缴纳、万邦香料上述处罚非基于主观故意，处罚机关系依据处罚标准的下限对万邦香料作出的行政处罚，且***处罚机关已确认万邦香料所受的上述处罚不属于情节严重的行政处罚***，万邦香料受到的上述处罚不属于重大违法违规行为。

2. 实际控制人 2018 年外汇处罚

2018 年 12 月 5 日，李春南等 15 名自然人收到国家外汇管理局淮安市中心支局下发的《行政处罚决定书》，因李春南在内的 5 名境内个人在英属维尔京群岛共同设立特殊目的公司 Chunnan Investment Ltd.、季新林在内的 10 名境内个人在英属维尔京群岛共同设立特殊目的公司 Xinlin Investment Ltd.，通过股权变更间接持有返程投资企业振邦工业等公司的股权，该等行为未按规定及时办理境外投资外汇登记，根据《外汇管理条例》第十六条、第四十八条以及《国家外汇管理局关于境内居民通过特殊目的公司境外投融资返程外汇管理有关问题的通知》(汇发[2014]37号)第三条的规定,对李春南等15名自然人给予警告并处以人民币***5万元***罚款。

基于下述分析认为,李春南等自然人受到的上述5万元外汇处罚不属于重大违法行为,具体如下:

(1)前述***行政处罚决定书中未将本次行政处罚认定为情节严重***,并且李春南等自然人已缴纳了上述罚款。

(2)根据李春南等自然人提供的《境内居民个人境外投资外汇登记表》,李春南等自然人已就上述返程投资行为补办了外汇登记,对违法行为进行了***补正***。

(3)根据《中华人民共和国行政处罚法》第四十二条,行政机关作出责令停产停业、吊销许可证或者执照、较大数额罚款等行政处罚决定之前,应当告知当事人有要求举行听证的权利;当事人要求听证的,行政机关应当组织听证。因此,对于较大数额的罚款,主管部门应当告知当事人进行听证。

根据《国家外汇管理局关于印发〈检查处理违反外汇管理行为办案程序〉的通知》(汇发[2008]50号)第六十二条,有下列情形之一的,外汇局在作出行政处罚决定前,应当告知违反外汇管理行为的当事人有要求举行听证的权利:(四)拟给予自然人等值10万元人民币以上罚(没)款处罚的。因此,***在外汇管理方面,对自然人处罚10万元以上需要听证***。

结合前述规则,自然人受到***10万元***以上罚款构成较大数额行政处罚。

如上述,李春南等自然人受到的行政处罚金额为***5万元***且国家外汇管理局淮安市中心支局相关人员确认前述处罚不属于需要听证的情形。因此,李春南等自然人受到的行政处罚***不属于数额较大***的行政处罚。

(4)经检索,部分上市公司的相关主体亦存在因未及时办理境外投资外汇登记而被给予5万元行政处罚的情况,且部分外汇主管部门已确认该等处罚属一般行政处罚,***不属于重大违法行为***。

综上,李春南等自然人受到的上述处罚不属于重大违法违规行为。

3. 报告期内其他行政处罚及其主管部门出具的合规证明

……

由上表可见,相关主管部门已经就发行人及其子公司上述行政处罚出具***证明***,确认相关处罚不属于重大违法违规行为。

综上所述，报告期内，发行人受到的行政处罚均不属于重大违法违规行为，发行人本次发行上市符合《首次公开发行股票注册管理办法》第十三条的规定，依据充分。

点评

用正文笔者总结的"被以罚款幅度内的最低档、最低金额处罚""违法行为情节轻微，未造成严重后果、恶劣影响""处罚决定书未认定该行为属于情节严重的情形""处罚机关等出具了不属于重大违法行为的证明"等理由抗辩。

3-4　怡和嘉业 2022-04

律师工作报告显示，报告期内，发行人部分董事、监事及高级管理人员存在通过其近亲属(友)代为领取薪酬的情形，存在被税务主管机构予以行政处罚的风险。

请发行人补充披露：

一、请发行人补充披露上述代为领取薪酬事项的具体情况，涉及的个税金额

｜回复｜

2019 年度至 2020 年度，公司曾存在将应付给部分董事、监事及高级管理人员的部分薪酬支付到其近亲属(友)的个人账户，系***近亲属(友)为董事、监事及高级管理人员代领部分薪酬***。2021 年度，经过规范，公司已不存在董事、监事及高级管理人员薪酬由他人代领的情况。代领薪酬的具体情况如下：

……

2019 年度至 2021 年度，相关董事、监事及高级管理人员涉及个税金额合计约 ***88.99 万元***。

二、采取的整改补救措施以及措施是否充分、有效，涉及的董事、监事、高级管理人员以及发行人是否可能构成重大违法行为，是否对本次发行上市构成实质障碍，并结合前述情况补充风险提示

｜回复｜

(一)采取的整改补救措施以及措施是否充分、有效

公司于 2020 年 11 月已经**全部终止**了相关人员代领薪酬安排，并且公司相关

董事、监事及高级管理人员于2020年12月已经缴纳报告期内的代领薪酬涉及的个人所得税;涉税金额合计***141.90万元***。公司在执行的《北京怡和嘉业医疗科技股份有限公司内部控制管理手册》规定,人力资源部应不定期对在职员工花名册及工资表人员进行核对,并保留核对及审核记录,以保证工资发放给在职职工。公司相关董事、监事及高级管理人员已出具***承诺***:“若本人因本次发行上市前从发行人或其子公司领取薪酬事宜被主管机构要求补缴个人所得税、给予罚款或滞纳金,本人承诺将及时足额缴纳,保证发行人不因此遭受任何损失。”公司的实际控制人已出具***承诺***:“若公司和/或控股子公司因本次发行上市前个人所得税代扣代缴事宜承担罚款、滞纳金,本人将对公司和/或其控股子公司因此受到的实际损失进行全额补偿。”综上,公司所采取的***整改补救措施充分、有效***。

(二)涉及的董事、监事、高级管理人员以及发行人是否可能构成重大违法行为,是否对本次发行上市构成实质障碍

根据北京市税务局于2019年3月28日公布的《关于修改〈北京市国家税务局北京市地方税务局关于发布《北京市税务行政处罚裁量基准》的公告〉的公告》,以及北京市税务局就前述文件于2019年6月19日公布的《关于修改〈北京市国家税务局北京市地方税务局关于发布《北京市税务行政处罚裁量基准》的公告〉的公告的政策解读》,对偷税处罚裁量基准的适用条件进行修改,由原来的“偷税金额+偷税占比”情节判断标准,修改为偷税被处罚次数、配合检查程度、社会影响等情节判断标准,具体如下:

……

“纳税人五年内首次因偷税被税务机关处罚,并能够配合税务机关检查,且未造成较大不良社会影响的”,裁量阶次为“一般”;“扣缴义务人五年内首次因偷税被税务机关处罚,并能够配合税务机关检查,且未造成较大不良社会影响的”,裁量阶次为“一般”。

根据《京津冀税务行政处罚裁量基准》(2021年10月1日生效)第19项,违反《税收征收管理法》第六十三条第二款,按以下标准处罚:(一)五年内首次因偷税被税务机关处罚,并能够配合税务机关检查,且未造成较大不良社会影响的,处不缴或者少缴已扣、已收税款50%以上1倍以下的罚款。(二)五年内首次因偷税被税务机关处罚且不配合税务机关检查的,或者五年内首次因偷税被税务机关处罚且案件产生较大不良社会影响的,处不缴或者少缴已扣、已收税款1倍以上2

倍以下的罚款。(三)五年内二次以上因偷税被税务机关处罚的,或者逃避、拒绝检查造成严重后果的,或者案件产生重大不良社会影响的,处不缴或者少缴已扣、已收税款2倍以上5倍以下的罚款。

此外,根据国家税务总局发布的《重大税收违法失信案件信息公布办法》第五条规定,**重大**税收违法失信案件是指符合下列标准的案件:(一)纳税人伪造、变造、隐匿、擅自销毁账簿、记账凭证,或者在账簿上多列支出或者不列、少列收入,或者经税务机关通知申报而拒不申报或者进行虚假的纳税申报,不缴或者少缴应纳税款100万元以上,且任一年度不缴或者少缴应纳税款占当年各税种应纳税总额10%以上的;……。

根据国家税务总局北京市海淀区税务局第一税务所分别于2020年7月16日、2021年1月29日、2021年8月3日、2022年2月16日出具的涉税信息查询结果告知书,公司自2017年1月1日至2021年12月31日未接受过涉税行政处罚。根据国家税务总局天津市武清区税务局分别于2020年7月15日、2021年1月26日、2021年7月20日、2022年2月17日出具的涉税信息查询结果告知书,天津怡和自2017年1月1日至2021年12月31日不存在涉税违规记录。根据国家税务总局天津市武清区税务局分别于2020年7月15日、2021年1月27日、2021年7月27日、2022年2月17日出具的涉税信息查询结果告知书,天津觉明自2017年1月1日至2021年12月31日不存在涉税违规记录。

根据《中华人民共和国刑法(2020年修正)》第二百零一条,"纳税人采取欺骗、隐瞒手段进行虚假纳税申报或者不申报,逃避缴纳税款数额较大并且占应纳税额百分之十以上的,处三年以下有期徒刑或者拘役,并处罚金;数额巨大并且占应纳税额百分之三十以上的,处三年以上七年以下有期徒刑,并处罚金。扣缴义务人采取前款所列手段,不缴或者少缴已扣、已收税款,数额较大的,依照前款的规定处罚。对多次实施前两款行为,未经处理的,按照累计数额计算。有第一款行为,经税务机关依法下达追缴通知后,补缴应纳税款,缴纳滞纳金,已受行政处罚的,不予追究刑事责任;但是,五年内因逃避缴纳税款受过刑事处罚或者被税务机关给予二次以上行政处罚的除外。"根据上述规定,鉴于税务机关未对董事、监事及高级管理人员下达追缴通知,董事、监事及高级管理人员***已经主动缴纳了相关个人所得税***,并出具***承诺***,若因代领薪酬事宜被主管机构要求补缴个人所得税、给予罚款或滞纳金,承诺将及时足额缴纳。因此,相关董事、监事及高级管理人员

因代领薪酬事宜而被给予刑事处罚的风险较小。

截至本回复出具日,该等人员***未受到过税务相关行政处罚***;并且,根据公司相关董事、监事及高级管理人员取得的无犯罪记录证明,上述人员无犯罪记录。

鉴于(1)公司相关董事、监事及高级管理人员已经主动缴纳了相关个人所得税,***没有造成实际的危害后果***;(2)公司已取得了国家税务总局北京市海淀区税务局第一税务所出具的合规***证明***文件,国家税务总局天津市武清区税务局出具的合规***证明***文件;(3)公司及相关董事、监事及高级管理人员报告期内不存在涉及税务相关行政处罚。公司相关董事、监事及高级管理人员因前述事项而***被给予刑事处罚的风险较小***。按照《重大税收违法失信案件信息公布办法》、《税务行政处罚裁量权行使规则》及北京、天津主管税务机关的相关税务行政处罚裁量基准等规定,公司及其相关董事、监事及高级管理人员的前述事项应***不会构成重大税收违法失信案件及税务行政处罚裁量阶次为“严重”及以上的情形,不会对公司本次发行上市构成实质障碍***。公司相关董事、监事及高级管理人员符合***《公司法》第 146 条***规定的任职资格。

(三)代领薪酬事项受到税务行政处罚的风险

报告期内,公司部分董事、监事及高级管理人员存在通过其近亲属(友)代为领取薪酬的情况。根据《中华人民共和国个人所得税法》、《中华人民共和国税收征收管理法》的有关规定,公司及其上述相关董事、监事及高级管理人员***存在被税务部门予以行政处罚的风险***。截至本招股说明书签署日,公司已停止相关人员代领薪酬安排,相关人员已经主动缴纳了报告期内代领薪酬涉及的个人所得税,公司及相关人员未因前述行为受到税务部门的行政处罚。尽管如此,如果税务部门进一步对前述事项进行追责,公司及相关人员可能会被处以行政处罚,***将对公司的经营产生不利影响***。

点评

1. 亲属、朋友为董事、监事、高级管理人员、老板代领薪酬,在企业中比较常见,主要是为了少缴个人所得税。

2.《证券期货法律适用意见第 17 号》刻意强调,重大违法行为是受到刑事处罚或者情节严重行政处罚的行为。本案例中,准备 IPO 后,企业逐步规范了起来。董事、监事、高级管理人员主动缴纳了个人所得税,又从未受到过行政处罚。

连处罚都没有,压根就达不到"严重"的程度。不过,中介机构还是大篇幅搜罗了一堆法律法规,以证明此事被处罚的概率很小,即使被处罚,也是低金额的行政处罚。

3. 中介机构还披露了被处罚的风险。

3-5　乾元浩 2022-06

申请文件显示,2019 年发行人控股股东中牧股份下属兰州厂在兽用布鲁氏菌疫苗生产过程中使用过期消毒剂,致使生产发酵罐废气排放灭菌不彻底,携带含菌发酵液的废气形成含菌气溶胶,造成兰州兽研所发生布鲁氏菌抗体阳性事件。截至 2021 年 3 月 31 日,经甘肃省疾控中心复核确认的布鲁氏菌抗体阳性人员 11,369 人。2020 年和 2021 年 1~6 月中牧股份已实际支付与该偶发事件相关的费用合计为 10,192.85 万元,截至 2021 年 6 月 30 日基于谨慎性原则对该事件很可能发生的费用计提的预计负债余额为 5,900.93 万元。

请发行人:结合相关法律法规,说明中牧股份是否存在进一步处罚风险;按照《审核问答》问题 15[①] 的要求说明该事件是否构成重大违法行为,是否构成发行人本次发行上市的法律障碍。

| 回复 |

1. 中牧股份是否存在进一步处罚风险

根据甘肃省卫生健康委员会网站公开发布的信息:"布鲁氏菌抗体阳性是布鲁氏菌进入机体激发体液免疫反应产生的血清抗体。……人体内布氏菌抗体存在对健康无影响,反而具有抗布鲁氏菌感染的保护作用,临床上没有症状,专家建议,不需要治疗。……此次事件检出布鲁氏菌抗体阳性,是由兽用布鲁氏菌疫苗菌株进入人体引起的,小剂量兽用布鲁氏菌疫苗菌株进入人体后产生的抗体,3~6 个月就会衰减,不会对人体的健康造成危害。……此次事件中检出的布鲁氏菌抗体阳性人员,通过流行病学调查未发现有布鲁氏菌病明显临床症状人员,无需治疗,个别出现轻微症状的,规范治疗,预后良好。"

---

① 是指《深圳证券交易所创业板股票首次公开发行上市审核问答》,已经失效,问题 15 现在参考《证券期货法律适用意见第 17 号》。

根据甘肃省卫生健康委员会网站发布的《通报》,本次布鲁氏菌抗体阳性事件,被认定为"是一次*意外*的*偶发*事件,是*短时间*内出现的*一次*暴露"。因此,***不具有持续性***。

根据《中华人民共和国农业农村部公告第97号》的规定,对于持有兽药生产、经营许可证的兽药生产、经营者,如果存在兽药严重违法行为,会被处以罚款,吊销兽药生产、经营许可证等行政处罚。本次事件中,甘肃省畜牧兽医局、农业农村部均***未对兰州厂作出罚款或吊销兽药生产、经营许可证等行政处罚***。因此,甘肃省畜牧兽医局及农业农村部***撤销、注销中牧股份兰州厂部分兽药产品的生产许可及批准文号的行为不构成重大行政处罚***。

甘肃省畜牧兽医局于2021年5月13日出具《*证明*》,说明"2018年-2020年,*未*发现中牧实业股份有限公司兰州生物药厂违反《兽药管理条例》及相关规定的重大违法行为。"上述***证明期间涵盖了本次偶发事件的发生期间***。经检索农业农村部、甘肃省畜牧兽医局网站及其他公开信息,自报告期初至今未见关于中牧股份违法行为的公示信息。

综上,中牧股份不存在因本次偶发事件受到进一步处罚风险。

2. 按照《审核问答》问题15的要求说明该事件是否构成重大违法行为,是否构成发行人本次发行上市的法律障碍

根据《审核问答》问题15,"最近3年内,***发行人及其控股股东、实际控制人***在***国家安全、公共安全、生态安全、生产安全、公众健康安全***等领域,存在以下违法行为之一的,原则上视为重大违法行为:***被处以罚款等处罚且情节严重***;导致***严重***环境污染、重大人员伤亡、社会影响***恶劣***等。

有以下情形之一且中介机构出具明确核查结论的,可以不认定为重大违法:违法行为显著轻微、罚款数额较小;相关规定或处罚决定未认定该行为属于情节严重;有权机关证明该行为不属于重大违法。但违法行为导致严重环境污染、重大人员伤亡、社会影响恶劣等并被处以罚款等处罚的,不适用上述情形。"

结合上文所述,本次偶发事件中,甘肃省畜牧兽医局、农业农村部均***未***对兰州厂作出罚款或吊销兽药生产、经营许可证等***行政处罚***,未认定本次偶发事件属于情节严重,有权机关甘肃省畜牧兽医局已出具***证明***在本次偶发事件发生期间内中牧股份兰州生物药厂不存在重大违法行为,均符合问题15规定的三种不认定为重大违法的情形。同时,中牧股份未因本次偶发事件被处以罚款或以上处罚,不属于该条中所述的“违法行为导致严重环境污染、重大人员伤亡、社会影响恶劣等并被处以罚款以上行政处罚的”例外情形。

点评

1. 2023 年 2 月全面实行注册制之后，所有板块都强调了国家、公共、生态、生产、公众健康“五安全”。“五安全”，受到刑事处罚或者情节严重行政处罚、造成严重后果的，才属于重大违法行为。本案例发生的事故，笔者认为涉及公共安全、生态安全、公众健康安全 3 个领域，有点严重，但回复问题时中介机构肯定不会这么讲，避重就轻。

2.《证券期货法律适用意见第 17 号》规定以下 3 种情形可以不认定为重大违法：①违法行为显著轻微、罚款数额较小；②相关处罚依据未认定该行为属于情节严重；③有权机关证明该行为不属于重大违法。笔者认为最后一种情形最有说服力，因为对于第一、二种情形，处罚书可能没有写清楚，得自己分析、解释。至于审核人员，他们的知识并不可能在所有领域都能面面俱到，会不会相信就依赖他们的判断了。而第三种情形，有权机关作出的证明具有公信力，几乎可以据此下结论。

3. 本案例中，发行人控股股东——中牧股份下属工厂发生了在笔者个人看来是很严重的传染事故，传染 1 万多人，中牧股份为此支付了 1 亿多元的费用才解决。案例中辩称，“是一次意外的偶发事件，是短时间内出现的一次暴露”“甘肃省畜牧兽医局及农业农村部撤销、注销中牧股份兰州厂部分兽药产品的生产许可及批准文号的行为不构成重大行政处罚”等理由在笔者看来是软弱无力的，但有权机关——甘肃省畜牧兽医局出具了不属于重大违法行为的证明似乎最后消除了笔者的疑虑。

4. 顺便提一句，发行人在 2023 年 1 月撤了材料。

综上，中牧股份本次偶发事件符合《审核问答》问题 15 的“可以不认定为重大违法”的条件，不构成发行人本次发行上市的法律障碍。

3-6　崇德科技 2022-06

根据申报材料，2018 年-2020 年发行人与供应商之间持续存在转贷的情形，

金额合计 21,200 万元;报告期内,发行人母子公司之间持续存在无真实交易背景的票据背书转让的情形,金额分别为 2,793.69 万元、2,694.81 万元、2,358.78 万元、710.37 万元。

请发行人:说明报告期内与供应商之间转贷行为的具体情况,并结合转贷事项发生的原因及性质、时间及频率、金额及占比、可能承担的后果等,充分论证相关事项是否属于主观故意或恶意行为,是否违反相关法律法规并构成重大违法行为,是否存在被处罚的风险或其他潜在不利影响。

| **回复** |

1. 报告期内与供应商之间转贷行为的具体情况

报告期内,发行人及其全资子公司崇德传动存在通过供应商进行银行贷款***转贷***的情形,具体情况如下:

……

发行人 2018 年至 2020 年通过转贷向供应商转出金额为 21,200.00 万元,供应商回款的金额为 20,218.95 万元,其中差额 981.05 万元为发行人向供应商支付的实际货款。

2. 转贷发生的原因及性质

由于***商业银行向民营企业发放流动资金贷款时一般要求采用受托支付形式,且受托支付通常以单笔大额资金支付方式为主***,与发行人及其全资子公司崇德传动支付采购款等***资金需求不匹配***,因此,为满足贷款银行对受托支付的要求,发行人及其全资子公司崇德传动***通过供应商转贷集中取得流动资金贷款后,根据实际经营需求使用***。

3. 转贷发生的时间及频率、金额及占比

2018 年至 2020 年发行人及其全资子公司崇德传动通过供应商转贷共***13*** 次,转贷金额分别为 10,855.00 万元、5,363.95 万元、4,000.00 万元,占当期***筹资活动***现金流入的比例分别为***83.86%***、***64.46%*** 及***27.72%***,发行人对报告期内转贷行为逐步整改,相应***占比逐年下降***,截至 2020 年末已***全部整改完毕***。供应商在收到发行人转贷款项后,一般于***三个工作日***内将相应金额***转回***。截至 2020 年末,发行人及其全资子公司崇德传动已***按期***、***足额***向贷款银行偿还上述借款的***本金和利息***,2021 年以来,发行人及其全资子公司崇德传动未发生新的转贷行为。

4. 充分论证相关事项是否属于主观故意或恶意行为，是否违反相关法律法规并构成重大违法行为，是否存在被处罚的风险或其他潜在不利影响

发行人及其全资子公司崇德传动通过供应商进行转贷的原因主要系为满足贷款银行受托支付要求，通过转贷行为进行资金周转，***取得的相关款项用于支付其材料、设备采购款等各项经营支出***。截至2020年末，发行人及其全资子公司崇德传动已按期、足额向贷款银行偿还上述借款的本金和利息，不存在逾期还款情形，未给相关贷款银行造成损失，不属于主观故意或恶意行为。

点评

本案例中，转贷筹集到的资金占了当期筹资活动现金流入的比例分别为83.86%、64.46%、27.72%，比例不小，间接说明该企业的筹资渠道比较窄。不过，取得的款项是用于生产经营，不是用于弥补亏空、投资、挥霍，而且已经全部整改完毕，还好。

根据《贷款通则》第十九条："借款人的义务：……三、应当按借款合同约定用途使用贷款。"《贷款通则》第七十一条："借款人有下列情形之一，由贷款人对其部分或全部贷款加收利息；情节特别严重的，由贷款人停止支付借款人尚未使用的贷款，并提前收回部分或全部贷款：一、不按借款合同规定用途使用贷款的。"《贷款通则》第六十九条规定："借款人采取***欺诈***手段***骗取贷款***，构成犯罪的，应当依照《中华人民共和国商业银行法》第八十条等法律规定处以罚款并追究刑事责任。"

根据上述规定，发行人及其全资子公司崇德传动转贷融资行为***不符合***《贷款通则》的相关要求，但***不构成以欺诈手段骗取贷款的行为***。发行人及其全资子公司崇德传动通过供应商进行转贷融资所取得的资金均用于正常生产经营活动，***未用于国家禁止生产、经营的领域和用途***。贷款本息均按期偿还，不存在逾期还款的情形，不存在债务违约情形，未损害银行及第三方利益，未因此发生争议或纠纷。同时，发行人控股股东、实际控制人周少华已出具***承诺函***，如公司因不规范使用银行贷款而应承担赔偿责任或产生损失，周少华将全额承担该等责任或补偿公司的损失。

点评

公司实际支付需求往往以小金额、多批次为主，而银行贷款的受托支付通常以单笔大额资金支付方式为主，通过转贷集中取得流动资金贷款，再分批逐步支付流动资金，通过关联公司、供应商转贷的方式现实生活中都有。这在企业中超级普遍，法不责众，一般上升不到刑法中的骗取贷款罪，不构成重大违法行为。

发行人及其全资子公司崇德传动转贷融资行为***未受到过金融监管部门及政府相关部门的处罚***。2022年1月27日，***中国人民银行***湘潭市中心支行出具***证明***，确认报告期内，未发现发行人及其全资子公司崇德传动因违反国家金融和外汇管理相关法律法规、规章和政策规定而被中国人民银行湘潭市中心支行列为行政执法检查对象的情形，中国人民银行湘潭市中心支行***未***对发行人及其全资子公司崇德传动***作出过行政处罚***。

发行人及其全资子公司崇德传动转贷融资涉及的银行均出具***说明***，确认报告期内，公司、崇德传动与相关银行发生的借款均系根据借款合同的要求正常履行，不存在违规使用贷款资金行为，发行人及其全资子公司崇德传动不存在违约情形，且与相关银行不存在任何纠纷；发行人及其全资子公司崇德传动与相关银行发生的借款业务，款项部分采用受托支付的方式支付给供应商，该类受托支付涉及的***贷款均正常且善意履行完毕，未损害银行利益，不存在纠纷及潜在纠纷***。

中国银行保险监督管理委员会湘潭监管分局分别于2021年9月6日、2022年3月14日出具《***证明***》，确认报告期内，未发生管辖银行机构因涉及发行人及其子公司崇德传动因贷款、账户、票据违规被中国银行保险监督管理委员会湘潭监管分局行政处罚的情形。

湘潭市***公安局***高新分局分别于2021年9月2日、2022年1月27日出具《***证明***》，确认报告期内，发行人及其全资子公司崇德传动***不存在单位犯罪行为的情形，不存在因涉嫌违法、犯罪而被***湘潭市***公安局***高新分局***立案调查/侦查的情形***。

点评

存在转贷的，一般取得中国人民银行、国家金融监督管理总局、公安局的未处罚证明即可。

3－7　纽泰格 2021－09

申报文件显示,发行人报告期内存在多家注销关联方。

请发行人:说明报告期内关联企业注销,存续期间是否存在重大违法违规,是否存在影响发行人董监高任职资格的情形。

| 回复 |

1.报告期内注销的关联企业在存续期间违法违规情况

点评

1.有无重大违法行为是针对发行人(包括纳入合并报表范围内的子公司)及其控股股东、实际控制人、董事、监事、高级管理人员而言的。

2.发行人合并报表范围内的各级子公司,若对发行人主营业务收入或净利润的占比超过5%,其违法行为应视为发行人本身存在。即使注销了,也应当核查,该案例就是这种情形。

(1)武汉德亚同泰贸易有限公司

因德亚同泰于2014年9月使用了金额为55,000元的不符合规定的***发票***,武汉市国家税务局第三稽查局于2015年12月对德亚同泰进行了处罚(处罚文书号:稽三国税罚[2015]115号),要求德亚同泰补缴企业所得税额13,750元,同时处以罚款6,875元。德亚同泰已于2015年12月***足额补缴***了上述企业所得税并缴纳了上述***罚款***。

根据《中华人民共和国税收征管法》第六十三条的规定,纳税人少缴税款的,由税务机关追缴其少缴的税款、滞纳金,并处少缴的税款***百分之五十***以上五倍以下的罚款。德亚同泰因使用不合格发票被处以少缴税款金额***50%***的罚款,处罚金额系相关罚则所规定的***最低金额***。因此,德亚同泰上述受到行政处罚的行为***不属于重大违法违规情形***。

(2)精茵汽车技术(上海)有限公司

①根据上海市浦东新区市场监督管理局于2016年11月出具的浦市监案处字[2016]第150201630256号《行政处罚决定书》,精茵汽车变更经营地址后未及时进行工商变更登记,属于***擅自变更经营地址***的行为,违反了《中华人民共和国公司登记管理条例》第二十六条的规定,被处以罚款2万元。精茵汽车已于2016年

11 月***足额缴纳了上述罚款***,后续也对经营地址进行了变更登记。

根据《中华人民共和国公司登记管理条例》第六十八条第一款规定,公司登记事项发生变更时,未依照该条例规定办理有关变更登记的,由公司登记机关责令限期登记;逾期不登记的,处以 1 万元以上 10 万元以下的罚款。精茵汽车因变更经营地址后未及时进行工商变更登记被处以***2 万元***罚款,处罚金额处于“***1*** 至 10 万元”的***下段区间***,且精茵汽车***已及时足额缴纳罚款***,并完成经营地址的工商变更登记。因此,精茵汽车上述受到行政处罚的行为不属于重大违法违规情形。

②根据上海市浦东新区市场监督管理局于 2016 年 11 月出具的浦市监案处字[2016]第 150201680186 号《行政处罚决定书》,精茵汽车厂内车辆***超出检验周期后仍继续使用***,违反了《中华人民共和国特种设备安全法》第四十条第三款“未经定期检验或者检验不合格的特种设备,不得继续使用”的相关规定,被处以罚款 3 万元。精茵汽车已于 2016 年 11 月***足额缴纳了上述罚款***。

根据《中华人民共和国特种设备安全法》第八十四条第一款第(一)项,特种设备使用单位使用未取得许可生产,未经检验或者检验不合格的特种设备,或者国家明令淘汰、已经报废的特种设备的,责令停止使用有关特种设备,处三万元以上三十万元以下罚款。精茵汽车因使用未经检验或者检验不合格的特种设备被处以 3 万元罚款,处罚金额系相关罚则所规定的最低金额,同时根据《上海市市场监督管理行政处罚裁量基准(试行)》规定,违反《中华人民共和国特种设备安全法》第八十四条第一款第(一)项规定被处以 3 万元 - 11.1 万元的,属于“***从轻***”等级,且精茵汽车***已及时足额缴纳罚款***。因此,精茵汽车上述受到行政处罚的行为不属于重大违法违规情形。

上述关联企业受到处罚的情形不影响发行人董监高的任职资格,除上述情形外,上述注销的关联企业在存续期间不存在其他违法违规情况。

点评

“是被以罚款幅度内的最低档、最低金额处罚”“已经足额缴纳了罚款”是“万能”的抗辩理由。

2. 报告期内注销的关联企业是否存在影响发行人董监高任职资格的情形

上述注销的关联企业均基于其自身业务发展安排***主动申请清算注销,不存在***

破产清算或违法被吊销营业执照、责令关闭的情况，因此该等企业的注销以及注销前存在的该等违法违规行为不会导致发行人的董事、监事、高级管理人员存在***《公司法》第146条***规定的情形，不存在影响发行人董事、监事、高级管理人员任职资格的情形。

点评

《公司法》第146条强调的是“担任因违法被吊销营业执照、责令关闭”。不是破产清算，如主动注销的公司，董事、监事、高级管理人员任职就不受《公司法》第146条规定的限制，详见“疑难点5－1　《公司法》第178条”。

疑难点 4

环境保护问题

环境保护问题常见于化工、医药、畜牧养殖、加工业等容易污染的行业。《监管规则适用指引——发行类第 4 号》第 14 条[全面实行注册制之前,解答位于《首发业务若干问题解答》(2020 年 6 月修订)问题 19,内容无变化]专门为环境保护问题解答。

一、信息披露

《监管规则适用指引——发行类第 4 号》第 14 条要求发行人应当在招股说明书中充分披露相关信息,包括:

1. 发行人的环保资质,生产经营中涉及环境污染的具体环节、主要污染物名称及排放量、主要处理设施及处理能力

污染物一般有固体、液体废弃物和废气、粉尘、油烟、噪声等,排放物经处理须达标才能排放,噪声须达到环保标准,不得扰民。

2. 报告期内,发行人环保投资和相关费用成本支出情况,环保设施实际运行情况,报告期内环保投入、环保相关成本费用是否与处理公司生产经营所产生的污染相匹配;募投项目所采取的环保措施及相应的资金来源和金额等

环保投资和费用成本支出可列举公司在环保设施、设备购置或改造,以及日常污染处理、项目环评、环境监测的投入;环保投入、环保的成本费用是否与处理公司生产经营所产生的污染相匹配可用“环保投入/产量”“危废处置费用/危废处置量”等指标去度量。

3. 公司生产经营与募集资金投资项目是否符合国家和地方环保要求

可论述"公司的生产工艺是否符合环境保护的相关法规,是否采取多种措施消除生产过程对环境的不良影响,项目投产后产生的废水、废气、噪声和固体废物等有没有经过有效处理,处理后,会不会对环境造成不利影响……",这些都可以参考募投项目的建设项目环境影响登记表、可行性研究报告。

4. 发行人若发生环保事故或受到行政处罚,应披露原因、经过等具体情况,发行人是否构成重大违法行为,整改措施及整改后是否符合环保法律法规的有关规定

环境保护问题常见的行政处罚有超标排放水污染物、废气,以及未设置危险标识、监测口点位设置不规范、操作不合规、未取得排污许可证、未及时编制突发环境事件应急预案与备案;环保事故有物体打击事故、污染等。

这块大部分会延伸到"疑难点 3 重大违法行为",可参照把握。

参见案例"4 - 1 华达股份 2022 - 05"。

二、核查要点

对发行人的环保情况进行核查,《监管规则适用指引——发行类第 4 号》第 14 条要求应包括:

1. 是否符合国家和地方环保要求。

2. 已建项目和已经开工的在建项目是否履行环评手续(与环评手续相关的法律法规如表 4 - 1 所示)。

表 4 - 1　环评手续相关法律法规

法律法规	内容
《建设项目环境保护管理条例》(2017 修订)	第九条第一款　依法应当编制环境影响报告书、环境影响报告表的建设项目,建设单位应当在开工建设前将环境影响报告书、环境影响报告表报有审批权的环境保护行政主管部门审批;建设项目的环境影响评价文件未依法经审批部门审查或者审查后未予批准的,建设单位不得开工建设。
	第十九条　编制环境影响报告书、环境影响报告表的建设项目,其配套建设的环境保护设施经验收合格,方可投入生产或者使用;未经验收或者验收不合格的,不得投入生产或者使用。 前款规定的建设项目投入生产或者使用后,应当按照国务院环境保护行政主管部门的规定开展环境影响后评价。

续表

法律法规	内容
《环境影响评价法》(2018修正)	第二十五条　建设项目的环境影响评价文件未依法经审批部门审查或者审查后未予批准的，建设单位不得开工建设。
《建设项目环境影响评价分类管理名录》(2021年版)	解读：可以通过排污许可登记监管的，名录中不再要求填报环评登记表。

从表4－1可以看出，企业应当在开工建设前取得环境影响评价文件的批准；环境保护设施验收合格后，方可投入生产。

未办理环境影响报告表就开工建设，未验收合格即投入生产，是环境保护问题很容易碰到的特有的违规行为，应当引起注意，补救措施等请往下阅读“三、违规行为”。

3. 公司排污达标检测情况和环保部门现场检查情况。

4. 公司是否发生环保事故或重大群体性的环保事件，有关公司环保的媒体报道。

三、违规行为

除了“一、信息披露”提到的必须披露的环保事故或受到的行政处罚，环境保护问题特有的违规行为和相应的补救措施还有如表4－2所示内容。

表4－2　违规行为与补救措施

序号	违规行为	补救措施
1	超产能生产	投建更多生产项目
2	未提前办理环境影响报告表即开工建设	补充办理环评报批与报建手续
3	未验收或者验收不合格即投产	补充建设项目备案、环评批复及验收等手续

另外，环保其他常见、特有的违法行为还有需要配套建设的环境保护设施未建成、在环境保护设施验收中弄虚作假等。

不管是什么违规行为，只要未发生重大的环境污染事故，并且由主管部门出具无处罚的证明文件,实际控制人出具无条件承担发行人一切损失的承诺,一般不会构成 IPO 严重的障碍。

四、重污染行业

环境保护部、国家发展和改革委员会、中国人民银行、中国银行业监督管理委员会联合印发的《企业环境信用评价办法(试行)》(环发〔2013〕150 号)在第 3 条规定:

污染物排放总量大、环境风险高、生态环境影响大的企业,应当纳入环境信用评价范围。

下列企业应当纳入环境信用评价范围:

……

(三)重污染行业内的企业,重污染行业包括:火电、钢铁、水泥、电解铝、煤炭、冶金、化工、石化、建材、造纸、酿造、制药、发酵、纺织、制革和采矿业 16 类行业,以及国家确定的其他污染严重的行业;

(四)产能严重过剩行业内的企业;

(五)从事能源、自然资源开发、交通基础设施建设,以及其他开发建设活动,可能对生态环境造成重大影响的企业;

(六)污染物排放超过国家和地方规定的排放标准的企业,或者超过经有关地方人民政府核定的污染物排放总量控制指标的企业;

(七)使用有毒、有害原料进行生产的企业,或者在生产中排放有毒、有害物质的企业;

……

《企业环境信用评价办法(试行)》列举了火电、钢铁、水泥等 16 类重污染行业,拟 IPO 企业应当先判断自己所属的行业是否属于这 16 类,若是,最好先考虑是否适合 IPO。

五、"高污染、高环境风险"产品

除了所属行业,产成品、原材料也需要注意。生态环境部发布的《环境保护综合名录》每几年会更新一个版本，最新的 2021 年版包含了“高污染、高环境风险”产品（以下简称“双高”产品）名录和环境保护重点设备名录，其中有 932 项“双高”产品，159 项产品除外工艺，79 项环境保护重点设备。932 项“双高”产品中，具有“高污染”特性产品 326 项，具有“高环境风险”特性产品 223 项，具有“高污染”和“高环境风险”双重特性产品 383 项。

若企业的主要产成品或原材料不幸是《环境保护综合名录》中所列举的“双高”产品，先不要唉声叹气，尝试用笔者总结的措施、理由进行整改、抗辩。

1. 产品

若发行人有产成品属于“双高”产品，可采取以下的措施整改：

■ 逐年将“双高”产品的产量和销量向下压降，直到完全停产。

■ 项目涉及“双高”产品的部分不再投产。

整改、核查之后，同时采用以下理由抗辩：

■ 经环保主管部门检查，发行人在日常运营中严格遵守国家有关环境保护的法律、法规，不存在任何被行政处罚的行为。这是环境保护违规问题必须强调的万能的抗辩理由。

■ 不属于国家发展和改革委员会发布的《产业结构调整指导目录》（2019 年本）（2021 修订）中限制类、淘汰类项目。

■ 不属于国家发展和改革委员会、商务部印发的《市场准入负面清单》（2022 年版）禁止准入事项。

■ 所属行业不属于《企业环境信用评价办法（试行）》（环发〔2013〕150 号）中划定的重污染行业。

■ 项目已经办理了环评、排污手续，《环境保护综合名录》并不限制或淘汰已办理环评、排污手续的项目继续生产使用。

■ 发行人不属于《节约能源法》规定的重点用能单位。

■ 发行人的主要产品不属于“双高”产品。

■ 涉及“双高”只是半成品，并未直接对外实现销售收入。

■ 已经获得了资质，并履行了环评手续，生态环境局已经公示了建设项目环境影响报告表。

■ 经第三方检测，发行人所有污染物的排放量均符合环境保护相关指标的要求。

■ “双高”产品的营业收入占比及毛利额占比较低，且逐年降低。

■ 扣除“双高”产品的利润后，发行人的盈利能力并未受到多大影响。

■ 发行人建立、完善了环境保护与安全生产相关的内控制度。

■ 环保主管部门对“双高”产品的生产和销售均未出台任何强制性的压降要求或限制性政策。

参见案例“4－2 亚香股份 2022－05”。

2. 主要原材料

若采购的主要原材料中有“双高”产品，虽说产成品可能不属于“双高”产品，但毕竟采购了“双高”产品作为原材料，相当于在变相地促进上游生产“双高”产品。

可采用以下措施、理由进行整改、抗辩：

■ 采购的“双高”产品占当期原材料采购总额比例很低，后续逐步不采购、使用“双高”作为原材料。

■ 所生产的最终产品不属于“双高”产品。

■ 产品工艺属于《环境保护综合名录》中的“除外工艺”。

■ “双高”原材料属于横跨众多领域的基础材料。

■ 发行人设置了专门的安全生产与环境保护部门，严格落实环境保护与安全生产相关法律法规及企业的内控制度。

■ 不存在因使用“双高”原材料而导致污染事故的情形。

参见案例“4－3 广康生化 2022－06”。

六、邻避效应

居民对于住宅区附近某些兼具公共利益性与潜在危险性的设施项目（如垃圾焚烧厂、水库建桥、铁路机场），常常会产生排斥的情绪，由此种心理引起坚决而强硬的态度，甚至产生高度情绪化的集体抵制或对抗活动，这被称作“邻避效应”“邻避冲突”，该类设备被叫作“邻避设施”。不仅如此，邻避效应甚至会延伸至邻避设施落成之后，人们的嫌恶情绪不但没有消除，反而会进一步扩大建设项目所带来的负面效应。

近年来，社会对涉及环境权益、健康质量等建设项目日益关注，邻避效应愈演愈烈。IPO企业若拟建设可能会引起周围居民不满情绪的设施项目,为了降低邻避效应的影响,最好先行规划。在项目选址过程中应当根据发改委、环保部门的要求,先履行社会稳定性风险评价、环境评估听证会、征求公众意见等程序。这些程序会降低建设中途遭周围居民抑制反对的风险,不过,同时也会加大项目的选址难度,延长项目的筹建时间,增加企业的成本。参见案例"4-5 海诺尔2022-03"。

七、常见问询

■ 说明发行人的生产经营是否符合国家产业政策,是否纳入相应产业的规划布局,生产经营和募投项目是否属于《产业结构调整指导目录》(2019年本)(2021修订)中的限制类、淘汰类产业,是否属于落后产能,请按照业务或产品进行分类说明。

■ 说明发行人是否按规定取得排污许可证,是否存在未取得排污许可证或者超越排污许可证范围排放污染物等情况,是否违反《排污许可管理条例》第33条的规定,是否已完成整改,是否构成重大违法行为。

■ 结合环保处罚相关法规条文等,说明××连续2次被处罚不构成重大违法行为的依据是否充分。

■ 说明项目是否符合环保法律法规的相关规定;发行人及子公司产品是否属于生态环境部颁布的《环境保护综合名录》(2021年版)中列明的"双高"产品,发行人及子公司的生产流程是否涉及"高污染、高环境风险"环节。

4-1 华达股份2022-05

申请文件显示:

(1)发行人子公司创联电镀的镀金业务属于生态环境部下发《环境保护综合名录(2021年版)》中规定的高污染目录范围。报告期内,电镀业务(含镀金、镀镍等)收入分别为1,344.75万元、238.86万元、1,585.71万元、882.26万元,占主营业务收入比例分别为2.69%、0.44%、2.52%、2.19%。

(2)2018年9月20日,创联电镀因有机污染物无组织排放受到西安市环境保护局罚款5万元的行政处罚,目前已整改完毕。

请发行人:

一、说明随着环保要求趋严，发行人子公司创联电镀的镀金业务是否面临搬迁或处置压力，相关业务是否合法合规

| 回复 |

（一）创联电镀的镀金业务不存在搬迁或处置压力

创联电镀属于发行人的工序配套单位，主要从事电子元器件的表面精饰和处理业务。创联电镀于2017年12月21日取得西安市***生态环境局***核发的《***排污许可证***》，行业类别为金属表面处理及热加工处理，生产经营场所为陕西省西安市雁塔区电子城电子西街3号601厂房，排污许可证的有效期至2020年12月20日，后又延期至2025年12月20日。

2021年10月25日，生态环境部下发《关于印发〈***环境保护综合名录（2021年版）***〉的通知》（环办综合函〔2021〕495号），在"高污染、高环境风险"产品名录中新增"氰化金钾***电镀***金产品（无氰镀金工艺除外）"（原《环境保护综合名录（2017年版）》***未***将该产品列为高污染或高污染、高环境风险产品）。因此，自2021年10月25日起，创联电镀的***电镀***环节***涉及高污染、高环境风险***。

点评

1. 一些制造行业需要检查主要产成品、原材料是否属于《环境保护综合名录》中列举的"双高"产品。

2.《环境保护综合名录》每几年更新一个版本，如案例中所说，2021年版才将"氰化金钾电镀金产品（无氰镀金工艺除外）"纳入。

2021年12月16日，西安市生态环境局雁塔分局公示了西京电子元器件产业基地四期工程项目《建设项目环境影响报告表》，该项目包含创联电镀的电镀生产线，该项目已经取得西安高新区发展改革和商务局的审批，确认该项目***不属于***国家发展改革委发布的《***产业结构调整指导目录（2019年本）***》***限制类、淘汰类***项目，***不属于***国家发展改革委、商务部发布的《***市场准入负面清单（2020年版）***》禁止准入类或许可准入类名单，该项目符合《陕西省"十四五"生态环境保护规划》的要求。

点评

截至本书成稿时,《产业结构调整指导目录》已经更新到了 2021 年版本,《市场准入负面清单》更新到了 2022 年版本。

根据 2022 年 2 月 9 日对创联电镀环保主管单位西安市环境生态保护局雁塔分局的《***访谈***纪要》,创联电镀从事的电镀业务符合国家产业政策,符合区域性环保规划要求,创联电镀自 2019 年改造完成后符合法律、法规及规范性文件的要求,符合监管政策要求;《环境保护综合名录(2021 年版)》2021 年 10 月 25 日发布后,在创联电镀***不涉及改扩建***的前提下,创联电镀按照标准排污符合西安市环境生态保护局雁塔分局的监管要求,目前不存在创联电镀停产或搬迁。

(二)创联电镀业务的合法合规性

1. 创联电镀业务***资质***

创联电镀报告期内相关资质及许可情况如下:

……

2. 项目***环评手续***

2019 年 4 月,中国轻工业西安设计工程有限责任公司为创联电镀编制《废水、酸雾治理提升***工程环境影响报告表***》。

2019 年 5 月 24 日,西安市环境保护局雁塔分局出具《关于西安创联电镀有限责任公司废水酸雾治理提升***工程环境影响报告表的批复***》(市雁环函〔2019〕69 号)。

2019 年 11 月 27 日,西安市生态环境局雁塔分局出具《关于西安创联电镀有限公司废水酸雾治理提升工程(固体废物污染防治设施)竣工环境保护***验收的批复***》(市雁环函〔2019〕163 号)。

点评

编制工程环境影响报告表呈环境保护局批复,工程竣工后还需要环境保护局验收。

3. 第三方环境***监测***情况

根据创联电镀提供的监测报告等相关资料及说明,报告期内创联电镀委托具有相应资质的***第三方***对其污染物排放情况进行抽样检测，并出具监测报告，报告期内发行人及创联电镀***所有污染物排放量均符合环境保护相关指标要求***。

4. 环保主管部门的***检查***情况

报告期内，除已披露的行政处罚外，创联电镀在其所属环保主管部门***不定期***开展的环保合规情况抽查检查工作中，不存在重大环境违法行为。创联电镀取得主管环保单位西安市生态环境局雁塔分局出具的《西安创联电镀有限责任公司检查统计表》，载明在2020年12月至2021年12月共25次现场检查中，均能正常运行，***不存在任何处罚***。另，根据西安市生态环境局出具的***环保证明***，确认2019年至2021年创联电镀在日常运营中严格遵守国家有关环境保护的法律、法规，***不存在***行政处罚行为。

二、按照中国证监会《监管规则适用指引——发行类第4号》第14条的要求充分披露环境保护相关事项

｜回复｜

点评

以下依《监管规则适用指引——发行类第4号》第14条的要求逐一核查、披露。

1. 环保***资质***情况

根据《国务院办公厅关于加强环境监管执法的通知》（国办发［2014］56号）《控制污染物排放许可制实施方案》《固定污染源排污登记工作指南（试行）》《排污许可管理办法（试行）》的规定，公司生产电连接器及互连产品需进行固定污染源排污登记，公司子公司创联电镀提供电镀劳务需要取得《排污许可证》，相关环保资质如下：

主体	资质名称	颁发机构	起始日期	截止日期
创联电镀	排污许可证	西安市生态环境局	2017-12-21	2020-12-20
华达股份	固定污染源排污登记	中华人民共和国生态环境部	2020-05-25	2025-05-24

点评

环境保护问题先从排污许可证、固定污染源排污登记等环保资质开始核查。

2. 主要*污染物*及其排放情况

公司的安全环保部是公司污染物排放控制的归口管理单位,负责全公司污染物排放控制的监督、检查。公司在生产过程中产生的废弃物主要有固体废弃物、液体废弃物、废气和噪声。具体情况如下:

(1)*固体*废弃物

公司生产过程中产生的固体废弃物主要由华达股份、华达通讯、华达电气等电连接器及互连产品主体产生,主要固体废弃物包括:危险废物和一般固体废物。危险废物包括机械加工产生的废乳化液和废油;一般固体废物包括机械加工中产生的废金属(屑)、废零件,生活垃圾等其他固体废物。

公司对危险废物进行统一管理,集中回收,并与陕西新天地固体废物综合处置有限公司签订危险废物处置合同。公司采取的具体措施为:在送处理前,用专用的器具收集,全部保存在专用区域内;生产中产生的废金属屑(主要为铜屑)、边角料交由公司统一回收,出售给陕西新天地固体废物综合处置有限公司、西安城北废旧物资再生利用有限公司。产品机加工过程中冷却液进行统一储存,少量滴漏的乳化液及机油,使用锯末吸附,统一由公司收集,全部交由陕西新天地固体废物综合处置有限公司回收处理。生活垃圾和生产中产生的一般废弃物定点专门收集后,由西安创为物业管理有限公司统一处理。

报告期内,公司危险固体废弃物排放量如下表:

……

(2)*液体*废弃物

公司的液体废弃物主要是创联电镀在电镀过程中产生,主要包括:电镀过程中产生的漂洗废水、地面冲洗水和少量生活污水等。创联电镀制定严格的环境保护制度《质量环境管理监督检查管理制度》、《废酸废液回收管理制度》、《剧毒化学品和易制毒化学品安全管理制度》等。创联电镀建有污水处理站,通过PAC干粉投加装置、隔膜压滤机、气浮一体机等专业污水处理设备对生产过程中产生的漂洗废水、地面冲洗水分类收集,进行分质处理,经处理达标后排放至市政污水管网。

报告期内，创联电镀利用COD在线检测仪、氨氮在线检测仪每日实时向环境生态局上传污水检测数据，同时***委托第三方检测机构***对电镀生产过程中产生的废水进行日常检测，并出具检测报告，监测结果均为***达标排放***。

报告期内，公司液体废弃物排放量如下表：

……

(3)***废气***

公司的废气主要是创联电镀在电镀过程产生的酸碱废气和含氰废气。针对这类废气，公司按照环保要求建有酸雾和含氰废气处理塔，通过氢氧化钠进行吸附中和，废气处理后PH值达到9－10之间后排放。

报告期内，公司委托第三方检测机构对电镀生产过程中产生的废气进行监测，并出具了监测报告，监测结果均为***达标排放***。

根据第三方专业机构的检测报告，报告期内创联电镀废气的排放情况如下：

……

(4)***噪声***

公司厂房内主要噪声源为机加工过程的机械噪声。公司已通过厂房隔音和距离衰减以及使用低噪声设备，使得厂界噪声达到环保标准。

点评

主要污染物一般有固体、液体废弃物、废气、粉尘、油烟、噪声，都需要达到环保标准。

3.***环保投入***情况

(1)发行人环保投入情况

报告期内，公司环保投入情况如下：

单位：万元

项目	2021年度	2020年度	2019年度
环保设施购置及改造费用	10.05	14.53	22.54
日常污染处理费用	19.95	27.41	11.29
项目环评、环境监测费用	28.71	13.81	29.10
合计	**58.71**	**55.75**	**62.93**

(2)环保投入与生产经营产生的污染物相匹配

报告期内,公司的污染物排放量以及相应的环保投入情况如下表所示:

项目	2021年度	2020年度	2019年度
危险固废、液废排放量合计(A,公斤)	21,949.80	19,473.40	10,295.60
环保投入(B,万元)	58.71	55.75	62.93
单位排放量的环保投入 [C=(B/A)*10000,元/公斤]	***26.75***	***28.63***	***61.12***

2020年、2021年***单位排放量的环保投入***分别为28.63元/公斤、26.75元/公斤,2019年单位排放量的环保投入较高为61.12元/公斤,主要原因为创联电镀2019年停产,停产期间仅结转部分2018年产生的污泥、废酸、电镀废液等污染物,但仍产生环保设施购置及改造费用及项目环评费用,因此2019年单位排放量的环保投入较高。

点评

用"单位排放量的环保投入"去度量环保投入的情况,列表说明,看得一清二楚。

(3)报告期内发行人环保投入与生产经营规模的增长相***匹配***

报告期内,公司的整体环保投入与经营规模的匹配情况如下:

项目	2021年度	2020年度	2019年度
环保投入(A,万元)	58.71	55.75	62.93
自产产量(B,万个)	1,935.16	1,390.78	1,156.14
单位产量的环保投入(C=A/B,元)	***0.03***	***0.04***	***0.05***

如上表所示,报告期内公司的***单位产品的环保投入***基本保持稳定并呈现***逐年下降***趋势,2019年至2021年逐年下降的主要原因系公司自产产量增长较快,公司部分固体污染废弃物,如沾染废弃物、废矿物油、乳化液等为库房改造、机器设备维修产生,不属于生产加工零件产生的废弃物,因此自产产量增加将摊薄单位产量的环保投入。

点评

环保投入与生产经营规模的增长是否相匹配可由“单位产量、排放量的环保投入”度量。

4.发行人所属行业不属于重污染行业，发行人及子公司均不属于高耗能企业，发行人子公司创联电镀的镀金业务属于“高污染、高环境风险”产品，除此之外，发行人的其他生产过程均不涉及“高污染、高环境风险”产品

(1)发行人所属行业不属于***重污染***行业

根据《***企业环境信用评价办法(试行)***》(环法[2013]150号)第三条规定重污染行业包括：火电、钢铁、水泥、电解铝、煤炭、冶金、化工、石化、建材、造纸、酿造、制药、发酵、纺织、制革和采矿业16类行业，以及国家确定的其他污染严重的行业；

发行人主营业务为电连接器及互连产品的研发、生产和销售。根据中国证监会《***上市公司行业分类指引***》***(2012年修订版)***公司所属行业为“计算机、通信和其他电子设备制造业(C39)”。根据《国民经济行业分类》(GB/T 4754－2017)，公司所属行业为“计算机、通信和其他电子设备制造业(C39)－电子元件及电子专用材料制造(C398)－其他电子元件制造(C3989)”。

综上，发行人***所属行业不属于《企业环境信用评价办法(试行)》(环法[2013]150号)中规定的重污染行业***。

点评

1.《企业环境信用评价办法(试行)》列举了火电、钢铁、水泥等16类重污染行业，企业属于重污染行业的，不太适合上市。

2.《上市公司行业分类指引》(2012年修订版)现在已经被废止了。

(2)发行人及子公司均不属于***高耗能***企业

根据国家发展改革委办公厅于2020年2月下发的《***国家发展改革委办公厅关于明确阶段性降低用电成本政策落实相关事项的函***》，高耗能行业范围为石油、煤炭及其他燃料加工业，化学原料和化学制品制造业，非金属矿物制品业，黑色金属冶炼和压延加工业，有色金属冶炼和压延加工业，电力、热力生产和供应业。同

时，根据全国人民代表大会2018年10月修订通过的《中华人民共和国**节约能源法**》，重点用能单位为“年综合能源消费总量**一万吨标准煤**以上的用能单位”以及“国务院有关部门或者省、自治区、直辖市人民政府管理节能工作的部门指定的年综合能源消费总量五千吨以上不满一万吨标准煤的用能单位”。公司生产过程中消耗的能源主要为电、水，报告期内公司总生产电力（不含生活用电）耗用情况如下（已按折标系数转化为标准煤计算）：

……

根据上表测算结果可以看出，发行人年平均能耗折算成**标准煤约300吨**，远低于一万吨标准煤的高耗能标准，发行人及子公司不属于《中华人民共和国节约能源法》规定的重点用能单位，不属于高耗能企业。

点评

1. 国家发展和改革委员会办公厅《关于明确阶段性降低用电成本政策落实相关事项的函》只是个函而已，并没有广泛的强制力。

2.《节约能源法》第52条规定的“年综合能源消费总量一万吨标准煤以上的用能单位”为重点用能单位，须被国家加强节能管理。本案例中，发行人年平均能耗约300吨标准煤，远低于1万吨标准煤的高耗能标准，不属于重点用能单位，无须被加强管理。

（3）发行人主要产品不属于《环境保护综合目录（2021年版）》中规定的**“高污染、高环境风险”产品**

根据生态环境部颁布的**《环境保护综合名录（2021年版）》**，公司生产的射频同轴连接器、低频连接器、射频同轴电缆组件不属于上述法规中规定的“高污染、高环境风险”品。

（4）发行人子公司创联电镀的镀金业务属于“高污染、高环境风险”产品，除此之外，发行人的其他生产过程均不涉及“高污染、高环境风险”

发行人的主要产品是电连接器及互连产品，均不属于《环境保护综合名录（2021年版）》中的“高污染、高环境风险”产品，但**子公司创联电镀的氰化亚金钾电镀金业务属于《环境保护综合名录（2021年版）》中“高污染、高环境风险”产品**名录里的“氰化金钾电镀金产品（无氰镀金工艺除外）”，涉及高污染、高环境风险;除此之外,发行人的其他生产过程均不涉及高污染、高环境风险。

2021年10月25日,生态环境部下发《环境保护综合名录(2021年版)》,新增将“氰化金钾电镀金产品(无氰镀金工艺除外)”纳入“高污染、高环境风险”产品名录,发行人子公司创联电镀的镀金业务属于上述新增高污染、高环境风险目录范围。2018年至2021年9月,根据《环境保护综合名录(2017年版)》,发行人的生产环节均不涉及重污染物,发行人不属于高污染、高环境风险。

综上,发行人子公司创联电镀于2021年10月新《环境保护综合名录(2021年版)》颁布后,其镀金业务属于“高污染、高环境风险”产品。

5. 发行人及子公司污染物排放量符合国家法律法规和国家标准

报告期内,发行人委托有资质的***第三方***专业检测机构对公司污染物排放进行***监测***,固定污染源废气、无组织废气、污水、噪声均为每年监测一次,每次监测完成后出具监测报告,监测情况如下:

……

报告期内,创联电镀委托有资质的***第三方***专业检测机构对公司污染物排放进行***监测***,按照《排污许可证》的规定以及环保局的要求,废气每半年监测一次,废水每月监测一次,噪声每年监测一次,土壤/地下水每年监测一次。监测情况如下:

……

上述第三方专业检测机构出具的环境检测报告表明,报告期内发行人及子公司创联电镀***产生的污水、废气、噪声均符合排放标准***。综上,公司的污染物排放符合国家法律法规和国家标准。

点评

1. 委托第三方专业检测机构定期监测,结果很有说服力。

2. 子公司创联电镀的镀金业务虽然属于“双高”产品,但产生的污水、废气、噪声却均符合排放标准,多多少少给别人一点好印象。

6. 发行人已建、在建、拟建项目的合规情况

(1)发行人已建、拟建项目的***环评***、***备案***程序及履行情况

截至本招股说明书签署日,公司及子公司不存在在建项目,公司已建、拟建项目的情况如下:

①已建项目

发行人及子公司报告期内已取得如下***环境影响评价文件***：

……

②拟建项目

如上表所示，除××产业化能力建设项目正在办理环评备案，其余已建和拟建募投项目均已完成环保主管部门的***备案、批复、验收***等手续。

点评

项目在环保主管部门备案、批复、验收，手续一个不能少。

(2)发行人已建、拟建项目不属于高能耗、高排放项目

发行人已建、拟建项目的主要产品为电连接器及互连产品，主要为提高现有三类主要产品的研发能力，扩大现有产能。根据“4.发行人所属行业不属于重污染行业，发行人及子公司均不属于高耗能企业，发行人子公司创联电镀的镀金业务属于‘高污染、高环境风险’产品，除此之外，发行人的其他生产过程均不涉及‘高污染、高环境风险’产品”中关于电连接器及互连产品的相关论述，发行人***已建、拟建项目均不属于高耗能、高排放项目***，上述项目已经依法履行环评程序。在持续遵守安全生产、环境保护等法律法规和规范性文件的前提下，公司***不存在被关停的风险，不会对公司生产经营构成重大不利影响***。

(3)募投项目所采取的环保措施及相应的资金来源和金额

发行人已就募投项目“卫星互联高可靠连接系统产业化项目”和“研发中心建设项目”取得《建设项目***环境影响登记表***》，发行人募投项目所采取的环保措施具体如下：

主要环境影响	采取的环保措施及排放去向
废水—生活污水	室内污水排放至室外污水管道后，采取化粪池集中处理措施后，通过地埋式污水处理设施排放至市政污水管网。
固废	废弃包装材料收集后将作为废旧物资出售给有资质的物资单位进行回收再利用。
噪声	项目新增工艺设备工作时会产生噪音，设备运行时的噪声经过建筑隔声及加装辅助降噪装置后控制在60分贝以下；空调系统的风管带消音器，风机及除尘器采用低噪声设备，控制在60分贝以下。

根据募投项目《建设项目环境影响登记表》及《可行性研究报告》，发行人募投项目环保投资具体情况如下：

单位：万元

项目名称	项目投资金额	环保投资金额	环保投资占比	环保投资资金来源
卫星互联高可靠连接系统产业化项目	33,918	31.40	***0.0925%***	募集资金
研发中心建设项目	9,500	16.23	***0.1708%***	募集资金

7. 环保处罚情况

截至本招股说明书签署日，华达股份及其控股子公司在报告期内的环保***处罚***情况如下：

单位：万元

被处罚主体	处罚原因	处罚主体	处罚金额	处罚时间
西安创联电镀有限责任公司	有机污染物无组织排放	西安市环境保护局	5	2018－09－20

创联电镀已按市环雁罚字［2018］021号、市环雁查字［2018］008号文件进行整改，创联电镀废水、酸雾治理提升工程于2018年9月20日在雁塔区发改委进行立项备案；2019年5月24日，西安市生态环境局雁塔分局对该项目环评报告进行了批复；2019年8月9日，创联电镀取得西安市环境保护局雁塔分局出具的《涉及一般失信行为行政处罚信息***信用修复***决定书》，***同意***创联电镀***信用修复***。

根据西安市环保局雁塔分局出具的《***环保证明***》，证明本次环境违法行为及行政处罚***不属于重大违法行为及重大行政处罚***。

点评

1. 发行人曾发生过环保事故或因环保问题受到处罚的，保荐机构和发行人律师应对是否构成重大违法行为发表明确意见。

2. 信用修复就是失信主体在彻底纠正失信行为、消除不良影响之后，为重塑自身的信用主动提出申请，经有关部门确认符合条件后，撤销了信用措施的过程。此处，子公司——创联电镀被处罚过，环保局不仅同意信用修复，还出具了不属于重大违法行为的证明，说明创联电镀犯的错不算是不可饶恕。

经核查，报告期内发行人及子公司通过专用排污处理设备、聘请第三方处置危险废物等方式，对固废、废水、废气、噪音进行净化处理，报告期内发行人及子公司生产产生的主要污染物均为达标排放；创联电镀环境违法行为及行政处罚不属于重大违法行为及重大行政处罚。报告期内发行人并未发生环保事故或重大群体性的环保事件，除已经披露的2018年因环保问题受到行政处罚外，未发现其他环保负面消息。

4-2 亚香股份 2022-05

根据生态环境部发布的《环境保护综合名录(2021年版)》，发行人香兰素相关产品属于"高污染、高环境风险"产品。

请依据我会2021年6月提出的注册阶段问询问题，披露未来对该类产品的压降计划，并结合报告期内相关产品销售收入占比、预期压降目标以及当前中央和地方环保政策要求，披露对发行人未来经营是否造成重大不利影响。

| 回复 |

1. 发行人香兰素相关产品未来压降计划

发行人***主要产品***丁香酚香兰素和阿魏酸香兰素等香兰素产品被列入《***"高污染、高环境风险"产品名录***》(2021年版)(以下简称"***双高***名录")，在公司香兰素产品或其生产工艺被调出上述名录前，公司将采用积极稳妥的***压降***计划：①自2022年起，本次募投项目"6,500t/a香精香料及食品添加剂和副产15吨肉桂精油、1吨丁香轻油和20吨苧烯项目"涉及香兰素产品***不再投产***，其规划产能调整给其他适销产品；②自2022年起，公司香兰素产品的年产量和销量***向下压降***，2022年压降至150吨以内、2023年压降至120吨以内、2024年及之后压降至100吨以内并将香兰素产品的销售收入占主营业务收入的比例降至***10%以内***。

点评

发行人的主要产品是"双高"产品，但并非无药可救。如果产品不能马上停止生产的话，也得逐步向下压降，直至停产。如本案例，最后是计划将"双高"产品的销售收入占比压降至10%以内。

2. 报告期内发行人相关产品销售收入占比、预期压降目标以及当前中央和地方环保政策要求对公司未来经营的影响

丁香酚香兰素和阿魏酸香兰素等香兰素产品系报告期内发行人重要产品之一。报告期内,发行人香兰素产品***收入及占发行人主营业务收入比例***情况如下:

单位:万元

项目	2021 年度	2020 年度	2019 年度
香兰素产品收入	9,626.38	13,405.53	13,725.07
销量(吨)	194.07	242.11	198.07
主营业务收入	60,837.37	54,210.09	48,989.05
香兰素产品收入占主营业务收入的比例	***15.82%***	***24.73%***	***28.02%***
香兰素产品毛利额	2,100.96	3,967.42	4,968.39
主营业务毛利额	21,109.43	18,779.74	18,767.36
香兰素产品毛利额占主营业务毛利额的比例	***9.95%***	***21.13%***	***26.47%***

报告期内,发行人香兰素产品的营业收入占比及毛利额占比均在***30%以内***,且***逐年降低***,香兰素产品收入对公司经营业绩的整体影响较为有限。2021 年,香兰素产品收入占主营业务收入的比例为 15.82%、香兰素产品毛利额占主营业务毛利额的比例为 9.95%,占比较低。按照各期扣除非经常性损益后归属于母公司股东的净利润与主营业务毛利额的比例,***扣除香兰素产品毛利占比额后***,发行人***扣除非经常性损益后***归属于母公司股东的净利润分别为 6,349.05 万元、6,024.69 万元和 7,999.47 万元,***盈利能力较好,仍然符合***《证券法》第十二条第一款第(二)项、《深圳证券交易所创业板股票发行***上市***审核规则》第二十二条第二款第(一)项和《深圳证券交易所创业板股票***上市***规则》第 2.1.1 条第一款第(四)项及第 2.1.2条第一款第(一)项之规定。具体测算过程如下:

单位:万元

项目	2021 年度	2020 年度	2019 年度
扣除非经常性损益后归属于母公司所有者的净利润(A)	8,883.63	7,638.38	8,635.06
主营业务毛利额(B)	21,109.43	18,779.74	18,767.36

续表

项目	2021 年度	2020 年度	2019 年度
净利润与主营业务毛利额比例的比例(C=A/B)	***42.08%***	***40.67%***	***46.01%***
香兰素产品毛利额(D)	2,100.96	3,967.42	4,968.39
剔除香兰素产品后主营业务毛利额(E=B-D)	19,008.47	14,812.32	13,798.97
剔除香兰素产品后公司扣非归母净利润(F=E*C)	***7,999.47***	***6,024.69***	***6,349.05***

点评

本案例中,“双高”产品的收入、毛利额占比逐年降低,并经仔细测算,即使扣除“双高”产品的利润后,仍然符合上市条件。

经查询,国家和地方环保主管部门对香兰素产品的生产和销售均***未出台任何强制性的压降要求或限制性政策***。发行人秉着承担社会责任的原则,积极响应国家政策,制定了香兰素产品的***压降***计划,自 2022 年起,公司香兰素产品的年产量和销量向下压降,2022 年压降至 150 吨以内、2023 年压降至 120 吨以内、2024 年及之后压降至 100 吨以内并将香兰素产品的销售收入占主营业务收入的比例降至 10% 以内。

发行人压降计划已于 2022 年 1 月正式启动,主要通过产能内部转化实现,将香兰素产品的产能转换为其他适销产品。发行人***压降计划不会对其生产经营造成重大不利影响***,具体如下:

(1)发行人生产产品品类较多,且不同产品种类的生产设备存在***通用性***,在实际生产过程即存在对于不同产品的生产切换,发行人香兰素产品的***产能可转换生产其他产品***,压降计划具备生产可行性。

(2)发行人在香料领域积累了丰富的***产品研发生产经验***和成熟的***市场渠道***,不断开发新产品、拓展新客户。***产品***方面,2021 年发行人新开发的天然香料产品叶醇和合成香料产品合成橡苔、合成叶醇已取得客户广泛认可;***客户***方面,2021 年发行人成功开发了全球知名食品企业卡夫食品和国内电子烟油龙头企业深圳芳芯科技有限公司(RELX 电子烟的生产商),并取得了其凉味剂产品订单,发行人将香兰素产品的产能转换为其他适销产品具备市场可行性。另外,公司香兰素产品报告期内主要销售给 ABT、奇华顿和芬美意,2019 年度－2021 年度公司向前述三家客户销售香兰素产品的销售收入占公司香兰素产品销售收入的比例分别为 85.31%、77.59%、93.71%。ABT、奇华顿和芬美意与公司合作多年,除采购香兰素产品外,亦向公司采购多种其他香料产品,报告期内,公司向三家客户的香兰素产品销售收入占向其销售总金额的 53.81%、41.99%、35.78%,呈逐年下降趋势。公司香兰素产品主要客户对于公司其他适销产品已存在较强的需求,公司香兰素产品***产量的减少不会对公司与重要客户的业务合作关系产生不利影响***。

(3)公司武穴坤悦工厂已完成试生产、南通亚香工厂试生产工作正有序推进,公司自产产能将进一步扩大,业务规模将进一步增长。

综上,压降计划实施后,发行人香兰素产品的收入及利润占比均将逐步下降,但发行人***整体营业收入和主营业务毛利预计将保持上升趋势***,发行人压降计划不会对发行人生产经营产生重大不利影响,且按扣除香兰素产品毛利贡献后,经测算的报告期内发行人扣除非经常性损益后归属于母公司股东的净利润仍然符合首次公开发行股票并在创业板上市的条件。

点评

马上或逐渐停产“双高”产品可能会对发行人的生产经营造成重大不利影响,可从产能、品类、研发、生产、市场渠道、客户关系解释。

4－3 广康生化 2022－06

申请文件及问询回复显示,发行人主要从事农药原药、中间体、部分农药制剂的研发、生产与销售,属于“化学原料和化学制品制造业”。

请发行人:说明发行人是否存在因使用上述高污染、高环境风险原材料而导致污染事故的情形,如是,请进一步说明相关整改情况及是否构成重大违法违规。

| 回复 |

发行人生产的产品为农药原药、中间体及制剂。经逐一比对公司具体生产的产品与《环境保护综合名录》(2021 年版)(以下简称《名录》)所列示的产品,报告期内,公司生产的***产品不属于《名录》中规定的“双高”产品***。

1. 发行人采购的主要原材料涉及《名录》中规定的“高污染、高环境风险”产品情况

(1)基本情况

报告期内,发行人少部分***主要原材料***涉及《名录》中规定的高污染、高环境风险产品,具体情况如下:

点评

案例“4-2 亚香股份2022-05”是主要产品涉及“双高”产品,而该案例是主要原材料含有“双高”产品。相较之下,该案例的性质似乎没那么恶劣。

……

根据《名录》,并如上表所述,发行人主要原材料中涉及“高污染、高环境风险”的产品主要为:乙酰乙酰苯胺(以乙醇替代水做反应介质工艺除外)属于“高污染”产品;乙腈、对苯醌属于“高环境风险”产品;二硫化碳(天然气加压非催化法工艺、焦炭流化床连续法工艺除外)、间甲基苯甲酸(空气液相氧化法除外)***属于“高污染、高环境风险”产品***。

(2)采购占比较低且逐年下降

报告期内,发行人采购的主要原材料中涉及《名录》中规定的“高污染、高环境风险”产品占当期原材料采购总额比例分别为***16.95%、8.93%及7.65%***,呈***逐年下降***趋势,且2020年和2021年已***处于较低水平***。

(3)少部分原材料属《名录》“双高”产品,***所生产产品不属于《名录》“双高”产品***

点评

虽说产成品不属于“双高”产品,但毕竟采购“双高”产品作为原材料,相当于在变相地促进上游“双高”产品的销售、生产。

对于原材料乙酰乙酰苯胺,发行人报告期内供应商为青岛海湾精细化工有限公司、南通醋酸化工股份有限公司及新华制药(寿光)有限公司。根据对上述供应商访谈确认并查阅公开信息,青岛海湾精细化工有限公司和南通醋酸化工股份有限公司采用“以乙醇替代水做反应介质工艺”，该***产品工艺属于《名录》中规定的除外情形***；新华制药(寿光)有限公司采用水作为反应介质的工艺生产乙酰乙酰苯胺，但新华制药(寿光)有限公司并非公司该项原材料的主要供应商，2021年公司向该供应商的乙酰乙酰苯胺采购占该原材料采购总额比例为12.89%，2022年起***未再向该供应商采购该原材料***。

对于原材料二硫化碳，发行人报告期内主要供应商为上海百金化工集团股份有限公司。根据对上海百金化工集团股份有限公司访谈确认，其采用“天然气加压非催化法工艺”，该***产品工艺属于《名录》中规定的除外情形***。

对于原材料间甲基苯甲酸，报告期内，发行人于2019年采购间甲基苯甲酸用于生产四氢亚胺，2020年发行人开始停止生产四氢亚胺，因此***无需再采购间甲基苯甲酸***。发行人2019年采购的间甲基苯甲酸来自于山东越兴化工有限公司，根据发行人的说明，山东越兴化工有限公司使用“空气液相氧化法工艺”制备间甲基苯甲酸，该***产品工艺属于《名录》中规定的除外情形***。

对于原材料乙腈和对苯醌，原材料乙腈是发行人生产高效氯氰菊酯和噻呋酰胺的原材料之一，对苯醌是生产乙氧呋草黄的原材料之一，具体情况为：①乙腈和对苯醌虽然属于《名录》中列示的产品，但其属于生产技术成熟、产业***大规模应用***的化工产品，乙腈下游应用包括医药制造、农药、电子信息、有机物合成等多个领域；对苯醌在医药研发、农药、橡胶等大宗化学消费品制造等领域被广泛使用，因此乙腈和对苯醌***属于横跨众多领域的基础材料***。对发行人而言，仅作为采购方并非生产经营方，采购乙腈和对苯醌占当期***采购比例较低***(均不足***3%***)，发行人使用这两种原材料生产的高效氯氰菊酯、噻呋酰胺和乙氧呋草黄均不属于《名录》中的“双高”产品；②高效氯氰菊酯、噻呋酰胺和乙氧呋草黄为发行人成熟的产品，就该等产品对应的生产项目完成了环境影响评价手续、竣工环境保护验收手续以及安全生产等相关手续，发行人严格落实环评批复中的要求及取得相关《安全生产许可证》；此外，发行人设置了专门的安全生产与环境保护部门，严格落实关于环境保护与安全生产的相关法律法规及发行人的***内控制度***。

点评

1.《环境保护综合名录》(2021年版)不仅包含932项“双高”产品，还有159项产品除外工艺，79项环境保护重点设备，都是很专业、细节的知识领域。

> 2. 本案例中，发行人采购的主要原材料涉及5种“双高”产品，但还好，第一、三种最后不再采购，第二、三种使用的工艺属于《环境保护综合名录》中规定的除外情形，第四、五种属于横跨众多领域的基础材料。

2. 发行人针对高污染、高环境风险原材料在环境保护和安全生产方面的内控措施及执行情况

发行人高度重视环境保护和安全生产工作，在自我风险排查的基础上，聘请了杜邦、广东寰球广业工程有限公司等专业第三方机构协助发行人完善***内控***措施。截至本问询回复出具日，发行人已建立关于环境保护和安全生产的一系列内控制度，并结合员工培训和教育、编制和演练应急预案及监督手段等予以落实。

发行人针对乙酰乙酰苯胺、乙腈、二硫化碳、对苯醌及间甲基苯甲酸在环境保护和安全生产方面的***内控措施***如下：

(1) 乙酰乙酰苯胺

①***环境保护***

A. 车间使用乙酰乙酰苯胺时，通过固体加料机投放且现场设置收集罩，通过吸收塔吸收逸散的气体和粉尘；

B. 反应最终产生气体进入尾气处理装置吸收处理。

②***安全生产***

A. 来料以袋装密封储存在仓库；

B. 车间使用人穿戴防护服、佩戴防护口罩、防护手套。

……

综上所述，报告期内，发行人关于使用高污染、高环境风险原材料的环境保护和安全生产内部控制措施执行良好。

3. 发行人不存在因使用上述高污染、高环境风险原材料而导致污染事故的情形

报告期内，发行人处于生产运营的生产基地为英德生产基地，发行人生产经营过程中，***不存在因使用上述高污染、高环境风险原材料而导致污染事故的情形***。

根据清远市生态环境局英德分局出具的《***守法证明***》，确认广康生化于报告期内遵守国家和地方环保法律法规的有关规定，***没有发生环境污染事故***，***没有***因出现环境违法行为受到生态环境部门的***处罚***。

点评

使用了“双高”产品作为原材料，该案例给我们贡献了几个很好的整改措施和抗辩理由：(1)采购的“双高”产品占当期原材料采购总额比例很低，后续将逐步不采购、使用；(2)所生产的最终产品不属于“双高”产品；(3)“高污染、高环境风险”原材料属于横跨众多领域的基础材料；(4)使用的工艺属于《环境保护综合名录》中规定的除外情形；(5)不存在因使用××而导致污染事故、受到处罚的情形。

根据清远市***生态环境局***英德分局出具的《***证明***》，确认广康生化报告期内项目生产过程合法合规，产生的污染物经处理后***均达标***排放，且不超过核定的排放总量，亦未对周边环境造成重大影响；广康生化已按规定***取得排污许可证***，并严格按照排污许可证排污；广康生化成立至今，积极配合环保监管部门的***日常现场检查***，该局历次对广康生化实施的现场检查未发现其存在重大环境违法违规行为。

根据发行人提供的资料及确认，并登录中华人民共和国生态环境部官网(http://www.mee.gov.cn/)、广东省生态环境厅公众网(http://gdee.gd.gov.cn/)、清远市生态环境局官网(http://www.gdqy.gov.cn/channel/qyssthjj/index.html)、百度搜索引擎(https://www.baidu.com/)查询，报告期内发行人没有因出现环境违法行为受到生态环境部门的处罚。

根据清远市和英德市***应急管理局***出具的相关***证明***、说明及查询发行人的《***企业信用报告***(无违法违规证明版)》，报告期内，发行人未因除“8·6”事故以外的安全生产事故而受到行政处罚。上述“8·6”事故原因是发行人相关工作人员于仓库外违规堆放克菌丹成品，不涉及上述高污染、高环境风险原材料的使用。

点评

环境保护问题一部分会牵涉属不属于“重大违法行为”，可参照“疑难点3 重大违法行为”整改、抗辩，例如请有权机关出具证明。

综上所述，报告期内，发行人关于使用高污染、高环境风险原材料的环境保护和安全生产内部控制措施执行良好，报告期内没有发生环境污染事故，没有因出现环境违法行为受到生态环境部门的处罚，不存在因使用上述高污染、高环境风险原材料而导致污染事故的情形。

4－4 思泉新材 2022－07

申报文件显示，报告期内，发行人生产的磁性材料、纳米防护材料、导热垫片涉及未经批准擅自开工建设以及未验收先投入少量生产的违规情形，针对上述情形，发行人已于2020年8月11日取得东莞市生态环境局核发的《第三次改扩建项目环境影响报告表的批复意见》。

请发行人说明：上述未验收先投产事项的具体违规情形，是否构成重大违法违规行为。

| 回复 |

一、发行人未验收先投产事项的具体情形

（一）具体违规情形

发行人涉及***未验收先投产***事项共涉及三条产品生产线项目，分别为导热垫片生产项目、磁性材料生产线项目、纳米防护材料生产线项目，报告期内发行人存在导热垫片、磁性材料、纳米防护材料的少量的生产和试生产情况，***未批先建***产品在2018－2020年产生的收入占营业收入的比例情况如下：

项目	2021年度	2020年度	2019年度
热管理材料	1.18%	3.89%	3.38%
磁性材料	2.06%	0.12%	–
纳米防护材料	0.67%	0.49%	–
合计	***3.92%***	***4.50%***	***3.38%***

（二）整改情况

鉴于发行人租赁的生产上述产品的厂房的***土地用途规划变更，无法办理环评的报批报建手续***，故发行人上述生产行为并***未及时履行报批报建程序***，2020年度，公司将上述生产线搬迁至发行人主要经营场所金磊工业园，并***办理了环评报批与报建手续***。具体的环评报建情况如下：

项目名称	环境影响报告表批复意见取得时间	竣工验收时间	验收报告公告结束时间	是否已整改完毕
导热垫片项目	2020.8.11	2021.3.10	2021.4.9	是
纳米防护项目	2020.8.11	2021.1.7	2021.2.4	是
磁性材料项目	2020.8.11	2021.3.10	2021.4.9	是

(三)行政处罚风险

发行人**未提前办理环境影响报告表即开工建设**违反了《中华人民共和国**环境影响评价法**》第二十五条"建设项目的**环境影响评价文件未依法经审批部门审查或者审查后未予批准的**,建设单位**不得开工建设**"的规定,存在"由县级以上环境保护行政主管部门责令停止建设,根据违法情节和危害后果,处建设项目总投资额百分之一以上百分之五以下的罚款,并可以责令恢复原状;对建设单位直接负责的主管人员和其他直接责任人员,依法给予行政处分"的法律风险;其未经验收即生产的行为违反了《建设项目环境保护管理条例(2017 年修订)》第十九条"编制环境影响报告书、环境影响报告表的建设项目,其配套建设的环境保护设施经验收合格,方可投入生产或者使用;**未经验收或者验收不合格的,不得投入生产或者使用**"的有关规定,存在"由县级以上环境保护行政主管部门责令限期改正,处 20 万元以上 100 万元以下的罚款;对直接负责的主管人员和其他责任人员,处 5 万元以上 20 万元以下的罚款;造成重大环境污染或者生态破坏的,责令停止生产或者使用,或者报经有批准权的人民政府批准,责令关闭"的法律风险。**公司未验收先投产事项存在被行政处罚的风险**。

二、发行人未验收先投产事项不构成重大违法违规行为

公司未验收先投产事项不构成重大违法违规行为,具体原因如下:

(一)发行人提前生产上述产品产量较低,且已对生产过程产生的废弃物与噪音进行了妥善处理;发行人已**及时整改,补充办理完成上述项目的环境影响报告表的环评报建和环评验收手续、固定污染源排污登记手续并已履行了验收报告的公告和备案程序**;发行人违法行为**未造成危害后果**,且已及时纠正违法行为,符合《行政处罚法》可以不予行政处罚的情形;

点评

1. 环境影响报告书审查批准后,方可开工建设;环境保护设施验收合格后,方可生产。

2. 该案例中,未批先建,且未验收先投产,发行人辩称是租赁的厂房的土地用途规划变更导致的,但这不是正当的理由,存在被行政处罚的风险。还好,未批先建产品的销售收入占营业收入的比例较小,并且及时整改了:补办了环评报建、验收手续以及验收报告的公告和备案,且最后还搬迁到合规的工业场地生产。

(二)根据发行人的说明并经查询相关生态环境部门的网站,报告期内发行人***未发生环境污染事件***,发行人上述提前生产行为未导致严重环境污染、重大人员伤亡以及社会恶劣影响;

(三)发行人的***实际控制人已出具承诺***:如发行人因违反环境保护方面的法律、法规、规章及规范性文件的规定而受到行政处罚的,本人将无条件承担发行人的***一切损失***。

(四)2021年1月25日,通过走访东莞市***生态环境局***企石分局,报告期内企石分局未收到过关于发行人环境保护方面的投诉;亦***未收到该部门的行政处罚***;2021年5月25日、2021年10月21日,东莞市生态环境局出具《政府信息公开申请答复书》,发行人自2018年1月1日至2021年10月16日期间无因环境违法行为被该局作出行政处罚决定的情况。根据发行人于2022年4月18日在信用中国(广东)查询的《法人和其他组织信用记录报告(无违法违规证明专用版)》,2019年4月7日至2022年4月7日期间,未发现公司在生态环境领域因违反相关法律法规而受到行政处罚的记录。

依据《行政处罚法(2021修订)》第三十二条当事人有下列情形之一,应当从轻或者减轻行政处罚:(一)主动消除或者减轻违法行为危害后果的;……;第三十三条违法行为轻微并及时改正,没有造成危害后果的,不予行政处罚。初次违法且危害后果轻微并及时改正的,可以不予行政处罚。

依据《证券期货法律适用意见第17号》最近3年内,发行人及其控股股东、实际控制人在国家安全、公共安全、生态安全、生产安全、公众健康安全等领域,存在以下违法行为之一的,原则上视为***重大违法行为***:被处以罚款等处罚且情节严重;

导致严重环境污染、重大人员伤亡、社会影响恶劣等。有以下情形之一且中介机构出具明确核查结论的，可以不认定为重大违法：违法行为显著轻微、罚款数额较小；相关规定或处罚决定未认定该行为属于情节严重；有权机关证明该行为不属于重大违法。……

发行人上述行为已及时整改，并未造成危害后果，报告期内发行人不存在因违反环境保护方面法律法规受到行政处罚的情形，且发行人控股股东、实际控制人已出具就该情形确保发行人不会因此遭受损失的承诺，因此，发行人未验收先投产事宜***不构成重大违法违规行为***。

点评

如果环境保护违规了，就会延伸到“重大违法行为”的问题，可参照“疑难点3 重大违法行为”整改、抗辩。

4－5　海诺尔 2022－03

申报文件显示，发行人存在的经营风险包括社会公众对垃圾处理项目持负面看法的风险，即部分社会公众担心项目建设和运营可能对周边环境造成二次污染，导致垃圾处理项目存在较为明显的“邻避效应”。为此，国家发改委在项目核准手续中增加了社会稳定性风险评价程序，环保部也提高了环评要求并进一步规范了环评听证会和公众调查程序。

请发行人：

(1)披露项目在选址筹建过程中履行相关风险评价、听证等程序的情况，是否符合相关管理要求。

(2)披露报告期内是否存在项目受邻避效应影响的情形，如对项目投运产生实际影响的，披露相关处置方案及赔偿情况。

(3)就从事的具体业务和项目特点，有针对性地充分提示邻避效应风险。

| 回复 |

一、披露项目在选址筹建过程中履行相关风险评价、听证等程序的情况，是否符合相关管理要求

根据《城乡规划法》、《环境保护行政许可听证暂行办法》、《环境影响评价公众参与办法》(环办[2014]48号)等有关规定，项目在选址筹建过程中需履行相关风险评价、听证等程序，通过组织座谈会或听证会、发放公众参与调查表、召开专家论证会等形式征集各方意见。

截至本招股说明书签署日，公司运营或在建的BOT、BOO项目***均履行了相关风险评价、征求公众意见等相关程序***，符合相关规定。具体情况如下：

……

二、披露报告期内是否存在项目受邻避效应影响的情形，如对项目投运产生实际影响的，披露相关处置方案及赔偿情况

“***邻避效应***”指居民或当地单位因担心项目(如垃圾场、核电厂等邻避设施)建设在住所周边，对身体健康、环境质量和资产价值等带来诸多负面影响，从而激发嫌恶情绪并采取坚决的、有时高度情绪化的集体反对甚至抗争行为。

报告期内，发行人在项目选址过程中均履行了风险评价、征求公众意见等相关程序，不存在受“邻避效应”影响的情况。

三、就从事的具体业务和项目特点，有针对性地充分提示邻避效应风险

由于部分社会公众对垃圾处理项目的建设和运营持有负面看法，担心项目建设和运营可能对周边环境造成二次污染，导致垃圾处理项目存在较为明显的“邻避效应”。为此，国家发改委在项目核准手续中***增加了社会稳定性风险评价程序***，环保部也***提高了环评要求并进一步规范了环评听证会和公众调查程序***。“邻避效应”和国家严格的监管政策使***项目选址的难度加大，致使项目筹建时间延长，增加公司成本***。

报告期内，公司在项目选址过程中履行了风险评价、征求公众意见等相关程序，虽不存在受“邻避效应”影响项目落地的情况。但如果未来社会公众对垃圾处理项目的负面看法进一步加重，可能加大整个行业的经营难度，对公司业务发展造成不利影响。

点评

环境影响评价、社会稳定性风险评价、征求公众意见等程序先项目建设而行，可降低“邻避效应”的影响与被处罚的概率。不过，也会同时加大项目的选址难度，延长项目的筹建时间，增加企业的成本。凡事皆是有利亦有弊。

专题二

劳动用工与社会保障

IPO

疑难点5

任职资格

一、董监高任职资格限制

1. 拟上市公司

拟上市企业，对董事、监事和高级管理人员任职资格的要求，2023 年 2 月全面实行注册制之后，主要整合到文件《首次公开发行股票注册管理办法》（中国证券监督管理委员会令第 205 号），当中第 13 条规定：

……董事、监事和高级管理人员不存在最近三年内受到中国证监会行政处罚，或者因涉嫌犯罪正在被司法机关立案侦查或者涉嫌违法违规正在被中国证监会立案调查且尚未有明确结论意见等情形。

司法机关立案侦查或者中国证券监督管理委员会立案调查后，已有明确结论意见的，皆不受影响，但应将侦查或调查的结果比照《公司法》第 178 条等规定。

之前的《首次公开发行股票并上市管理办法》（2022 修正）曾要求，发行人的董事、监事和高级管理人员不得被中国证券监督管理委员会采取证券市场禁入措施尚在禁入期。不过，现在这规定已经被取消，体现在已上市公司的运行规范中。

2. 已上市公司

已经上市的企业，董事、监事和高级管理人员的任职要求，笔者总结如表 5－1 所示。如果想成功上市，拟上市企业的董事、监事、高级管理人员同样也得遵守。

表5－1 已上市公司董监高任职资格相关规定

法条	内容
《深圳证券交易所股票上市规则》（深证上〔2023〕701号）	第4.3.3条第1款 候选人存在下列情形之一的，不得被提名担任上市公司董事、监事和高级管理人员： （一）根据《公司法》等法律法规及其他有关规定不得担任董事、监事、高级管理人员的情形； （二）被中国证监会采取不得担任上市公司董事、监事、高级管理人员的证券市场禁入措施，期限尚未届满； （三）被证券交易所公开认定为不适合担任上市公司董事、监事、高级管理人员，期限尚未届满； （四）法律法规、本所规定的其他情形。
《上海证券交易所股票上市规则》（上证发〔2023〕127号）	第4.3.3条第1款 候选人存在下列情形之一的，不得被提名担任上市公司董事、监事和高级管理人员： （一）根据《公司法》等法律法规及其他有关规定，不得担任董事、监事和高级管理人员的情形； （二）被中国证监会采取不得担任上市公司董事、监事和高级管理人员的证券市场禁入措施，期限尚未届满； （三）被证券交易所公开认定为不适合担任上市公司董事、监事和高级管理人员，期限尚未届满； （四）法律法规、本所规定的其他情形。
《北京证券交易所股票上市规则（试行）》（北证公告〔2023〕49号）	第4.2.2条 董事、监事、高级管理人员候选人的任职资格应当符合法律法规、本所业务规则和公司章程等规定。 上市公司应当在公司章程中明确，存在下列情形之一的，不得担任公司董事、监事或者高级管理人员： （一）根据《公司法》等法律法规及其他有关规定不得担任董事、监事和高级管理人员的情形； （二）被中国证监会及其派出机构采取证券市场禁入措施或者认定为不适当人选，期限尚未届满； （三）被证券交易所或者全国股转公司认定其不适合担任公司董事、监事、高级管理人员，期限尚未届满； （四）中国证监会和本所规定的其他情形。 财务负责人作为高级管理人员，除符合前款规定外，还应当具备会计师以上专业技术职务资格，或者具有会计专业知识背景并从事会计工作3年以上。

二、常见问询

■ 说明XX税务师事务所与发行人是否存在业务往来，20YY年发行人财务总监变化的原因，ZZ 同时任 XX 税务师事务所是否符合相关任职资格的规定，是否影响其在发行人处履职。

■ 请发行人分析并披露认定 XX 在 YY 破产中不负有个人责任的判断依据，并结合 XX 在发行人和在 YY 担任董事的时间，说明 XX 的任职是否符合《公司法》第 178 条的规定。

■ 补充披露 XX 公司吊销的原因以及尚未注销的原因，是否存在重大违法违规行为以及对 YY 董事任职资格的影响。

■ 补充披露独立董事是否符合法律、行政法规、部门规章、规范性文件和《深圳证券交易所上市公司自律监管指引第 1 号——主板上市公司规范运作》等业务规则有关独立董事任职资格、条件和要求的相关规定。

5－1　安培龙 2022－06

申报文件显示：2020 年 11 月，外部董事高国亮辞任董事，补选刘一平担任董事。2020 年 12 月，外部董事刘一平辞任董事，补选李潇担任董事。

请发行人：说明 2020 年 11－12 月发行人董事频繁发生变动的原因，刘一平短期内担任又辞任董事的原因，是否存在规避监管情形。

| 回复 |

1. 发行人最近三年以来的董事变动情况

时间	成员	人员变化情况	变更原因
2019.01.01－2020.04.09	邬若军、黎莉、李学婧、高国亮、张鹏	–	–
2020.04.10－2020.11.30	邬若军、黎莉、李学婧、刘一平、张鹏	高国亮（离任） ***刘一平***（新增）	因个人原因，外部董事高国亮辞任董事，***补选刘一平担任董事***
2020.12.01 至今	邬若军、黎莉、李学婧、李潇、张鹏、陈群荣、柴广跃、李天明	***刘一平***（离任） 李潇（新增） 陈群荣（新增） 柴广跃（新增） 李天明（新增）	（1）因个人原因，外部董事***刘一平辞任董事*** （2）根据发行人与中移创新签署的投资协议，发行人补选中移创新推荐的李潇担任发行人董事 （3）为优化公司治理结构，公司新增 3 名独立董事

2. 刘一平短期内担任又辞任董事的原因，是否存在规避监管情形

刘一平于***2020 年 4 月***担任发行人董事，系西博叁号推荐并经发行人董事会提名、股东大会选举产生。刘一平担任发行人董事期间不存在***《公司法》第一百四十六条***规定的不得担任董事的情形，刘一平为西博叁号推荐的外部董事，除履行董事职务外，不参与发行人的其他日常经营管理，于***2020 年 12 月辞任***发行人董事系主要因其在多个公司担任董事或监事，个人精力有限预计难以兼顾发行人董事工作。

2021 年 7 月 9 日，因深圳市同洲电子股份有限公司 2014 年、2015 年、2016 年年度报告存在虚假记载，时任监事刘一平***被中国证监会深圳监管局给予警告并处以 3 万元罚款***。鉴于刘一平被中国证监会深圳监管局行政处罚时***已不再担任发行人董事***，不属于发行人***现任***董监高，发行人符合《注册办法》第十三条规定的发行人“董事、监事和高级管理人员不存在最近***三年***内受到***中国证监会行政处罚***，或者因涉嫌犯罪***正在被司法机关立案侦查***或者涉嫌违法违规正在***被中国证监会立案调查且尚未有明确结论意见***等情形”，不会对发行人本次发行构成法律障碍。

综上，刘一平系西博叁号推荐的外部董事，其辞任发行人董事系因其个人原因；刘一平被中国证监会深圳监管局行政处罚时***已不再***担任发行人董事，***不属于***发行人***现任***董监高，发行人符合《注册办法》第十三条的规定，不会对发行人本次发行构成法律障碍，不存在规避监管的情形。

点评

1.《首次公开发行股票注册管理办法》（中国证券监督管理委员会令第 205 号）作为纲领性文件，要求发行人的董事、监事和高级管理人员在最近 3 年内未受到中国证券监督管理委员会的行政处罚。而根据《行政处罚法》第 9 条的规定，行政处罚的种类包含警告、通报批评等。

2. 发行人的前任董事刘一平在担任某公司监事的期间，被深圳监管局警告、罚款，踩中了《首次公开发行股票注册管理办法》规定的“最近三年内受到中国证监会行政处罚”的情形。刘一平在被警告、罚款后的 3 年内就不适合再担当任何拟上市公司的董事、监事、高级管理人员。还好，刘一平在被处罚前的 7 个月就辞职，发行人算是逃过了一劫，不知道是不是事先听到风声，刻意为之。

3. 此案例间接地告诫我们，一旦发行人现任的董事、监事、高级管理人员有不适合担当董事、监事、高级管理人员的苗头,最好在苗头成为事实之前辞去董事、监事、高级管理人员的职务,把“现任”变成“前任”,以免小沟里翻船。

疑难点 5－1　《公司法》第 178 条

2018 年《公司法》第 146 条和《公司法》(2023 年修订)第 178 条规定了不得担任公司董事、监事、高级管理人员的 5 种情形。它适用于所有公司制的企业,经常被中国证券监督管理委员会、证券交易所的规定引用,如表 5－1 中《深圳证券交易所股票上市规则》(深证上〔2023〕701 号)第 4.3.3 条,在 IPO 中经常被问询,非常重要。

一、五种情形

2018 年《公司法》第 146 条第 1 款规定:

有下列情形之一的,不得担任公司的董事、监事、高级管理人员:

(一)无民事行为能力或者限制民事行为能力;

(二)因贪污、贿赂、侵占财产、挪用财产或者破坏社会主义市场经济秩序,被判处刑罚,执行期满未逾五年,或者因犯罪被剥夺政治权利,执行期满未逾五年;

(三)担任破产清算的公司、企业的董事或者厂长、经理,对该公司、企业的破产负有个人责任的,自该公司、企业破产清算完结之日起未逾三年;

(四)担任因违法被吊销营业执照、责令关闭的公司、企业的法定代表人,并负有个人责任的,自该公司、企业被吊销营业执照之日起未逾三年;

(五)个人所负数额较大的债务到期未清偿。

《公司法》(2023 年修订)将 2018 年《公司法》第 146 条挪到第 178 条,其第 178 条第 1 款规定:

有下列情形之一的,不得担任公司的董事、监事、高级管理人员:

(一)无民事行为能力或者限制民事行为能力;

(二)因贪污、贿赂、侵占财产、挪用财产或者破坏社会主义市场经济秩序,被

判处刑罚,或者因犯罪被剥夺政治权利,执行期满未逾五年,被宣告缓刑的,自缓刑考验期满之日起未逾二年;

(三)担任破产清算的公司、企业的董事或者厂长、经理,对该公司、企业的破产负有个人责任的,自该公司、企业破产清算完结之日起未逾三年;

(四)担任因违法被吊销营业执照、责令关闭的公司、企业的法定代表人,并负有个人责任的,自该公司、企业被吊销营业执照、责令关闭之日起未逾三年;

(五)个人因所负数额较大债务到期未清偿被人民法院列为失信被执行人。

不得担任公司董事、监事、高级管理人员的5种情形中,和2018年《公司法》第146条第1款比较,《公司法》(2023年修订)第178条第1款有改动的是第2、4、5种情形,新增了下划线的内容。[①]

(一)无民事行为能力或者限制民事行为能力

这项很好理解,拟上市企业一般也不会碰到。试问,不是完全民事行为能力人,怎么能独立行使权利和履行义务呢?

(二)因贪污、贿赂、侵占财产、挪用财产或者破坏社会主义市场经济秩序,被判处刑罚,或者因犯罪被剥夺政治权利,执行期满未逾5年,被宣告缓刑的,自缓刑考验期满之日起未逾二年

2018年《公司法》第146条对此项是同时要求:5类经济刑事犯罪+刑罚/剥夺政治权利+执行未逾5年。《公司法》(2023年修订)第178条增加了"缓刑考验期满未逾2年"的任职限制。没被判处刑罚,没被剥夺政治权利、没被宣告缓刑或者被判处刑罚、被剥夺政治权利超过了5年以及缓刑考验期届满后超过了2年,都不受此条的限制。

贪污、贿赂、侵占财产、挪用财产、破坏社会主义市场经济秩序,这五类经济刑事犯罪是犯罪类型,不是《刑法》上的具体罪名。

《公司法》《证券法》等之所以强调经济类犯罪,是担心企业经营不合规、不合法,利润来源不正。换言之,与经济无关的犯罪就不属于这5类犯罪,如危险驾驶罪、诽谤罪等。

《证券法》第12条第1款规定:

---

① 本节正文依据2023年修订后的《公司法》进行解读。

公司首次公开发行新股，应当符合下列条件：

（一）具备健全且运行良好的组织机构；

（二）具有持续经营能力；

（三）最近三年财务会计报告被出具无保留意见审计报告；

（四）发行人及其控股股东、实际控制人最近三年不存在贪污、贿赂、侵占财产、挪用财产或者破坏社会主义市场经济秩序的刑事犯罪；

（五）经国务院批准的国务院证券监督管理机构规定的其他条件。

上文法条中的第4项要求"发行人及其控股股东、实际控制人最近三年不存在贪污、贿赂、侵占财产、挪用财产或者破坏社会主义市场经济秩序的刑事犯罪"其实就是源自2018年的《公司法》第146条，同样适用上述的解释。

此项与"疑难点3 重大违法行为"有千丝万缕的联系，以醉酒驾驶为例。发行人实际控制人、董事、监事、高级管理人员因醉酒驾驶被拘役或者罚款不是经济类犯罪，一般不违反《公司法》第178条的规定，但应当根据醉酒驾驶的法律后果，判定是否严重影响《首次公开发行股票注册管理办法》第13条规定的国家、公共、生态、生产、公众健康"五安全"中的"公共安全"，以及发行人实际控制人、董事、监事和高级管理人员是否存在因涉嫌犯罪正在被司法机关立案侦查等情形。

参见案例"5－2 北方长龙 2022－05""5－3 和宏股份 2021－09""5－4 西测测试 2021－11"。

（三）担任破产清算的公司、企业的董事或者厂长、经理，对该公司、企业的破产负有个人责任的，自该公司、企业破产清算完结之日起未逾三年

此项需要同时满足4个条件：破产清算＋担任董事或者厂长、经理＋对破产负有个人责任＋完结未逾3年。

不是破产清算的公司，如主动注销、破产重整，不受此条限制。

即使公司是破产清算的，也得是担任董事、厂长、经理，对破产负有个人责任，且自破产清算完结之日起未超过3年的董事、监事、高级管理人员才受此项限制。参见案例"5－5 亚洲硅业 2021－09""5－6 新天地 2022－05"。

（四）担任因违法被吊销营业执照、责令关闭的公司、企业的法定代表人，并负有个人责任的，自该公司、企业被吊销营业执照、责令关闭之日起未逾三年

此项需要同时满足4个条件：公司因违法被吊销营业执照、责令关闭＋法定代表人＋负有个人责任＋未逾3年。

如果公司不是因为违法被吊销营业执照、责令关闭,如自动注销,或者不是因为重大违法被吊销营业执照、责令关闭,如因未按期办理工商年检被吊销营业执照,或者不是企业的法定代表人,或者不负有个人责任,都不受此条的限制。参见案例“5-6 新天地 2022-05”。

中介机构得核查被注销的子公司,看是否是因违法被吊销、关闭的。

(五)个人因所负数额较大的债务到期未清偿被人民法院列为失信被执行人

2018年《公司法》第146条中,此项受限的前提条件有3个:个人债务+数额较大+到期未清偿,参见案例“5-7 凯旺科技 2021-09”。《公司法》(2023年修订)第178条将此项放宽了,受限的3个条件变成了4个条件:个人债务+数额较大+到期未清偿+被列为失信被执行人。

在审企业中,如控股股东、实际控制人存在大额负债的,发行人、中介机构重点从以下几个方面关注对发行条件的影响:

1. 债务清偿能力

结合债务金额、债务人资产、偿还期限等情况,关注控股股东、实际控制人是否具备清偿能力,各方是否存在纠纷或潜在纠纷,具体的还款计划、还款资金来源,如不能到期清偿对控股股东、实际控制人的影响。

2. 任职资格

控股股东、实际控制人担任发行人董事、监事、高级管理人员的,结合控股股东、实际控制人的大额负债情况,关注其任职资格是否符合《公司法》的相关规定。

3. 股份质押

关注是否存在股份质押或上市后股份质押安排,对控股股东、实际控制人所持发行人股份权属的影响,如质押权实现对发行人控制权的影响。质押解除的,关注是否存在其他替代性担保措施。

4. 股份代持

结合借款双方之间的关系、借款用途、借款利率、担保措施等,核查双方是否存在股份代持、利益输送及其他利益安排,是否属于“名债实股”,是否影响控股股东、实际控制人的股份权属。

5. 一致行动关系

关注借款双方提供融资是否构成一致行动关系或存在其他利益安排,股份锁定是否符合规定。

二、自动无效

2018 年的《公司法》第 146 条和《公司法》(2023 年修订)第 178 条的第 2、3 款皆附带了自动无效的功能,二者规定的内容无差别。其中,《公司法》(2023 年修订)第 178 条第 2、3 款规定如下:

违反前款规定选举、委派董事、监事或者聘任高级管理人员的,该选举、委派或者聘任无效。

董事、监事、高级管理人员在任职期间出现本条第一款所列情形的,公司应当解除其职务。

5-2　北方长龙 2022-05

公开资料显示,发行人员工在入职发行人前存在因非国家工作人员受贿罪被刑事处罚,执行期满后未满 5 年即担任发行人董事职务,目前其仍在发行人担任其他职务。上述事项未在前期申请文件中披露或说明。申请文件及问询回复显示,发行人实际控制人历史上存在 2 次行贿犯罪。

请发行人:说明发行人员工被刑事处罚对其任职资格的影响,是否符合《公司法》第 146 条的规定,发行人是否存在因此被处罚的风险。

| 回复 |

1. 发行人员工 * * * 违法犯罪具体情况

经查询中国裁判文书网公布的判决书、裁定书,发行人员工 * * * 历史违法犯罪具体情况为:* * * 于 2011 年 3 月至 2015 年 5 月担任中兴通讯股份有限公司驻某地办事处招标采购经理。期间,其以协助某单位顺利中标某项目为由,向某单位索要好处费共计人民币 40 万元。2016 年 12 月 30 日,员工 * * * 在得知中兴通讯股份有限公司报案后,前往派出所投案。***2017 年 5 月 4 日***,广东省深圳市南山区人民法院经审理认为,发行人员工 * * * 犯非国家工作人员***受贿罪***,被判处有期徒刑一年三个月,于***2018 年 3 月 29 日刑满释放***。

2. 发行人 * * * 曾任公司董事,存在不具备任职资格的情况

根据《公司法》第 146 条的规定:"有下列情形之一的,不得担任公司的董事、监事、高级管理人员:……(二)因贪污、贿赂、侵占财产、挪用财产或者破坏社会主义市场经济秩序,被判处刑罚,执行期满未逾***五年***,或者因犯罪被剥夺政治权利,执行期满未逾***五年***;……公司违反前款规定选举、委派董事、监事或者聘任高级管理人员的,该选举、委派或者***聘任无效***。董事、监事、高级管理人员在任职期间出现本条第一款所列情形的,***公司应当解除其职务***。”

员工＊＊＊于2018年3月29日刑满释放,因此于2018年3月29日起至2023年3月29日止,员工＊＊＊不具备担任董事、监事、高级管理人员资格。＊＊＊于2019年11月入职发行人,因工作能力较强,于***2020年5月开始担任发行人的董事,后因个人原因于2020年12月主动申请辞去董事职务***。根据《公司法》的上述规定,＊＊＊于2020年5月到2020年12月曾担任发行人董事,***不符合《公司法》第146条的规定***,存在任职瑕疵,***该等选举无效***,发行人应当***解除***＊＊＊在上述期间的董事职务。经核查,＊＊＊已于2020年12月***辞去***董事职务,上述任职瑕疵情形已消除。

点评

1.《公司法》第146条第1款第2项要求,因贪污、贿赂、侵占财产、挪用财产或者破坏社会主义市场经济秩序,被判处刑罚,执行期满未逾5年,或者因犯罪被剥夺政治权利,执行期满未逾5年的不得担任公司董事、监事、高级管理人员。此案例中,发行人员工＊＊＊犯了非国家工作人员受贿罪,属于经济类的刑事犯罪,应当在执行期满5年后才可以担任发行人的董事、监事、高级管理人员。但员工＊＊＊2018年3月刑满释放,2020年5月就担任发行人的董事,未过5年的冷冻期。最后,员工＊＊＊主动申请辞去董事职务以平息此事。

2.《公司法》第146条第2款附带了自动无效的功能。即使员工＊＊＊不主动辞去董事职务,该聘任也是无效的,或者公司应当主动解除其职务。

3. 发行人不存在被行政处罚的风险

董事、监事及高级管理人员资格属于《公司法》对公司内部自治的要求,***《公司法》对于不具备董事、监事及高级管理人员任职资格而担任董事、监事及高级管理人员情况未设置行政处罚条款***。

发行人于2022年4月19日向西安市***市场监督管理局***高新区分局***说明***了＊＊＊

曾担任公司董事的任职瑕疵事项，市场监督管理局高新区分局咨询回复，＊＊＊任职瑕疵事项不属于《公司法》规定应进行处罚的内容，市场监督管理局***不会对该事项进行行政处罚***。西安市市场监督管理局高新区分局于2022年4月19日出具文件***说明***，通过国家企业信用公示系统查询，北方长龙***未***受过市场监督管理部门***行政处罚***。

发行人员工＊＊＊已出具书面说明与***承诺***：本人在公司面试录用、任职期间，向公司隐瞒本人曾因非国家工作人员受贿罪被判处有期徒刑事项，导致本人被选举担任公司董事，该情形违反了《公司法》的有关规定。本人已自行改正并于2020年12月***主动辞去***公司董事职务。本人承诺如公司因本人担任公司董事行为受到行政主管部门处罚或造成公司损失的，本人愿意承担全部责任，并***赔偿因此给公司造成的损失***。

点评

1.《公司法》第146条自带了自动解除的功能。任命错了董事、监事、高级管理人员，谈不上得处罚。

2.补救措施：市场监督管理局出具不实施行政处罚的说明＋董事、监事、高级管理人员出具赔偿损失的承诺。

综上，发行人员工＊＊＊因被刑事处罚导致其在2020年部分期间担任发行人董事不符合《公司法》第146条的规定，该违法情形已***自行改正***，《公司法》对于不具备董事、监事及高级管理人员任职资格而担任董事、监事及高级管理人员情况未设置行政处罚条款，发行人不存在因员工＊＊＊历史上的任职瑕疵事项被处罚的风险。

5-3 和宏股份 2021-09

申报文件显示：保荐工作报告显示，2019年2月27日，发行人副总经理林本青因醉酒驾驶被判危险驾驶罪。

请发行人：在招股说明书中分析并披露对林本青醉驾行为是否属于《创业板首次公开发行股票注册管理办法（试行）》所规定的重大违法行为，是否影响其任职资格。

| 回复 |

报告期内，发行人高级管理人员林本青曾因***醉驾***行为受到刑事处罚，具体情况如下：

2018 年 12 月 8 日，林本青酒后驾驶，因涉嫌***危险驾驶罪***被深圳市公安交通警察局刑事拘留。2019 年 2 月 27 日，深圳市罗湖区人民法院对林本青醉驾案件作出判决，认定林本青在审查起诉阶段已签署《认罪认罚具结书》，具有坦白、自愿认罪认罚的从轻处罚情节，判处***拘役***二个月，***缓刑***三个月，并处罚金人民币 7,000 元。

2019 年 3 月，林本青根据《深圳市非税收入罚款通知书》的要求***足额缴纳了罚金***，并按照《接受社区矫正告知书》的要求前往深圳市南山区南头司法所报到，依法实行社区矫正；2019 年 6 月 11 日，深圳市南山区司法局、深圳市南山区南头司法所分别向林本青出具《解除社区矫正宣告书》《解除社区矫正证明书》（（2019）深南司证字 154 号），至此，林本青前述醉驾案件***已执行完毕***。

林本青上述醉驾行为***不属于***《创业板首次公开发行股票注册管理办法（试行）》所规定的***重大违法行为，不影响其高级管理人员的任职资格***，具体分析如下：

1. 林本青醉驾行为不属于《创业板首次公开发行股票注册管理办法（试行）》所规定的重大违法行为

根据《创业板首次公开发行股票注册管理办法（试行）》（以下简称"《注册办法》"）第二章第十三条第二款[①]规定，最近三年内，发行人及其控股股东、实际控制人不存在***贪污、贿赂、侵占财产、挪用财产***或者***破坏社会主义市场经济秩序***的刑事犯罪，不存在欺诈发行、重大信息披露违法或者其他涉及国家安全、公共安全、生态安全、生产安全、公众健康安全等领域的重大违法行为。

林本青的醉驾案件不构成触及发行条件的重大违法违规行为，具体分析如下：

（1）林本青因醉驾行为被判处危险驾驶罪，本案件不属于上述条款所述之"贪污、贿赂、侵占财产、挪用财产或者破坏社会主义市场经济秩序"五类严重的***经济刑事犯罪***。

（2）本案件不属于欺诈发行、重大信息披露违法事项。

（3）深圳市交通警察局出具的《鉴定意见告知书》载明林本青血液酒精含量为 180.08mg/100ml，未达到 200mg/100ml，林本青醉驾行为不涉及《关于办理醉

---

① 《创业板首次公开发行股票注册管理办法（试行）》已失效，第 13 条第 2 款现参考《首次公开发行股票注册管理办法》第 13 条第 2 款："最近三年内，发行人及其控股股东、实际控制人不存在贪污、贿赂、侵占财产、挪用财产或者破坏社会主义市场经济秩序的刑事犯罪，不存在欺诈发行、重大信息披露违法或者其他涉及国家安全、公共安全、生态安全、生产安全、公众健康安全等领域的重大违法行为。"

酒驾驶机动车刑事案件适用法律若干问题的意见》第二条规定的肇事逃逸、血液酒精含量超过200mg/100ml、超速驾驶等从重处罚情形，且深圳市罗湖区人民法院认定林本青在审查起诉阶段已签署《认罪认罚具结书》，具有坦白、自愿认罪认罚的从轻处罚情节，符合犯罪情节较轻等《中华人民共和国刑法》第七十二条第一款规定的适用缓刑的条件。因此，根据罚款金额、量刑程度，本案件***不属于从重处罚***的情形，***未被认定为重大违法违规***。

(4)根据《判决书》并经林本青确认，其醉驾行为***未造成交通事故、人员伤亡或危及公共设施等危害后果***，林本青醉驾行为不构成《注册办法》所规定的触及发行条件的重大违法行为。

(5)《注册办法》第二章第十三条第二款的适用对象为发行人及其控股股东、实际控制人，林本青作为发行人的高级管理人员，不属于该款规定的适用对象。

综上，林本青的醉驾行为不属于情节严重、从重处罚的情形，***未造成公共危害***，不属于《注册办法》第二章第十三条第二款所规定的重大违法行为。

点评

1.《证券法》第12条规定，公司首次公开发行新股时，应当符合“发行人及其控股股东、实际控制人最近三年不存在贪污、贿赂、侵占财产、挪用财产或者破坏社会主义市场经济秩序的刑事犯罪……”(详细参见“疑难点3 重大违法行为”)。这与《公司法》第146条列举的5类经济刑事犯罪不谋而合，区别是前者针对发行人及其控股股东、实际控制人，而后者是在限制董事、监事、高级管理人员。其实，说白了，《证券法》第12条就是引用了《公司法》第146条，只是把主语换掉而已。

2.醉酒驾驶不是经济类犯罪，一般不违反《公司法》第146条的规定，但应当根据醉酒驾驶的法律后果，判定是否严重影响国家、公共、生态、生产、公众健康“五安全”中的“公共安全”。

2.林本青醉驾行为不影响其任职资格

(1)不属于《公司法》规定的不得担任高级管理人员的情形

根据***《公司法》第一百四十六条***规定，有下列情形之一的，不得担任公司的董事、监事、高级管理人员：……(二)因***贪污、贿赂、侵占财产、挪用财产***或者***破坏社会主义市场经济秩序***，***被判处刑罚***，执行期满未逾***五年***，或者因犯罪***被剥夺政治权

利,执行期满未逾***五年***;……公司违反前款规定选举、委派董事、监事或者聘任高级管理人员的,该选举、委派或者聘任无效。董事、监事、高级管理人员在任职期间出现本条第一款所列情形的,公司应当解除其职务。

林本青所犯***危险驾驶罪不属于因贪污、贿赂、侵占财产、挪用财产或者破坏社会主义市场经济秩序***而被判处刑罚的情形,林本青未因犯罪被剥夺政治权利。因此,林本青的上述违法行为不属于《公司法》第一百四十六条及发行人《公司章程》规定的不得担任公司董事、监事、高级管理人员的情形,林本青符合《公司法》对高级管理人员任职资格的规定;

点评

2019年6月执行完毕,虽然距今未满5年,但《公司法》第146条强调的是5类经济刑事犯罪,而危险驾驶罪与经济无关。

(2)不属于《注册办法》规定的影响高级管理人员任职资格的情形

《注册办法》第十三条第三款规定,董事、监事和高级管理人员不存在最近三***年***内受到中国证监会行政处罚,或者因涉嫌犯罪正在被司法机关立案侦查或者涉嫌违法违规正在被中国证监会立案调查且***尚未有明确结论意见***等情形。

根据《解除社区矫正宣告书》《解除社区矫正证明书》((2019)深南司证字154号)、《深圳市非税收入罚款通知书》等文件,深圳市罗湖区人民法院已于2019年2月27日对林本青醉驾案件作出判决,截至2019年6月11日该案件***已执行完毕***,本案件不属于《注册办法》规定的因涉嫌犯罪正在被司法机关立案侦查的情形。

点评

既然都已经执行完毕了,自然而然就不受《首次公开发行股票注册管理办法》第13条中"因涉嫌犯罪被司法机关立案侦查或者涉嫌违法违规被中国证监会立案调查且尚未有明确结论意见"的限制。

综上,林本青醉驾行为不属于《创业板首次公开发行股票注册管理办法(试行)》所规定的重大违法行为,不影响其高级管理人员的任职资格,不影响本次发行上市条件,对公司生产经营未产生重大影响。

5－4　西测测试 2021－11

申报材料显示:发行人现任副总经理石鹏颉曾于2012年2月至2015年1月期间因涉嫌虚开增值税专用发票,于2017年2月27日被刑事拘留,2017年3月14日被取保候审;2018年3月8日,宝鸡市渭滨区人民检察院对其出具不予起诉通知书。

请发行人补充说明:

一、石鹏颉被刑事拘留的具体背景,处理过程,是否曾被刑事立案侦查或批准逮捕,是否存在后续行政处罚或相关民事诉讼,是否导致其个人或所在单位从业资格被暂停或吊销

| 回复 |

根据2018年3月8日宝鸡市渭滨区人民检察院出具的《不起诉决定书》(渭检公诉刑不诉[2018]4号):

(1)2012年2月至2015年1月,石鹏颉在担任陕西＊＊＊＊有限责任公司电子分公司经理期间,通过第三方虚开增值税专用发票,以上发票均已在税务机关进行了抵扣并由税务机关认定为虚开。

(2)石鹏颉于2017年2月23日被指定居所监视居住,2017年2月27日被刑事拘留,2017年3月14日被取保候审。

(3)石鹏颉被宝鸡市公安局直属分局侦查终结,以涉嫌***虚开增值税专用发票罪***,于2017年8月30日向宝鸡市渭滨区人民检察院移送审查起诉。

(4)2018年3月8日,宝鸡市渭滨区人民检察院出具《不起诉决定书》(渭检公诉刑不诉[2018]4号)认为,石鹏颉实施了《中华人民共和国刑法》第二百零五条规定的行为,但其作为陕西＊＊＊＊有限责任公司电子分公司经理虚开增值税专用发票是为完成总公司下达的生产任务,不具有骗取国家税款的故意,且案发后能如实供述自己的犯罪行为,犯罪情节轻微,根据《中华人民共和国刑法》第三十七条的规定,***不需要判处刑罚***。根据《中华人民共和国刑事诉讼法》第一百七十三条第二款的规定,决定对石鹏颉***不起诉***。

石鹏颉不存在后续行政处罚或相关民事诉讼,根据国家企业信用信息公示系统,该案涉及的陕西＊＊＊＊有限责任公司正常在业,未导致其个人或所在单位从业资格被暂停或吊销。

二、结合石鹏颉被刑事拘留、刑事立案侦查、逮捕事项、取保候审期间，已在发行人处任职的情况，以及具体岗位职能，具体贡献，具体说明该事项对其在发行人处任职资格、从业资格是否构成影响，对发行人在此期间从事的检验检测业务合规性及检验资格是否构成不利影响

| 回复 |

(1)根据石鹏颉填写的《董事、监事、高级管理人员及核心技术人员调查表》，其于2015年3月就职公司，先后担任公司环境试验中心主任，***副总经理***，是公司的涉密人员。石鹏颉具有多年实验室管理经验，符合公司对实验室管理者的要求。石鹏颉于2015年3月至2016年9月任公司环境试验中心主任，主要负责公司环境与可靠性实验室的管理工作；2016年9月至今任公司副总经理，主要负责管理销售方面的工作。近年来，公司经营业绩保持持续增长。

(2)根据《不起诉决定书》，结合《中华人民共和国刑法》第三十七条“对于犯罪情节轻微不需要判处刑罚的，可以免予刑事处罚”，石鹏颉***不需要判处刑罚***，宝鸡市渭滨区人民检察院决定对其不起诉。因此，石鹏颉不存在***《公司法》第一百四十六条***规定的不得担任公司董事、监事、高级管理人员情形之“因贪污、贿赂、侵占财产、挪用财产或者破坏社会主义市场经济秩序，***被判处刑罚***，执行期满未逾五年，或者因犯罪被剥夺政治权利，执行期满未逾五年”，该事项不会对其担任公司高级管理人员构成影响；不存在违反保密相关法律法规的情形，不会对其作为公司涉密人员构成影响。

点评

《公司法》第146条强调的是因5类经济刑事犯罪被判处刑罚。本案例中，发行人现任副总经理石鹏颉曾因涉嫌开增值税专用发票罪被刑事拘留，虽然虚开增值税专用发票是经济类的刑事犯罪，但石鹏颉没被判处刑罚。董事、监事、高级管理人员没被判处刑罚，没被剥夺政治权利或者被判处刑罚、被剥夺政治权利超过了5年，任职都不受《公司法》第146条的限制。

综上，石鹏颉该等情况不影响《公司法》规定的其在公司处任职资格、从业资格。

(3)根据《中华人民共和国认证认可条例》《检验检测机构资质认定管理办

法》及保密相关的法律法规，并经访谈公司总经理确认，从事军用装备、民用飞机产品检测业务具备有固定的场所和必要的设施、工作环境满足检验检测要求、具有承担涉密武器装备科研生产任务的能力等要求，公司从事检验检测业务具备固定的场所，并具备相关的检验检测资质、保密资质及检验检测的技术能力，符合安全、保密等军事要求标准，石鹏頡该等情况未对公司在此期间从事的检验检测业务合规性及检验资格造成不利影响。

三、结合《审核问答》的相关要求，说明该事项对发行人满足上市条件是否构成实质性不利影响

｜回复｜

根据《深圳证券交易所创业板股票首次公开发行上市审核问答》第15条[①]，发行条件中"其他涉及***国家安全、公共安全、生态安全、生产安全、公众健康安全***等领域的重大违法行为"，是指最近***3年***内，发行人及其控股股东、实际控制人在国家安全、公共安全、生态安全、生产安全、公众健康安全等领域存在重大违法行为。

点评

涉及国家、公共、生态、生产、公众健康"五安全"的，都是穷凶极恶的犯罪。

此外，根据《创业板首次公开发行股票注册管理办法（试行）》第十三条第三款规定，董事、监事和高级管理人员不存在最近***三年***内受到中国证监会行政处罚，或者因涉嫌犯罪***正在***被司法机关立案侦查或者涉嫌违法违规正在被中国证监会立案调查且***尚未有明确结论意见***等情形。

点评

被司法机关立案侦查、被中国证券监督管理委员会立案调查已有明确结论意见的，不受《首次公开发行股票注册管理办法》第13条的限制，但应将侦查或调查的结果比照《公司法》第146条的规定。

由于石鹏頡的上述事项已经检察机关认定为情节轻微、不需要判处刑罚，予

① 《深圳证券交易所创业板股票首次公开发行上市审核问答》已经失效，第15条现参考《证券期货法律适用意见第17号》即可。

起诉,因此上述事项为***非重大违法行为***,且石鹏颉为公司副总经理,***非公司实际控制人***,石鹏颉***虚开增值税发票的行为发生在其入职公司之前***,公司亦未因此存在重大违法行为,因此石鹏颉的上述事项不属于《深圳证券交易所创业板股票首次公开发行上市审核问答》及《创业板首次公开发行股票注册管理办法(试行)》规定的对上市构成实质性不利影响的情形。

5-5 亚洲硅业 2021-09

招股说明书披露:2001年1月,公司实际控制人Shi,Zhengrong(施正荣)创建了无锡尚德太阳能电力有限公司。2005年12月,控股无锡尚德的开曼公司Suntech Power Holding在纽约证券交易所上市,Shi,Zhengrong(施正荣)为Suntech Power Holding的实际控制人并担任董事。2013年3月,无锡尚德进行了破产重整,并经江苏省无锡市中级人民法院裁定完成破产重整程序。随后,Suntech Power Holding于2013年11月进入破产清算程序,并于2014年2月从纽约证券交易所退市。截至目前,Suntech Power Holding仍处于破产清算中。施正荣作为Suntech Power Holding曾经的实际控制人和董事,未来不排除其破产清算人或投资者等向施正荣追责甚至提起诉讼的可能性。

请发行人说明:无锡尚德与Suntech Power Holding破产重整及清算的具体原因,是否存在重大违法违规情形,是否影响施正荣担任发行人董事的任职资格;施正荣是否存在重大违法违规情形。

| 回复 |

根据中国法院网公布的典型案例《无锡尚德太阳能电力有限公司***破产重整***案》以及发行人实际控制人确认,无锡尚德成立于2001年1月22日,主要经营业务为研究、开发、生产、加工太阳能电池及发电产品系统等,Suntech Power Holdings是2005年在美国纽约证券交易所上市的民营企业,无锡尚德则是Suntech Power Holdings旗下资产规模最大的生产基地,集中了95%以上的产能,10年间成长为全球最大的光伏组件生产商之一。

无锡尚德破产重整前,我国生产的光伏产品主要以出口为主,2012年随着美国、欧盟陆续开展对中国光伏产品的反倾销和反补贴调查(以下简称"双反"),并对中国进口的晶体硅光伏电池及组件征收反倾销税和反补贴关税,导致中国光伏产品海外市场的萎缩;此外光伏企业迅速增加,导致整个市场供大于求,引发了光伏企业竞相杀价,形成了恶性价格战;同时金融系统将光伏划为高风险行业,大幅下降给光伏企业的授信额度。在上述大背景下,无锡尚德运行陷入极端困境。

2013年3月18日,中国银行股份有限公司无锡高新技术产业开发区支行等银行以无锡尚德不能清偿到期债务为由,向江苏省无锡市中级人民法院(以下简称"无锡中院")***申请对无锡尚德进行破产重整***。同年3月20日,无锡中院***裁定***批准无锡尚德进入***破产重整***程序。

在无锡中院的指导下,管理人选定江苏顺风光电科技有限公司(以下简称"顺风光电")获得无锡尚德战略投资者资格。

2013年10月底管理人提交了重整计划草案,重整计划中明确顺风光电作为战略投资者支付30亿元现金,用于解决无锡尚德相关费用与债务的清偿。出资人持有的无锡尚德100%股权全部无偿让渡。职工债权、税收债权、担保债权均按照100%比例以现金方式一次性受偿。为提高普通债权的清偿比例,每家债权人10万元以下部分的债权全额受偿;10万元以上部分在"现金"及"现金+应收款"两种方式中择一受偿。以"现金"方式受偿,受偿比例为31.55%。以"现金+应收款"方式受偿,即每家债权人除按照30.85%的清偿比例获得现金受偿外,还可以无锡尚德账面9笔应收款受偿。11月12日召开的第二次债权人大会上,职工债权组、税收债权组、担保债权组均全票表决通过上述重整计划草案,人数最多的普通债权组也高票通过。出资人组表示弃权。

2013年11月15日,无锡市中级人民法院作出(2013)锡破字第5-2号《民事裁定书》,裁定***批准无锡尚德重整计划草案,同时终止无锡尚德重整程序***。

《公司法》第一百四十六条第一款第(三)项规定:有下列情形之一的,不得担任公司的董事、监事、高级管理人员:(三)担任***破产清算***的公司、企业的***董事***或者***厂长***、***经理***,对该公司、企业的破产***负有个人责任***的,自该公司、企业破产清算完结之日起未逾***三年***。无锡尚德***未进入破产清算,且破产重整已超过三年***,故不影响Shi,Zhengrong(施正荣)担任发行人董事的任职资格。

综上,无锡尚德系因行业恶性价格战、全球产能过剩等陷入经营困境而不能清偿到期债务被债权人申请破产重整,***不存在重大违法违规情形***,并已于2013年11月经无锡中院裁定批准重整计划草案、终止破产重整程序,***未进入破产清算***,不属于《公司法》第一百四十六条第一款第(三)项规定的不得担任公司董事的情况,不影响Shi,Zhengrong(施正荣)担任发行人董事的任职资格。

点评

1.《公司法》第 146 条第 1 款第 3 项要求的是，担任破产清算的企业的董事或者厂长、经理，对该企业的破产负有个人责任的，自该企业破产清算完结之日起未逾 3 年。这需要同时满足 4 个条件：破产清算 + 担任董事或者厂长、经理 + 对破产负有个人责任 + 完结未逾 3 年。

2. 本案例中，公司最后是重整，不是破产清算，董事、监事、高级管理人员任职不受《公司法》第 146 条的限制。

5 - 6　新天地 2022 - 05

申报文件显示：谢建中等发行人部分董事、监事、高级管理人员任职或投资的其他公司存在被吊销、破产清算的情形。

请发行人：结合部分董事、监事、高级管理人员任职经历、主要工作内容及任职或投资公司被吊销、破产清算的具体原因，说明上述董事、监事、高级管理人员是否会因吊销、破产事项而承担个人责任，是否符合《公司法》第 146 条等任职资格规定。

| 回复 |

1. 发行人董事、高级管理人任职已吊销企业的基本情况及被吊销原因及影响

发行人董事、高级管理人员曾任职被吊销企业的基本情况及吊销原因如下：

姓名	在发行人处职务	在吊销企业担任职务	吊销原因
谢建中	董事长	董事、总经理	***未申报年检***
张芦苇	董事、总经理	法定代表人	
张丙刚	董事	监事	

根据***《公司法》第一百四十六条***规定，“有下列情形之一的，不得担任公司的董事、监事、高级管理人员：……（四）担任因违法被吊销营业执照、责令关闭的公司、企业的法定代表人，并负有个人责任的，自该公司、企业被吊销营业执照之日起未逾三年。”经核查，前述营业执照被吊销企业自***被吊销营业执照***以来，至今均***已超过三年***，除谢建中担任长葛市葛天钢管厂的法定代表人、张芦苇担任长葛市兴发化工物资有限公司的法定代表人外，张丙刚未担任被吊销企业的法定代表人或负

责人，上述人员曾在被吊销企业任职不会影响其在发行人处的任职资格。

点评

《公司法》第146条第1款第4项强调的是，因违法被吊销营业执照。本案例中，因未申报年检被吊销营业执照，谈不上是“因违法被吊销”，而且已经超过了3年。

2. 发行人现任董监高在曾破产企业中任职的具体情况及影响

谢建中自1998年11月至2003年3月任四通化工总经理，2003年3月至2011年10月任四通化工***董事长、总经理兼法定代表人***；发行人董事张芦苇、刘万民曾担任四通化工副总经理，发行人董事张丙刚曾担任四通化工财务负责人。

四通化工自设立至***破产清算***期间，其采购、销售、技术和财务等经营管理事项实际由河南省葛天集团有限责任公司（以下简称“葛天集团”）统筹。葛天集团系当地镇办集体企业，90年代末曾因盲目扩张陷入严重的债务危机。该段期间，***谢建中虽担任四通化工高管，但四通化工的经营管理权实际由葛天集团掌握***。

《公司法》第一百四十六条规定，有下列情形之一的，不得担任公司的董事、监事、高级管理人员：“（三）担任***破产清算***的公司、企业的***董事***或者***厂长、经理***，对该公司、企业的破产***负有个人责任***的，自该公司、企业破产清算完结之日起未逾***三年***。”

四通化工于2007年3月至2010年1月期间依法履行了***破产清算***程序，2011年10月，四通化工债权债务清理完毕，申请注销。四通化工破产清算至今***已过10年***，且***谢建中等人未因四通化工破产清算事宜受到追责、处罚及产生诉讼纠纷***，相关人员不存在《公司法》等相关法律法规规定的不得担任公司董事、高级管理人员的情形。

点评

1.《公司法》第146条第1款第3项需要同时满足4个条件：破产清算＋担任董事或者厂长、经理＋对破产负有个人责任＋完结未逾3年。

2. 发行人现任董事、监事、高级管理人员——谢建中在企业破产期间担任过董事长、总经理兼法定代表人，案例中辩称谢建中实际上没掌握经营管理权，这是个模棱两可的理由。不过，还好破产清算至今已超过了10年，早就过了3年的限制期。

5-7 凯旺科技 2021-09

申报文件及问询回复显示：

(1)2017—2020年，陈海刚及其家庭成员存在较多向李东方借款情形，合计借款超1,000万元。资金流水记录显示，李东方与陈海刚资金往来多通过王欢欢账户进行。

(2)陈海刚归还向李东方借款时，使用个人账户归还109万元，使用其控制的凯鑫投资、河南衡伟、东源冶金等公司账户归还650万元。截至2020年年末，陈海刚仍欠李东方资金共计350万元。

请发行人：分析并披露陈海刚是否存在大额债务到期未偿还的情形，是否影响其董事、高管任职资格，是否符合《公司法》的相关规定。

回复

1. 陈海刚个人借款情况

根据陈海刚的《个人信用报告》(查询日期为2021年7月9日)，截至前述查询日期，陈海刚不存在银行贷款***逾期***及***到期未清偿***债务情况，陈海刚***未到期***银行贷款余额为909.02万元，具体明细情况如下：

单位：万元

贷款银行	贷款类型	到期日期	借款金额	余额	是否发生逾期
招商银行深圳建安支行	房产抵押贷款	2022.01.22	400.00	350.74	否
招商银行深圳新安支行	房产抵押贷款	2024.01.03	600.00	558.28	否

除上述银行贷款外，截至2021年6月末，陈海刚仍欠李东方资金共计350.00万元，根据李东方出具的说明，陈海刚系李东方***远房亲戚***，且双方都在沈丘经营企业，具有信任基础，陈海刚临时需要资金周转时，向李东方进行***资金拆借***，陈海刚可以自2021年1月1日起***5年内***逐步归还欠款。

根据陈海刚出具的《承诺函》，除本人《个人信用报告》中载明的个人负债以及欠李东方债务外，本人不存在其他大额负债及或有负债，亦不存在因债务问题引发的纠纷或潜在纠纷。

2. 陈海刚个人信用状况良好

①陈海刚及其家庭成员在深圳及北京拥有多处房产，且购买时间较早，已实现增值，***价值较高且变现能力较强***，同时陈海刚持有发行人、东源冶金等多家公司

股权，未来随着其投资公司盈利能力逐步增强，其个人资产逐步增加，因此陈海刚***具备债务偿还能力***。

②***陈海刚***及韩留才***作为发行人实际控制人***，直接及间接合计持有发行人64.88%的股份，持股比例较高，未来随着发行人盈利能力逐步提高，陈海刚可通过发行人**分红**获得资金，用于偿还个人债务。

点评

1. 个人债务得是大额+到期未清偿，董事、监事、高级管理人员的任职才受2018年《公司法》第146条第1款第5项的限制。而《公司法》（2023年修订）第178条第1款第5项将其中的“到期未清偿”放宽至“到期未清偿且被列为失信被执行人”。

2. 该案例中，陈海刚虽然欠不了不少钱，但未到期。不过，案例中还是千方百计证明他有足够的偿还能力。

3. 陈海刚作为发行人实际控制人之一，若存在着大额负债，中介机构应当进一步考虑：到期无力偿还对控股股东、实际控制人的影响，以及是否存在股份质押、是否存在股份代持、借款双方是否构成一致行动关系。

③通过中国裁判文书网、中国执行信息公开网、信用中国等公开渠道查询公司实际控制人的相关信息，经查询，陈海刚个人不存在债务诉讼事项、不存在被列入失信被执行人的情况，个人信用状况良好。

综上所述，陈海刚个人信用状况良好，不存在大额债务到期未偿还的情形，具备董事、高管任职资格，符合《公司法》第146条的规定。

疑难点5-2 公务员

现职公务员不得参与营利性活动，不得在企业或者其他营利性组织中兼任职务，即使可以兼任，也不得领取薪酬，这些都规定得很明确。而拟上市企业属于营利性组织，这意味着现职公务员与拟上市企业无缘。

公务员的任职限制如表5-2所示。

表5-2　与公务员相关的任职限制

法律法规	内容
《公务员法》	第二条第一款　本法所称公务员，是指依法履行公职、纳入国家行政编制、由国家财政负担工资福利的工作人员。 第五十九条　公务员应当遵纪守法，不得有下列行为：（十六）违反有关规定从事或者参与营利性活动，在企业或者其他营利性组织中兼任职务。
《关于进一步规范党政领导干部在企业兼职（任职）问题的意见》（中组发〔2013〕18号）	一、现职和不担任现职但未办理退（离）休手续的党政领导干部不得在企业兼职（任职）。 二、辞去公职或者退（离）休后三年后到企业兼职（任职）的，应由本人向其原所在单位党委（党组）报告，由拟兼职（任职）企业出具兼职（任职）理由说明材料，所在单位党委（党组）按规定审批并按照干部管理权限向相应的组织（人事）部门备案。 三、按规定经批准在企业兼职的党政领导干部，不得在企业领取薪酬、奖金、津贴等报酬，不得获取股权和其他额外利益；兼职不得超过1个；所兼任职务实行任期制的，任期届满拟连任必须重新审批或备案，连任不超过两届；兼职的任职年龄界限为70周岁。
《执行中组发〔2013〕18号文件有关问题的答复意见》（组厅字〔2013〕50号）	1. 答复意见：《意见》中所指的党政领导干部包括所有公务员和参照公务员法管理人员中担任领导职务的人员，也包括担任非领导职务的人员。

5-8　玮硕恒基2022-06

申请文件显示：陈致廷担任发行人监事，且自2017年1月至今任昆山市玉山镇安全生产与环境保护监督管理所网格监管员。

请发行人：说明陈致廷担任安全生产与环境保护监督管理所网格监管员情形是否对其监事任职资格造成影响。

｜回复｜

陈致廷担任安全生产与环境保护监督管理所网格监管员情形是否对其监事任职资格造成影响。

我国现行《中华人民共和国**公务员法**》第二条规定“本法所称公务员，是指依法履行公职、***纳入国家行政编制***、由国家财政负担工资福利的工作人员。”第五十九条规定“公务员应当遵纪守法，不得有下列行为：……（十六）违反有关规定***从事或者参与营利性活动，在企业或者其他营利性组织中兼任职务***；……”

经核查，陈致廷在昆山市玉山镇安全生产与环境保护监督管理所担任网格员期间，并***未获得国家行政编制***，因此陈致廷***不属于公务员***。其担任安全生产与环境保护监督管理所网格监管员情形***不影响其监事任职资格***。昆山市玉山镇安全生产与环境保护监督管理所已出具书面证明，该证明记载“陈致廷先生在管理所任职期间，***未纳入国家行政编制***，为社会化用工，不属于《中华人民共和国公务员法》中规定的公务员。”

因陈致廷担任安全生产与环境保护监督管理所网格监管员情形不属于公务员任职情形，不会对其监事任职资格造成影响。

点评

公务员是有编制的，在职公务员不能从事或者参与营利性活动。本案例中，陈致廷担任的网格员并没有国家行政编制，不属于公务员，可以从事营利性活动。

5-9　长城信息 2022-04

申请文件显示：发行人独立董事郑武生于2021年3月在发行人处任职，由控股股东湖南国科提名。

请发行人：说明郑武生是否符合相关任职资格、是否存在不适格情形，是否符合《关于进一步规范党政领导干部在企业兼职（任职）问题的意见》的要求。

｜**回复**｜

公司独立董事郑武生曾在中国证监会湖南监管局任职，截至2021年3月，郑武生自中国证监会湖南监管局***离职已满三年***。郑武生已就其在公司任职情况向湖南证监局进行***备案***，其在公司任职未违反《中共中央组织部关于进一步规范党政领导干部在企业兼职（任职）问题的意见》相关要求。

点评

《关于进一步规范党政领导干部在企业兼职（任职）问题的意见》（中组发〔2013〕18号）要求，现职和不担任现职但未办理退（离）休手续的党政领导干部不得在企业兼职（任职）；辞去公职或者退（离）休后3年后到企业兼职（任职）

的,应由本人向其原所在单位党委(党组)报告。本案例中,郑武生从湖南证监局离职,过了3年冷却期才到企业任独立董事,并向湖南证监局备了案,合规!

疑难点5-3　高校教师

与高校教师任职限制相关的规定很繁杂,有的定义不明,甚至不同机构发布的文件规定得有点矛盾,具体演化如表5-3所示。若高校教师是党政领导干部,如大学副校长,还得同时受"疑难点5-2 公务员"中表5-2当中"党政领导干部"的限制。

表5-3　高校教师任职限制规定的演化

法条	发布日期	发布机构	内容	笔者注释
《关于加强高等学校反腐倡廉建设的意见》(教监〔2008〕15号)	2008年9月	中共中央纪律检查委员会、教育部、原监察部	(九)学校党政领导班子成员应集中精力做好本职工作,除因工作需要、经批准在学校设立的高校资产管理公司兼职外,一律不得在校内外其他经济实体中兼职。确需在高校资产管理公司兼职的,须经党委(常委)会集体研究决定,并报学校上级主管部门批准和上级纪检监察部门备案,兼职不得领取报酬。学校党政领导班子成员不得在院系等所属单位违规领取奖金、津贴等;除作为技术完成人,不得通过奖励性渠道持有高校企业的股份。	学校党政领导班子成员一律不得在校内外其他经济实体中兼职,这规定得很严格。
《直属高校党员领导干部廉洁自律"十不准"》(教党〔2010〕14号)	2010年5月	中共教育部党组	5.不准违反规定在校内外经济实体中兼职或兼职取酬,以及从事有偿中介活动。	非直属高校的党员领导干部不受此规定限制。

续表

法条	发布日期	发布机构	内容	笔者注释
《关于进一步加强直属高校党员领导干部兼职管理的通知》(教党〔2011〕22号)	2011年7月	中共教育部党组	三、直属高校校级党员领导干部原则上不得在经济实体中兼职,确因工作需要在本校设立的资产管理公司兼职的,须经学校党委(常委)会研究决定,并按干部管理权限报教育部审批和驻教育部纪检组监察局备案。 四、直属高校校级党员领导干部在社会团体等单位中兼职的,需经学校党委(常委)会研究同意后,按照干部管理权限报教育部审批。 六、直属高校处级(中层)党员领导干部原则上不得在经济实体和社会团体等单位中兼职,确因工作需要兼职的,须经学校党委审批。 七、经批准在经济实体、社会团体等单位中兼职的直属高校党员领导干部,不得在兼职单位领取任何报酬。	非直属高校或直属高校中非处级的党员领导干部不受此规定限制。
《高等学校领导班子及领导干部深入解决"四风"突出问题有关规定》(教党〔2014〕18号)	2014年5月	教育部	八、领导干部不得在经济实体中兼职和领取薪酬,在社会团体中兼职不得超过2个,兼职活动时间每年不超过25天,兼职不得取酬,在社会兼职情况要在学校网站向社会公开。	此规定中,领导干部的定义不明。
《关于开展党政领导干部在企业兼职情况专项检查的通知》(教人厅函〔2015〕11号)	2015年11月	教育部办公厅	大学通知:部机关、直属单位及其内设机构、直属高校及其院系等副处级以上干部。	根据大学对此文件的通知,"党政领导干部"的范围是副处级以上干部。

续表

法条	发布日期	发布机构	内容	笔者注释
《高等学校深化落实中央八项规定精神的若干规定》(教党〔2016〕39号)	2016年8月	中共教育部党组	二、严格执行兼职取酬管理规定。学校党员领导干部未经批准不得在社会团体、基金会、企业化管理事业单位、民办非企业单位和企业兼职；经批准兼职的校级领导人员不得在兼职单位领取薪酬；经批准兼职的院系及内设机构领导人员在兼职单位获得的报酬，应当全额上缴学校，由学校根据实际情况制定有关奖励办法，给予适当奖励。	校级领导人员不得领取薪酬，而院系及内设机构领导人员可以领取薪酬，但应全额上缴给学校。
《关于加强高等学校科技成果转移转化工作的若干意见》(教技〔2016〕3号)	2016年8月	教育部、科学技术部	六、完善有利于科技成果转移转化的人事管理制度。高校科技人员在履行岗位职责、完成本职工作的前提下，征得学校同意，可以到企业兼职从事科技成果转化，或者离岗创业在不超过三年时间内保留人事关系。	鼓励高校科技人员到企业兼职从事科技成果转化。
《关于实行以增加知识价值为导向分配政策的若干意见》	2016年11月	中共中央办公厅、国务院办公厅	六、允许科研人员和教师依法依规适度兼职兼薪：(一)允许科研人员从事兼职工作获得合法收入。科研人员在履行好岗位职责、完成本职工作的前提下，经所在单位同意，可以到企业和其他科研机构、高校、社会组织等兼职并取得合法报酬。	允许科研人员和教师适度兼职兼薪。
《关于支持和鼓励事业单位专业技术人员创新创业的指导意见》(人社部规〔2017〕4号)	2017年3月	人力资源和社会保障部	一、支持和鼓励事业单位选派专业技术人员到企业挂职或者参与项目合作。 二、支持和鼓励事业单位专业技术人员兼职创新或者在职创办企业。 三、支持和鼓励事业单位专业技术人员离岗创新创业。 四、支持和鼓励事业单位设置创新型岗位。	鼓励事业单位人员创业。

续表

法条	发布日期	发布机构	内容	笔者注释
《关于进一步支持和鼓励事业单位科研人员创新创业的指导意见》(人社部发〔2019〕137号)	2019年12月	人力资源和社会保障部	二、支持和鼓励科研人员兼职创新、在职创办企业 (四)维护兼职创新、在职创办企业人员在人事关系所在单位的合法权益。科研人员开展"双创"活动,可在保证保质保量完成本职工作的基础上,进行兼职创新、在职创办企业。兼职创新、在职创办企业人员继续享有参加职称评审、项目申报、岗位竞聘、培训、考核、奖励等各方面权利,工资、社会保险等各项福利待遇不受影响。经与人事关系所在单位协商一致,科研人员兼职创新或在职创办企业期间,可以实行相对灵活、弹性的工作时间。 (五)加大对兼职创新、在职创办企业人员的政策支持。……到企业兼职创新的人员,与企业职工同等享有获取报酬、奖金、股权激励的权利,国家另有规定的从其规定。	支持和鼓励科研人员离岗创办企业、兼职创新、在职创办企业;支持和鼓励事业单位选派科研人员到企业工作或者参与项目合作。
《关于加强新时代高校教师队伍建设改革的指导意见》(教师〔2020〕10号)	2020年12月	教育部等六部门	13.建立健全教师兼职和兼职教师管理制度。高校教师在履行校内岗位职责、不影响本职工作的前提下,经学校同意,可在校外兼职从事与本人学科密切相关并能发挥其专业能力的工作。	鼓励高校教师在校外兼职从事与本人学科密切相关的工作。

从表5-3可以看出,国家的态度在慢慢变化,由开始的不鼓励到鼓励高校教师出来兼职、离岗创业,特别是科研人员。因为,这样可以令教师相教于实践。

若要外出兼职,由于规定得不是特别明确,从众多案例来看,高校教师最好不要有过高的行政职务,特别是教育部直属高校,最好不要是副处级以上。若有,最好辞去。

至于薪酬,根据近几年《关于加强高等学校科技成果转移转化工作的若干意见》(教技〔2016〕3 号)、《关于支持和鼓励事业单位专业技术人员创新创业的指导意见》(人社部规〔2017〕4 号)、《关于进一步支持和鼓励事业单位科研人员创新创业的指导意见》(人社部发〔2019〕137 号)的态度,薪酬合法、合理的,可以领取。

若要保留人事关系离岗创业,高校教师应当在高校停薪留职,不再在高校担任任何职务,不在高校领薪。

一般,高校自己都会在表 5 - 3 规定的基础上制定出一套自己的教师兼职、离岗创业的规定。不管是兼职、离岗创业,还是领取薪酬,只要教师遵守本校自己的规定,取得学校的批准,一般就可以解释得过去。

5 - 10 唯特偶 2022 - 03

申报文件显示,发行人独立董事李明雨先生现就职于哈尔滨工业大学(深圳),担任材料科学与工程学院院长。

请发行人说明:发行人独立董事李明雨是否符合《中共中央关于进一步加强直属高校党员领导干部兼职管理的通知》、中组部《关于进一步规范党政领导干部在企业兼职(任职)问题的意见》和中共教育部党组《关于进一步加强直属高校党员领导干部兼职管理的通知》、教育部办公厅《关于开展党政领导干部在企业兼职情况专项检查的通知》等相关法律法规和规范性文件的任职资格规定,李明雨在发行人处兼职是否履行哈工大内部关于校外兼职的审批程序,是否取得哈工大相关部门的确认。

| 回复 |

中国共产党教育部党组发布的《关于进一步加强直属高校党员领导干部兼职管理的通知》(教党[2011]22 号)规定:“***直属高校***校级党员领导干部原则上不得在经济实体中兼职,确因工作需要在本校设立的资产管理公司兼职的,***须经学校党委(常委)会研究决定***,并按干部管理权限报教育部审批和驻教育部纪检组监察局***备案***。直属高校***处级(中层)***党员领导干部原则上不得在经济实体和社会团体等单位中兼职,确因工作需要***兼职***的,***须经学校党委审批***。经批准在经济实体、社会团体等单位中兼职的***直属高校党员领导干部,不得在兼职单位领取任何报酬***。”

中共中央组织部印发《关于进一步规范党政领导干部在企业兼职(任职)问题的意见》(中组发[2013]18 号)规定:“现职和不担任现职但***未办理退(离)休手续***

的党政领导干部不得在企业兼职(任职)。”

教育部办公厅发布的《关于开展党政领导干部在企业兼职情况专项检查的通知》(教人厅函[2015]11号)规定:“就开展党政领导干部在企业兼职情况专项检查有关事项要求对本单位党政领导干部在企业兼职情况进行全面梳理汇总,登记造册。此次专项检查对象包括但不限于直属单位和直属高校的***司局级以上领导干部***(含已退休)和***部机关处级以上***干部。”

2020年6月30日,哈尔滨工业大学(深圳)出具了《关于同意李明雨兼职的说明》:“李明雨系我校教授、博士生导师,担任我校材料科学与工程学院***执行院长***。李明雨***不属于我校党政领导班子成员***,我校同意李明雨兼任深圳市唯特偶新材料股份有限公司的独立董事职务。”

2021年1月4日,李明雨出具《声明与承诺》:“经哈尔滨工业大学(深圳)组织部门、人力资源处及校长办公会审批,***学校同意***本人兼任唯特偶独立董事。同时,***哈尔滨工业大学(深圳)校长办公会要求教学科研人员校外兼职不得领取薪酬***,故本人担任唯特偶独立董事期间将不领取独立董事津贴或薪酬。”

点评

1. 根据《关于进一步加强直属高校党员领导干部兼职管理的通知》(教党〔2011〕22号)的规定,直属高校处级(中层)党员领导干部原则上不得在经济实体和社会团体等单位中兼职,确因工作需要兼职的,须经学校党委审批。该案例中,哈尔滨工业大学是工业和信息化部直属的高校,李明雨虽然不是学校党政领导班子成员,但却是材料科学与工程学院的执行院长。虽然案例中未交代李明雨的官阶,但院长名头应该不小,李明雨出外兼职应当经过批准。

2. 能否兼职、领取薪酬,一般最后得看学校自身的规定。此案例中,李明雨根据哈尔滨工业大学自己的规定,可以在校外兼职,但没领取薪酬,大体符合《关于加强高等学校反腐倡廉建设的意见》(教监〔2008〕15号)、《关于进一步加强直属高校党员领导干部兼职管理的通知》(教党〔2011〕22号)的要求。

综上,李明雨不属于哈尔滨工业大学(深圳)党政领导班子成员,李明雨在担任公司独立董事期间不领取独立董事津贴或薪酬,因此李明雨在发行人担任独立董事未违反有关高校人员在企业兼职的相关规定。李明雨在发行人担任独立董事履行了哈工大内部的审批程序,取得了哈工大的确认。

5-11 隆扬电子 2022-03

申请文件显示:发行人独立董事孙琪华任苏州大学财务处处长、中国教育会计学会地方综合性大学分会副会长、江苏省教育会计学会副会长。

请发行人:说明发行人独立董事任职是否符合中组部、教育部等部门的相关规定。

| 回复 |

根据《关于进一步规范党政领导干部在企业兼职(任职)问题的意见》(***中组发〔2013〕18号***)规定,现职和不担任现职但未办理退(离)休手续的党政领导干部不得在企业兼职(任职)。根据《中共中央组织部办公厅2013年12月4日执行中组发〔2013〕18号文件有关问题的答复意见》,党政领导干部包括所有公务员和参照公务员法管理人员中担任领导职务的人员,也包括担任非领导职务的人员。根据《教育部办公厅关于开展党政领导干部在企业兼职情况专项检查的通知》(***教人厅函〔2015〕11号***),党政领导干部是指:部机关、直属单位及其内设机构、***直属高校***及其院系等***副处级以上***干部。根据教育部官方网站公示的"教育部直属高等学校"名单,***苏州大学不属于教育部直属高等学校***。

根据上述文件规定,孙琪华时任苏州大学财务处***处长***,***不属于教育部直属高校及其院系副处级以上***级别干部,该任职情形不属于中组发〔2013〕18号文件所规定的不得兼职的党政领导干部范围,不适用《关于进一步加强直属高校党员领导干部兼职管理的通知》(教党〔2011〕22号)。

点评

正文表5-3中总结的"教党〔2010〕14号""教党〔2011〕22号""教人厅函〔2015〕11号"等多个文件仅限制于直属高校。非直属的高校,限制会少很多。如本案例苏州大学不属于教育部直属高等学校,即使孙琪华是苏州大学的处长,也不受限制,可以外出兼职。

同时,根据***中共苏州大学委员会***《关于印发〈苏州大学处级领导干部兼职管理办法〉的通知》(苏大委〔2020〕125号)规定,因工作需要和实际情况,***经校党委批***

准，领导干部可以在于本单位和本人业务工作或教学科研领域相关的社会团体、基金会、民办非企业单位和企业兼任领导职务，兼职数量不超过5个。经批准兼职的领导干部，如本人与兼职单位签订聘用合同的，需将聘用合同递交党委组织部备案。在社会团体、基金会、民办非企业单位和企业等兼职单位获取的报酬，***应当将所得报酬按20%的比例上缴学校财务处***，并在取得该报酬的次月完成上缴工作。

2021年4月22日，***中共苏州大学委员会***出具了《关于***同意***孙琪华同志兼职的通知》，同意孙琪华兼任隆扬电子(昆山)股份有限公司独立董事。

综上，发行人独立董事孙琪华的任职履行了必要的审批手续，符合中组部、教育部等部门的相关规定。

点评

能否外出兼职、领取薪酬，一般看学校自身的规定，因为学校自身的规定是根据上级文件制定出来的。

根据苏州大学2021年12月24日出具的"苏大任[2021]46号"《关于陈永清等同志职务任免的通知》，孙琪华***不再担任苏州大学财务处处长一职***。

点评

外出兼职，为了避嫌，特别是直属高校的党员领导干部，最好辞去副处长以上职务。

5-12 北农大2022-01

申报材料显示，发行人董事长张庆才为中国农业大学动物医学院兽医专业博士，与北京农业大学实验饲料厂共同设立发行人。发行人董事、监事、高管人员中张庆才、闫志军、杜建国、曾新华曾在饲料、养殖类企业任职，陈同兵、吕开志、曹连刚、刘观祥曾在同行业上市公司北京大北农科技集团股份有限公司及其子公司任职。

请发行人：说明张庆才及发行人其余董事、监事、高管人员是否存在在高校任职并同时在发行人任职的情形，是否违反相关高校任职规定，是否影响上述人员的董事、监事、高管人员任职资格。

| 回复 |

1.张庆才及发行人其余董事、监事、高管人员是否存在在高校任职并同时在发行人任职的情形

截至本招股说明书签署日,张庆才及发行人其余董事、监事、高级管理人员的任职情况如下:

姓名	在发行人的任职	在高校的任职
张庆才	发行人董事长、总经理	中国农业大学动物科学技术学院员工
臧日宏	发行人独立董事	中国农业大学经济管理学院金融系教授
支晓强	发行人独立董事	***中国人民大学***商学院财务与金融系教授、财务处***处长***

如上表所示,除发行人董事长、总经理张庆才、独立董事臧日宏在中国农业大学任职,独立董事支晓强在中国人民大学任职外,发行人的其他董事、监事、高级管理人员均不存在在高校任职的情况。

2.相关任职未违反相关高校任职规定,未影响上述人员的董事、监事、高管人员任职资格

为规范高等院校党政领导干部以及科研人员、教师的对外投资及校外兼职情况,中共中央组织部、教育部、人社部及其他相关主管部门相继出台了多项规定,其主要规定内容如下:

……

张庆才和臧日宏均***不属于所在高校的党政领导班子成员、校级党员领导干部或处级(中层)以上党员领导干部***,不属于现职和不担任现职但未办理退(离)休手续的党政领导干部,也不属于辞去公职或者退(离)休的党政领导干部,其同时在发行人和高校任职未违反高校教职员工校外兼职的相关规定,不影响其在发行人的任职资格。支晓强由于职位变动,目前担任中国人民大学财务处***处长***职务,***系高校处级(中层)以上党员领导干部***,根据《***中国人民大学***关于进一步规范我校中层以上领导干部在企业兼职(任职)问题的意见》,全校***副处级***(含)以上党员领导干部原则上不得在企业等经济实体中兼职(任职),确因工作需要兼职的,应当填写《中国人民大学党员领导干部在企业等经济实体兼职情况申报表》,经本单位党组织审核后***报学校党委审批***后生效。根据中国共产党中国人民大学委员会组织部(以下简称"人大党委组织部")于2021年9月17日出具的《中国人民大学中层领导人员兼职审批表》,支晓强在发行人处担任独立董事并领取津贴的情况已获得中国共产党中国人民大学第十四届委员会第159次会议研究***通过***。据此,支晓强因职位变动已就其在发行人处担任独立董事并领取津贴的情况取得人大党委组织部的***审批同意***,该等职位变动不影响其在发行人的任职资格。

点评

1. 中国人民大学是教育部直属的高校,而支晓强又是处长,若按正文表5-3中教育部等多个文件的规定,是不可以外出兼职的。

2. 但是,能否外出兼职、领取薪酬,最后还是得看学校自身的规定。此案例中,中国人民大学副处级以上干部按人大自己的规定审批同意就可以校外兼职、领取薪酬。

此外,根据中国农业大学及中国农业大学动物科学技术学院分别出具的***说明函***,发行人董事长兼总经理张庆才在发行人及其控股/参股子公司等持有股权/合伙份额、担任管理职务或负责经营,***未影响其在中国农业大学承担的本职工作,也未违反中国农业大学相关规定***。

5-13 工大科雅2021-10

根据申报材料:实际控制人齐承英为河北工业大学能源与环境工程学院教授,2002年创办了发行人前身科雅能源。

请发行人补充说明:齐承英参与创办发行人前是否得到河北工业大学同意,目前在发行人兼任董事长是否符合教育部、河北省教育厅和河北工业大学相关规定。

| 回复 |

1. 齐承英参与创办公司前已经得到了河北工业大学的同意

根据河北工业大学于***2002年***10月30日出具的《***证明***》,"为发展科技事业,使科技成果转化为生产力,为经济建设服务,经研究决定,***同意***我单位职工齐承英、吴晋湘两同志创办企业。"

2002年11月22日,科雅能源取得了石家庄市工商行政管理局下发的《营业执照》,法定代表人为齐承英。科雅能源设立时的注册资本为50万元,其中齐承英以货币出资30万元,吴晋湘以货币出资20万元。

根据河北工业大学于2015年11月10日出具的《*证明*》,“齐承英是我校能源与环境工程学院教授,***为促进科技成果转化***,我校于2002年10月30日出具《证明》,***同意***我校职工齐承英创办企业,齐承英教授在河北工业大学科技园创办了石家庄科雅能源技术有限公司。”

综上所述,齐承英参与创办公司前已得到河北工业大学*同意*。

2. 齐承英目前在公司兼任董事长符合教育部、河北省教育厅和河北工业大学相关规定

(1)齐承英目前在公司兼任董事长符合教育部的相关规定

根据《科技部、教育部关于充分发挥高等学校科技创新作用的若干意见》(国科发政字〔2002〕202号)的相关规定,高校是培养人才,生产和传播新知识、新思想的重要基地,在国家创新体系中具有十分重要的地位。高校拥有丰富的青年人才资源和高水平的科技专家,人员更新流动快、学术思想活跃、学科门类齐全,适于进行自由探索式的、好奇心驱动的、多学科交叉的基础研究。高校通过多学科综合与合作,也适合开展具有目标导向的应用基础研究。高校与产业界联系越来越密切,与产业界联合开展应用研究和产业化开发已成为普遍趋势。

根据《教育部科技部关于加强高等学校科技成果转移转化工作的若干意见》(教技〔2016〕3号)的相关规定,高校科技人员在履行岗位职责、完成本职工作的前提下,征得学校同意,可以到企业***兼职***从事科技成果转化,或者***离岗创业***在不超过***三年***时间内***保留人事关系***。

根据教育部、中央组织部、中央宣传部、财政部、人力资源社会保障部、住房和城乡建设部六部门《关于加强新时代高校教师队伍建设改革的指导意见》(***教师〔2020〕10号***)的相关规定,高校教师在履行校内岗位职责、不影响本职工作的前提下,经学校同意,可在校外***兼职***从事与本人学科密切相关、并能发挥其专业能力的工作。

点评

从2016年开始,国家逐步鼓励高校科技人员从事科技成果转化。既可以是兼职,也可以是离岗创业。

齐承英兼职创业期间认真履行了校内聘任岗位的职责，其兼职行为取得了河北工业大学的书面同意。齐承英创办公司属于上述规定鼓励支持的行为。因此，齐承英目前在公司兼任董事长符合教育部的相关规定。

(2)齐承英目前在公司兼任董事长不违反河北省教育厅的相关规定

根据河北省科学技术厅、河北省教育厅、河北省财政厅、河北省人力资源和社会保障厅、河北省机构编制委员会办公室、河北省人民政府国有资产监督管理委员会、河北省国家税务局、河北省地方税务局印发的《河北省促进高等学校和科研院所科技成果转化暂行办法实施细则》(冀科政〔2015〕20号)的相关规定，高校、院所科技人员在认真履行所聘任岗位职责的前提下***在岗创业，应经所在单位同意并签订书面协议***，明确双方的权利和义务。协议的格式与内容由各单位自行确定。鼓励高校、院所科技人员领办创办科技型中小企业。

点评

《关于加强高等学校科技成果转移转化工作的若干意见》(教技〔2016〕3号)、《关于加强新时代高校教师队伍建设改革的指导意见》(教师〔2020〕10号)等多个文件一直在强调"兼职"，那么"兼职"是否包含"在岗创业"呢？从有利于自己的角度解释，应该包含。

河北省教育厅的上述规定主要针对高校、院所科技人员的在岗创业行为，河北省教育厅未对高校教师的校外兼职行为进行明确规定，但河北工业大学为河北省教育厅主管的事业单位，齐承英兼职行为取得了河北工业大学的书面同意。因此，齐承英目前在公司兼任董事长未违反河北省教育厅的相关规定。

(3)齐承英目前在公司***兼任***董事长符合河北工业大学的相关规定

根据河北工业大学2015年11月10日出具的《***证明***》，"根据中共河北省委、河北省人民政府《关于深化科技体制改革加快推进创新发展的实施意见》中'鼓励高等学校、科研院所在职科技人员在完成本职工作的基础上，采取兼职兼薪方式创业或服务企业创新'等文件的相关规定，同意齐承英教授在我校任职期间，兼任河北工大科雅能源科技股份有限公司的董事长职务。"

根据河北工业大学2021年3月16日出具的《关于同意本校教师在河北工大科雅能源科技股份有限公司兼职等事项的***说明***》，河北工业大学教师齐承英"于河北工大科雅能源科技股份有限公司（以下简称‘工大科雅’）及其子公司兼职一事，本校已知晓并同意，前述人员***不属于本校党政领导班子成员，未在本校担任行政领导职务，其兼职行为未影响其在本校的教育、教研工作***，其考评结果均为合格。本校未制定关于教师在外兼职的内部规定，前述兼职行为未违反本校内部规定。根据《科技部、教育部关于充分发挥高等学校科技创新作用的若干意见》（国科发政字〔2002〕202 号）、《国务院关于印发实施〈中华人民共和国促进科技成果转化法〉若干规定的通知》（国发〔2016〕16 号）、《中共河北省委河北省人民政府关于深化科技体制改革加快推进创新发展的实施意见》（冀发〔2015〕14 号）、人力资源社会保障部《关于进一步支持和鼓励事业单位科研人员创新创业的指导意见》（人社部发〔2019〕137 号）等规定，前述人员在工大科雅及其子公司兼职符合国家有关政策导向，不违反国家教育部、河北省教育厅和河北工业大学有关教职员工校外兼职的限制性规定，本校对此不持异议。”

点评

1. 发行人创始人齐承英本是河北工业大学一学院的院长，后面可能碍于“领导干部”的身份，为了更加规范，虽然河北工业大学不是直属高校，还是辞去了院长一职，专心当个普通教师和经营公司。一边当老师，一边当董事长，会不会分身乏术呢？笔者想，只有河北工业大学、齐承英自己清楚了。

2. 笔者一直在强调能否外出兼职、领取薪酬，最后还是得看学校自身的规定。若教师出了个 IPO，于学校也有名声，会不同意吗？

综上所述，截至本问询函回复出具日，齐承英目前在公司兼任董事长符合教育部、河北省教育厅和河北工业大学的相关规定。

疑难点 5－4　独立董事

独立董事是特殊的董事，多数来自高校和研究机构的学术型人士。独立董事，首先，得遵从《首次公开发行股票注册管理办法》（中国证券监督管理委员会令第 205 号）第 13 条、《公司法》（2023 年修订）第 178 条这两条纲领性的规定；其次，如果独立董事有公务员、高校教师等特殊身份，还需要遵从“疑难点 5－2 公务员”中公务员、"疑难点 5 -3 高校教师"中高校教师等的从业限制；最后，独立董事有自己特殊的任职要求，主要体现在《上市公司独立董事管理办法》（中国证券监督管理委员会令第 220 号）和三大证券交易所制定的细则中，重要规定笔者总结如表 5 -4 所示。

表 5 -4　独立董事相关的重要规定

法律法规	条次	内容
《上市公司独立董事管理办法》（中国证券监督管理委员会令第 220 号）	第五条第一款	上市公司独立董事占董事会成员的比例不得低于三分之一，且至少包括一名会计专业人士。
	第六条	独立董事必须保持独立性。下列人员不得担任独立董事： （一）在上市公司或者其附属企业任职的人员及其配偶、父母、子女、主要社会关系； （二）直接或者间接持有上市公司已发行股份百分之一以上或者是上市公司前十名股东中的自然人股东及其配偶、父母、子女； （三）在直接或者间接持有上市公司已发行股份百分之五以上的股东或者在上市公司前五名股东任职的人员及其配偶、父母、子女； （四）在上市公司控股股东、实际控制人的附属企业任职的人员及其配偶、父母、子女； （五）与上市公司及其控股股东、实际控制人或者其各自的附属企业有重大业务往来的人员，或者在有重大业务往来的单位及其控股股东、实际控制人任职的人员； （六）为上市公司及其控股股东、实际控制人或者其各自附属企业提供财务、法律、咨询、保荐等服务的人员，包括但不限于提供服务的中介机构的项目组全体人员、各级复核人员、在报告上签字的人员、合伙人、董事、高级管理人员及主要负责人； （七）最近十二个月内曾经具有第一项至第六项所列举情形的人员； （八）法律、行政法规、中国证监会规定、证券交易所业务规则和公司章程规定的不具备独立性的其他人员。 前款第四项至第六项中的上市公司控股股东、实际控制人的附属企业，不包括与上市公司受同一国有资产管理机构控制且按照相关规定未与上市公司构成关联关系的企业。
	第八条	独立董事原则上最多在三家境内上市公司担任独立董事，并应当确保有足够的时间和精力有效地履行独立董事的职责。

续表

法律法规	条次	内容
《深圳证券交易所上市公司自律监管指引第 1 号——主板上市公司规范运作》（深证上〔2023〕1145 号）[《深圳证券交易所上市公司自律监管指引第 2 号——创业板上市公司规范运作》（深证上〔2023〕1146 号）类似]	第 3.5.2 条	独立董事候选人应当符合下列法律法规和本所相关规定有关独立董事任职条件和要求： （一）《公司法》有关董事任职条件的规定； （二）《中华人民共和国公务员法》的相关规定（如适用）； （三）中国证监会《上市公司独立董事管理办法》的相关规定； （四）中共中央纪委《关于规范中管干部辞去公职或者退（离）休后担任上市公司、基金管理公司独立董事、独立监事的通知》的相关规定（如适用）； （五）中共中央组织部《关于进一步规范党政领导干部在企业兼职（任职）问题的意见》的相关规定（如适用）； （六）中共中央纪委、教育部、监察部《关于加强高等学校反腐倡廉建设的意见》的相关规定（如适用）； （七）中国人民银行《股份制商业银行独立董事和外部监事制度指引》等的相关规定（如适用）； （八）中国证监会《证券基金经营机构董事、监事、高级管理人员及从业人员监督管理办法》等的相关规定（如适用）； （九）《银行业金融机构董事（理事）和高级管理人员任职资格管理办法》《保险公司董事、监事和高级管理人员任职资格管理规定》《保险机构独立董事管理办法》等的相关规定（如适用）； （十）其他法律法规及本指引等有关独立董事任职条件和要求的规定。
	第 3.5.4 条	独立董事候选人应当具有独立性，下列人员不得担任独立董事： （一）在上市公司或者其附属企业任职的人员及其直系亲属和主要社会关系； （二）直接或者间接持有上市公司已发行股份 1% 以上或者是上市公司前十名股东中的自然人股东及其直系亲属； （三）在直接或者间接持有上市公司已发行股份 5% 以上的股东或者在上市公司前五名股东任职的人员及其直系亲属； （四）在上市公司控股股东、实际控制人的附属企业任职的人员及其直系亲属； （五）与上市公司及其控股股东、实际控制人或者其各自的附属企业有重大业务往来的人员，或者在有重大业务往来的单位及其控股股东、实际控制人任职的人员；

续表

法律法规	条次	内容
		(六)为上市公司及其控股股东、实际控制人或者其各自的附属企业提供财务、法律、咨询、保荐等服务的人员,包括但不限于提供服务的中介机构的项目组全体人员、各级复核人员、在报告上签字的人员、合伙人、董事、高级管理人员及主要负责人; (七)最近十二个月内曾经具有前六项所列情形之一的人员; (八)本所认定不具有独立性的其他人员。
	第3.5.5条	独立董事候选人应当具有良好的个人品德,不得存在本指引第3.2.2条规定的不得被提名为上市公司董事的情形,并不得存在下列不良记录: (一)最近三十六个月内因证券期货违法犯罪,受到中国证监会行政处罚或者司法机关刑事处罚的; (二)因涉嫌证券期货违法犯罪,被中国证监会立案调查或者被司法机关立案侦查,尚未有明确结论意见的; (三)最近三十六个月内受到证券交易所公开谴责或者三次以上通报批评的; (四)重大失信等不良记录; (五)在过往任职独立董事期间因连续两次未能亲自出席也不委托其他独立董事出席董事会会议被董事会提请股东大会予以解除职务,未满十二个月的; (六)本所认定的其他情形。
《上海证券交易所上市公司自律监管指引第1号——规范运作》(上证发〔2023〕193号)	第3.5.2条	独立董事候选人应当符合下列法律法规的要求: (一)《公司法》等关于董事任职资格的规定; (二)《中华人民共和国公务员法》关于公务员兼任职务的规定(如适用); (三)中国证监会《上市公司独立董事管理办法》的相关规定; (四)中共中央纪委、中共中央组织部《关于规范中管干部辞去公职或者退(离)休后担任上市公司、基金管理公司独立董事、独立监事的通知》的规定(如适用); (五)中共中央组织部《关于进一步规范党政领导干部在企业兼职(任职)问题的意见》的规定(如适用); (六)中共中央纪委、教育部、监察部《关于加强高等学校反腐倡廉建设的意见》的规定(如适用); (七)中国人民银行《股份制商业银行独立董事和外部监事制度指引》等的相关规定(如适用); (八)中国证监会《证券基金经营机构董事、监事、高级管理人员及从业人员监督管理办法》等的相关规定(如适用);

续表

法律法规	条次	内容
		(九)《银行业金融机构董事(理事)和高级管理人员任职资格管理办法》《保险公司董事、监事和高级管理人员任职资格管理规定》《保险机构独立董事管理办法》等的相关规定(如适用); (十)其他法律法规、部门规章、本所及公司章程规定的情形。
	第3.5.4条	独立董事候选人应当具备独立性,不属于下列情形: (一)在上市公司或者其附属企业任职的人员及其配偶、父母、子女、主要社会关系; (二)直接或者间接持有上市公司已发行股份1%以上或者是上市公司前10名股东中的自然人股东及其配偶、父母、子女; (三)在直接或者间接持有上市公司已发行股份5%以上的股东或者在上市公司前5名股东任职的人员及其配偶、父母、子女; (四)在上市公司控股股东、实际控制人的附属企业任职的人员及其配偶、父母、子女; (五)与上市公司及其控股股东、实际控制人或者其各自的附属企业有重大业务往来的人员,或者在有重大业务往来的单位及其控股股东、实际控制人任职的人员; (六)为上市公司及其控股股东、实际控制人或者其各自附属企业提供财务、法律、咨询、保荐等服务的人员,包括但不限于提供服务的中介机构的项目组全体人员、各级复核人员、在报告上签字的人员、合伙人、董事、高级管理人员及主要负责人; (七)最近12个月内曾经具有前六项所列举情形之一的人员; (八)本所认定不具备独立性的其他人员。
	第3.5.5条	独立董事候选人应当具有良好的个人品德,不得存在本章3.2.2条规定的不得被提名为上市公司董事的情形,并不得存在下列不良记录: (一)最近36个月内因证券期货违法犯罪,受到中国证监会行政处罚或者司法机关刑事处罚的; (二)因涉嫌证券期货违法犯罪,被中国证监会立案调查或者被司法机关立案侦查,尚未有明确结论意见的; (三)最近36个月内受到证券交易所公开谴责或3次以上通报批评的; (四)存在重大失信等不良记录; (五)在过往任职独立董事期间因连续两次未能亲自出

续表

法律法规	条次	内容
		席也不委托其他独立董事代为出席董事会会议被董事会提议召开股东大会予以解除职务,未满 12 个月的;(六)本所认定的其他情形。

举例,某教育部直属高校副校长,要在拟上市企业或上市公司担任独立董事。首先,高校副校长适用有关党政领导干部的管理规范,如中共中央组织部《关于进一步规范党政领导干部在企业兼职(任职)问题的意见》(中组发〔2013〕18 号)第 1 条、第 2 条第 3 款规定:

现职和不担任现职但未办理退(离)休手续的党政领导干部不得在企业兼职(任职)。

辞去公职或者退(离)休后三年内,拟到本人原任职务管辖的地区和业务范围外的企业兼职(任职)的,必须由本人事先向其原所在单位党委(党组)报告,由拟兼职(任职)企业出具兼职(任职)理由说明材料,所在单位党委(党组)按规定审核并按照干部管理权限征得相应的组织(人事)部门同意后,方可兼职(任职)。

此外,高校副校长既是教师,又是学校的党政领导班子成员,得遵从《关于加强高等学校反腐倡廉建设的意见》(教监〔2008〕15 号)第 9 条第 2 句的规定:

学校党政领导班子成员应集中精力做好本职工作,除因工作需要、经批准在学校设立的高校资产管理公司兼职外,一律不得在校内外其他经济实体中兼职。

为此,高校副校长如要担任独立董事,应当辞去在高校的领导职务,向高校党委报告并取得同意文件。

5 - 14　国际复材 2022 - 06

申请文件显示,独立董事雷华在浙江大学从事教学科研工作,独立董事李忠明任四川大学发展规划处处长,兼任高分子材料工程国家重点实验室副主任和四川大学材料基因工程研究中心副主任。

请发行人说明:上述独立董事任职是否符合中组部《关于进一步规范党政领导干部在企业兼职(任职)问题的意见》、中共教育部《关于进一步加强直属高校党员领导干部兼职管理的通知》及教育部办公厅《关于开展党政领导干部在企业

兼职情况专项检查的通知》等相关法律法规和规范性文件的任职资格规定。

| 回复 |

1. 独立董事任职的一般性规定

(1)《公司法》相关规定

根据***《公司法》第一百四十六条***的规定,有下列情形之一的,不得担任公司的董事、监事、高级管理人员:

①无民事行为能力或者限制民事行为能力;

②因贪污、贿赂、侵占财产、挪用财产或者破坏社会主义市场经济秩序,被判处刑罚,执行期满未逾五年,或者因犯罪被剥夺政治权利,执行期满未逾五年;

③担任破产清算的公司、企业的董事或者厂长、经理,对该公司、企业的破产负有个人责任的,自该公司、企业破产清算完结之日起未逾三年;

④担任因违法被吊销营业执照、责令关闭的公司、企业的法定代表人,并负有个人责任的,自该公司、企业被吊销营业执照之日起未逾三年;

⑤个人所负数额较大的债务到期未清偿。

(2)《首发办法》[①]的相关规定

根据《***首发办法***》第十三条的规定,发行人董事、监事和高级管理人员不存在最近**三年**内受到中国证监会行政处罚,或者因涉嫌犯罪正在被司法机关立案侦查或者涉嫌违法违规正在被中国证监会立案调查且尚未有明确结论意见等情形。

点评

独立董事是特殊的董事,得先遵从《首次公开发行股票注册管理办法》第13条、《公司法》第146条这两条关于董事、监事、高级管理人员的纲领性规定。

根据公司独立董事雷华、李忠明出具的调查表、无犯罪记录证明、个人信用报告,公司独立董事雷华、李忠明不存在《公司法》及《首发办法》规定的不得担任公司董事的情形。

2. 独立董事因职业身份限制的情况

(1)中共中央纪委、教育部、监察部《关于加强高等学校反腐倡廉建设的意

① 现指《首次公开发行股票注册管理办法》。

见》(教监[2008]15号)规定,学校党政领导班子成员应集中精力做好本职工作,除因工作需要、***经批准***在学校设立的高校资产管理公司兼职外,一律不得在校内外其他经济实体中兼职。

(2)《中共教育部党组关于印发〈直属高校党员领导干部廉洁自律"十不准"〉的通知》(教党[2010]14号)规定,高校领导干部不准违反规定在校内外经济实体中兼职或兼职取酬,以及从事***有偿***中介活动。

(3)中共教育部党组《关于进一步加强直属高校党员领导干部兼职管理的通知》(教党[2011]22号)的规定,教育部直属高校***处级***(中层)党员领导干部原则上不得在经济实体和社会团体等单位中兼职,确因工作需要兼职的,***须经学校党委审批***。

(4)中组部《关于进一步规范党政领导干部在企业兼职(任职)问题的意见》(中组发[2013]18号)规定,现职和不担任现职但未办理退(离)休手续的党政领导干部不得在企业兼职(任职)。

(5)中共教育部党组《关于印发〈高等学校领导班子及领导干部深入解决"四风"突出问题有关规定〉的通知》(教党[2014]18号)规定,领导干部不得在经济实体中兼职和领取薪酬,在社会团体中兼职不得超过2个,兼职活动时间每年不超过25天,兼职不得取酬,在社会兼职情况要在学校网站向社会公开。

(6)根据教育部办公厅《关于开展党政领导干部在企业兼职情况专项检查的通知》(教人厅函[2015]11号)要求,各单位副处级以上干部(现任校领导、各单位正副职、调研员、已退职未退休局级干部、离退休局级和处级干部)均需参加本次专项检查。企业定性以是否在工商管理部门登记注册为准,校办企业也要申报,任职包括董事、监事等。

根据公司独立董事雷华出具的调查表、浙江大学应用力学研究所出具的《关于雷华先生任职情况的说明》,雷华现担任浙江大学应用力学***研究所副研究员***职务,***该职务不属于行政职务,不属于浙江大学党政领导干部职务,雷华不具有党政领导干部身份***,不属于中共中央组织部《关于进一步规范党政领导干部在企业兼职(任职)问题的意见》(中组发[2013]18号)及中共教育部党组《关于进一步加强直属高校党员领导干部兼职管理的通知》(教党[2011]22号)等规定中限制在外兼职或在外兼职需履行审批备案手续的***党政领导干部***或党员***领导干部***。此外,公司独立董事雷华现持有深交所核发的《上市公司独立董事资格证书》。

点评

1. 独立董事如果是公务员、高校教师,还得遵从它们特殊的限制。

2. 雷华现任浙江大学应用力学研究所副研究员,看职务名称就不像是领导干部职务。

根据公司独立董事李忠明出具的调查表、四川大学公开披露的信息以及四川大学发展规划处及高分子科学与工程学院联合出具的《关于李忠明教授校外兼职情况的**说明**》,李忠明现担任四川大学发展规划处**处长**、高分子科学与工程学院教授,根据中共四川大学委员会《四川大学中层以上领导人员兼职管理暂行办法》有关规定,李忠明可以担任公司独立董事职务。综上,公司独立董事雷华、李忠明不存在因身份限制而不得担任公司独立董事职务的情形。

点评

四川大学是教育部直属的大学,而李忠明是四川大学的处长,按规定,原则上是不可以外出兼职的。但是,能否外出兼职、领取薪酬,最后得看学校自己的规定,一般学校同意即可。不过,为了更加规范,李忠明可以考虑辞去处长职务。

3. 关于独立董事资格的特别规定

根据《关于在上市公司建立独立董事制度的指导意见》(证监发[2001]102号)的规定,下列人员不得担任公司的独立董事:

(1)在公司或者公司附属企业任职的人员及其直系亲属、主要社会关系(直系亲属是指配偶、父母、子女等;主要社会关系是指兄弟姐妹、岳父母、儿媳女婿、兄弟姐妹的配偶、配偶的兄弟姐妹等);

(2)直接或间接持有上市公司已发行股份1%以上或者是上市公司前十名股东中的自然人股东及其直系亲属;

(3)在直接或间接持有上市公司已发行股份5%以上的股东单位或者在上市公司前五名股东单位任职的人员及其直系亲属;

(4)最近一年内曾经具有前三项所列举情形的人员;

(5)为上市公司或者其附属企业提供财务、法律、咨询等服务的人员;

(6)公司章程规定的其他人员；

(7)中国证监会认定的其他人员。

点评

1.《上市公司独立董事管理办法》(中国证券监督管理委员会令第220号)已经替代了《关于在上市公司建立独立董事制度的指导意见》(证监发〔2001〕102号),不得担任独立董事的人员见正文表5-4。

2.《上市公司独立董事管理办示》(中国证券监督管理委员会令第220号)是限制独立董事的纲领性文件。另外,证券交易所会制定自己的细则。

根据公司独立董事雷华、李忠明出具的调查表,公司独立董事雷华、李忠明不存在上述不得担任上市公司独立董事的情形。

综上所述,公司独立董事雷华、李忠明在公司担任独立董事符合相关法律法规和规范性文件的任职资格规定。

疑难点 6

社会保险与住房公积金

社会保险包括养老、医疗、失业、工伤和生育 5 种保险，与住房公积金合称为“五险一金”。企业初期，完整地帮员工缴纳“五险一金”对企业来说，算得上是一笔负担。所以，企业多多少少有少缴、漏缴，甚至是完全不缴的情况存在。监管机构对拟上市企业在“五险一金”这个问题上算是很宽容的，只要波及的群体面不要太广，报告期内认真整改、逐步规范，补缴后对财务数据影响不大，应该不算是个大问题。

发行人在报告期内存在应缴未缴社会保险和住房公积金情形的，《监管规则适用指引——发行类第 4 号》第 16 条[2023 年 2 月全面实行注册制之前，适用为《首发业务若干问题解答》(2020 年 6 月修订)问题 21，内容无变动]给出了大方向要求：

应当在招股说明书中披露应缴未缴的具体情况及形成原因，如补缴对发行人的持续经营可能造成的影响，揭示相关风险，并披露应对方案。保荐机构、发行人律师应对前述事项进行核查，并对是否属于重大违法行为出具明确意见。

参见案例“6 - 1 同星科技 2022 - 04”。

一、应缴未缴社会保险与住房公积金的形成原因

(一) 社会保险

应缴未缴社会保险的员工，有合理理由的，一般有以下几种。

1. 退休返聘的员工

根据规定，劳动者在退休后与原用人单位劳动关系已经终止，被其他用人单

位返聘所形成的关系不再属于劳动关系，而属于劳务关系。所以，返聘员工享受基本养老保险待遇或领取退休金的，企业应与其按劳务关系处理，不用为其缴纳社会保险、住房公积金。

2. 已在其他单位缴纳或个人独自缴纳的员工

如劳务派遣人员、劳务外包人员的社会保险和住房公积金应分别由劳务派遣单位、劳务外包单位缴纳；又如，员工因原任职单位安排，自愿在原单位继续缴纳社会保险、住房公积金。这些情形，公司都无法再为其缴纳。

3. 非全日制用工人员

《劳动合同法》第68条规定：

非全日制用工，是指以小时计酬为主，劳动者在同一用人单位一般平均每日工作时间不超过四小时，每周工作时间累计不超过二十四小时的用工形式。

《社会保险法》第10条第2款规定：

无雇工的个体工商户、未在用人单位参加基本养老保险的非全日制从业人员以及其他灵活就业人员可以参加基本养老保险，由个人缴纳基本养老保险费。

《社会保险法》在第23条第2款又规定：

无雇工的个体工商户、未在用人单位参加职工基本医疗保险的非全日制从业人员以及其他灵活就业人员可以参加职工基本医疗保险，由个人按照国家规定缴纳基本医疗保险费。

《关于非全日制用工若干问题的意见》(劳社部发〔2003〕12号)第10、11、12条的第1句规定：

从事非全日制工作的劳动者应当参加基本养老保险，原则上参照个体工商户的参保办法执行。

从事非全日制工作的劳动者可以以个人身份参加基本医疗保险，并按照待遇水平与缴费水平相挂钩的原则，享受相应的基本医疗保险待遇。

用人单位应当按照国家有关规定为建立劳动关系的非全日制劳动者缴纳工伤保险费。

依据上述之规定，用人单位应当为建立劳动关系的非全日制劳动者缴纳工伤保险，而基本养老保险、基本医疗保险等其他社会保险则可以由个人缴纳。

4. 当月无法缴纳的新入职员工

《社会保险法》第58条第1款第1句规定:

用人单位应当自用工之日起三十日内为其职工向社会保险经办机构申请办理社会保险登记。

此类多数是由于入职时间晚于当月社会保险、住房公积金缴纳截止日,或提供的个人资料不全、原单位未结清社会保险费等原因,未完成开户手续,无法及时将社保手续转入。

对此,公司应当在次月或手续办理完毕后为新入职员工缴纳社会保险、住房公积金。

5. 已参加新型农村合作医疗保险、新型农村社会养老保险的员工

《关于进一步加强新型农村合作医疗基金管理的意见》(卫农卫发〔2011〕52号)第1条第1款规定:

……进城务工的农民及随迁家属、进城就读农村学生可以自愿选择参加新农合或者城镇职工基本医疗保险、城镇居民基本医疗保险,但不得重复参加、重复享受待遇。

已参加新型农村合作医疗保险、新型农村社会养老保险的员工若同时在公司缴纳社会保险,按现行政策,未来无法享受双重社会保险的待遇。

6. 当月尚未办理完离职手续的人员

有些员工因为正在办理离职手续,公司不再为其缴纳社会保险和住房公积金。

7. 公司多次动员之后仍然主动、自愿放弃缴纳的员工

如员工年龄较大,参保意愿低,或者员工更看重当期的到手收入。

(二)住房公积金

应缴未缴住房公积金的员工,合理理由一般有以下4方面。

(1)员工流动性大,没有在当地购房的意愿或能力。

(2)员工是周边村镇的居民,在当地已有住房。

(3)缴纳住房公积金会降低员工当期的到手收入。

与缴纳社会保险一样,这些会导致员工缴纳住房公积金的意愿低。

(4)非全日制用工人员。

《住房公积金管理条例》并未对非全日制员工需不需要缴纳住房公积金作出

明确的要求。

对于主动放弃缴纳社会保险与住房公积金的非全日制用工人员，最好请员工签署自愿放弃缴纳的声明。

二、补缴社会保险与住房公积金的影响

补缴社会保险与住房公积金对发行人的持续经营能力造成的潜在影响，一般测算应补缴的合计金额占利润总额的比例，以度量对财务数据的影响程度。如果占比低且逐年下降，则可以认为不会对发行人的持续经营造成重大影响，更不会对上市构成重大不利的影响。

测算须补缴未缴纳社会保险和住房公积金所用到的缴存基数应该不低于该员工的实际工资。不过，为了简化计算，可以用所有未缴员工上一年的月度平均工资作为缴存基数，或者直接用当期已缴员工平均社会保险、住房公积金的金额。公式如下：

补缴金额＝当期应缴未缴人数×实际工资或所有未缴员工上一年的月度平均工资

为了最小化对财务数据的影响程度，也可以尝试用当地规定的最低缴纳基数或某个比例，或者不得低于当地上年度职工的平均工资。

三、应对方案

最佳的应对措施是为所有应缴的员工缴纳，过去没缴纳的应尽力补缴。除此之外，还可以采取以下措施补救：

- 不断加大对员工在社会保险、住房公积金政策的宣传及培训力度。
- 为有住宿需求的员工提供宿舍或住房补贴。
- 优化社会保险、住房公积金的内控制度。
- 额外购买保险。如为已达到退休年龄无须缴纳社会保险的员工购买超龄意外保险；又如，为自愿放弃缴纳社会保险的员工单独购买工伤保险、意外险等。
- 推动公司业绩增长，增强盈利能力，为员工适当加薪，提高员工的收入水平。这当然是员工最喜欢的最佳方案。

四、重大违法行为

回忆一下，已经失效的《首次公开发行股票并上市管理办法》（2022 修正）第 18 条第 2 项（实务中将继续适用）要求，发行人不得有下列情形：

最近 36 个月内不得存在违反工商、税收、土地、环保、海关以及其他法律、行政法规，受到行政处罚，且情节严重的情形。

这项规定的“其他”是一个兜底词。理论上，即使不违反《首次公开发行股票并上市管理办法》（2022 修正）第 18 条第 2 项前面列举的“工商、税收、土地、环保、海关”5 类，只要“受到行政处罚，且情节严重”，包括本疑难点的主题——社会保险与住房公积金，都可能构成上市的障碍。所以，《监管规则适用指引——发行类第 4 号》第 16 条特别要求中介机构应当核查未缴纳社会保险和住房公积金是否属于重大违法行为，道理就在这里。

未缴纳社会保险与住房公积金的，公司应端正态度，整改无须一步到位，逐步纠正即可，并由公司的控股股东、实际控制人出具“无条件代为补缴并支付滞纳金、罚款或其他款项，以及承担连带责任”的承诺，并请人力资源和社会保障局、劳动局、住房公积金管理中心出具“发行人报告期内不存在因违反社会保险、住房公积金相关法律法规受到行政处罚”的证明。

除了《首次公开发行股票并上市管理办法》（2022 修正）第 18 条，对于发行人及其控股股东、实际控制人的合规性，还有许多规定，参见“疑难点 3 重大违法行为”。

五、常见问询

■ 说明退休返聘、兼职人员与发行人的劳动关系类型及合规性，是否涉及劳务派遣，模拟测算全额补缴社会保险、住房公积金对发行人利润的影响情况。

■ 结合报告期内未缴纳社会保险人数、缴纳比例及标准、所在地平均工资等因素，进一步说明应缴未缴社会保险与住房公积金金额具体的测算过程，测算金额是否准确、谨慎。

■ 说明非全日制用工人员未缴社会保险及住房公积金是否合法合规。

6-1 同星科技 2022-04

报告期内各期发行人应补缴社会保险和住房公积金合计占利润总额的比例为5.95%、3.67%、1.01%和0.02%。

请发行人：根据《首发业务若干问题解答(2020年6月修订)》问题21的相关规定，对发行人存在应补缴社会保险和住房公积金事项发表明确意见。

| 回复 |

根据《首发业务若干问题解答(2020年6月修订)》问题21，发行人报告期内存在应缴未缴社会保险和住房公积金情形的，应当在招股说明书中披露应缴未缴的具体情况及形成原因，如补缴对发行人的持续经营可能造成的影响，揭示相关风险，并披露应对方案。保荐机构、发行人律师应对前述事项进行核查，并对是否属于重大违法行为出具明确意见。

点评

此案例严格按《监管规则适用指引——发行类第4号》第16条的要求核查、披露，分别是：具体情况及形成原因、补缴对发行人的持续经营可能造成的影响、应对方案、是否属于重大违法行为。

1. 发行人报告期内应缴未缴社会保险的具体情况和形成原因

单位：人

项目	2021.12.31	2020.12.31	2019.12.31
员工人数	1,002	1,005	874
实缴人数	835	798	736
差异人数	167	207	138
其中：退休返聘	148	128	90
其他单位缴纳	4	7	5
新入职员工	12	49	8
新农合、新农保或城乡居民基本养老保险	3	3	13
应缴未缴人数	*0*	*20*	*22*

报告期内发行人及子公司部分员工未缴纳***社会保险***的***原因***包括***退休返聘无需缴纳、已在其他单位缴纳、新入职员工、已缴纳新农合新农保或城乡居民基本养老保险人员***。

点评

不缴得有合理的理由。应缴未缴社会保险的员工笔者总结了 7 种情形(见正文),除了案例中提到的 4 种,还有:非全日制用工人员、当月尚未办理完离职手续的人员以及公司多次动员之后仍然主动、自愿放弃缴纳的员工。

2. 发行人报告期内应缴未缴*住房公积金*的具体情况和形成*原因*

单位:人

项目	2021.12.31	2020.12.31	2019.12.31
员工人数	1,002	1,005	874
实缴人数	802	684	120
差异人数	200	321	754
其中:退休返聘	148	128	90
其他单位缴纳	5	3	3
新入职员工	25	52	1
应缴未缴人数	***22***	***138***	***660***

报告期内发行人及子公司部分员工未缴纳***住房公积金***的***原因***包括***退休返聘无需缴纳、已在其他单位缴纳、新入职员工***。部分员工放弃缴纳住房公积金的主要原因是***外地员工流动性较大,不愿意在当地缴纳住房公积金,或已自有住房,继续购买住房的意愿低***。发行人***已为部分有住宿需求的员工提供宿舍***。

点评

未缴纳住房公积金的原因还有:缴纳住房公积金会降低员工当期的到手收入。

3. 如补缴社会保险和住房公积金,对发行人的持续经营可能造成的影响

报告期内,假定公司仍需为报告期内应缴未缴社会保险和住房公积金的员工

缴纳社会保险和住房公积金,公司需补缴的相关费用及其对公司业绩的影响程度如下:

单位:万元

项目	2021.12.31	2020.12.31	2019.12.31
估算补缴社会保险金额	0	20.05	21.08
估算补缴住房公积金金额	5.52	34.83	152.81
合计	**5.52**	**54.88**	**173.88**
利润总额	7,822.96	5,410.34	4,737.58
补缴社会保险、住房公积金的金额占***利润总额***的比例	***0.07%***	***1.01%***	***3.67%***

如上表所示,报告期内各期补缴社会保险和住房公积金合计占利润总额的比例为***3.67%、1.01%和0.07%***,占比较低且***逐年下降***。保荐机构、发行人律师认为,如补缴报告期内应缴未缴的社会保险、住房公积金的,***补缴事宜不会对发行人持续经营产生重大影响***。

点评

1.本案例未披露上表的计算过程。测算须补缴未缴纳社会保险保和住房公积金所用到的缴存基数应该不低于该员工的实际工资,不过,为了更简化,可以用所有未缴员工上一年的月度平均工资,或者直接用当期已缴员工平均社会保险、住房公积金的金额。

2.本案例测算后,对利润总额的影响较小,不会对发行人持续经营产生重大影响,可以忍受。

4.应对方案

发行人已***为部分有住宿需求的员工提供宿舍***。此外,报告期内发行人持续加强对新入职及在职员工的***宣传及引导***,***尽可能为有需求有意愿的员工缴纳住房公积金***。

公司的***控股股东***同星投资、公司的***实际控制人***张良灿、张天泓、张情怡对上述应缴未缴社会保险、住房公积金情形出具了***承诺***:"如相关主管部门或员工个人因发行人未为员工缴纳社会保险及住房公积金而要求发行人予以补缴、赔偿、支付滞纳金、罚款或其他款项的,或者导致发行人因此遭受任何其他经济损失的,本单位/本人将***无条件代为补缴并支付滞纳金、罚款或其他款项***,或对发行人予以足额补偿。本单位/本人就前述补缴、代为支付或补偿责任***共同承担连带责任***,并放弃向发行人追索的权利”。

点评

应对方案请见正文笔者的总结,不过,再好的应对措施都比不上为所有的员工缴纳。

5. 不属于重大违法行为

根据新昌县***人力资源和社会保障局***、重庆市铜梁区人力资源和社会保障局、天津市东丽区人力资源和社会保障局、合肥经济技术开发区人事***劳动局出具***的***证明,发行人及其子公司报告期内不存在因违反社会保险、住房公积金相关法律法规受到行政处罚的情形***。鉴于发行人及子公司未曾因应缴未缴社会保险、住房公积金事宜而受到行政处罚,且发行人及子公司已积极改善相关缴纳情况、缴纳覆盖比例并提供了相应补偿方案,保荐机构、发行人律师认为,发行人报告期内上述应缴未缴社会保险、住房公积金的情形***不属于重大违法行为***,不会对本次发行上市造成实质障碍。

点评

1. 没有产生重大纠纷,没有受到处罚,谈不上是重大违法行为。

2. 公司的控股股东、实际控制人作出承诺与人力资源和社会保障局、劳动局、住房公积金管理中心出具证明是应对未缴五险一金的必备项。

6-2 华人健康 2022-03

申报材料显示:(1)报告期内发行人员工人数分别为3,038名、3,748名及4,526名;(2)报告期内发行人存在未按规定缴纳员工社会保险、住房公积金的情形。

请发行人:测算补缴应缴未缴员工的社会保险和住房公积金金额及占当期净利润比重。

| 回复 |

若公司需补缴以前年度未缴纳社保及住房公积金，相关金额测算如下：

单位：万元

项目	2021 年度	2020 年度	2019 年度
社保涉及金额	435.15	459.65	653.72
住房公积金涉及金额	48.31	51.34	89.37
合计	**483.47**	**510.98**	**743.09**
发行人***利润总额***	9,421.52	12,299.98	7,721.22
占比	***5.13%***	***4.15%***	***9.62%***
扣除所得税影响后社保、住房公积金补缴金额	362.60	383.24	557.32
扣非后归属于母公司股东净利润	6,117.56	8,515.75	5,317.13
占比	***5.93%***	***4.50%***	***10.48%***

注：根据《人力资源社会保障部对十二届全国人大五次会议第5680号建议的答复》（人社建字[2017]182号）以及《安徽省人民政府办公厅关于进一步加强住房公积金管理工作的意见》（皖政办秘[2017]213号），单位缴纳的养老保险、医疗保险、工伤保险等主要社保缴存***基数不得低于当地上年度职工平均工资的60%***，公积金缴存***基数不得低于所在市的上一年度最低工资标准且缴存比例不得低于5%***，上表系以上述标准进行测算。

经测算，若公司发生社保和住房公积金补缴情况，报告期各期，对应缴未缴员工的补缴金额占扣非后归属于母公司股东净利润比例分别为***10.48%、4.50%和5.93%***。***扣除该影响金额后，发行人仍将符合发行条件***，不会对本次发行构成重大不利影响。

点评

1. 补缴社会保险与公积金，一般测算应补缴的合计金额占利润总额的比例即可。但这并非一成不变的，如本案例就顺带测算了对扣非后归属于母公司股东净利润的影响。

2. 测算的缴存基数应当不低于该员工的实际工资，或者所有未缴员工上一年的月度平均工资，或者直接用当期已缴员工平均社会保险、住房公积金的金额。本案例用当地上年度职工平均工资的60%、最低工资标准5%的缴存比例去测算社会保险、住房公积金，很保守。测算得到的影响比例分别为10.48%、4.50%、5.93%，坦白讲，不算低，这可能就是他们要保守测算的原因吧。

6-3 普莱得 2022-06

申报材料显示:(1)报告期各期,发行人未缴纳社会保险的人数占比分别为41.48%、34.45%、11.99%,未缴纳公积金的人数占比分别为91.48%、93.75%、56.13%;(2)报告期内公司未缴纳社会保险和住房公积金的主要原因系员工自愿放弃缴纳,公司为部分未缴纳社会保险和住房公积金的员工提供了替代保障措施。

请发行人说明:替代保障措施的具体情况,是否充分、有效。

| 回复 |

报告期末,同行业可比公司、同地区上市公司的社会保险缴纳比例均在*80%至95%*之间,公司的社保缴纳比例为*88.01%*,*处于合理水平*;同行业可比公司、同地区上市公司平均住房公积金缴纳比例分别为*53.08%*、*66.92%*,公司公积金缴纳比例为*43.87%*,*处于中等偏低水平*。

1. 公司采取多重措施积极推动社保公积金缴纳工作,缴纳比例持续提升

公司致力于员工保障制度的完善,不断加大对社会保险、住房公积金相关政策的宣传及培训力度,使员工深入了解国家现行社会保障和住房公积金制度,并积极为有缴纳意愿的员工办理缴纳手续。报告期内,公司社会保险及住房公积金的缴纳比例持续提升,其中,社会保险缴纳比例自*58.52%提升88.01%*,住房公积金缴纳比例自*8.52%提升至43.87%*。同时,报告期内,公司*自愿放弃缴纳人数占未缴纳人数的比重逐年下降*。

点评

1. 整改并非要一步到位,将报告期内社会保险、住房公积金的缴纳比例逐步提升是投行界应对应缴未缴五险一金的通用做法。

2. 本案例中,报告期内,社会保险的缴纳比例从58.52%提升到88.01%,住房公积金的缴纳比例从8.52%提升至43.87%,有很大进步。虽然住房公积金的缴纳比例还是比较低,但数据的逐步提高表明企业态度良好,给了监管机构一个正在努力改正错误的好印象。

对于目前部分员工仍自愿放弃缴纳社保、住房公积金的情形,公司基于*尊重其个人意愿*考虑,*未*替该部分员工办理社保、住房公积金的缴纳手续,但公司积极开展缴纳必要性的***普及宣传***、采取缴纳激励等措施，努力提升员工的***缴纳意愿***，劝导自愿放弃缴纳人员办理社保及公积金缴纳手续。截至2022年5月31日，公司社会保险及住房公积金的缴纳比例分别为***88.44%***和***51.69%***。

2. 公司对于未缴纳社会保险情形采取的具体替代保障措施

公司已采取多种方式向员工宣传社会保险缴纳政策以鼓励员工积极参保。对于未缴纳社保的员工，公司根据未缴纳的具体原因采取了对应的替代保障措施：

(1)针对已达退休年龄无需缴纳社会保险的员工，公司为其购买了***超龄意外保险***；(2)针对当月未及时办理社会保险缴纳手续的新入职员工，公司在***次月***根据其个人意愿及时配合办理社会保险增员手续；(3)对于自愿放弃缴纳社保的员工，公司为其单独购买了***工伤保险或平安意外险***。

报告期各期末，公司为未缴纳社保的员工分别采取前述替代保障措施的具体情况如下：

替代保障措施	2021.12.31	2020.12.31	2019.12.31
单独购买商业保险(人)	24	24	27
单独购买工伤保险(人)	62	211	158
合计	**86**	**235**	**185**
占当期末未缴纳员工人数比例	***94.51%***	***99.16%***	***100.00%***

报告期各期末，公司采取替代保障措施涉及的员工人数分别达185人、235人和86人，***占当期末未缴纳社保的员工比例***为100.00%、99.16%和94.51%。

点评

在此案例中，最新的社会保险缴纳比例为88.44%，不算低，但公司为未缴纳的员工补充购买了意外保险、工伤保险，尽量地保障员工的权益，这是监管机构很乐意看到的。

3. 公司对于未缴纳住房公积金情形采取的具体替代保障措施

针对未缴纳住房公积金的情况，公司根据未缴纳的具体原因采取了对应的替代保障措施：(1)对有缴纳意愿的员工或当月未***及时***办理住房公积金设立或转移手续的新入职员工，公司为其集中办理住房公积金账户的设立或转移手续；(2)为符合条件的员工***免费提供集体宿舍***;(3)对符合条件及放弃申请公司集体宿舍的员工,给予其***租房补贴***。

报告期各期末,公司为未缴纳住房公积金的员工分别采取前述替代保障措施的具体情况如下:

单位:人

替代保障措施	2021.12.31	2020.12.31	2019.12.31
保障措施	148	223	140
提供集体宿舍	72	77	68
为有缴纳意愿的员工办理设立或转移手续	0	143	4
合计	**220**	**443**	**212**
占当期末未缴纳员工人数比例	***51.64%***	***68.68%***	***51.96%***

报告期各期末,公司采取替代保障措施涉及的员工人数分别达212人、443人和220人,***占当期末未缴纳住房公积金的员工比例***为51.96%、68.68%和51.64%。其中,未提供替代保障措施的员工主要系:(1)普莱得(泰国)当地的***外籍***员工,因泰国无住房公积金制度故无法为其缴纳;(2)国内公司及子公司中在生产经营当地***已有住房的本地籍员工***,其无集体宿舍或租房需求。报告期末,前述两类员工总计136人,前述两类员工及公司采取替代保障措施涉及的员工总计占当期末未缴纳住房公积金的员工比例为***83.57%***。

点评

公司最近的住房公积金的缴纳比例为51.69%,比较低。采取免费提供集体宿舍、租房补贴等替代保障措施之后,数据好看了许多。

4.上述替代保障措施充分、有效

鉴于公司已采取单独缴纳工伤保险、单独购买商业保险、免费提供集体宿舍或给予租房补贴等方式为未缴纳社会保险和住房公积金的员工提供替代保障措施,以积极保障员工的合法权益,同时,***积极主动对有意愿缴纳的新入职员工、已放弃但再次提出缴纳要求的员工及时办理缴纳手续***,并且:(1)报告期内,公司***未***因社会保险、住房公积金缴纳事宜与员工***发生纠纷***;(2)公司所在地的社会保险、住房公积金管理部门已出具**合规证明**，确认公司报告期内社会保险及住房公积金缴纳等情况未出现争议纠纷，未发现有违反劳动保障法律、法规和规章的行为，也未有因违法受到行政处罚或行政处理的情况；(3)公司**实际控制人**已对相关事项做出**承诺**。因此，该事项不会影响公司的持续经营。未来，公司将持续致力于积极推进并进一步提升员工社会保险及住房公积金缴纳比例的相关事宜。

综上所述，公司已采取多种方式保障员工权益，相关替代保障措施充分、有效。

点评

公司的控股股东、实际控制人出补缴的兜底承诺与人力资源和社会保障局、住房公积金管理中心、劳动局出合规证明是应对这类问题的必备项。

疑难点 6－1　第三方代缴

很多公司为了在异地发展、管理业务，就在当地就近招聘人员。由于多地的医疗、购房资格与在当地社会保险、住房公积金的缴存时间长短挂钩，公司在当地又没有设立分公司或子公司，只能委托第三方机构为异地员工缴纳社会保险和住房公积金。正因为有这种需求，才会催生代缴社会保险、住房公积金的公司的出现。在这片土地上，这本来是一件常见的事，但《社会保险基金行政监督办法》2022 年 3 月施行之后，监管机构经常拿这个话题出来问询。

一、第三方代缴不合规

《社会保险法》第 60 条第 1 款规定：

用人单位应当自行申报、按时足额缴纳社会保险费，非因不可抗力等法定事由不得缓缴、减免。职工应当缴纳的社会保险费由用人单位代扣代缴，用人单位应当按月将缴纳社会保险费的明细情况告知本人。

《住房公积金管理条例》第 15 条规定：

单位录用职工的，应当自录用之日起 30 日内向住房公积金管理中心办理缴存登记,并办理职工住房公积金账户的设立或者转移手续。

单位与职工终止劳动关系的,单位应当自劳动关系终止之日起30日内向住房公积金管理中心办理变更登记,并办理职工住房公积金账户转移或者封存手续。

《社会保险基金行政监督办法》第32条规定,通过虚构个人信息、劳动关系,使用伪造、变造或者盗用他人可用于证明身份的证件,提供虚假证明材料等手段虚构社会保险参保条件、违规补缴,骗取社会保险待遇的,按照《社会保险法》第88条的规定"以欺诈、伪造证明材料或者其他手段骗取社会保险待遇的,由社会保险行政部门责令退回骗取的社会保险金,处骗取金额二倍以上五倍以下的罚款"处理。

上述《社会保险法》《住房公积金管理条例》《社会保险基金行政监督办法》的规定,单从文字上来理解,为员工缴纳社会保险和住房公积金的主体只能是用人单位,通过第三方机构代缴社会保险和住房公积金的行为属于《社会保险基金行政监督办法》所谓的"虚构劳动关系"。所以,委托第三方代缴,严格来讲,多多少少有点不合规。

二、第三方代缴的处罚对公司的影响力度

虽然由非用人单位代缴存在一点点瑕疵,但员工可以获得与用人单位缴存相同的保障。不管是用人单位自身还是委托第三方代缴,实质上都是在履行为员工缴纳社会保险、住房公积金的义务,并未损害员工的利益,不属于重大违法行为。

如果真的处罚下来,根据《社会保险法》第62条的规定:

用人单位未按规定申报应当缴纳的社会保险费数额的,按照该单位上月缴费额的百分之一百一十确定应当缴纳数额。

以及《住房公积金管理条例》第37条的规定:

违反本条例的规定,单位不办理住房公积金缴存登记或者不为本单位职工办理住房公积金账户设立手续的,由住房公积金管理中心责令限期办理;逾期不办理的,处1万元以上5万元以下的罚款。

上个月社会保险费的110%、住房公积金1万~5万元的罚款,这么轻微的处罚

力度对大部分拟上市企业的经营业绩和财务状况的影响应该小得可以忽略不计。

参见案例“6－4 科拓股份 2022－05”。

三、解决方案

请社会保险事业管理中心、住房公积金管理中心出具证明，证明“发行人及其子公司能够遵守国家及地方有关劳动、社会保障及公积金相关的法律、法规及规范性文件的规定，不存在违反劳动、社会保障及公积金相关法律、法规及规范性文件而受到处罚的情况”。加之，员工出函确认“第三方机构为其代缴社会保险和住房公积金系其真实、自愿的意思表示”。

有了社会保险事业管理中心、公积金管理中心、员工三者的证明一般就没啥问题了。若被问询到整改措施，实在不行就在代缴人数比较多的地区设立子公司或者分公司，将第三方代缴的比例逐步降低即可，参见案例“6－7 英方软件 2022－05”。当然，也不必处处设立子公司、分公司。毕竟，在零星员工驻守的地区设立子公司、分公司不太现实。

四、代缴基数

代缴的基数不得比其他非代缴员工的标准差，企业得一碗水端平，不能损害到代缴员工的利益，不要预留被追着要求补缴的风险，参见案例“6－5 维嘉科技 2022－06”。

五、代缴单位

不管找谁代缴，都不能找有关联关系的单位，否则会有利用体外实体承担成本费用之嫌。如果以前由关联方代缴，那么用人单位应当将代缴的金额原数还给代缴方，参见案例“6－6 康力源 2022－05”。

6－4　科拓股份 2022－05

根据申报材料：

(1)报告期各期末,发行人的员工人数为1,472人、1,802人和1,727人。

(2)发行人存在委托第三方人力资源公司代缴员工社会保险及住房公积金的情形,报告期各期代缴人数分别为368人、436人和435人。

请发行人:说明第三方代缴社保及公积金的员工具体地域分布情况,第三方代缴行为是否符合相关法律法规的规定,是否存在因此被处罚的(潜在)风险;测算若补缴、处罚所涉及金额,以及对发行人经营业绩的影响。

| 回复 |

1. 由第三方代缴社保及公积金的员工具体地域分布情况

报告期各期末,发行人及/或其子公司委托第三方代缴社保及公积金的员工具体地域分布情况如下:

单位:人

地域分布	2021.12.31	2020.12.31	2019.12.31
福建	37	11	12
……			
合计	***494***	***435***	***436***

发行人及/或其子公司委托第三方代缴上述员工的社保及公积金,主要是因为公司市场开拓、客户维护、技术服务等业务需要,需要在发行人及其子公司***注册地以外***的地区招聘当地技术、销售等人员;为满足该等员工落户、享受**当地**社会保险及住房公积金待遇等需求,根据该等员工要求,发行人及/或其子公司***委托第三方人力资源公司***在相关员工实际工作地或户籍地等按照当地规定代为办理并缴纳社会保险及住房公积金。

点评

多地的购房资格、医疗与在当地的缴存时间长短挂钩,才会催生代缴纳社会保险、住房公积金的公司的出现。

2. 第三方代缴行为的合规性

《中华人民共和国社会保险法(2018年修正)》(以下简称"《社会保险法》")第五十八条规定,"***用人单位***应当自用工之日起三十日内为其职工向社会保险经办机构申请办理社会保险登记";第六十条规定,"职工应当缴纳的社会保险费***由***

用人单位代扣代缴”;第六十二条规定,“***用人单位***未按规定申报应当缴纳的社会保险费数额的,按照该单位上月缴费额的***百分之一百一十***确定应当缴纳数额”;第八十四条规定,“***用人单位***不办理社会保险登记的,由社会保险行政部门责令限期改正;逾期不改正的,对用人单位处应缴社会保险费数额***一倍以上三倍以下***的罚款,对其直接负责的主管人员和其他直接责任人员处五百元以上三千元以下的罚款”。

《住房公积金管理条例(2019年修订)》(以下简称“《住房公积金管理条例》”)第十五条规定,“单位录用职工的,应当自录用之日起30日内向住房公积金管理中心办理缴存登记,并办理职工住房公积金账户的设立或者转移手续”;第三十七条规定,“违反本条例的规定,单位不办理住房公积金缴存登记或者不为本单位职工办理住房公积金账户设立手续的,由住房公积金管理中心责令限期办理;逾期不办理的,***处1万元以上5万元以下***的罚款”;第三十八条规定,“违反本条例的规定,单位逾期不缴或者少缴住房公积金的,由住房公积金管理中心责令限期缴存;逾期仍不缴存的,可以申请人民法院强制执行”。

报告期内发行人及/或其子公司委托第三方机构代缴部分员工的社会保险费和住房公积金,***未完全遵守《社会保险法》《住房公积金管理条例》的相关规定,存在被社会保险主管部门或住房公积金主管部门责令改正及/或罚款等风险***。

点评

监管层对社会保险、住房公积金的问题很重视,估计是担心企业“店大欺客”,损害员工的合法利益。委托第三方代缴,是在履行为员工缴纳社会保险、住房公积金的法律义务,实质上并未损害到员工的利益。虽然在法律上略有瑕疵,但不是重大违法违规行为。

3. 对发行人经营业绩的影响

根据《社会保险法》第八十四条:“***用人单位***不办理社会保险登记的,由社会保险行政部门责令限期改正;逾期不改正的,对用人单位处应缴社会保险费数额一倍以上三倍以下的罚款,对其直接负责的主管人员和其他直接责任人员处五百元以上三千元以下的罚款。”

根据《社会保险法》第六十二条:“***用人单位***未按规定申报应当缴纳的***社会保***

险费数额的,按照该单位上月缴费额的***百分之一百一十***确定应当缴纳数额;缴费单位补办申报手续后,由社会保险费征收机构按照规定结算。”

根据《住房公积金管理条例》第三十七条:“单位不办理***住房公积金***缴存登记或者不为本单位职工办理住房公积金账户设立手续的,由住房公积金管理中心责令限期办理;逾期不办理的,处***1万元以上5万元以下***的罚款。”

按照2021年12月发行人及其子公司委托第三方机构代缴社会保险费金额49.53万元作为测算依据,则发行人及其子公司应当缴纳社保数额为该月缴费额的***110%***,即54.48万元,发行人及其子公司因委托第三方机构代缴社保行为可能被处罚款金额测算约为***54.48万元至163.45万元***;因委托第三方机构代缴住房公积金行为可能被罚款金额测算约为***1万元至5万元***。鉴于:

(1)发行人及/或其子公司委托第三方机构代缴社保、公积金主要是出于满足员工需求、维护员工利益的需要,具有其***合理***性,发行人及/或其子公司已履行了为其外派员工缴纳社会保险及住房公积金的法律义务;***若应有权主管部门要求需予整改的***,发行人将积极配合整改。

(2)发行人因委托第三方机构代缴社保公积金可能被主管行政部门罚款的金额占发行人2021年度利润总额的比例约为***0.55%至1.64%,对发行人经营业绩影响较小***。

(3)发行人***控股股东***、***实际控制人***已就上述社会保险及住房公积金缴纳不规范的情形出具如下***承诺***:“如应有权部门要求或决定,发行人及其子公司需要为员工补缴社会保险及住房公积金,或因未足额/按规定缴纳社会保险及住房公积金而需承担任何罚款或损失,本承诺人将足额补偿发行人由此发生的全部支出或所受损失。”

点评

除了让控股股东、实际控制人出具承诺,最好还应请员工出具自愿委托第三方代缴的确认函。

(4)根据发行人及其子公司部分***社会保险及住房公积金主管部门***出具的***证明***文件并经查询发行人及其子公司所在地人力资源和社会保障局、住房公积金管理中心官方网站,报告期内,发行人及其子公司没有因违反社会保险及住房公积金法律法规而被相关主管部门***处罚***。

(5)报告期内,发行人及其子公司**不**存在因委托第三方机构代缴社保、公积金而发生***劳动纠纷***的情形。

报告期内,发行人及其子公司委托第三方机构为部分员工代缴社会保险、住房公积金,未完全遵守《社会保险法》《住房公积金管理条例》的相关规定,存在被社会保险及主管部门或住房公积金主管部门责令改正或罚款等风险,但该等代缴行为未损害发行人员工利益,发行人最终承担相关代缴费用、已实质履行为员工缴纳社会保险费及住房公积金的义务;报告期内,发行人未因该等代缴行为受到相关主管部门处罚,发行人控股股东、实际控制人已承诺承担发行人因补缴社会保险或住房公积金而可能发生的全部支出或所受损失,因此,该等代缴行为不会对发行人的经营业绩产生重大不利影响。

6-5　维嘉科技 2022-06

报告期内,发行人与前锦网络信息技术(上海)有限公司存在代缴合作关系,发行人与苏州中智人力资源有限公司存在代缴合作关系,存在通过前锦网络信息技术(上海)有限公司和苏州中智人力资源有限公司及其7家关联方或合作的第三方代缴机构为相关员工在其实际工作地缴纳社会保险及住房公积金的情形。截至2021年3月31日,发行人存在35名员工系通过第三方代缴机构缴纳社会保险、住房公积金,由第三方代缴机构代缴员工社保和公积金占发行人员工的比例为7.8%。

请发行人说明:代缴标准是否合理,代缴员工数量及相关费用是否完整,是否与生产经营实际匹配。

| 回复 |

截至2021年12月31日,发行人存在47名员工由***第三方代为缴纳***社会保险及住房公积金,其***代缴基数均低于该员工实际工资或上一年度月平均工资标准,但均不低于缴纳地的最低缴纳基数***,代缴员工的社会保险及住房公积金缴纳基数与由发行人直接缴纳社会保险及住房公积金的员工的***缴纳基数持平***,代缴标准具备一定***合理***性。

点评

代缴基数高于员工的实际工资或上一年度月平均工资最佳,因为这样不会损害到员工的利益。而该案例以低于员工实际工资或上一年度月平均工资代缴,虽然不低于缴纳地规定的最低缴纳基数,但着实损害了员工的利益,不太合理。

经核查代缴员工名单、公司向代缴机构支付凭证,公司员工数量及代缴相关费用完整,与生产经营实际匹配。

6-6 康力源 2022-05

招股说明书显示,发行人存在较大比例未缴纳社会保险、住房公积金的情形。

请发行人说明:员工在其他单位缴纳社会保险的原因,是否存在发行人股东、关联方、客户或供应商为发行人员工缴纳社会保险的情形。

| 回复 |

报告期各期末,在其他单位缴纳社会保险的员工具体情况如下:

序号	姓名	所属公司	缴纳社保的单位	在其他单位缴纳社保的原因
13	姚培源	康力源	上海燕青园林工程有限公司	已在发行人处缴纳

上表中所有单位***均不是公司股东、客户或供应商,除上海燕青园林工程有限公司外与公司均不存在关联关系***。上海燕青园林工程有限公司系公司董事姚培源***配偶之弟***马燕青持股100%并担任法定代表人、执行董事的公司。除姚培源***2020年11月***入职发行人,因办理相关手续过程中在原单位上海燕青园林工程有限公司继续缴纳社会保险外(姚培源社会保险已于***2021年3月***在发行人处缴纳),不存在发行人股东、其他关联方、客户或供应商为发行人员工缴纳社会保险的情形。

点评

不管找谁代缴,都不能找有关联关系的单位,否则会有他方代为承担费用之嫌,会说不清楚。本案例中,员工—姚培源在入职发行人后的5个月仍在关联方处缴纳社保,实在不妥。

6－7　英方软件 2022－05

招股说明书披露：发行人部分员工因工作地点较为分散，存在由无关联第三方机构代缴社保、公积金的情况。报告期各期发行人员工总数分别为 255 人、311 人、358 人、398 人，无关联第三方代缴社保的人数分别为 152 人、130 人、112 人、132 人，代缴公积金的人数分别为 151 人、129 人、112 人、132 人。

请发行人说明：由第三方代缴社保、发行人的整改措施及其有效性。

｜回复｜

报告期各期，发行人陆续***在各地设立分公司***，并将外地原由***第三方***机构代缴社保、公积金的员工***转到发行人设立的分公司名下缴纳***，发行人整改情况如下：

……

报告期各期末，发行人***无关联第三方***代缴社保的比例分别为***41.80%、31.28%和33.71%***，发行人***无关联第三方***代缴公积金的比例分别为 41.48%、31.28%和33.71%，截至2022 年4 月30 日，发行人无关联第三方代缴社保公积金的比例已***下降至24.66%***。

为进一步对第三方代缴社保公积金的情形进行整改，发行人拟在员工社保公积金缴纳***人数较多的城市设立分公司***，共涉及 2 家分公司；同时，征得部分员工同意后，发行人将此部分员工由第三方代缴调整为由发行人或其现有分公司为其缴纳，根据截至2022 年4 月30 日的员工情况进行测算，以上整改措施实施后，发行人第三方代缴社保和公积金的比例将均***降低至3.88%***，发行人的整改措施具有有效性。

点评

1. 此案例委托无关联第三方代缴社会保险的比例分别为 41.80%、31.28%和 33.71%，实在不低，所以被问询如何整改。

2. 如何整改呢？如同本案例，在代缴人数比较多的地区设立子公司或者分公司代为缴纳，将第三方代缴的比例逐步降低至可接受的范围内。当然，也没必要处处设立子公司、分公司。毕竟，在零星员工驻守的地区设立子公司、分公司实在划不来。

疑难点6－2　港澳台员工和境外工作员工

对于非中国内地（大陆）籍的员工和在境外工作的中国内地（大陆）籍员工，在哪儿缴纳“五险一金”，一般尊重员工个人的意愿、双边协定和当地的法律规定即可。

例如，对于港澳台员工，《香港澳门台湾居民在内地（大陆）参加社会保险暂行办法》第2条第1款规定：

在内地（大陆）依法注册或者登记的企业、事业单位、社会组织、有雇工的个体经济组织等用人单位（以下统称用人单位）依法聘用、招用的港澳台居民，应当依法参加职工基本养老保险、职工基本医疗保险、工伤保险、失业保险和生育保险，由用人单位和本人按照规定缴纳社会保险费。

上述规定要求对港澳台员工视同内地（大陆）籍员工正常缴纳，但它在第11条又给了另一个选择：

已在香港、澳门、台湾参加当地社会保险，并继续保留社会保险关系的港澳台居民，可以持相关授权机构出具的证明，不在内地（大陆）参加基本养老保险和失业保险。

如果非中国内地（大陆）籍的员工或境外工作的中国内地（大陆）籍员工放弃在内地（大陆）缴纳，若无其他替代，发放的薪酬应包含应缴纳的社会保险和住房公积金，并由其出具自愿放弃缴纳的证明。

6－8　冠龙股份2022－01

招股说明书披露：发行人未为台湾籍员工缴纳社会保险，且部分员工存在第三方缴纳社保的情形。

请发行人说明：公司未为台湾籍员工缴纳社保是否符合《中华人民共和国社会保险法》《香港澳门台湾居民在内地（大陆）参加社会保险暂行办法》及其他相关法律法规的规定。

| 回复 |

报告期各期末，发行人存在**未**为中国台湾地区籍员工缴纳社会保险的情况，人数分别为19人、17人、14人和14人。

根据《中华人民共和国社会**保险法**》的规定，中华人民共和国境内的用人单位和个人依法缴纳社会保险费。职工应当参加基本养老保险、基本医疗保险、工伤保险、失业保险和生育保险。

为进一步细化和完善《中华人民共和国社会保险法》相关规定，维护在内地（大陆）居住、就业的港澳台居民参加社会保险和享受社会保险待遇的合法权益，2019年11月人力资源和社会保障部及国家医疗保障局发布了《**香港澳门台湾居民在内地（大陆）参加社会保险暂行办法**》并自2020年1月起实施。

《香港澳门台湾居民在内地（大陆）参加社会保险暂行办法》第二条的规定："在内地（大陆）依法注册或者登记的企业、事业单位、社会组织、有雇工的个体经济组织等用人单位（以下统称用人单位）依法聘用、招用的港澳台居民，应当依法参加职工基本养老保险、职工基本医疗保险、工伤保险、失业保险和生育保险，由用人单位和本人按照规定缴纳社会保险费。"同时，为了避免**双重参保**的问题，《香港澳门台湾居民在内地（大陆）参加社会保险暂行办法》第十一条规定："已在香港、澳门、台湾参加当地社会保险，并继续保留社会保险关系的港澳台居民，可以**持相关授权机构出具的证明，不在内地（大陆）参加基本养老保险和失业保险**。"

根据《中华人民共和国社会保险法》和《香港澳门台湾居民在内地（大陆）参加社会保险暂行办法》等相关法律法规的规定，发行人应当为其中国台湾地区籍员工依法缴纳社会保险（其中2020年1月1日起缴纳基本医疗保险、工伤保险和生育保险），但基于**尊重**发行人中国台湾地区籍**员工个人意愿**的考虑，发行人未为中国台湾地区籍员工缴纳社会保险。如发行人根据我国相关法律法规为中国台湾地区籍员工缴纳社会保险，报告期内需补缴金额分别为129.75万元、117.46万元、40.34万元和65.24万元，占发行人利润总额的比例分别为**0.86%**、**0.56%**、**0.25%**和**0.71%**，对发行人业绩影响较小。

未在中国大陆境内缴纳社保的在职中国台湾地区籍员工已出具**声明函**，声明如下："本人自2017年1月1日至2020年6月30日的薪酬、社会保险等由冠龙股份的关联方明冠造机企业股份有限公司代为发放、缴纳，本人无异议，且不会因此向冠龙股份主张任何权利或利益，鉴于本人为中国台湾地区身份，**本人不同意**冠龙股份在中国大陆地区为本人缴纳社会保险，自2020年7月1日起，本人薪酬由冠龙股份直接发放且***薪酬中已包含相关社会保险***，本人依据中国台湾地区相关规定自行在中国台湾地区缴纳社会保险，为此，本人声明如下：

一、冠龙股份已知会本人需要在中国大陆地区缴纳社会保险，本人由于为中国台湾地区身份，本人不同意冠龙股份在中国大陆地区为本人缴纳社会保险。

二、本人确认冠龙股份***支付给本人的薪酬中已包含冠龙股份对本人未在中国大陆地区缴纳社会保险的补偿***。

三、就上述本人不同意冠龙股份为本人在中国大陆地区缴纳社会保险事项，本人***保证不会向冠龙股份及其股东提出任何主张或索赔要求，本人放弃申请仲裁或诉讼的权利***。"

依据《法人劳动监察行政处罚信用报告》、海安市***人力资源和社会保障局***出具的***证明***，证明发行人及其子公司报告期内***没有***因违反有关社会保险法律法规而受到处罚的事项。

发行人控股股东***冠龙控股***已出具《***承诺函***》，承诺"如根据有权部门的要求或决定，公司及其子公司需要为员工补缴应缴未缴的社会保险费或住房公积金，或因未足额缴纳需承担任何罚款或损失，本企业愿意无条件全额承担公司及其子公司因此发生的支出或所受的损失。"

综上，发行人未为中国台湾地区籍员工缴纳社会保险***不完全符合***《中华人民共和国社会保险法》、《香港澳门台湾居民在内地（大陆）参加社会保险暂行办法》及其他相关法律法规的规定，但依据《法人劳动监察行政处罚信用报告》、海安市人力资源和社会保障局出具的证明，上述事项未受到相关主管部门的处罚，发行人控股股东冠龙控股已出具《承诺函》，承诺如根据有权部门的要求或决定，发行人及其子公司需要为员工补缴应缴未缴的社会保险费，或因未足额缴纳需承担任何罚款或损失，其愿意无条件全额承担发行人及其子公司因此发生的支出或所受的损失，未在中国大陆境内缴纳社保的在职中国台湾地区籍员工已出具声明函，声明确认发行人支付给其个人的薪酬中已包含发行人对其个人未在中国大陆地区缴纳社会保险的补偿，就上述其个人不同意发行人为其个人在中国大陆地区缴纳社会保险事项，其个人保证不会向发行人及其股东提出任何主张或索赔要求，其个人放弃申请仲裁或诉讼的权利。因此，上述事项对发行人本次发行上市不构成实质性障碍。

点评

对于港澳台员工,因为出台了明文规定,跟着规定走就行了。在哪儿缴纳“五险一金”,一般尊重员工个人的意愿。慎重起见,可以请外籍员工出具声明。

6-9 豪江智能 2022-06

招股说明书显示:报告期内,发行人部分在册员工未缴纳社会保险和住房公积金。

请发行人说明:社会保险的境外缴纳情况。

| 回复 |

1.豪江韩国

根据韩国律师出具的法律意见书,《***中华人民共和国政府和大韩民国政府社会保险协定***》第二条和第五条的规定,如果中国国民临时居住在韩国,被在韩国有经营场所的雇主雇佣,并在韩国为该雇主工作,则在不超过60个日历月的雇佣期间内养老保险和失业保险继续仅适用中国的法律规定,不必投保韩国的国民年金和雇佣保险;韩国籍员工按照韩国法加入社会保险。报告期内,2018年度发行人已为韩国子公司的2名韩国籍员工、1名中国籍在韩员工缴纳了韩国国民年金等社会保险,为韩国子公司的1名中国籍国内派遣员工缴纳了韩国当地应缴纳的社会保险以及中国社会保险,为韩国子公司的1名中国籍派遣时间较短的员工缴纳了中国社会保险;2019年度发行人已为韩国子公司的10名韩国籍员工、1名中国籍在韩员工缴纳了韩国国民年金等社会保险,为韩国子公司的1名中国籍派遣员工缴纳了韩国当地应缴纳的社会保险以及中国社会保险,为韩国子公司的1名中国籍国内派遣时间较短的员工缴纳了中国社会保险;2020年度发行人已为韩国子公司的11名韩国籍员工、1名中国籍在韩员工缴纳了韩国国民年金等社会保险,为韩国子公司的1名中国籍国内派遣员工缴纳了韩国当地应缴纳的社会保险以及中国社会保险;2021年度发行人已为韩国子公司的11名韩国籍员工、1名中国籍在韩员工缴纳了韩国国民年金等社会保险,为韩国子公司的1名中国籍派遣员工缴纳了韩国当地应缴纳的社会保险以及中国社会保险。根据韩国律师出具的法律意见书,截至2021年12月31日,***豪江韩国所有已加入的社会保险均足额缴纳费用,不存在违反本地劳动用工法律规定的情况***。

豪江韩国的***中国籍***在韩员工因主要生活于韩国,已***自愿放弃缴纳境内的住房公积金***,境内派遣员工报告期内均已缴纳住房公积金。

2. 豪江美国

报告期内,2019 年度、2020 年度和 2021 年度,发行人已为 2 名美国子公司的***境外员工***缴纳了***美国当地***的社会保险。根据美国律师出具的法律意见书,豪江美国***支付的工资已超过联邦和佐治亚州最低工资法的要求***,从 2020 年 1 月起,所有从员工工资中扣除的款项已支付给美国财政部国税局、佐治亚州税务局和美国社会保障管理局等相关部门,与此同时,豪江美国已***根据当地法律法规为员工就业缴纳社会保险***。

豪江美国的境外员工因主要生活于美国,已***自愿放弃缴纳境内的住房公积金***。

点评

1. 境外工作的员工,在哪儿缴纳“五险一金”,除了尊重员工个人的意愿,还要遵从双边协定和当地的法律规定。本案例中,对于在韩国的中国籍员工,根据中国与韩国签订的社会保险协定在韩国缴纳社会保险。

2. 中国内地(大陆)籍但不在中国境内居住的员工,可以自愿放弃在境内缴纳“五险一金”,根据当地的规定处理即可。

疑难点 7

劳务派遣与劳务外包

《首发业务若干问题解答》(2020 年 6 月修订,已失效)问题 47(未被纳入新“39 条”《证券期货法律适用意见第 17 号》等文件,但实践中仍然适用)要求中介机构应充分关注:(1)劳务公司的经营合法合规性以及构成、变动;(2)劳务公司是否专门或主要为发行人服务;(3)劳务外包合同的主要内容,劳务数量及费用的变动、定价、核算等。

《首发业务若干问题解答》(2020 年 6 月修订)问题 47 是针对劳务外包的解答,但在笔者看来,同时适用于劳务派遣。

一、劳务派遣与劳务外包

劳务派遣是指劳务派遣单位与用工单位签署劳务派遣协议,劳务派遣单位与被派遣劳动者签订劳动合同,然后向用工单位派出该员工,接受用工单位的指挥、监督,以完成劳动力和生产资料的结合。劳务派遣有三方关系,劳动者面临着“双层雇主”的局面。

劳务外包是用人单位作为发包方,将某个相对独立的劳务服务项目外包给专业公司,由专业公司依据发包方的要求,组织和直接管理劳务人员完成劳务服务,并对劳务服务的成果和质量直接承担责任的劳务承包形式。目前,我国法律法规尚未对劳务外包作出具体的规定。

1. 区别

劳务派遣与劳务外包的区别如表 7 – 1 所示。

表7-1 劳务派遣与劳务外包的区别

内容	劳务派遣	劳务外包
法律适用	《劳动合同法》《劳动合同法实施条例》《劳务派遣暂行规定》	《民法典》
法律性质	非标准劳动关系的用工形式	发包方(企业、用工单位)与承包方(外包公司)之间是民事关系
主体资格	劳务派遣单位必须依法登记设立,设立时有一定的资本要求,并取得劳务派遣经营许可证	除了特殊行业外,一般没有特定的经营资质要求,承包方可以是自然人、法人或其他实体
法律关系	三方合作关系,派遣员工与劳务派遣单位、用工单位都存在法律关系	发包方与承包方存在法律关系,而发包方与承包方的员工之间并不存在任何法律关系,也无须签订任何协议
合同形式	劳务派遣单位与被派遣人员签署劳动合同,与用工单位签订劳务派遣协议	劳务外包公司与企业签订劳务外包协议,主要有生产外包、业务外包、岗位外包、业务流程外包等
合作模式	劳务派遣单位向用工单位提供的是派遣工,派遣工由用工单位组织管理,从事临时性、辅助性、替代性的工作	承包方根据与发包方的约定,完成发包方要求的劳务服务
用工需求	劳务派遣单位向用工单位提供约定数量的派遣工,至于派遣工完成多少工作量,与劳务派遣单位无关	外包公司为发包方完成约定的工作量,至于外包公司使用多少劳动力,与发包方不相干
劳动成果	劳务派遣人员的劳动成果、风险和收益由用工单位承担;只要劳动者付出了劳动,用工单位就应按照劳动派遣合同的约定支付劳务报酬	公司验收劳务外包公司的整体工作成果,不直接对劳务外包工人的个人工作成果验收;劳务外包公司的员工提供服务期间的风险和收益由劳务外包公司负担、享有
人员管理	用工单位对劳务派遣人员的工作内容有直接的指挥权和管理权	外包员工由外包公司自主招聘,并由外包公司直接管理,企业不对外包人员进行管理
用工风险	用工单位承担用工风险,用工单位给被派遣劳动者造成损害的,劳务派遣单位与用工单位承担连带赔偿责任	发包方与承包方的员工并无直接的法律关系,除了必须确保能提供必要的安全生产条件以外,无须对承包方的员工承担任何法律责任

续表

内容	劳务派遣	劳务外包
劳务费用	结算标准是"劳动力""员工数",按照派遣人员数量结算派遣人员的薪酬和管理服务费,结算方法是"派遣人数 * 薪酬"	结算标准是"工作量""项目数",依据承包方完成的工作量结算费用,结算方法是"工作数量 * 单价"
结算方式	通常按照实际用工单位的正式员工,实行同工同酬,劳务派遣人员的具体工资由用工单位决定	由用工单位与劳务公司以工作内容和工作结果为基础进行整体结算,劳务人员具体工资由劳务公司确定,不存在公司直接与劳务人员结算费用的情况
报酬支付	用工单位承担派遣员工的基本工资与社会保险费及住房公积金,由派遣单位发放和扣缴	用工单位向劳务外包公司整体支付外包劳务费,由劳务外包公司承担因劳动报酬产生的劳资纠纷;劳务外包公司向劳动者支付薪酬及缴纳五险一金

2. *用劳务外包而不用劳务派遣的理由*

由于法律规定,被派遣劳动者数量不得超过用工单位用工总量的10%,加之劳务外包价格相对便宜,方便管理,因此,监管层担心企业存在"伪外包,真派遣"的情况,即以劳务外包的形式规避劳务派遣比例的限制,顺带压缩成本,参见案例"7－2景创科技2022－06"。企业可以结合表7－1总结的劳务派遣与劳务外包的区别,并根据劳务合同的主要内容判断、解释。有时,监管层会问"为什么选择劳务外包而不用劳务派遣?"我们可以列出劳务外包的优势和劳务派遣的劣势进行抗辩:

■ 劳务派遣会增加公司的管理难度和成本,而劳务外包人员的管理由劳务外包公司负责,这样会提高公司的管理效率、降低管理成本。

■ 涉及的是生产的非核心、非关键环节。

■ 企业的销售、生产季节性太强,波动性太大,劳务外包可以解决公司阶段性劳动力不足的问题。

■ 涉及的工作量较大,短期需要的人员较多。

■ 外包出去的工作成果方便以工作量计量。

■ 劳务外包和劳务派遣的成本差异较小。

■ 这只是企业一种用工管理方式的转变,并不是为了规避劳务派遣比例的限制。

■ 选择用劳务外包，企业能够节省大量的劳动管理成本，将精力投入能够使企业有效增值的主营业务活动中。

■ 企业不想承担因劳动争议引起的连带责任风险。

如果要解释“为什么选择劳务派遣而不用劳务外包”，可以列出劳务外包的劣势和劳务派遣的优势。其实，只需要将上述总结的抗辩理由反过来说就可以了。但是，通常监管层也不会这样问，因为劳务派遣有 10% 的数量限制，加之劳务外包又相对便宜，企业当然是更加倾向用劳务外包了。

二、为什么使用劳务外包、劳务派遣

《劳动合同法》(2012 修正)第 66 条第 1、2 款规定：

劳动合同用工是我国的企业基本用工形式。劳务派遣用工是补充形式，只能在临时性、辅助性或者替代性的工作岗位上实施。

前款规定的临时性工作岗位是指存续时间不超过六个月的岗位；辅助性工作岗位是指为主营业务岗位提供服务的非主营业务岗位；替代性工作岗位是指用工单位的劳动者因脱产学习、休假等原因无法工作的一定期间内，可以由其他劳动者替代工作的岗位。

虽说劳务外包、劳务派遣都可以解决就业问题，但毕竟不是常规的就业方式，不仅会减少劳动者的权利、福利，而且企业还会被质疑是在人为刻意地压低人工成本。所以，监管层对劳务外包、劳务派遣也很重视。

若被问询到“为什么使用劳务外包、劳务派遣?”企业可结合《劳动合同法》(2012 年修正)第 66 条第 1 款中所说的“临时性、辅助性、替代性”三性和笔者以下总结的理由解释：

■ 参与的是操作简单重复、技术含量较低、季节性、临时性、辅助性、替代性的工作。

■ 仅为企业短期补充的用工形式。

■ 不涉及关键工序、技术和核心岗位。

■ 参与的是无须具备特定专业资质的非核心工作。

■ 企业是劳动密集型行业，人员流动较大，用工需求根据订单存在很大的波动。

■ 企业短期招聘到大批员工的难度比较大，而劳务公司有很好的劳动力招聘渠道和充足的劳动力供应能力，可以缓解公司短期的用工压力。

■ 企业的员工编制已满。

■ 可以有效降低企业的人事管理成本，同时避免处理劳资纠纷的麻烦。

■ 劳务外包、劳务派遣均有多家供应商可供选择，不存在依赖单一劳务公司的情况。

参见案例“7－3 博菱电器 2022－06”。

三、劳务派遣比例超过10%的处理

《劳务派遣暂行规定》第4条规定：

用工单位应当严格控制劳务派遣用工数量，使用的被派遣劳动者数量不得超过其用工总量的10%。

前款所称用工总量是指用工单位订立劳动合同人数与使用的被派遣劳动者人数之和。

计算劳务派遣用工比例的用工单位是指依照劳动合同法和劳动合同法实施条例可以与劳动者订立劳动合同的用人单位。

1. 如何计算

劳务派遣用工比例＝劳务派遣人数/（合同员工人数＋被派遣劳动者人数）。在每个月月末，使用月末或者月平均在册人数计算一次，检查是否超过10%。当然，也有零星案例只是简单地在每个会计年度末及最近一期期末进行计算、比较。

如果劳务派遣用工比例超过了10%，企业可以使用以下理由抗辩：

■ 公司销售订单增长较多，用工需求量快速增长，短期内未及时招聘到员工，需要通过劳务派遣临时补充。

■ 因为疫情等不可抗力，部分地区对于人员的自由流动有限制，公司比较难快速招聘到正式员工。

■ 企业处于劳动力紧缺时期，劳务派遣公司能够快速招聘到大量人员。

■ 由于员工春节返乡，企业只能阶段性地通过劳务派遣公司招聘临时员工。

■ 采用劳务派遣只是为了填补临时的用工缺口,比例超过10%的持续期间较短。

2. 如何降至10%以下

如果劳务派遣用工比例超过了10%,根据公式,劳务派遣用工比例=劳务派遣人数/(合同员工人数+被派遣劳动者人数),可以使用以下方法将比例降至10%以下:

■ 聘劳务派遣用工为正式员工,这相当于在调小分子。

■ 招聘更多的正式员工,这相当于在增大分母。

■ 将劳务派遣整改为劳务外包,这相当于在调小分子。

■ 逐步停止使用劳务派遣,这是最佳方法。

若报告期内存在劳务派遣用工比例超标的情形,控股股东、实际控制人可出具补偿发行人可能承担的费用、损失的承诺,并请当地人力资源和社会保障局出具该公司不存在重大行政处罚记录的证明。

被派遣劳动者数量超过10%一般不属于重大违法行为,只要逐步降至10%以下,加上控股股东、实际控制人、人力资源和社会保障局出具的承诺和证明,不太会构成上市的实质性障碍。

四、关联关系

《首发业务若干问题解答》(2020年6月修订)问题47第1、2项要求,中介机构应当充分关注劳务公司的独立性、构成及变动情况:

(1)该等劳务公司的经营合法合规性等情况,比如是否为独立经营的实体,是否具备必要的专业资质,业务实施及人员管理是否符合相关法律法规规定,发行人与其发生业务交易的背景及是否存在重大风险;

(2)劳务公司是否专门或主要为发行人服务,如存在主要为发行人服务的情形的,应关注其合理性及必要性、关联关系的认定及披露是否真实、准确、完整。中介机构对于该类情形应当从实质重于形式角度按关联方的相关要求进行核查,并特别考虑其按规范运行的经营成果对发行人财务数据的影响,以及对发行人是否符合发行条件的影响。

如果劳务公司只是专门或主要为发行人服务,瓜田李下,难免监管层会怀疑存在体外公司，特别是可能存在隐藏的关联方为发行人承担成本费用、输送利益的情况。所以，为了避嫌，企业应当尽量选择无关联关系、不主要为发行人服务的劳务公司。

参见案例“7－5 皓泽电子 2022－04”“7－6 达科为 2022－06”。

五、劳务定价

《首发业务若干问题解答》（2020 年 6 月修订）问题 47 第 3 项要求中介机构关注：

……劳务数量及费用变动是否与发行人经营业绩相匹配，劳务费用定价是否公允，是否存在跨期核算情形。

这里与上文“四、关联关系”的内容都得引起企业的高度关注。2022 年 3 月，创业板一企业有多个劳务供应商主要为发行人服务，且部分供应商成立后立即与发行人合作、合作一两年后注销，其劳务采购费占营业收入比例持续低于同行业上市公司。该企业未能对劳务采购模式的合理性、供应商主要为发行人服务的合理性及规范性、劳务采购价格的公允性及劳务采购费的完整性作出合理充分说明，因而被否。

1. 与经营业绩相匹配

劳务数量及费用变动是否与发行人的经营业绩相匹配，可以用“向劳务公司采购金额及其占公司营业成本的比例”两个指标来衡量，波动不太大或者波动大但解释得通皆可。

2. 定价公允

对于劳务人员与同类岗位的合同员工，企业应当尽量做到同工同酬。对是否存在过度的歧视对待这一问题，可将劳务派遣用工的月度劳动报酬和劳务外包的月度用工成本与下列内容比较，并解释之：

- 企业同期相同或类似工作岗位的薪酬；
- 同行业、同地区可比公司购买的劳务价格；
- 当地同类或类似工种的薪酬；
- 企业所在地政府要求的最低工资标准；

■ 当地劳务的市场价格；

■ 其他劳务公司的报价。

劳务派遣、劳务外包的价格容易受到当地劳务市场供需等多方面的影响，坦白讲，要做到同工同酬很难。一般而言，公司同期同工种的合同员工的薪酬有理由高于劳务派遣、劳务外包的薪酬，毕竟二者对学历、素质、工作经验的要求和工作内容还是有明显差异的。

参见案例"7－4 天振股份 2022－04"。

3. 跨期核算

企业应当依据劳务合同的计费标准、结算条款，及时地对账结算，准时、准确地计提劳务费用，不得推迟或拖欠劳务费用，参见案例"7－7 德芯科技 2022－06"。

六、常见问询

■ 说明劳务外包公司与发行人及其控股股东、实际控制人是否存在关联关系，是否存在以劳务外包形式规避劳务派遣相关法律法规规定的情形。

■ 比较当地员工的薪酬水平，分析是否存在刻意压低职工薪酬的情形。

■ 说明报告期内劳务派遣人数及占比大幅下降情形下生产任务的开展情况。

■ 说明劳务派遣员工的工资水平是否明显低于正式员工，是否存在同工不同酬的情形。

7－1 维科精密 2022－06

申请文件显示：报告期内，发行人劳务外包人数分别为 280 人、233 人、456 人和 603 人，劳务外包人数较多。报告期内，发行人未缴纳社会保险和住房公积金的员工人数较多，存在劳务派遣员工占比超过 10% 的情形。

请发行人：

一、结合劳务外包和劳务派遣岗位的薪酬支付、五险一金缴纳等，说明发行人劳务外包、劳务派遣相关业务的真实性、成本费用核算的准确性，相关依据是否充分

| 回复 |

1. 报告期内劳务外包、劳务派遣岗位的薪酬支付、五险一金的缴纳和结算情

况,以及相关业务的真实性

劳务外包是指根据《中华人民共和国民法典》的规定,企业将其部分业务或职能工作发包给相关外包服务机构,由该机构自行安排人员按照企业的要求完成相应的业务或工作;而根据《中华人民共和国劳动合同法》《中华人民共和国劳动合同法实施条例》《劳务派遣暂行规定》的规定,***劳务派遣***是指劳务派遣单位与用工单位签署劳务派遣协议,劳务派遣单位与被派遣劳动者签订劳动合同,然后向用工单位派出该员工,接受用工单位的指挥、监督,以完成劳动力和生产资料的结合。发行人及其子公司报告期内存在劳务派遣和劳务外包情形,发行人及其子公司报告期内采用的劳务派遣和劳务外包在费用结算方式、对劳动者的管理权限、劳动用工风险承担等方面存在显著差异,具体情况如下:

两者区别	劳务外包模式	劳务派遣模式
合同形式不同	劳务外包单位与公司签订***劳务外包协议***	劳务派遣单位与公司签订***劳务派遣协议***
性质不同	一种业务经营模式,发包单位与承包单位之间是***民事关系***	一种非标准劳动关系的***用工形式***,属于劳动法意义上的概念
法律适用不同	适用《***民法典***》	适用《***劳动合同法***》《***劳动合同法实施条例***》
经营资质要求不同	劳务外包业务本身***无***特别资质要求	劳务派遣单位须要取得***劳务派遣经营许可证***
结算方式不同	以劳务外包单位经公司验收合格的***工时***及工时***单价***结算劳务外包服务费用	按照派遣人员数量结算***派遣人员的薪酬***和***管理服务费***
对劳动者的管理权限不同	外包人员由劳务外包单位自主招聘,并由***外包公司***现场驻场人员直接管理	劳务派遣人员由***公司***直接管理,公司的规章制度适用于派遣人员,对劳务派遣人员的工作内容有直接***指挥权***和***管理权***
劳动成果风险承担不同	***劳务外包单位***应保证生产计划的顺利完成,公司对外包人员的劳动成果不承担风险	派遣单位对劳务派遣人员的工作成果不负责任,劳务派遣人员工作成果的风险由***公司***承担
用工风险的承担不同	***劳务外包单位***应承担外包用工工伤法律责任、支付经济补偿和赔偿金等用工风险	违法用工给派遣员工造成损害的,***用工单位与派遣单位承担法定连带责任***

续表

两者区别	劳务外包模式	劳务派遣模式
薪酬发放	***劳务外包单位***承担劳务外包人员的薪酬,承担因劳动报酬产生的劳资纠纷	***用工单位***承担派遣员工的基本工资和社保费用

点评

1. 上表已经将劳务派遣与劳务外包的区别说得很清楚了,更多的区别参见正文表7-1的总结。

2. 劳务外包公司开展劳务外包业务,非特殊行业,一般不需要资质。

因此,公司劳务派遣和劳务外包模式存在显著差异,***不存在以劳务外包形式规避劳务派遣相关法律法规的情形***,公司对外采购的劳务外包和劳务派遣服务具有真实性。

点评

此处若列出劳务合同的具体内容以供判断更佳,可参考案例"7-2 景创科技 2022-06"的做法。

(1)薪酬支付、五险一金的缴纳情况

《劳务派遣暂行规定》第五条规定:"劳务派遣单位应当依法与被派遣劳动者订立2年以上的固定期限书面***劳动***合同。"***劳务派遣单位***与劳务派遣人员建立的是***劳动合同***关系,是劳务派遣人员薪酬支付的责任主体,***是劳务派遣人员社会保险及住房公积金的缴纳主体***。

在劳务外包法律关系中,劳务外包服务单位为公司提供劳务外包业务,双方依据《中华人民共和国***民法典***》签署劳务外包合同,并按合同约定享有相应的权利履行相应的义务,双方建立的是***合同***关系;劳务外包单位与劳务外包人员之间建立的是***劳动关系***,***劳务外包单位***是劳务外包人员薪酬支付的责任主体,***是劳务外包人员社会保险及住房公积金的缴纳主体***。

发行人及其子公司与劳务派遣单位、劳务外包服务单位签署的劳务派遣协议、劳务外包协议,均明确约定***派遣单位、劳务外包服务单位应与派遣人员、劳务

外包人员签订劳动合同并为其缴纳社会保险，应按照劳动合同的约定及时、完整的向其支付工资及福利，如有违反，***劳务派遣单位与劳务外包单位承担相应的法律责任***。

点评

劳务派遣人员、劳务外包人员的薪酬、五险一金应分别由劳务派遣单位、劳务外包单位发放、缴纳。

(2)劳务外包、劳务派遣的费用结算情况

根据发行人与劳务外包单位签署的劳务外包协议及结算资料，发行人及子公司在上月末或月初向劳务外包单位下发生产任务单，劳务外包单位根据生产任务单安排人员开展工作，双方以当月实际完成并***经发行人验收合格的工时，按工时单价结算***。发行人及子公司***按照验收结算单向劳务外包单位支付劳务外包费用***。

点评

劳务外包根据承包方完成的工作量结算费用，结算方法是"工作数量×单价"，此案例是根据验收结算单，按"工时×工时单价"计算劳务外包费用。

根据发行人与劳务派遣单位签署的劳务派遣协议及结算资料，发行人及其子公司根据当月实际使用***派遣单位派遣员工的总人数支付管理费、社会保险费和劳务派遣人员薪酬***，按月结算。公司根据劳务派遣单位派遣员工的考勤记录、工时记录与劳务派遣单位结算***每个派遣员工的薪酬***。

点评

劳务派遣按照派遣人员数量结算派遣人员的薪酬和管理服务费，结算方法是"派遣人数×薪酬"，按人头计算，比劳务外包好算一些。

公司劳务外包、劳务派遣的结算方式如下：

项目	劳务外包	劳务派遣
结算方式	按照***工时***及***工时单价***结算	按员工人数确定的***管理费***和***劳务派遣人员薪酬***(***含社保等费用***)结算
结算依据	生产任务单、验收***结算单***	当月实际派遣的员工***数量***及相应***薪酬***

综上，报告期内，发行人劳务外包、劳务派遣相关业务真实、准确，相关依据充分。

2. 成本费用核算准确

(1) 劳务派遣

发行人各用工部门***每日登记劳务派遣人员的实际出勤情况***，用工部门和人力资源部负责人不定期抽查员工出勤情况确保出勤登记准确。每月末，用工部门负责人复核当月劳务派遣人员的出勤记录后提交人力资源部；人力资源部计算应支付的劳务派遣人员薪酬、社会保险费等相关成本，与劳务派遣公司对账无误后提交财务部；财务部据此计提当月***应付职工薪酬***，并结合劳务派遣人员所处的部门进行会计处理，具体分录如下：

借：生产成本—职工薪酬

　　贷：***应付职工薪酬***

借：应付职工薪酬

　　贷：银行存款

点评

劳务派遣员工相当于正式员工，薪酬计入“应付职工薪酬”。

(2) 劳务外包

每月月初外包服务采购部门编制生产任务单填列具体***外包服务需求***，人力资源部审核后发劳务外包公司进行相应安排；劳务外包公司每日登记劳务外包人员的有效工时记录并由外包服务采购部门予以确认，外包服务采购部门和人力资源部负责人不定期抽查工时记录的登记准确。***每月***末外包服务采购部门负责人复核当月有效***工时***记录后提交人力资源部；人力资源部与劳务外包公司核对当月各生产工序的外包业务量后形成《任务***结算单据***》，基于双方约定的劳务外包单价计算当月外包费用并提交至财务部；财务部据此计提当月劳务外包成本，并结合劳务外包员工所执行的工作内容及相关工作内容所归属的部门情况进行会计处理，具体分录如下：

借：生产成本/销售费用/管理费用—劳务费

　贷：***其他应付款***—劳务费

借：其他应付款—劳务费

　贷：银行存款

点评

劳务外包费用计入应付款，而非"应付职工薪酬"。

针对发行人劳务外包和劳务派遣的核算准确性，中介机构查阅了发行人报告期内主要***劳务外包及派遣合同、交易明细、劳务外包生产任务单、验收结算单、发票***等；结合劳务外包及派遣发生金额占营业成本的比例分析了劳务外包及派遣规模与发行人经营规模的匹配性；结合发行人操作员、劳务外包和劳务派遣人员的薪酬及工时成本，以及发行人所在地非全日制小时最低工资水平及同地区上市公司外包工时单价的对比情况，分析了发行人劳务外包及派遣定价的公允性。

综上所述，发行人劳务外包、劳务派遣不存在跨期核算的情形，成本费用核算准确。

点评

《首发业务若干问题解答》(2020年6月修订)问题47要求审查劳务费用定价是否公允，是否存在跨期核算的情形。

(3)劳务外包及劳务派遣金额占营业成本的比例保持稳定

报告期内，发行人***劳务派遣及劳务外包结算金额及占当期营业成本的比重***情况如下：

单位：万元

项目	2021年度	2020年度	2019年度
劳务外包结算金额(A)	4,895.62	52,355.22	1,475.35
劳务派遣结算金额(B)	624.23	52,355.22	3,154.47

续表

项目	2021 年度	2020 年度	2019 年度
劳务外包与劳务派遣结算金额合计(C=A+B)	5,519.85	4,402.88	4,629.82
营业成本(D)	52,355.22	42,681.96	40,655.77
合计占比(C/D)	***10.54%***	***10.32%***	***11.39%***

注:上述金额不含可抵扣的增值税金。

由上表可见,整体而言,报告期内,***劳务派遣用工薪酬及劳务外包采购结算金额合计占营业成本的比例基本保持稳定***。2020 年,受益于社保减免政策公司劳务派遣成本有所下降,使得劳务外包及派遣合计金额占营业成本的比例较 2019 年下降 1.07 个百分点;2021 年,公司经营规模扩大,加之社保减免政策取消,劳务外包及派遣合计金额较 2020 年有所提升,但营业成本增长也因经营规模扩大、原材料价格上涨等因素有所增长,导致 2021 年上述比例仅较 2020 年增加 0.23 个百分点,未回升至 2019 年的水平。

因此,公司劳务外包及派遣规模与发行人的经营规模相匹配,相关成本费用核算准确,依据充分。

点评

《首发业务若干问题解答》(2020 年 6 月修订)问题 47 要求关注劳务数量及费用变动是否与发行人经营业绩相匹配。此案例用"(劳务派遣用工薪酬+劳务外包采购结算金额)/营业成本"指标去衡量是否匹配,报告期内维持在 10%~11%之间,变动并不大,可以不用解释。

二、说明劳务外包的金额及占当期营业成本比重,外包原因、是否涉及关键工序或关键技术、劳务外包成本与发行人人工成本的差异,是否存在通过劳务外包人为压低人工成本的情形

| **回复** |

1. 劳务外包的金额及占当期营业成本的比重

报告期内,劳务外包的金额及占当期营业成本比重:

单位:万元

项目	2021 年度	2020 年度	2019 年度
劳务外包结算金额	4,895.62	2,193.80	1,475.35
营业成本	52,355.22	42,681.96	40,655.77
占比	***9.35%***	***5.14%***	***3.63%***

注:劳务外包采购结算金额不含可抵扣的税金

报告期内,公司劳务外包金额***占营业成本的比重***逐年上升,主要系公司原先***劳务派遣员工所从事的工作内容逐步改为由劳务外包***单位提供服务所致,考虑劳务派遣后的合计金额占营业成本的***比重保持稳定***。

2. 外包原因、是否涉及关键工序或关键技术

发行人产品生产中的注塑、冲压、绕线、焊接等主要环节均通过自动化生产线或机器设备完成,生产排产、模具制造、工艺调试、设备操作等主要生产环节由正式员工负责。劳务外包人员主要负责装配、筛选、搬运及清洗等工作内容,其中,筛选为产品外观检查,搬运为物料搬运及上下料,装配为利用半自动设备进行简易装配,***工作内容较为简单、工作经验要求较低***,均为产品生产过程中的***辅助性***工作,***不涉及关键工序或关键技术***;清洗为包装物清洗等工作,不属于生产环节,亦***不涉及关键工序或关键技术***。

由于上述工作具有***劳动密集型***特征,存在***用工需求量大***、人员***流动性***较高的情况。同时,用工需求根据订单及实际生产情况可能存在***波动***,自雇员工的招聘和管理难度较大。劳务外包公司作为专业的人力资源服务机构,***有较好的劳动力供应渠道和充足的劳动力供应能力***,能够及时响应并保障发行人的生产用工需求,可以有效***减少发行人的人事管理成本***。因此,为更好地优化生产组织、提高生产效率、满足用工需求,发行人采用劳务外包模式***缓解公司短期用工压力,提升管理效率***。

点评

1.《劳动合同法》(2012 年修正)第 66 条规定,劳务派遣用工只能在临时性、辅助性或者替代性的工作岗位上实施。所以,上文一直朝着这“三性”的方向抗辩。

2. 事物存在,就有存在的道理,劳务派遣、劳务外包亦是如此,它们是用工形式的补充。

3. 劳务外包成本与发行人人工成本的差异,是否存在通过劳务外包人为压低人工成本的情形

(1)劳务外包成本与发行人人工成本的差异

1)劳务外包成本与操作员人工成本的差异情况

发行人劳务外包费用按***工时***单价进行结算,由于公司不承担劳务外包人员的用人单位管理职责,不掌握具体人员工资,且劳务外包人员流动性较大,为比较劳务外包成本与发行人人工成本,通过下列假设比较分析劳务外包人员和正式员工用工成本差异,具体如下:

①报告期内,劳务外包员工的***工作内容较为简易***,对学历、工作经验无特殊要求,且公司无可比岗位员工,故选取发行人正式生产员工中操作员7的薪酬构成及工时情况计算单位工时成本,并进行对比分析;

②***劳务外包用工的单位工时成本=劳务外包结算费用/结算工时***;

点评

劳务外包金额按外包任务整体计算,不是按人头。劳务外包人员的工资由劳务公司确定,而劳务派遣人员的薪酬由用工单位定,所以,用工单位可能无法知晓劳务外包人员的具体薪酬,只能通过劳务外包总费用、工时去推算出劳务外包的单位工时成本。

经测算,发行人的劳务外包与公司操作员的***单位工时成本***比较情况如下:

项目	2021年度	2020年度	2019年度
劳务外包单位工时成本(元)	26.03	25.92	25.36
操作员单位工时成本(元)	36.50	30.47	31.59
劳务外包与操作员单位工时成本差异(元)	-10.46	-4.54	-6.23
差异率	***-28.67%***	***-14.91%***	***-19.73%***

受益于2020年国家出台的社保减免政策,公司操作员单位工时成本有所下降,2019年上海市企业由单位承担的养老保险、失业保险和工伤保险缴纳比例分别为16%或20%、0.5%和0.28%,2020年上述社会保险的免征、减征降低了企业

的用人成本;2021 年,上海和常州的最低工资标准分别提高 7.02% 和 12.87%,两地操作员的薪酬也参考该标准相应提高,加之社保减免政策取消,使得 2021 年操作员单位工时成本有所增加。

报告期内,公司操作员单位工时成本均高于劳务外包单位工时成本,主要系***劳务外包人员和操作员在工作内容、学历背景、工作经验要求、人员管理等多方面存在较大差异所致***。

2)差异合理性分析

①主要***工作内容***

公司劳务外包人员主要负责生产经营过程中的筛选、装配、搬运、清洗等工作,工作内容简单,***可替代性强***,属于***非核心***工序;公司操作员主要负责产线及设备的操作及调试、对产品进行抽检复核等工作内容,属于主要生产环节。相较而言,公司操作员的工作内容所要求的技术储备、知识和技能水平更高,出现产品质量风险影响程度更大。

②***学历***及***工作经验***要求

鉴于操作员与劳务外包人员工作内容方面存在显著差异,操作员所要求的技术储备、知识和技能水平要求更高。因此,对于操作员,公司专门面向相关中专院校、职业院校进行定期招聘,以保证所录用的操作员具有必要的工作能力、学习能力和培养价值。同时,公司在录用时需要履行一系列的考核程序,对操作员的相同岗位的工作经验等亦有一定要求。

劳务外包人员主要由劳务外包单位进行招聘,公司对劳务外包人员无***学历***要求,亦无***工作经验***要求。公司主要对劳务外包单位进行考核,对生产任务完成情况进行验收。

整体而言,操作员在学历、工作经验等方面普遍高于劳务外包人员。截至 2021 年 12 月末,劳务外包人员以初中学历为主,操作员以高中及以上学历为主。

③培训安排及人员***管理***

劳务外包人员的工作内容相对简单、可替代性强,一般由劳务外包单位管理人员对其工作进行直接的指导、管理和考核,公司主要负责厂区规章制度、生产安全等方面进行监督。

对于操作员,公司设置了系统性的培训计划,一方面由经验丰富的老员工带教,另一方面由公司定期组织业务培训,提升工作技能和岗位工作效率。此外,公司操作员可按照晋升路线逐步升职为技术员等职位,通过后续培训等逐步从事专业性更高、复杂程度更高的工作内容。

综上所述,发行人操作员与劳务外包人员的工时成本差异主要系不同类型员工的工作内容、学历背景、工作经验、人员管理等多种因素造成,发行人操作员与劳务外包人员工时成本差异存在合理性。

点评

同工种的正式员工的薪酬有理由高于劳务派遣、劳务外包,毕竟二者对学历、素质、工作经验、工作内容的要求是有明显差异的。

(2)是否存在通过劳务外包人为压低人工成本的情形

公司劳务外包按照合同约定的工时单价结算,故报告期内劳务外包单位工时成本基本稳定。发行人劳务外包采购价格的确定依据及公允性参见本题回复“三”之“1、劳务外包和劳务派遣用工结算价格的确定依据及公允性”之“(2)劳务外包采购价格的确定依据及公允性”。此外,如前所述,劳务外包工时成本与操作员工时成本差异存在合理性。

报告期内,公司基于用工规范需要,针对筛选、装配、搬运等***非核心***工作环节,由劳务派遣用工调整为劳务外包的情形,但不存在将正式工岗位调整为劳务外包或劳务派遣的情形,发行人报告期各期末用工结构情况如下:

单位:人

项目	2021.12.31	2020.12.31	2019.12.31
劳务外包用工数	504	456	233
劳务派遣用工数	–	280	304
劳务外包及派遣合计	**504**	**736**	**537**
正式员工总数	725	712	683
用工数量	**1,229**	**1,448**	**1,220**

注:正式员工总数含非生产人员。

由上表可见,报告期内,发行人正式员工人数持续增加,2020 年末劳务外包/派遣员工人数较多,主要系新冠疫情缓解后,2020 年四季度下游客户需求量大幅增加,且公司新厂房搬迁完成后,为保障产品质量公司加大检查力度,筛选工作量增加,因此该时间段劳务外包用工数量增加。

综上所述,由于工作性质和内容不同,发行人劳务外包单位工时成本与正式员工单位工时成本存在差异,且具备合理性;报告期内,发行人用工结构合理,***不存在以劳务外包或派遣用工替代正式员工的情形,发行人不存在通过劳务外包人为压低人工成本的情形***。

点评

1. 虽说劳务外包、劳务派遣都可以解决就业,但毕竟不是正式员工,可能会影响劳动者的些许权利、福利。所以,若劳务外包、劳务派遣人员过多,企业会被质疑是在人为刻意地压低人工成本,需根据实际情况好好解释一番。

2. 该案例中,劳务外包及派遣占比不小,甚至在2020年还一度超过了正式员工的人数,需使其数量降下来。

三、说明劳务外包和劳务派遣用工结算价格的确定依据及公允性,测算报告期内劳务用工调整、员工社会保险及公积金补缴对发行人财务指标的影响,揭示相关风险和应对方案

| 回复 |

1. 劳务外包和劳务派遣用工结算价格的确定依据及公允性

(1)劳务外包和劳务派遣工作内容及结算价格的确定依据

公司劳务外包和劳务派遣用工所从事的工作内容基本相同,主要为筛选、搬运、装配及清洗等。针对该等工作内容,公司未设置正式员工岗位。发行人***劳务派遣员工与公司正式员工岗位有明显区分***,非同工种。劳务派遣员工与正式员工基本工资均按照***不低于所在地当年最低工资标准***制定并根据员工情况存在略微浮动,劳务派遣员工工资结构参照正式员工工资结构按照“基本工资+绩效+加班工资-扣款”计算。

根据发行人与劳务外包公司签署的外包协议,发行人劳务外包费用按照工时单价结算;劳务外包费用***参考当地劳务外包市场价格并由双方协商确定***。发行人选取劳务外包公司综合考虑劳务外包公司的服务能力、行业背景、劳务外包市场价格等因素进行比较后确定。

(2)劳务外包结算价格的公允性

报告期内，发行人及其子公司劳务外包工时单价与当地的***非全日制小时最低工资***的比较情况如下：

项目	主体	2021 年度
劳务外包每小时定价(元)A	上海	26.45
	常州	22.30
非全日制小时最低工资(元)B	上海	23.00
	常州	22.00
劳务外包与非全日制小时最低工资差异(元) C = A - B	上海	3.45
	常州	0.30
差异率 D = C/B	上海	***15.00%***
	常州	***1.35%***

注 1：上述结算金额含增值税。

注 2：常州维科 2020 年度未发生劳务外包费用。

由上表可知，发行人及其子公司劳务外包工时单价整体**高于**当地的非全日制小时最低工资。2019 年常州维科的劳务外包单位工时略***低于***非全日制小时最低工资标准，当年常州维科仅在 1 月发生劳务外包采购，系 2019 年前签署合同延续所致，相关交易***金额较小***，仅 5.75 万元。

报告期内，发行人及其子公司劳务外包工时单价与上海和常州其他上市公司外包工时单价的比较情况如下：

项目	2021 年度	2020 年度	2019 年度
新时达	28.08	26.67	27.77
来伊份	24.26	25.01	24.89
益民集团	23.69	22.28	23.05
同地区上市公司平均	**25.35**	**24.65**	**25.23**
维科精密	26.45	25.92	25.40

由上表可知，发行人及其子公司劳务外包工时单价亦与同地区上市公司外包工时单价基本处于相同水平。

故此，发行人及子公司分别位于上海市和江苏省常州市，制造业较为发达，存在成熟的用工市场,劳务外包市场价格透明,发行人通过***参考市场价格的基础上协商***确定劳务外包价格,且为发行人提供服务的劳务外包公司均系面向市场独立经营的专业机构,与发行人不存在关联关系,***并非专门或主要为发行人提供服务的机构***,劳务外包用工成本整体高于当地的非全日制小时最低工资水平,且与同地区上市公司外包工时单价的差异较小,公司劳务外包采购价格公允,***不存在第三方为发行人代垫成本费用的情形***。

点评

1. 针对劳务费用定价是否公允这一问题,可以将劳务的薪酬与企业同期相同或类似工作岗位的薪酬或者同行业、同地区可比公司的劳务价格等比较,并结合企业的实际进行解释,差距不要太大且不低于当地非全日制最低的工资标准即可。

2. 本案例中,2019 年常州维科的劳务外包单位工时略低于非全日制小时最低工资标准,不可行。

(3)劳务派遣结算价格的公允性

报告期内,劳务派遣员工与公司劳务外包工时成本对比情况如下:

项目	2021 年度	2020 年度	2019 年度
劳务派遣单位工时成本(元)	26.18	24.11	27.05
劳务外包单位工时成本(元)	26.03	25.92	25.36
劳务派遣与劳务外包单位工时成本差异(元)	0.14	-1.81	1.69
差异率	***0.55%***	***-6.99%***	***6.68%***

注:上述结算金额含增值税,测算整体影响差异时已剔除可抵扣的增值税的影响。

由上表可知,除 2020 年受社保减免影响外,公司劳务派遣单位工时成本与劳务外包接近,***略高于劳务外包***,主要原因系公司对于派遣人员有自主选择权和管理权,人员***素质***、人员管理及人员***稳定性***方面略高于由劳务外包单位直接招聘和管理的劳务外包人员。

因此,发行人劳务派遣人员与劳务外包人员工作内容相近,其工时成本与劳务外包工时成本基本一致,公司劳务派遣采购价格公允,不存在第三方为发行人承担相关成本、费用的情形。

2. 报告期内劳务用工调整补缴对发行人财务指标的影响,以及相关风险和应对方案

报告期内,公司基于用工规范需要,将劳务派遣用工采用劳务外包方式予以规范。劳务外包按照工时计价,而劳务派遣按照“基本工资+绩效+加班工资-扣款”的薪酬结构结算,计价方式存在差异。

参考上文中劳务外包和劳务派遣人员的单位工时成本情况,若报告期各期发行人沿用劳务派遣用工,则对发行人财务指标的影响如下:

单位:万元

项目	2021年度	2020年度	2019年度
劳务用工调整影响金额	267.61	-153.93	98.00
利润总额	6,118.74	4,165.20	5,839.06
影响利润总额比例	**4.37%**	**-3.70%**	**1.68%**

注:负数代表劳务用工调整增加当期利润金额。

由上表可知,报告期内,***若公司的劳务外包用工沿用劳务派遣***,将分别减少2019年和2021年利润总额98.00万元和267.61万元,增加2020年利润总额153.93万元,因此,发行人劳务用工调整对当期利润总额影响***较小***。

公司劳务用工工作内容较为简单,对操作人员的***学历***、***工作经验***无特殊要求,***可替代性***强,为***非核心***工序。该等工作具有劳动密集型特征,存在用工需求量大、人员***流动性较高***的情况。同时,用工需求根据订单及实际生产情况可能存在波动,自雇员工的招聘和管理难度较大。劳务外包公司作为专业的人力资源服务机构,有较好的劳动力供应渠道和充足的劳动力供应能力,能够及时响应并保障发行人的生产用工需求,可以有效减少发行人的人事管理成本。

点评

劳务派遣有10%的数量限制,加之劳务外包又相对方便、快捷,价格便宜,企业当然更加倾向于用劳务外包。不过,用劳务外包,价格也不一定能便宜多少,如该案例中,测算之后,价格有时候便宜、有时候贵。

因此,虽然公司基本可按照劳务派遣人员同等用工成本***将劳务用工调整为正式***

员工，若公司将劳务用工调整为正式员工，对当期利润总额影响较小，但基于管理及***灵活用工***等方面的考虑以及将管理资源专注于核心技术与业务的同时保障用工需要，公司在保证发行人整体生产经营稳定情况下，针对劳务派遣员工占比较高的情形积极采取措施予以规范，与劳务派遣单位协商解除劳务派遣协议，并通过劳务外包解决用工需求。截至2021年6月末，发行人已完成***整改，不存在劳务派遣人员***。劳务派遣人员所从事的筛选、装配、搬运等工作内容交由***劳务外包***单位提供服务。

发行人及其子公司所在地***人力资源和社会保障部门***已出具***证明***，报告期内，发行人及其子公司***不存在因劳务派遣导致公司受到重大行政处罚***记录，不存在因劳务派遣导致的重大劳务纠纷或群体性事件的相关情形。

发行人***控股股东、实际控制人***就发行人劳务派遣用工问题已出具***承诺***："对发行人报告期内存在的劳务派遣用工不规范问题，若发行人由于劳务派遣相关问题而遭受行政机关的处罚，或与劳务派遣单位及劳务派遣员工产生争议或纠纷，则本企业/本人承诺将补偿发行人或其子公司可能承担的费用或损失，以保证发行人或其子公司不会因此遭受任何损失。"

综上所述，虽然报告期内维科精密及常州维科曾经存在劳动派遣人员数量***超过其用工总量10%***的不规范情形，但已***整改完毕***，截至2021年6月末，发行人及其子公司不存在使用劳务派遣人员的情形，主管***人力资源和社会保障部门***已经出具报告期内不存在重大行政处罚记录的***证明***。因此，发行人报告期内劳务派遣不规范情形不构成重大违法违规行为，不存在因劳务派遣人员数量超过10%产生重大劳动纠纷或重大行政处罚的情形，公司采取的整改措施有效。

点评

1. 劳动派遣人员的数量远超过其用工总量的10%，只要未被处罚，端正态度，逐步规范，一般都不会构成重大违法行为。

2. 请控股股东、实际控制人出承诺，人力资源和社会保障部门出证明是解决此类问题的标配。

7-2　景创科技 2022-06

申报文件显示：2018、2019年发行人存在劳务外包派遣情形，2020年新增劳

务外包,未披露相关具体金额。

请发行人:说明2020年新增劳务外包的原因,是否存在以劳务外包形式实质进行劳务派遣的情形,是否存在占总人数的比例超过10%的情形。

| **回复** |

1.2020年新增劳务外包的原因

报告期内发行人与劳务外包公司签订外包合同,以及新增劳务外包的起始时间具体如下:

发行人***以劳务外包取代劳务派遣***的用工形式,主要出于以下三方面考虑:一是发行人生产需求存在一定***季节性波动***,在生产旺季存在用工缺口,需要通过劳务外包的形式将一定数量的***非核心工序***外包,从而集中人力完成核心、重要工序的生产任务;二是相比劳务派遣的用工形式,在劳务外包的形式下,实施外包任务的劳动者均***由劳务外包公司自行管理并独立承担相应风险,降低了发行人的管理成本***;三是由于劳务外包公司承担了部分人员的***管理职责***,发行人仅需检验和控制外包产品的质量,***提升了发行人的经营效率***。

点评

监管层担心企业存在“伪外包,真派遣”的情况,即以劳务外包的形式规避劳务派遣10%比例的数量限制,同时刻意压低人工成本,损害劳动者的利益。

2.劳务外包与劳务派遣的区别

劳务外包是指企业将部分业务或工作发包给外包服务单位,由外包服务单位安排人员完成相关的业务或工作,企业按照业务或工作的完成情况与外包服务单位进行结算。劳务外包的法律关系适用《中华人民共和国***民法典***》。

劳务派遣是指用工单位与劳务派遣单位订立劳务派遣协议,劳务派遣单位与被派遣劳动者订立劳动合同,被派遣劳动者在约定的用工单位相应岗位上工作的用工形式。劳务派遣的法律关系适用《中华人民共和国***劳动合同法***》《***劳务派遣暂行规定***》等相关规定。

结合业务实质,劳务外包与劳务派遣在合同形式、用工风险承担、劳务人员管理责任、劳务费用计算以及报酬支付方式等方面存在差异,具体情况如下表所示:

内容	劳务外包模式	劳务派遣模式
合同形式	合同的主要的形式为生产外包、业务外包、岗位外包、业务流程***外包协议***等	劳务派遣公司与用工单位签订劳务***派遣协议***
用工风险承担	***劳务公司***承担用工风险	***用工单位***承担用工风险，用工单位给被派遣劳动者造成损害的，劳务派遣公司与实际用工单位承担***连带***赔偿责任
劳务人员管理责任	由***劳务公司***直接管理	由***用工单位***直接管理
劳务费用计算	由用工单位与劳务公司按照以工作内容和工作结果为基础进行整体结算，***劳务人员具体工资由劳务公司确定***	通常按照实际用工单位的正式员工，实行同工同酬，***派出员工的具体工资由用工单位决定***
报酬支付方式	***用工单位***向劳务公司整体支付外包劳务费；***劳务公司***向劳动者支付薪酬及缴纳社保	***用工单位***直接向劳动者支付工资薪酬（部分情况存在由劳务公司代收代付）并向劳务派遣公司支付派遣费用

3. 发行人不存在以劳务外包形式实质进行劳务派遣的情形

发行人与各劳务外包服务公司签署了《劳务外包协议书》，该等协议约定将创新消费电子、游戏机手柄、游戏机配件的组装及包装工作进行***外包，按照外包工作及任务整体计算费用并由发行人直接向外包公司支付。外包公司应当管理自己的人员，并独立承担相应的用工风险。***

根据合同内容，发行人与各劳务外包服务公司的业务合作具体内容如下：

内容	合同约定及具体合作方式
合同形式	生产外包合同，约定由***劳务外包公司***安排人员完成发行人指派的特定数量、特定型号的产品组装、包装等任务
用工风险承担	***劳务外包公司***独立承担
劳务人员管理责任	***劳务外包公司***应当指导其员工严格按照发行人的工作描述、生产操作规程等质量标准进行工作
劳务费用计算	发行人根据相关产品的产量、单价，计算总金额，与劳务外包公司进行***对账***确认相关费用
报酬支付方式	发行人向劳务外包公司支付劳务费用，***由劳务外包公司负责劳务人员工资发放及社保缴纳***，发行人不直接向劳务人员发放工资

经核查发行人提供的外包工作清单、***对账单***、领料记录、入库记录、劳务外包费用***发票***、***付款凭证***等文件,发行人将相应工序整体外包的实际操作方式与《劳务外包协议书》的约定一致,发行人与劳务公司的业务关系为劳务外包。***发行人不存在以劳务外包形式实质进行劳务派遣的情形***。

点评

本案例列出了《劳务外包协议书》的具体内容,根据劳务派遣与劳务外包的区别解释没有以“外包”之名行“派遣”之实,很有说服力。

7-3 博菱电器 2022-06

招股说明书显示:报告期内公司外协采购金额分别为 3,990.70 万元、5,586.84 万元、13,191.99 万元,2020 年劳务外包采购金额为 3,171.96 万元,2019 年末、2020 年末,公司从劳务派遣单位接受派遣人员数量为 5 人、31 人。

请发行人:补充披露发行人在人员紧缺时,选择采购劳务外包还是增加劳务派遣人员的决策依据,劳务外包、劳务派遣和外协加工参与的生产环节及工作内容差异,三者的成本效益分析。

| **回复** |

1. 发行人在人员紧缺时,选择采购劳务外包还是增加劳务派遣人员的决策依据

公司在选择采购劳务外包还是增加劳务派遣人员时主要考虑以下几个因素:

(1)管理成本效益

劳务派遣和劳务外包人员均具有人员***流动性强***的特点,从管理角度考虑劳务派遣会增加公司的管理难度及相关成本,而劳务外包人员的管理由劳务外包公司负责,***会提高公司的管理效率***、***降低管理成本***,当所需劳务派遣或劳务外包完成的***工作量较大***、***涉及的人员较多***时,公司为了降低人员管理成本,会优先采用劳务外包。2020 年,公司营业收入和订单规模快速增长,叠加下半年为公司销售***旺季***的影响,自 2020 年下半年起,***生产高峰期***出现生产人员严重不足的情况,所以公司考虑人员管理成本后选择了劳务外包方式完成部分***非核心***工序,解决自身生产人员短缺问题。

(2)工作内容

当所需完成工作量较小、人员需求数量较少且工作内容主要为***临时性、辅助性或替代性***的工作且其***工作成果不便以工作量成果计价时,优先选择劳务派遣***,当所需完成的***工作量较多、人员需求数量较多且工作内容主要为直接参与生产的非核心工序时,优先选择劳务外包***。

(3)合法合规性

《劳务派遣暂行规定》中相关规定如下:用工单位应当严格控制劳务派遣用工数量,使用的被派遣劳动者数量不得超过其用工总量的***10%***,所以公司在解决人员短缺问题时,会考虑相关法律法规的规定,劳务派遣人员数量控制在用工总量的***10%***以下。

综上,在满足公司业务量大幅增长、生产人员大量需求的情况下,同时考虑公司管理成本效益以及合法合规性的要求,2020年下半年公司优先选择了劳务外包解决人员短缺问题。

点评

由于被派遣劳动者数量不得超过其用工总量的10%,加之劳务外包价格相对便宜,方便管理,监管层担心企业存在“假外包,真派遣”的情况。

2. 劳务外包、劳务派遣和外协加工参与的生产环节及工作内容差异,三者的成本效益分析

(1)劳务外包、劳务派遣和外协加工参与的生产环节及工作内容差异

报告期内,公司***外协加工***工作内容主要系公司装配产品所需的部分***零部件***的***加工工序***,如注塑、冲压、喷涂、电镀、零部件加工等,劳务外包参与的生产环节主要为装配工序中替代性强的***非关键环节***,劳务派遣参与的生产环节主要为装配工序中***临时性、辅助性***工作及产品检测,劳务外包及劳务派遣与外协加工涉及的生产工序、工作内容完全不同。

(2)劳务外包、劳务派遣和外协加工三者的成本效益分析

由于公司外协加工涉及的生产工序主要为装配的前置工序模具制造、注塑、冲压、喷涂、电镀、零部件加工等,上述工序由专业的外协厂商提供。公司选择将部分***工序***外协加工,一方面是为了降低固定资产投入,使生产计划更灵活;另一方

面是***为了更专注于研发设计和质量管控等核心环节***,而劳务外包与劳务派遣人员均从事简单基础的***辅助性***工作,主要是为了解决公司***阶段性***的劳动力不足问题;所以劳务外包及劳务派遣与外协加工的成本效益不具有可比性。

2018 年、2019 年公司无劳务外包,2020 年劳务派遣人员每人每小时成本与劳务外包经计算后的每小时成本情况如下:

项目	劳务外包	劳务派遣	差异
每小时成本(元/人/小时)	21.33	19.77	***1.56***

劳务外包单位成本和劳务派遣单位人工***差异较小***,劳务外包人员及劳务派遣人员对公司的生产不熟悉,生产效率均较低,在生产性成本支出基本一致的情况下,劳务外包与劳务派遣相比管理成本更低,成本效益更高。

点评

用劳务外包代替劳务派遣,可以规避劳务派遣 10% 的数量限制,还可以压缩成本。但从本案例与案例"7-1 维科精密 2022-06"来看,成本节省并不明显。

7-4 天振股份 2022-04

申报文件显示:(1)2018 年 7 月至 11 月、2019 年 12 月,发行人劳务派遣用工存在比例超过 10% 的情形;2018 年 6 月至 11 月、2019 年 1 月至 2 月,发行人子公司安吉博华劳务派遣用工存在比例超过 10% 的情形。

(2)报告期内,发行人合作的劳务派遣单位中 4 家已取得《劳务派遣许可证》,1 家未取得《劳务派遣经营许可证》,不具备开展劳务派遣业务的必要资质。

请发行人说明:发行人劳务派遣用工结算价格的确定依据及公允性,劳务派遣员工工资水平是否明显低于正式员工、并量化测算对发行人业绩影响;针对报告期内在劳务用工方面存在的违规事项,说明发行人已采取的整改与优化措施,是否存在因历史违规事项而被行政主管部门行政处罚风险及对发行人的影响。

| 回复 |

1. 用工结算价格的确定依据及公允

根据发行人与劳务派遣公司签署的相关劳务派遣协议,相关劳务费用构成主要包括：劳务工人员劳动报酬（含加班工资、绩效工资、福利等）、社会保险费和服务费等。发行人结合劳务派遣人员所从事工序及岗位、工时标准、工作时间、所在地及发行人***相同或类似工作岗位薪资水准***、发行人***所在地基本工资标准***等各项因素综合考量后，与劳务派遣公司通过市场化***协商***定价方式确定劳务派遣费用，该等***劳务派遣员工工资不低于派遣劳务人员所在岗位最低档工资，不低于发行人所在地人民政府规定的最低工资标准***，发行人劳务派遣用工结算价格具有**公允**性。

因此，劳务派遣公司收取的劳务服务费系综合考虑派遣服务内容、发行人相同或类似岗位薪酬及当地工资标准等因素确定，收取劳务服务费由双方协商确定，作价**公允**。

2. 劳务派遣员工工资水平是否明显低于正式员工、并量化测算对发行人业绩影响

2018至2020年发行人存在使用劳务派遣员工的情况，2021年发行人未实际使用劳务派遣人员，不存在与正式员工薪酬差异对比数据。2018年至2020年发行人（含境内子公司）劳务派遣人员与发行人生产人员工资水平对比情况如下：

单位：万元

项目	2020年度
劳务派遣人员月平均工资	0.6844
发行人同一岗位生产员工月平均工资	0.8508
公司所在地最低工资标准	0.1660
劳务派遣人员月平均人数(人)	16
年薪差异合计	31.95
劳务派遣人员未缴社保、公积金金额测算	12.95
年薪差异及社保公积金差异合计	***44.90***
发行人当期利润总额	41,100.38
差异额占发行人利润总额比例	***0.11%***

注：1. 年薪差异合计＝（发行人同工艺岗位生产员工***年***平均工资－劳务派遣人员***年***平均工资）* 劳务派遣人员平均人数 * 12；劳务派遣人员平均人数为历年***各月末人数相加后平均后取整***。

2. 2018年度，公司对所使用的劳务派遣人员在支付的劳务费用包含了为其缴纳的社保费用，不含公积金费用，因而测算时社保费用差异按其作为正式员工缴纳的社保费用与劳务派遣用工的社保差异统计。

报告期内，发行人使用劳务派遣工从事一般生产操作工作，***与发行人正式生***

产员工的薪酬具备可比性。经测算,2018年至2020年各期薪资差异及社保公积金的影响总额分别为599.45万元、63.43万元和44.90万元,占发行人利润总额比例分别为***1.67%、0.16%和0.11%,占比较低***。发行人的劳务派遣员工与同岗位正式员工工资水平不存在明显差异,对发行人报告期经营业绩不存在显著影响。

点评

1. 此处与案例"7-1维科精密2022-06"一样,将劳务派遣员工的工资与当地的非全日制小时最低工资标准列表进行比较,很有说服力。

2. 因存在监管机构担心企业利用劳务派遣、劳务外包压低费用,损害到劳动者的利益的问题,故,将其与正式员工的薪酬比较,用数据说明。一般差额对利润总额的影响都不太大。

3. 针对报告期内在劳务用工方面存在的违规事项,说明发行人已采取的整改与优化措施,是否存在因历史违规事项而被行政主管部门行政处罚风险及对发行人的影响

发行人虽然报告期内存在劳务派遣用工超比例及一家劳务派遣单位***无资质***的事项,但发行人已采取措施整改到位,符合劳务派遣用工的法律法规要求,并获得了安吉县***人力资源和社会保障局不存在重大违法违规且不予处罚的证明***。因此,发行人报告期内劳务用工合法合规,不存在被行政主管部门行政处罚的风险,不构成对发行人本次发行上市条件的重大影响,具体情况如下:

报告期内,发行人及其子公司安吉博华的劳务派遣用工人数存在***比例超过10%***的情形,不符合《劳务派遣暂行规定》第四条规定,用工单位应当严格控制劳务派遣用工数量,使用的被派遣劳动者数量不得超过其用工总量的10%。针对该违规事项,发行人进行了积极整改,一方面按照择优、自愿原则将适应岗位需求的***劳务派遣员工逐步转为正式员工***,另一方面通过***扩大新正式员工的招聘***以满足经营规模扩大对用工的进一步需求。

点评

聘劳务派遣用工为正式员工、招聘更多的正式员工、将劳务派遣改为劳务外包,都可以降低劳务派遣用工比例。不过,最彻底的当然是逐步减少劳务派遣人员。

经过整改,发行人已有效,自2020年2月起,发行人已基本不存在劳务派遣用工情况,仅有1名计件岗位人员因其之前上班途中发生车祸所涉工伤医疗鉴定尚未理赔终结致使社保暂时无法变更劳动关系转入发行人,待其相关事宜办理完毕后公司将聘任其为正式员工,除此之外,发行人不存在其他使用劳务派遣用工的情况。

报告期内发行人的1家劳务派遣单位未取得《劳务派遣经营许可证》,不具备开展劳务派遣业务的必要资质,但公司***与其合作时间较短***,仅2018年10月至2019年2月期间,共计5个月。截至2019年2月底,发行人及其子公司已***终止***与未取得劳务派遣资质的单位(安吉智城人力资源有限公司)的合作关系。

点评

1. 劳务派遣与劳务外包的主要区别之一是,劳务派遣单位需要专业资质,而劳务外包单位一般无此要求。

2. 若劳务派遣单位未取得劳务派遣经营许可,用工单位察觉到后与之停止合作即可。

2021年2月4日,安吉县***人力资源和社会保障局***出具《***证明***》,证明:“安吉博华存在劳务派遣用工的方式,自2018年至2019年期间部分月份存在劳务派遣用工超过法定比例的情形。该企业已加强劳动用工规范,截至该企业注销之日,该企业劳务派遣人数占公司员工总数不超过***10%***,符合法定比例要求。自2018年1月1日至本证明出具之日,该企业不存在因劳务派遣用工事宜受到本单位行政处罚的情况、不存在重大违法违规情形;上述劳务派遣用工超过法定比例事项不属于重大违法违规行为,本单位不会对其进行行政处罚。”

发行人***实际控制人***方庆华、朱彩琴已就劳务派遣事项出具***承诺***:“如果发行人或发行人子公司因劳务派遣用工引致诉讼、仲裁或有关主管部门的行政处罚,从而导致发行人或发行人子公司需要承担相关责任或遭受经济损失的,其将无条件对发行人或子公司进行全额补偿”。

因此,报告期内发行人劳务用工合法合规,针对劳务派遣用工不规范的情形发行人已采取有效的整改与优化措施,并已完成规范,符合《劳务派遣暂行规定》相关要求;安吉县人力资源和社会保障局已出具不予处罚的证明材料,发行人报告期内劳务用工不存在受到行政处罚的风险,不构成对发行人本次发行上市条件的重大影响。

点评

劳务派遣用工比例超过用工单位用工总量的10%、劳务派遣单位无专业资质一般不属于重大违法行为,努力整改后不再是上市的阻碍。

7-5 皓泽电子 2022-04

申请文件及首轮问询回复显示:报告期各期末,发行人劳务派遣人数为413人、881人、0人、0人,2018、2019年末劳务派遣人数占用工总量的36.74%、52.28%,超出《劳务派遣暂行规定》规定的10%;截至2020年9月30日,发行人已无劳务派遣人员,将原属于河南正邦人力资源有限公司的部分原派遣员工转变为向发行人提供劳务外包服务的人员,并与劳务外包供应商淮安优雇服务外包有限公司签署了劳务外包合同;报告期内,发行人主要通过淮安优雇和清旭劳务两家公司提供劳务外包服务。

请发行人:说明淮安优雇成立当年即成为发行人劳务外包服务商的原因,淮安优雇及旭清劳务缴纳社保人数为0的合理性,结合劳务外包公司对发行人业务占自身收入比例情况说明淮安优雇及旭清是否专门为承接发行人劳务外包而设立。

回复

一、淮安优雇成立当年即成为发行人劳务外包服务商的原因

1.淮安优雇与发行人原劳务供应商河南正邦为关联方

(1)淮安优雇的基本情况

经核查,截止本问询函回复出具日,淮安优雇的基本情况如下:

……

(2)河南正邦的基本情况

经核查,河南正邦的基本情况如下:

……

(3)经核查,王清和潘新雷系夫妻关系,河南正邦和淮安优雇系由王清和潘新雷共同控制。

2. 淮安优雇在成立当年即成为发行人劳务外包服务商的原因

(1)王清和潘新雷在人力资源服务行业积累了十余年的经验,河南正邦设立于2011年,并自2019年开始逐步在多地设立以"优雇"为商号的劳务服务机构,如2019年1月成立陕西优雇人力资源有限公司,2019年7月成立上海优雇人力资源有限公司,2020年2月成立湖北优雇人力资源有限公司,2020年5月成立淮安优雇人力资源有限公司;

(2)发行人自2016年5月开始向河南正邦采购劳务派遣服务,河南正邦在向发行人提供服务的过程中双方合作良好,***未发生过争议和纠纷***,且提供服务质量一直比较稳定,因此发行人在2020年解决劳务派遣不合规问题时,在选择***劳务外包***机构时仍选择与潘新雷合作,并与潘新雷和王清共同控制的淮安优雇签订了劳务外包服务协议。

综上所述,淮安优雇成立当年即成为发行人劳务外包服务商主要原因系王清和潘新雷***行业经验丰富、与发行人历史合作关系良好***,具有合理性。

二、淮安优雇及旭清劳务缴纳社保人数为0的合理性

根据淮安优雇、清旭劳务与发行人签订的合同规定,"乙方(淮安优雇、武陟清旭)应根据当地政府有关规定,按月支付其员工的工资,为其员工按规定投缴社会保险及支付其他国家规定相关费用",淮安优雇、清旭劳务为缴纳社保的义务方。

经核查,淮安优雇和清旭劳务的员工主要是***农村户籍***务工人员,该等务工人员基本均在其原籍缴纳***新农保、新农合***或其他由员工自行缴纳的险种,可以满足其基本的养老和医疗需求;该等务工人员***流动性较大,就业灵活***,因而不愿意固定在其短期任职的劳务外包公司缴纳社保;同时缴纳社保将会因个人承担的部分而导致其每月***直接现金收入的减少***,因此其不愿意缴纳社保,因此导致淮安优雇及清旭劳务缴纳社保人数为0,该等情形符合淮安优雇和清旭劳务员工主要是农村户籍务工人员的***用工特征***,具有合理性。

点评

进城务工的农民及随迁家属、进城就读的农村学生可以自愿选择参加新农合或者城镇职工基本医疗保险、城镇居民基本医疗保险，参见“疑难点6 社会保险与住房公积金”。

三、结合劳务外包公司对发行人业务占自身收入比例情况说明淮安优雇及旭清是否专门为承接发行人劳务外包而设立

1. 淮安优雇

2020年和2021年，淮安优雇对发行人业务占其自身收入的比例分别为***80.42%*** 和 ***57.38%*** 。淮安优雇除向发行人提供劳务外包服务，在郑州、洛阳、陕西等地与其他多家客户存在合作关系。淮安优雇不存在专门为承接发行人劳务外包而设立的情形。

2. 清旭劳务

2019至2020年，清旭劳务对发行人业务占其自身收入的比例均为***100%*** 。

发行人武陟分公司于2017年9月在武陟县产业集聚区设立，设立之初主要通过自主招工解决用工需求。

自然人刘大钊于2018年2月投资设立清旭劳务，主要服务于武陟县产业集聚区园区内企业的用工需要，并与发行人建立业务关系。清旭劳务通过自主招工，自主经营，并由武陟县产业集聚区园区管委会提供指导和服务。由于该园区后续入驻企业无较大规模增长，园区管委会对园区内企业用工问题不再进行引导，刘大钊于2018年5月将其持有的清旭劳务的股权转让给自然人安长兴。其后清旭劳务一直为发行人武陟分公司提供服务至2020年6月，因安长兴另谋发展不再经营清旭劳务相关业务。

清旭劳务虽在设立之初即为发行人提供服务，***发行人为清旭劳务唯一客户***，但清旭劳务***设立目的在于为武陟县产业集聚区园区内企业提供劳务服务，并非专为发行人设立***。

点评

在担心利益输送方面，《首发业务若干问题解答》（2020年6月修订）问题47要求，如存在主要为发行人服务的情形的，应关注关联关系。本案例中，淮安优雇成立当年即成为发行人的劳务外包服务商，清旭劳务唯一的客户是发行人，这一点难免让人起疑。

经核查，清旭劳务、刘大钊、安长兴与发行人的实际控制人、主要股东、董事、监事、高级管理人员及其近亲属与***不存在关联关系或其他利益安排***，报告期内清旭劳务、刘大钊、安长兴与发行人、发行人的董监高和财务人员与***不存在资金往来***。清旭劳务不存在专门为承接发行人劳务外包而设立的情形。

综上，淮安优雇、清旭劳务不存在专门为承接发行人劳务外包而设立的情形。

点评

如本案例，存在劳务公司主要为发行人服务的情形的，可以用“发行人并非唯一的客户”“劳务服务商行业经验丰富”“不存在资金往来”来解释。不过，为了避免被怀疑，还是尽量选择无关联关系、没有主要为发行人服务的劳务公司较为妥当。

7－6 达科为 2022－06

申报材料显示：2020 年度发行人存在劳务派遣占总用工人数*68.60%*的情形。

请发行人补充说明：劳务派遣用工的金额及支付情况，主要供应商情况，是否存在由关联方代为支付的情形。

| 回复 |

1. 劳务派遣用工的金额及支付情况

达科为生物工程于2020 年5 月至2021 年2 月通过劳务派遣用工方式***补充辅助性***及***临时性***岗位用工。报告期内，达科为生物工程均通过银行转账方式向劳务派遣公司支付劳务派遣用工费用，具体金额如下：

项目	2021 年 1－2 月	2020 年度
劳务派遣用工费用（万元）	107.39	376.41

2. 劳务派遣主要供应商情况

报告期内，发行人子公司达科为生物工程合作的劳务派遣公司共 3 家：深圳市蕊通人和科技发展有限公司、深圳市深鸿业劳务派遣有限公司、深圳市淇珲劳务派遣有限公司。达科为生物工程与上述劳务派遣单位均签订了相关派遣协议，劳务派遣单位均具有劳务派遣资质。

上述劳务派遣单位与发行人***不存在关联关系***，其基本情况如下：

……

点评

该案例劳务派遣占总用工人数 68.60%，确实很多，劳务派遣单位与发行人存在关联关系的可能性相对较大。

3. 是否存在由关联方代为支付的情形

经核查达科为生物工程与劳务派遣单位的结算付款凭证，报告期内达科为生物工程劳务派遣用工费用均通过***银行转账***方式直接支付给劳务派遣公司，***不存在由关联方代为支付的情形***。

综上所述，报告期内，达科为生物工程均通过银行转账方式向劳务派遣公司支付劳务派遣用工费用，不存在由关联方代为支付的情形；发行人与合作的劳务派遣单位均签订了相关派遣协议，劳务派遣单位均具有劳务派遣资质，劳务派遣单位与发行人不存在关联关系。

点评

1. 通过核查银行转账记录看是不是有关联方代为支付费用。

2. 创业板实行注册制之后，有企业因劳务供应商主要为发行人服务、劳务定价不公允等问题被否，应当引起警觉。

7-7 德芯科技 2022-06

申报文件显示：报告期内，发行人结转至营业成本的劳务外包费用逐年上升，主要系公司报告期内实施的多个系统集成项目验收所致。

请发行人：说明劳务外包费用是否存在提前确认收入或延后结转成本的情况。

| 回复 |

公司对于与劳务外包费用相关的系统集成业务的收入确认具体原则为***以安***

装完成取得客户验收报告后确认收入。

报告期内，公司严格按照收入确认的具体原则***确认收入并结转相关成本***，公司建立了完善的成本归集核算体系，***成本在各期间准确分配***。公司依据与劳务外包服务商确定的劳务外包金额计提和结算***劳务费用，与相关项目相匹配***，在项目完成并***经客户验收后一并结转至营业成本***。

综上所述，公司对于与劳务外包费用相关的系统集成项目在客户验收后确认收入，相关的劳务外包费用同步结转营业成本，不存在提前确认收入或延后结转成本的情况。

点评

1.《首发业务若干问题解答》(2020 年 6 月修订) 问题 47 强调，中介机构应当充分关注劳务费用定价是否公允，是否存在跨期核算情形。

2. 劳务费用应准确归集，与收入确认同步结转至成本、费用，不得提前、滞后、跨期核算。本案例中，劳务费用与收入一样经客户验收后结转至营业成本。

7－8　数智交院 2022－06

申报材料显示：报告期各期末，数智交院（含下属分公司）劳务派遣用工人数占用工总量的比例为 6.54%、8.54%、5.42%、6.11%。

请发行人：补充说明是否存在利用劳务派遣以规避环保、安全生产、员工社保等要求的情况。

｜回复｜

报告期内，公司及其分公司江苏分公司、子公司检测科技、科威交通、浙交检测对部分勘察设计、试验检测的辅助工作以及图文设计、食堂、车队等行政后勤岗位采用劳务***派遣***用工方式。

公司主营业务整个生产经营过程不涉及使用对环境有影响的设备和材料，也不对环境排放涉及国家环境保护法律法规规制的废水、废气、噪声和危险固体废弃物，没有造成环境污染。公司采用劳务派遣用工不存在规避环保的情况。

根据公司与劳务派遣单位签署的劳务派遣协议的约定，公司***将被派遣劳动者纳入公司人员统一管理***，对被派遣劳动者进行岗位安全操作规程和安全操作技能的教育和培训,公司对劳务派遣用工安全生产管理符合《中华人民共和国安全生产法》的相关规定。杭州市***应急管理局***于2022年2月23日出具《***证明***》,确认公司报告期内无安全生产违法和死亡事故报告记录。公司采用劳务派遣用工不存在规避安全生产的情况。

根据公司与劳务派遣单位签署的劳务派遣协议的约定,公司及其分、子公司根据用工所在地的社会保险政策承担劳务派遣人员的社会保险费用。根据劳务派遣公司出具的说明,同时抽查了部分劳务派遣人员***社会保险费缴存清单***,劳务派遣单位已为公司及其分、子公司的劳务派遣人员按规定缴纳了社会保险费。公司不存在***利用劳务派遣规避员工社保要求***的情况。

综上所述,公司及其分、子公司不存在利用劳务派遣以规避环保、安全生产、员工社保等要求的情况。

点评

监管层担心企业利用劳务派遣来规避环保、安全生产、缴纳社保等要求。多对被派遣劳动者进行岗位安全操作规程和安全操作技能的教育和培训,按规定为劳务派遣人员缴纳社会保险费可以打破规避安全生产、缴纳社保的质疑声。

专题三

股权激励

IPO

疑难点 8

员工持股计划

员工持股计划是企业所有者与员工分享企业所有权和未来收益权的一种制度安排。员工通过购买企业部分股权而拥有企业的部分产权，并获得相应的管理权，间接成为公司的股东。

员工持股计划的规定大部分来自《关于上市公司实施员工持股计划试点的指导意见》、《证券期货法律适用意见第 17 号》[2023 年 2 月全面实行注册制之前，解答在《首发业务若干问题解答》(2020 年 6 月修订)问题 24，内容稍有改动]以及各板块自身的规定。

一、员工持股计划的优势

企业被认证为实施了员工持股计划，在股东人数、股份合计等方面有诸多好处。

《证券法》第 9 条第 1 款第 2 项规定，有下列情形之一的，为公开发行：

向特定对象发行证券累计超过二百人为公开发行，但依法实施员工持股计划的员工人数不计算在内。

《证券期货法律适用意见第 17 号》规定：

依法以公司制企业、合伙制企业、资产管理计划等持股平台实施的员工持股计划，在计算公司股东人数时，员工人数不计算在内。

《证券期货法律适用意见第 17 号》中所谓的"……在计算公司股东人数时，员工人数不计算在内"和之前《首发业务若干问题解答》(2020 年 6 月修订)问题 24

规定的“……员工持股计划，在计算公司股东人数时，按一名股东计算”是同个意思。

《〈上海证券交易所上市公司股东及董事、监事、高级管理人员减持股份实施细则〉问题解答（一）》（上证函〔2018〕66号）规定：

员工在员工持股计划中享有的股份权益，不与员工本人持有股份合并计算。但员工与员工持股计划构成一致行动人的，其持股应当合并计算。

二、设立要求

正因为员工持股计划有按一名股东计算等诸多好处，所以设立计划应当经过严格的程序。

《证券期货法律适用意见第17号》规定：

（1）发行人应当严格按照法律、行政法规、规章及规范性文件要求履行决策程序，并遵循公司自主决定、员工自愿参加的原则，不得以摊派、强行分配等方式强制实施员工持股计划。

（2）参与持股计划的员工，与其他投资者权益平等，盈亏自负，风险自担，不得利用知悉公司相关信息的优势，侵害其他投资者合法权益。

《关于上市公司实施员工持股计划试点的指导意见》规定：

（八）上市公司实施员工持股计划前，应当通过职工代表大会等组织充分征求员工意见。

（九）上市公司董事会提出员工持股计划草案并提交股东大会表决……

另外，员工持股计划的持股比例也有严格的要求。《关于上市公司实施员工持股计划试点的指导意见》规定：

上市公司全部有效的员工持股计划所持有的股票总数累计不得超过公司股本总额的10%，单个员工所获股份权益对应的股票总数累计不得超过公司股本总额的1%。员工持股计划持有的股票总数不包括员工在公司首次公开发行股票上市前获得的股份、通过二级市场自行购买的股份及通过股权激励获得的股份。

参见案例“8－1 欧圣电气2022－01”。

三、只有内部人员才可以参加计划

《证券期货法律适用意见第 17 号》要求，发行人首发申报前实施员工持股计划的，原则上应当全部由公司员工构成。但例外情况如下所述：

新《证券法》施行之前（即 2020 年 3 月 1 日之前）设立的员工持股计划，参与人包括少量外部人员的，可不做清理，在计算公司股东人数时，公司员工人数不计算在内，外部人员按实际人数穿透计算。

少量外部人员是否得清理以 2020 年 3 月 1 日为界。新《证券法》实施后，关于发行人在首发申报前实施员工持股计划的相关要求、计算股东人数的原则、信息披露要求和中介机构核查要求等，应适用新《证券法》及《证券期货法律适用意见第 17 号》等相关规定。参见案例“8－3 万凯新材 2021－09”。

可惜的是，《证券期货法律适用意见第 17 号》与《首发业务若干问题解答》（2020 年 6 月修订）问题 24 并没有给出内部人员、外部人员的定义。其实，内部人员与外部人员并没有清晰的界线。翻看众多案例，笔者发现签了劳务合同的非专职人员（参见案例“8－4 华卓精科 2021－10”）、已出借到关联方的员工（参见案例“8－7 中科环保 2021－12”）、集团体系内员工（参见案例“8－8 华康世纪 2021－10”），甚至是未签劳务合同的顾问（参见案例“8－5 风光新材 2021－10”），只要是在为发行人服务或对发行人有贡献的，都可以解释成内部人员。

不过，2021 年 8 月的《科创板发行上市审核动态》却要求，以发行人顾问的身份参与员工持股计划的，保荐机构、发行人律师应当核查是否与公司签署顾问合同，合同中是否明确顾问的具体职责、期限及参与公司经营管理方式等。由此可见，想要参加员工持股计划，成员应当至少与公司签有劳务等合同较为妥当，如案例“8－4 华卓精科 2021－10”。

股份支付的范围从宽管理，只要与公司稍微沾边的关联人都可能构成股份支付。相较之下，员工持股计划的范围从窄管理，只有公司的内部人员才可以参加员工持股计划。所以，可以参加员工持股计划的一般可以构成股份支付的对象，但反之却不一定，如图 8－1 所示。

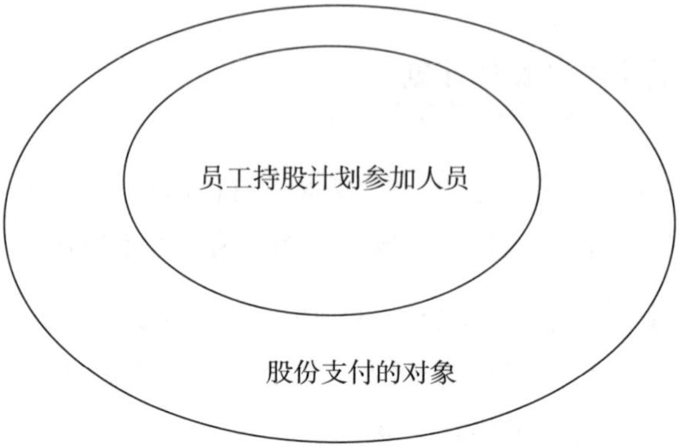

图 8－1　股份支付的范围比员工持股计划广

员工持股计划在满足一定的条件后可以构成股份支付,股份支付的内容将会在下一疑难点“疑难点 9 股份支付”详细分析。

四、外部人员按实际人数穿透计算

当股东人数比较多时,区别内部、外部人员就非常重要了。

依法以公司制企业、合伙制企业、资产管理计划等持股平台实施的员工持股计划,在计算公司股东人数时,公司内部员工按一名股东计算,而外部人员按实际人数穿透计算。这个很重要,因为稍微不小心,计算出的股东就可能超过 200 人。

倘若计划中外部人员过多,则不属于纯正的员工持股计划,应当穿透计算所有股东,参见案例“8－2 豪江智能 2021－12”。

五、离职后可以仍是内部人员

《证券期货法律适用意见第 17 号》规定:

参与持股计划的员工因离职、退休、死亡等原因离开公司的,其所持股份权益应当按照员工持股计划章程或协议约定的方式处置。

……

(2)参与员工持股计划时为公司员工,离职后按照员工持股计划章程或协议约定等仍持有员工持股计划权益的人员,可不视为外部人员。

对于离职后仍持有员工持股计划权益的人员,应当核查该人员参与员工持股计划时是否为公司员工,目前是否按照员工持股计划章程或协议的约定持有权益等。

总而言之,离开公司的员工的股份该如何处理,遵循公司意思自治。当然,一般情况下公司是倾向于将离职员工认定为内部人员的。

参见案例"8-8 华康世纪 2021-10""8-10 朗夫科技 2021-11"。

六、可以借款参加计划

员工参加计划,可以用货币出资,也可以用非货币出资。

1. 以货币出资

员工入股应当主要以货币出资,并按约定及时足额缴纳。但自有资金不足时,法规并没有禁止借款参与员工持股计划。《公司法》(2023 年修订)第 163 条第 1、2 款就新增了禁止财务资助制度及例外情形:

公司不得为他人取得本公司或者其母公司的股份提供赠与、借款、担保以及其他财务资助,公司实施员工持股计划的除外。

为公司利益,经股东会决议,或者董事会按照公司章程或者股东会的授权作出决议,公司可以为他人取得本公司或者其母公司的股份提供财务资助,但财务资助的累计总额不得超过已发行股本总额的百分之十。董事会作出决议应当经全体董事的三分之二以上通过。

可以跟实际控制人、控制股东、公司、关联方借,也可以跟银行借。实务中,有些银行的放款范围已经扩大到了员工持股计划。参见案例"8-9 天威新材 2021-11""8-10 朗夫科技 2021-11"。

2. 用非货币出资

员工以科技成果出资入股的,应提供所有权属证明并依法评估作价,及时办理财产权转移手续。

七、常见问询

■ 说明未将××认定为员工持股计划的判断依据,股份转让过程中涉及的股份支付处理情况、是否符合《企业会计准则》规定,对于离职、退休人员所持××财产份额的处理约定。

■ 说明持有的员工持股平台份额的非发行人员工的简介、入股原因、入股价格是否公允,是否存在股份代持或其他利益安排。

■ 根据《证券期货法律适用意见第 17 号》关于员工持股计划的相关规定,补充披露人员离职后的股份处理安排。

8-1 欧圣电气 2022-01

请发行人在招股说明书中:按照《证券期货法律适用意见第 17 号》的相关要求补充披露员工持股计划的相关内容。

| 回复 |

根据《***关于上市公司实施员工持股计划试点的指导意见***》(以下简称《指导意见》)的相关规定,员工持股计划指上市公司根据员工意愿,通过合法方式使上市公司员工获得本公司股票并长期持有,股份权益按约定分配给员工的制度安排。经对比,作为发行人员工持股平台的腾恒投资、熙坤投资与上市公司员工持股计划存在不同之处,具体如下所示:

点评

《关于上市公司实施员工持股计划试点的指导意见》这个规定仍然有效。

项目	《指导意见》/《证券期货法律适用意见第 17 号》的规定	腾恒投资、熙坤投资的实际情况
计划文件	上市公司董事会提出员工持股计划草案并提交***股东大会表决***。	发行人***未制定任何员工持股计划的草案、章程***或类似文件。
持股数量	上市公司全部有效的员工持股计划所持有的股票总数累计不得超过公司股本总额的***10%***,单个员工所获股份权益对应的股票总数累计不得超过公司股本总额的***1%***。	根据协商确定合伙人的出资额及对发行人的投资额。

续表

项目	《指导意见》/《证券期货法律适用意见第 17 号》的规定	腾恒投资、熙坤投资的实际情况
管理机构	参加员工持股计划的员工应当通过员工持股计划持有人会议选出代表或设立相应机构,监督员工持股计划的日常管理,代表员工持股计划持有人行使股东权利或者授权资产管理机构行使股东权利;***公司可以自行管理本公司的员工持股计划,也可以将本公司员工持股计划委托给具有资产管理资质的机构管理***。	腾恒投资、熙坤投资未设置股权管理机构,其最高权力机构为全部合伙人组成的合伙人会议,由执行事务合伙人管理日常事务,***发行人对于腾恒投资、熙坤投资不行使管理权限***。
管理规则	公司自行管理本公司员工持股计划的,应当制定相应的***管理规则***,切实维护员工持股计划持有人的合法权益,避免产生公司其他股东与员工持股计划持有人之间潜在的利益冲突。	除合伙协议外,腾恒投资、熙坤投资无其他关于合伙人权益安排的协议,***未建立股权管理机制***。

基于上述比较,腾恒投资、熙坤投资不符合《指导意见》规定的员工持股计划的相关要素,不属于员工持股计划。

点评

1. 员工持股计划有按一名股东计算等诸多优势,所以设立计划应当经过严格的程序,具体可参考《关于上市公司实施员工持股计划试点的指导意见》、《证券期货法律适用意见第 17 号》及各板块自身的要求。

2. 本案例中,腾恒投资、熙坤投资未制定员工持股计划任何草案、章程、管理规则,发行人无管理权限,根据《关于上市公司实施员工持股计划试点的指导意见》《证券期货法律适用意见第 17 号》的规定,一一对照,列表说明,其不属于员工持股计划。

8-2　豪江智能 2021-12

申报材料显示:(1)启源资本、启辰资本系以合伙制企业实施员工持股计划的持股平台,启辰资本包括5名外部自然人,其中合伙人宫振芳为发行人控股股东、实际控制人宫志强之姨母,启源资本包括4名外部自然人,其中合伙人臧建系宫志强之配偶、臧勇系宫志强之妻弟,启辰资本和启源资本中外部自然人出资比例

分别为75.55%、83.96%;(2)启辰资本成立于2020年4月28日,系专为投资发行人而设立的持股平台,有5名公司员工和5名外部自然人作为合伙人,经穿透计算后的股东人数为6名。

请发行人:结合启辰资本、启源资本的设立时间、外部人员出资比例、设立目的等补充披露两个持股平台人员构成和穿透计算人数方法是否符合《深圳证券交易所创业板股票首次公开发行上市审核问答》问题22[①]的规定。

| 回复 |

一、启辰资本、启源资本设立的基本情况

(一)启源资本

启源资本成立于***2019年3月8日***,并于2019年4月2日完成向发行人增资。启源资本为具有员工股权激励效果且专为投资发行人而设的混合持股平台。

人员构成	公司员工7人,外部自然人4人
外部人员出资占比	***83.96%***
外部人员人数占比	***36.36%***

点评

启源资本成立于2019年3月8日,是在2019年《证券法》施行之前设立的,虽然有36.36%外部人员,但是根据《证券期货法律适用意见第17号》的规定可不清理,但外部人员应按实际人数穿透计算。

(二)启辰资本

启辰资本成立于***2020年4月28日***,并于2020年6月4日完成向发行人增资。启辰资本为具有员工股权激励效果且专为投资发行人而设的混合持股平台。

人员构成	发行人员工5名,外部自然人5名
外部人员出资占比	***75.55%***
外部人员人数占比	***50.00%***

① 《深圳证券交易所创业板股票首次公开发行上市审核问答》(已失效),问题22现参考《证券期货法律适用意见第17号》即可。

点评

启辰资本成立于2020年4月，是在2019年《证券法》施行后，即2020年3月1日之后才设立的，根据《证券期货法律适用意见第17号》的规定，外部人员应当清理，不得豁免。

二、关于平台人员构成和穿透计算人数方法是否符合《深圳证券交易所创业板股票首次公开发行上市审核问答》问题22的规定

《审核问答》问题22中有关规定主要包括：1、发行人首发申报前实施员工持股计划的，原则上应当全部由公司员工构成；2、新《证券法》施行之前(即***2020年3月1日***之前)设立的员工持股计划，参与人包括少量外部人员的，可不做清理，在计算公司股东人数时，公司员工部分按照一名股东计算，外部人员按实际人数穿透计算。

因此，虽然启源资本、启辰资本为根据发行人员工股权激励管理规定设立并管理(外部自然人亦参照执行)，并按规定***计提了股份支付费用***(包括以较公允价格为低的价格入股的外部自然人)，且***外部自然人从人数角度占比均未超过50%***，但如上表所示，启源资本、启辰资本中***外部人员出资比例均已超过75%，应认定为外部人员占多数的混合持股平台***。

启源资本、启辰资本系***以外部自然人为主***的***混合***持股平台，启源资本有***7***名公司员工和***4***名外部自然人作为合伙人，经穿透计算后的股东人数为***11***名；启辰资本有***5***名公司员工和***5***名外部自然人作为合伙人，经穿透计算后的股东人数为***10***名。

综上，发行人目前全部股东穿透计算后的股东人数合计35人，***未超过200人***，符合《审核问答》问题22的规定。

点评

1. 根据《证券期货法律适用意见第17号》的规定，以2019年《证券法》施行日期(2020年3月1日)为界，施行之前设立的员工持股计划，参与人包括少量外部人员的，可不清理。该案例中，虽然启源资本是在2019年《证券法》施行之前设立的，有占比36.36%的外部人员，这说多不多，说少也不少，但外部人员的出资比例多达75.55%，不太符合《证券期货法律适用意见第17号》中“少量”的要求,应当清理。

2. 员工持股计划中,公司内部员工合计按照一名股东计算,外部人员按实际人数穿透计算。正常计算的话,启源资本的股东人数应该为5(1+4)名,启辰资本为6(1+5)人。但因为这两个持股计划中外部人员的出资占比过大,远远算不上是一个"纯正"的员工持股计划。谨慎考虑之后,公司内部人员也按实际人数穿透计算,加起来也未超过200人。

8-3 万凯新材 2021-09

申报文件显示,报告期内发行人共有2个员工持股平台海宁万兴及海宁万鸿,分别持有发行人1.71%股份、1.16%股份。海宁万兴部分合伙人为离职员工、发行人控股股东员工、关联方员工,海宁万鸿合伙人中包含正凯集团。

请发行人:

一、披露员工持股平台海宁万兴及海宁万鸿是否符合《证券期货法律适用意见第17号》中关于员工持股计划"原则上应当全部由公司员工构成"等要求,如何体现增强公司凝聚力、维护公司长期稳定发展的导向

| 回复 |

1. 发行人员工持股平台——海宁万兴

截至目前,海宁万兴共有合伙人38名,其中33名合伙人系公司员工,***5名合伙人不是公司员工***,即***正凯集团(发行人控股股东)***、厉良良(离职员工)、沈小玲(正凯集团员工、发行人实际控制人的姐姐)、肖秀丽(正凯集团员工)、杨国太(正凯集团控制的企业正凯化纤员工),***非公司员工的数量占比较少***,存在控股股东正凯集团及其控制的***除发行人以外的其他企业员工入股***的情形实际系发行人控股股东正凯集团对其员工及其控制下的其他企业员工进行激励。

海宁万兴成立于***2011年12月22日***,正凯集团、厉良良、肖秀丽于2012年5月取得海宁万兴的合伙份额、成为海宁万兴的合伙人,杨国太、沈小玲分别于2015年5月、2018年6月取得海宁万兴的合伙份额,***海宁万兴的设立时间及非公司员工取得合伙份额的时间均在新《证券法》施行之前(即2020年3月1日之前)***,符合《证券期货法律适用意见第17号》中"新《证券法》施行之前(即2020年3月1日之前)设立的员工持股计划,参与人包括少量外部人员的,可不做清理"的要求。

点评

1. 发行人首发申报前实施员工持股计划的，原则上应当全部由公司员工构成，但2019年《证券法》施行前，即2020年3月1日之前设立的员工持股计划，参与人包括少量外部人员的，可不做清理。

2. 该案例中，员工持股平台——海宁万兴，38名合伙人中有5名来自其他公司。海宁万兴的设立时间及非公司员工取得合伙份额的时间均在2019年《证券法》施行之前，可以不清理。

2. 发行人员工持股平台——海宁万鸿

海宁万鸿成立于***2020年3月18日***，设立时认缴出资总额为100万元，合伙人为公司员工汪卫福、肖海军。2020年4月1日，海宁万鸿认缴出资总额变更为1,500万元，此时海宁万鸿的合伙人均为公司员工。2020年10月，因海宁万鸿的两名合伙人从公司离职，经协商一致，***离职人员将其所持海宁万鸿出资额转让给正凯集团***。海宁万鸿合伙人中，除***公司控股股东正凯集团因受让离职员工所持有的合伙企业财产份额而成为合伙人***外，海宁万鸿其他合伙人均为发行人员工，符合《证券期货法律适用意见第17号》中关于员工持股计划"***原则上应当全部由公司员工构成***"的要求。

点评

员工持股平台——海宁万鸿是在2019年《证券法》施行(2020年3月1日)之后设立的，原则上应当全部由公司员工构成。控股股东不是自然人，尽管是因受让离职员工的份额才出现在员工持股计划中，但也不妥。

基于上述，海宁万兴的合伙人主要由公司员工构成，***非公司员工的数量占比较少***，海宁万鸿的合伙人中，除控股股东正凯集团受让部分员工离职而转让的合伙份额外，均为发行人员工；海宁万兴、海宁万鸿的合伙人涵盖了公司财务中心、采购中心、内贸中心、外贸中心、生产中心、质量中心、物管中心、行政中心等主要部门的核心骨干成员，发行人通过员工持股平台海宁万兴及海宁万鸿实施员工激励，有利于兼顾员工与公司长远利益、为公司持续发展夯实基础，能够体现增强公司凝聚力、维护公司长期稳定发展的导向。

二、结合员工持股计划中包含控股股东员工的情况,分析并披露发行人在人员、资产方面是否与控股股东存在混同,是否满足独立性经营的发行要求

| 回复 |

员工持股平台海宁万兴包含控股股东员工具备合理性,原因如下:

(1)海宁万兴中存在控股股东正凯集团及其控制的除发行人以外的其他企业员工入股的情况,***系控股股东正凯集团对其员工及其控制下的其他企业员工进行激励***。发行人作为当时正凯集团下属发展前景良好、具备上市可能性的企业,正凯集团将部分发行人的股权激励给员工将对正凯集团及其下属企业员工起到积极激励作用,这一安排可以使相关人员切实地享受到企业发展的成果,有利于正凯集团整体长稳发展,因此,在相关法律法规不禁止的前提下,海宁万兴履行相应审议程序后于2011年12月成为了万凯有限股东。

点评

1. 参与员工持股计划时为公司员工,离职后按照员工持股计划的章程或协议约定等仍持有员工持股计划权益的人员,可不视为外部人员。

2. 在海宁万兴,控股股东员工的份额是从离职人员处受让的,集团内员工可以认证成内部人员,可以参加员工持股计划。

(2)海宁万兴于2011年12月向万凯有限增资已经万凯有限股东会审议同意,当时其他股东均已放弃优先认购权,万凯有限于2011年12月30日办理完毕工商变更登记手续,增资程序合法合规。

员工持股平台海宁万兴中的控股股东员工(沈小玲、肖秀丽、杨国太)并未在发行人处任职。

发行人的总经理、执行总经理、副总经理、财务总监和董事会秘书等高级管理人员未在控股股东、实际控制人及其控制的其他企业中担任除董事、监事以外的其他行政职务,不在控股股东、实际控制人及其控制的其他企业领薪。发行人的财务人员不在控股股东、实际控制人及其控制的其他企业中兼职;发行人的董事、监事、高级理人员的任命程序均符合发行人《公司章程》及其他内部制度的规定,不存在控股股东超越发行人股东大会和董事会作出人事任免的情形;发行人独立招聘员工,设有独立的劳动、人事、工资管理体系,具备独立的劳动人事管理机构

和管理制度。发行人的人员独立，与控股股东不存在混同。

点评

上文是发行人独立性中人员独立的常规要求。

发行人具备与生产经营有关的主要生产系统、辅助生产系统和配套设施，合法拥有生产经营有关的主要土地、厂房、机器设备以及商标、专利的所有权或者使用权。发行人的资产独立完整，与控股股东不存在混同。

综上，发行人在人员、资产方面与控股股东不存在混同，满足独立性经营的发行要求。

8-4　华卓精科 2021-10

招股说明书披露，发行人员工持股平台艾西科技部分合伙人在公司的任职情况为“顾问”。

请发行人说明：该等合伙人提供顾问的内容，未在发行人处任职而通过员工持股平台持有发行人股份的合理性。

｜回复｜

该等合伙人提供顾问的内容，未在发行人处任职而通过员工持股平台持有发行人股份的合理性。

合伙人姓名	提供顾问的内容
李　鑫	为公司运动控制部的超精密测控技术研发提供技术交流与指导，并为公司销售部的产品市场推广策划提供咨询***顾问***服务
王磊杰	为公司光学工程部的平面光栅测量技术研发***提供技术交流与指导***
胡楚雄	为公司控制工程部自标定测量技术的研发***提供技术交流与指导***

李鑫、王磊杰、胡楚雄通过发行人持股平台取得发行人股份时，***虽非公司的专职人员，但均已与公司签署顾问劳务合同并实际履行，属于公司的兼职员工***，上述人员为公司提供顾问服务，以顾问身份参与员工持股计划具有合理性。

点评

虽然李鑫、王磊杰、胡楚雄3人不是公司的专职员工,只是顾问,但签了劳务合同,可以参加员工持股计划。可见,员工持股计划中内部人员的范围可以很广泛。

同时,2021年1月13日,李鑫与清华大学人事处及清华大学机械工程系签订了《离岗创新创业协议》,清华大学同意李鑫在2020年9月1日至2022年12月31日期间***离岗创新创业***,在上述期间内,李鑫将全职在发行人处任营销总监职务。

点评

目前,国家鼓励离岗创业。高校教师若要保留人事关系离岗创业,应当停薪留职,不再在高校担任任何职务,不再在高校领薪。本案例中,李鑫与清华大学签订了《离岗创新创业协议》之后才离岗创业。详细内容请温习"疑难点5-3 高校教师"。

胡楚雄因个人原因从公司辞去顾问职务。2020年8月,根据相关约定,其与朱煜签订艾西科技财产份额转让协议,将所持财产份额20.00万元(对应10万股公司股份)向朱煜出售。

8-5 风光新材 2021-10

请发行人补充说明:(1)徐新国、潘良的履历及在中国石化体系内工作期间负责的事务及工作内容,与发行人业务的关联性;(2)徐新国、潘良对发行人的具体贡献,该二人通过员工持股计划持有发行人股份的原因及合理性。

| **回复** |

一、徐新国、潘良在中国石化体系内工作期间负责的事务及工作内容及与发行人业务的关联性

根据徐新国提供的尽职调查问询表及对徐新国的访谈,徐新国在武汉石化工作期间担任聚丙烯一车间生产副主任,主要负责车间的生产管理,在聚烯烃抗氧剂等主要助剂的添加使用方面积累了丰富的经验,其***负责的事务及工作内容与发行人抗氧剂业务具有关联性***,为其向发行人提供***咨询***服务奠定了专业及经验基础。

根据潘良提供的尽职调查问询表及对潘良的访谈，潘良在中国石化催化剂有限公司北京奥达分公司工作期间主要负责聚烯烃催化剂产品的项目建设、发展规划、技术研发等工作，其在具体工作中积累了丰富的催化剂技术研发及产业化相关经验，其负责的事务及工作内容与发行人募投项目的催化剂业务具有关联性，为其向发行人提供***咨询***服务奠定了专业及经验基础。

二、徐新国、潘良对发行人的具体贡献，该二人通过员工持股计划持有发行人股份的原因及合理性

1. 徐新国、潘良对发行人的具体贡献

(1)徐新国对发行人的具体***贡献***

根据发行人的说明及对徐新国的访谈，徐新国自2017年2月起受聘担任发行人***顾问***，主要凭借其在石化行业的长期从业经验为发行人在武汉周边市场的开拓及维护提供专业的咨询建议。

根据发行人的说明及发行人提供的相关招投标文件、销售合同、差旅报销凭证及对徐新国的访谈，徐新国担任发行人顾问期间，凭借其在助剂选取、添加及使用方面的丰富经验，协助发行人参与武汉周边地区多个项目的投标并成功中标，在项目的技术沟通交流、助剂选取与应用、技术方案的制定与优化、客户售后技术问题的沟通解决等环节提供了专业的建议与技术支持，增强了发行人在业务拓展过程中满足客户对产品个性化需求的能力。

(2)潘良对发行人的具体***贡献***

根据发行人的说明及对潘良的访谈，潘良自2019年3月起受聘担任发行人***顾问***，主要凭借其在催化剂领域的专业知识和丰富的产业化经验为发行人在催化剂领域的研发储备及工艺开发提供专业的咨询建议。潘良在担任发行人顾问期间，为发行人“烯烃抗氧化剂催化剂项目”的可研论证、建设规划、设备选型、催化剂产品的工艺研发、生产技术方案优化等提供了专业的咨询建议及技术支持。

2. 徐新国、潘良通过员工持股计划持有发行人股份的原因及合理性

根据徐新国、潘良提供的尽职调查问询表及对徐新国、潘良、发行人实际控制人的访谈，徐新国2015年1月从武汉石化退休，自2017年2月起受聘担任发行人顾问；潘良2017年2月从中国石化催化剂有限公司北京奥达分公司辞职，自2019年3月起受聘担任发行人顾问。徐新国、潘良在担任发行人顾问时均已从前任职

单位离职满2年，在发行人担任顾问不存在违反与其前任职单位间竞业禁止约定的情形；出于其个人意愿，***徐新国、潘良未选择直接与发行人签署劳动合同，而是以顾问形式为发行人提供服务***，且其在担任发行人顾问期间为发行人提供***排他***的***咨询***服务，不存在与其他第三方存在劳动关系或向其他第三方提供劳务的情形。因此徐新国、潘良虽为发行人顾问，但***其为发行人提供咨询服务所投入的时间、精力及对发行人的贡献等同于发行人的全职员工***。

点评

1. 此案例比案例“8－4 华卓精科 2021－10”更激进。徐新国、潘良只是顾问，但没与发行人签署劳务合同，所以，案例中一直在两者对发行人的贡献方面论述。

2. 可见，内部、外部人员并没有明显的区分标准，即使未签劳务合同，如该案例中的徐新国、潘良二人，只要好好解释，论证其等同内部人员就可以参与员工持股计划。

3. 不过，从《科创板发行上市审核动态》的要求来看，以发行人顾问身份参与员工持股计划的，最好与公司签署顾问合同，并在合同中明确顾问的具体职责、期限及参与公司经营管理方式等。

因此，发行人及其实际控制人综合考虑了徐新国、潘良在石化行业及催化剂领域的专业知识、丰富经验及其对发行人在市场开拓及产业化发展中发挥的显著作用，认为徐新国、潘良有助于发行人的长期发展及战略规划，出于增加徐新国、潘良与发行人的凝聚力、与发行人长期稳定合作之目的，发行人及其实际控制人决定以相似资历内部员工的股权激励标准向徐新国、潘良授予股权，授予其股份的价格与公允价值差异部分已经确认为***股份支付***。因此徐新国、潘良通过员工持股计划持有发行人股份具有合理性。

点评

股份支付的范围比员工持股计划要宽得多，可以参与员工持股计划的人一般可以构成股份支付的对象，但反之却不一定。

8-6　阿特斯 2021-09

根据申报材料，发行人员工持股平台人员包括在发行人处担任重要职务的员工；对公司经营业绩和未来发展有积极影响或作出贡献的员工；及公司董事会认定的其他可参与计划的人员。

请发行人说明：(1)发行人员工持股平台中按照属于发行人员工、不属于发行人员工分别说明持有的股份数量和占比；(2)不属于发行人员工的人员主要职责和劳动关系隶属；(3)是否与发行人客户、供应商存在关联关系。

| 回复 |

发行人通过员工持股平台授予 Xiaohua Qu(瞿晓铧)的股权激励份额，是基于对其历史上担任发行人总经理期间的奖励，8 名非关键管理人员***虽然劳动关系不隶属于发行人，但实际为发行人服务***。账务处理上，员工持股平台形成的***所有股份支付费用均由发行人承担，与人员实际服务对象一致，不存在控股股东替发行人承担成本费用的情形***。

发行人员工持股平台中人员具体情况分析如下：

一、发行人员工持股平台中属于发行人员工、不属于发行人员工分别持有的股份数量和占比

发行人共有苏州乾都、苏州和锦和香港乾瑞三个员工持股平台，其中涉及的人员具体情况如下：

(1)苏州乾都

截至员工股权激励份额授予日，从劳动隶属关系看，苏州乾都有限合伙人中非关键管理人员裴真健的***劳动隶属关系***属于加拿大 CSIQ，但***裴真健实际为发行人服务，劳动隶属关系错配是由于发行人与加拿大 CSIQ 员工划分需要一定的时间完成，股份授予后较短时间内裴真健的劳动隶属关系已调整至发行人***，苏州乾都有限合伙人中的其余人员的***劳动关系***在员工股权激励份额授予日时均隶属于发行人。从合伙人实际工作的岗位看，苏州乾都有限合伙人均在发行人子公司或总部市场、销售、财务、法务、人力资源、总裁办公室、制造与技术研发等部门担任职务。

(2)香港乾瑞

截至员工股权激励份额授予日，从劳动隶属关系看，香港乾瑞的自然人股东中，Xiaohua Qu(瞿晓铧)同时在发行人和控股股东加拿大 CSIQ 处兼职，Sheng Jia

Zhou、Jeffrey David Roy、KeZhang、Richard Changchun Zhang、Matthew David Beavers、Tae Gyu Son、Oscar Mauricio Araujo Santos等7名非关键管理人员劳动隶属关系属于加拿大CSIQ,但***该7名人员实际为发行人服务,劳动隶属关系错配是由于发行人与加拿大CSIQ员工划分需要一定的时间完成,股份授予后较短时间内该7名人员的劳动隶属关系已调整至发行人***,香港乾瑞其他自然人股东的劳动关系均隶属于发行人。从实际工作岗位看,除Xiaohua Qu(瞿晓铧),香港乾瑞的其他自然人股东均在发行人子公司或总部市场、销售、财务、法务、人力资源、总裁办公室、制造与技术研发等部门担任职务。

二、员工持股平台中非发行人员工的人员主要职责和劳动关系隶属

(1)股权激励授予日非发行人员工的人员劳动隶属关系和主要职责

如上所述,截至员工股权激励份额授予日,发行人员工持股平台中存在9名人员的劳动关系非完全隶属于发行人,其中Xiaohua Qu(瞿晓铧)在股份公司成立之前同时担任CSIQ董事长兼首席执行官,发行人董事长兼总经理,股份公司成立后,Xiaohua Qu(瞿晓铧)担任CSIQ董事长兼首席执行官,发行人董事长,不再担任发行人总经理,不再在发行人任职,劳动关系完全隶属CSIQ。

(2)股权激励之后,部分人员成为加拿大CSIQ控制的其他公司员工

截至2021年6月30日,发行人员工持股平台中的部分人员不再为发行人服务,***已将劳动关系转至加拿大CSIQ或其控制的主体中并为其服务***。

三、员工持股平台中非发行人员工人员与发行人客户供应商的关系

截至员工股权激励份额授予日及2021年6月30日,发行人员工持股平台中部分人员与加拿大CSIQ存在关联关系或为加拿大CSIQ员工,***加拿大CSIQ是发行人控股股东***,同时亦是发行人的***客户***,主要向发行人采购组件,价格公允,除此之外,发行人持股平台中的非发行人员工与发行人其他客户、供应商不存在关联关系。

发行人员工持股平台中部分人员为加拿大CSIQ员工,主要是由于该等人员在股权授予时实际为发行人***服务***,发行人向其授予股份是基于其对发行人***贡献***的奖励,是合理的。

综上,虽然发行人员工持股平台股权激励授予时,个别激励对象劳动隶属关系不属于发行人,但其实际为发行人相关业务服务,且在授予之后较短时间内劳动关系已转移至发行人,发行人对其进行股权激励并承担相关费用是合理的。

点评

员工持股平台个别控股股东的员工在为发行人服务,但劳动关系不隶属发行人。一般来说,集团内且为发行人服务的员工可以参加员工持股计划,不过,本案例短时间内把部分集团内持股员工的劳动关系转移到发行人,该做法比较谨慎、合理。

8-7　中科环保 2021-12

申请文件及审核问询回复显示:汾阳中科总经理、副总经理及财务负责人等3人在2016年11月前为控股股东中科集团其他子公司汾阳中科正式员工,2016年11月中科环保取得汾阳中科的控股权后,上述3人与发行人签署劳动合同并出借至汾阳中科至今。2017年10月发行人将汾阳中科控制权转回至控股股东中科集团,2016年11月至2017年10月期间汾阳中科亏损金额为1,009.99万元。发行人将上述3名人员纳入发行人的员工持股计划范围。

请发行人:结合上述出借人员对公司具体贡献及发行人持有汾阳中科股份期间其经营业绩等情况,进一步说明将上述出借人员纳入员工持股计划的原因及合理性,是否有利于健全激励约束长效机制。

| 回复 |

发行人持有汾阳中科的期间主要为2017年,在此期间,该等3名***出借人员***分别担任汾阳中科总经理、副总经理、财务负责人职务。期间汾阳中科由于垃圾量不足等原因,延续了亏损态势,2017年亏损金额931万元。

垃圾处理项目的经营业绩与垃圾处理量的相关度较高,垃圾处理量不足通常是导致亏损的主要原因,垃圾处理量又主要取决于垃圾清运量和焚烧设备设施稳定性等客观因素,由于汾阳中科工艺为循环流化床工艺,与炉排炉工艺相比,稳定性相对较差,垃圾处理量不足,因此其亏损非项目公司管理层原因导致。在经营方面,管理人员的主要业绩在于运营成本管控、安全运营、保障环保标准等。

该等人员在此期间的主要***贡献***包括:1、保持汾阳中科人员基本稳定,维持汾阳中科正常运转;2、在保持有序运营前提下,降低成本,营业总成本由4,374万元降至4,050万元;3、紧抓汾阳中科安全、环保工作,尤其是在垃圾量不足,焚烧不稳定的情况下,确保安全运营,期间未发生安全、环保事故,未受行政处罚;4、2017

年汾阳中科曾获得政府部门评审的“优秀企业”、“五一劳动奖状”等荣誉。

根据发行人《员工股权激励方案》,发行人系根据《关于印发〈国有科技型企业股权和分红激励暂行办法〉的通知》(***财资〔2016〕4号***)(以下简称“财资4号文”)的规定确定持股对象范围,具体包括中科环保高管、部门中层;***外派项目***公司总经理、副总经理、财务负责人;中科环保其他骨干员工(经总经理办公会提名、董事会审批的技术和经营管理骨干);中科***集团***经批准持股对象;中科环保***下属公司经批准持股对象***。该等3名人员属于该统一的激励方案人员范围,因此,其纳入员工持股计划具有合理性。

根据上述方案,该3名人员属于纳入持股计划的人员范围,同时考虑到生活垃圾焚烧发电行业发展较快,人才需求量大,3名员工有较丰富的项目运营经历,属于发行人项目建设运营的储备人才。3名人员已出具《关于服务期承诺函》,***如外借人员在公司上市后短期内辞职,公司将按照《员工股权激励方案》将激励股权予以收回***。根据《证券期货法律适用意见第17号》,“参与持股计划的员工因离职、退休、死亡等原因离开公司的,其间接所持股份权益应当按照员工持股计划章程或协议约定的方式处置”,因此,如外借人员在公司上市后短期内辞职,公司按照《员工股权激励方案》将激励股权予以收回符合《证券期货法律适用意见第17号》关于员工持股计划的相关规定要求。

发行人已通过较为完备的考核和激励制度调动3名人员的积极性。一方面3名人员系接受发行人指派到汾阳中科工作,***3名人员的考核按照发行人的制度由发行人进行***,发行人通过专业知识水平评估、季度/年度考核、自我评价、360度考评等多维度、多角度考核体系,并结合3名人员所在项目公司的成本控制及安全环保等重要因素对其进行综合考核;另一方面,作为发行人的员工,***发行人通过现场集中培训、外部专业培训、云学堂等多种方式对其进行全方位培训,提高其专业水平及企业文化认同感、归属感、责任感***。3名人员借用至汾阳中科仅是***暂行性***安排,待借用关系结束后,3名人员***将回到发行人处工作***,3名人员为发行人项目建设运营的储备人才。2021年11月,3名人员亦出具《关于服务期承诺函》,承诺如下:“自公司与汾阳中科结束人员借用,本人返回中科环保工作之日起三年内,本人将持续为公司或其控股子公司提供服务”。因此,该等3名人员纳入持股计划,有利于健全激励约束长效机制。

点评

1. 由此案例可以看出，员工持股计划的参加范围可以由企业自己定，像外派、出借、控股股东、下属公司的员工，只要解释得通都可以。

2. 出借人员向内部人员方向解释的理由有：由公司统一管理、按照发行人的制度由发行人考核、借用只是暂行性安排、有利于激励等。

8-8 华康世纪 2021-10

申报材料显示：(1)康汇投资直接持有发行人6.08%的股份，系发行人的员工持股平台；(2)余子清、何欣融等人已从发行人处离职，但仍为持股平台合伙人；(3)康汇投资作为员工持股平台计算股东人数时算1个。

请发行人补充披露：

一、余子清、何欣融等人已从发行人处离职，但仍为持股平台合伙人，是否符合《武汉华康世纪洁净室技术工程有限公司关于员工持股公司的管理办法及实施细则》相关规定

| 回复 |

根据《武汉华康世纪洁净室技术工程有限公司关于员工持股公司的管理办法及实施细则》（以下简称"《华康世纪员工持股办法》"）的规定，康汇投资作为华康世纪的员工持股平台，其合伙人应与发行人具有劳动关系；若员工离职但对公司贡献突出，***经公司董事长审批后可不退伙***，继续持有康汇投资财产份额。

余子清、何欣融原系公司财务部门经理，余子清因个人家庭原因于2017年4月自公司离职，何欣融因个人原因于2020年3月自公司离职，***经公司总经理、董事长批准***，并经康汇投资执行事务合伙人同意，余子清、何欣融继续持有康汇投资合伙份额，符合《华康世纪员工持股办法》的规定。同时，余子清、何欣融***承诺遵守合伙协议、《华康世纪员工持股办法》及相关法律法规关于限制财产份额转让的约定***。

综上，余子清、何欣融虽已离职，但经公司总经理、董事长批准后继续持有康汇投资财产份额，符合《华康世纪员工持股办法》的规定，并承诺遵守康汇投资合伙协议及相关法律法规关于限制财产份额转让的约定。

二、余子清、何欣融等人已从发行人处离职,但康汇投资作为员工持股平台计算股东人数时算1个,是否符合《审核问答》相关要求

| 回复 |

根据《审核问答》第22条的规定,"依法以公司制企业、合伙制企业、资产管理计划等持股平台实施的员工持股计划,在计算公司股东人数时,***按一名股东计算***。""参与员工持股计划时为公司员工,离职后按照员工持股计划章程或协议约定等仍持有员工持股计划权益的人员,***可不视为外部人员***。"

点评

1. 参与持股计划的员工因离职、退休、死亡等原因离开公司的,其所持股份权益应当按照员工持股计划章程或协议约定的方式处置。这么规定,其实是让公司意思自治,方便其管理。

2. 参与持股计划的员工离职后,不退出计划,仍可视为内部人员,不用穿透计算股东人数。对公司来说,当然是希望员工离职后仍然是内部人员。如本案例,员工离职后,经公司董事长审批后可不退伙,仍为内部人员。不过,对于离职后仍持有员工持股计划权益的人员,应当核查相关人员参与员工持股计划时是否为公司员工,离职后是否按照员工持股计划的章程或协议约定持有权益等。

1. 余子清、何欣融等人按规定可不视为外部人员

根据《华康世纪员工持股办法》的规定,若员工离职但对公司贡献突出,经本人同意且公司董事长特批后可以不退伙,并继续持有康汇投资财产份额。余子清、何欣融虽已离职,但经公司总经理、董事长批准后***继续持有康汇投资财产份额***,按照《审核问答》,可***不视为外部人员***。

2. 发行人子公司员工不属于外部人员

康汇投资现合伙人中包含***子公司***员工刘新俊(湖北菲戈特负责人)、张俊华(上海菲歌特负责人)、王晨晨(河北华康综合部负责人)、祝先锋(河北华康销售负责人),发行人***子公司员工具备参与员工持股计划的资格,不属于外部人员***,主要原因如下:

(1)发行人与子公司实行统一的人事管理体系

湖北菲戈特、上海菲歌特、河北华康作为发行人全资子公司,人员聘用、培养、

评价都遵循发行人统一的管理体系和制度，其中，重要岗位的***人事变动由母公司垂直管理***。刘新俊、张俊华、王晨晨、祝先锋等4人均是发行人按照***统一的人事考评***及聘用制度进行考核合格后任命为子公司重要岗位的负责人。上述4人的岗位、职务及考评依据均符合发行人员工持股计划关于激励对象范围和标准的规定。

（2）发行人与子公司实行统一的薪酬管理体系

股权激励作为企业薪酬体系的重要组成部分，统一适用于发行人及子公司。发行人授予子公司员工激励份额同样是发行人基于***统一的薪酬标准和长期激励机制***确定。发行人向刘新俊、张俊华、王晨晨、祝先锋等4人授予的激励份额与发行人同级别其他岗位人员的激励标准相同，符合发行人***统一的薪酬管理制度和激励目标***。

（3）各子公司与母公司业务具有高度协同效应，母子公司员工共同服务于发行人业务目标

湖北菲戈特和上海菲歌特作为发行人医疗净化集成业务部分配套产品的生产厂家，可协同发行人开展主营业务，并集中力量丰富自主研发产品，实现降本增效；河北华康以河北为中心开展医疗器械仓储及物流配送服务，将进一步改善发行人市场拓展不均衡的情况，增加利润增长点。发行人各子公司均是围绕医疗净化及医疗配套相关产品开展业务，相互之间***协同发展，优势互补***。发行人子公司员工对公司业务目标的实现作出了重要贡献。发行人将子公司员工纳入员工持股计划，符合发行人进行股权激励的初衷和留住人才、维护公司长期稳定发展的目标。

综上，发行人母子公司员工遵循统一的人事管理体系、薪酬管理体系，共同服务于发行人整体业务目标的实现，将子公司员工纳入员工持股计划符合发行人设立员工持股计划的目的、激励范围和标准，也符合行业普遍做法。因此，***子公司员工不属于发行人外部人员***。

点评

同案例“8－7 中科环保 2021－12”一样，员工持股计划参加的范围可以由企业自己定，出借人员、控股股东和子公司的员工，只要是对公司有贡献的，都可以认定为内部人员参加员工持股计划。

根据《审核问答》,余子清、何欣融可不视为外部人员,子公司员工不属于外部人员,因此,康汇投资作为公司***员工持股平台计算股东人数时按1人计算***,符合《审核问答》的规定。

8-9 天威新材 2021-11

申报文件及首轮问询回复显示,发行人员工持股平台为天威兴业、天威众创、小蚂蚁投资,其中部分高管及全部非高管的普通员工的资金来源于发行人实际控制人控制的关联公司 Sun Media International Corporation 或珠海宝杰企业管理咨询服务有限公司的有息借款。

请发行人结合上述情况,披露:(1)员工持股是否存在代持;(2)大部分员工通过借款参与员工持股计划且无自有出资的原因及合理性。

| 回复 |

一、员工持股的代持情况

持股员工田永中与王晓辉于2017年4月签署《***委托持股***协议》约定,王晓辉股权由田永中代为持有。2020年5月双方签署《***代持股权解除***及转让协议》解除股权代持关系,田永中将代持股权转让给王晓辉的配偶王娟并已办妥工商登记。王晓辉股权登记在其配偶名下原因为其在公司担任营销中心总监,***出差较为频繁,考虑工商登记的便捷性,未登记在其本人名下***。

根据田永中及王晓辉出具的《关于交易真实、不存在股权代持的承诺函》,双方承诺签署的《代持股权解除及转让协议》项下的代持股权的解除及转让行为均是真实的法律行为,亦是其本人的真实意思表示。代持股权解除及转让之后,不存在代其他第三方持有的情形,其本人拥有的股权***不存在纠纷及潜在纠纷***。

根据持股平台全体人员出具的《关于持股情况的确认书》、借款员工的借款协议及利息支付凭证、***出资银行流水***,确认其在持股平台出资份额为其本人持有,***不存在为他人代持的情形***,也没有直接或通过委托、信托等方式委托第三人直接或间接持有公司的股权或其他权益的情形。

综上所述,除了田永中曾代为持有王晓辉股权的情形外,员工持股不存在其他代持的情形。

点评

1. 股权代持会模糊、复杂化企业的股权结构，影响企业控制权的清晰、稳定，是上市的红线。员工持股计划人数众多，监管层非常担心计划里有代持，若有，应当在申报之前全部清理，否则股东会不适格，更多内容请参见“疑难点 1-2 代持”以及本系列已经出版的第一册《IPO 问询疑难点论证及案例剖析》中“疑难点 14 股权代持”。

2. 该案例中，发行人核查持股平台全体人员出资的银行流水，发现当中有一个代持的情况，之后马上解除，没有影响上市申报。

二、大部分员工通过借款参与员工持股计划且无自有出资的原因及合理性

关联公司为员工提供有息借款的主要原因为：考虑员工的资金情况，公司为鼓励员工积极参与股权激励，制定了有息借款方案，由***实际控制人控制的企业***向员工提供***有息借款***，员工根据自身的资金状况自行决定借款金额。

截至目前，天威兴业股东合计 9 名，其中自然人 8 人，仅 FENGBIN WANG(王凤斌)***1 人出资涉及向关联公司借款***，其余 7 人均以自有资金进行出资。天威众创股东合计 28 人，***其中 21 人出资涉及向关联公司借款***，其余 7 人均以自有资金进行出资。小蚂蚁投资持股平台人员均以自有资金进行出资。

截至目前，22 名借款员工中仅姚明珏 1 人无自有资金出资，主要原因为姚明珏夫妇在 2017 年 6 月为子女支付了 4,500,000 元购房款，导致付款能力受到较大影响。***公司***考虑其实际情况以及作为核心人员作出的***贡献，为其提供的有息借款金额较大***，其通过借款参与员工持股计划且无自有出资具有合理性。

点评

有些投行人员认为，员工只能以自有资金参加员工持股计划，其实不然。法规并没有禁止借款参加员工持股计划，可以向公司、实际控制人、关联方借款，也可以向银行借款，如本案例，就有多名员工向公司、关联公司借款参加计划。

8-10 朗夫科技 2021-11

申请文件显示：为实施股权激励，发行人设立了伯埙仲篪、和舟益彰两层员工

持股架构，其中伯埙仲篪存在外部投资者。伯埙仲篪成立于 2015 年 8 月，和舟益彰成立于 2016 年 6 月。伯埙仲篪于 2015 年 12 月通过向朗夫有限增资的方式成为发行人股东，和舟益彰于 2016 年 7 月通过向伯埙仲篪增资的方式成为发行人的间接股东。

请发行人：(1)说明设立两层嵌套式员工持股平台的原因及合理性，是否符合行业惯例；(2)合伙协议的转让和退出机制及纳税安排，两平台的合伙协议是否存在差异；(3)员工持股计划实施是否合法合规，是否存在损害发行人利益的情形。

| **回复** |

一、说明设立两层嵌套式员工持股平台的原因及合理性，是否符合行业惯例

（一）设立两层嵌套式员工持股平台的原因及合理性

为实施股权激励，发行人于 2015 年 8 月设立伯埙仲篪作为员工持股平台，为便于对股权激励对象的分类管理，发行人于 2016 年 6 月设立和舟益彰作为另一个员工持股平台，并将伯埙仲篪的合伙人限定为中高层管理人员，和舟益彰的合伙人限定为骨干员工。

2015 年 12 月，伯埙仲篪通过增资的方式认购公司 260.00 万元的注册资本用作股权激励。考虑到发行人层面股权结构的稳定性，2016 年新设的员工持股平台和舟益彰通过向伯埙仲篪***增资***的方式完成股权激励，***而非协议受让伯埙仲篪所持发行人股权的方式***。

综上所述，发行人设立***两层嵌套式员工持股平台***系为了便于对股权激励对象的分类管理以及保持发行人层面股权结构的稳定性，具有合理性。

点评

《监管规则适用指引——关于申请首发上市企业股东信息披露》要求加强对入股交易价格明显异常的自然人股东和多层嵌套机构股东的信息穿透核查。嵌套越多层越容易引起质疑，最后还需穿透核查。所以，建议发行人尽量不要嵌套。

（二）设立两层嵌套式员工持股平台符合行业惯例

经查询拟上市及已上市的公司公开披露的资料，北京零点有数数据科技股份有限公司(以下简称“零点有数”)、新乡拓新药业股份有限公司(以下简称“拓新药业”)、江苏泽宇智能电力股份有限公司(以下简称“泽宇智能”)与嘉和美康(北京)科技股份有限公司(以下简称“嘉和美康”)存在员工持股平台嵌套的情形,具体情况如下:

1. 零点有数

零点有数共有4个员工持股平台,分别为宁波智数投资管理中心(有限合伙)(以下简称“宁波智数”)、宁波锐数投资管理合伙企业(有限合伙)(以下简称“宁波锐数”)、宁波高新区品数投资中心(有限合伙)(以下简称“宁波品数”)、宁波雅数投资管理中心(有限合伙)(以下简称“宁波雅数”),其中宁波智数、宁波锐数和宁波品数直接持有零点有数的股份,宁波雅数作为宁波锐数的有限合伙人间接持有零点有数的股份,存在员工持股平台**嵌套**的情形。

2. 拓新药业

拓新药业共有5个员工持股平台,分别为新乡市伊沃斯商贸有限公司(以下简称“伊沃斯”)、新乡市高新区大业企业管理咨询合伙企业(有限合伙)(以下简称“大业管理”)、新乡市高新区展业企业管理咨询合伙企业(有限合伙)(以下简称“展业管理”)、新乡市高新区鸿业企业管理咨询合伙企业(有限合伙)(以下简称“鸿业管理”)、新乡市高新区图业企业管理咨询合伙企业(有限合伙)(以下简称“图业管理”),其中伊沃斯直接持有拓新药业的股份,大业管理、展业管理、鸿业管理、图业管理作为伊沃斯的股东间接持有拓新药业的股份,存在员工持股平台**嵌套**的情形。

3. 泽宇智能

泽宇智能共有2个员工持股平台,分别为南通沁德投资管理中心(有限合伙)(以下简称“南通沁德”)、南通嘉泽投资管理中心(有限合伙)(以下简称“南通嘉泽”),南通嘉泽作为南通沁德的合伙人间接持有泽宇智能的股份,存在员工持股平台**嵌套**的情形。

4. 嘉和美康

嘉和美康共有2个员工持股平台,分别为北京和美嘉和投资管理中心(有限合伙)(以下简称“和美嘉和”)、北京嘉和美康投资管理中心(有限合伙)(以下简称“嘉和投资”),嘉和投资作为和美嘉和的合伙人间接持有嘉和美康的股份,存在员工持股平台**嵌套**的情形。

点评

1.没有任何规定禁止员工持股平台多层嵌套,案例中也列举了多个例子辅助证明。但嵌套难免被质疑。

2.两个员工持股计划算两个股东,嵌套在一起算一个股东。

二、合伙协议的转让和退出机制及纳税安排,两平台的合伙协议不存在实质性差异

点评

参与持股计划的员工因离职、退休、死亡等原因离开公司的,公司可以根据章程、协议等自主处置其间接所持股份权益。这一块,由公司意思自治,法律法规并没任何强制的规定。

1.禁售安排

公司发行上市之日前,为禁售期。在禁售期内,被激励对象不得对持有的伯埙仲篪或和舟益彰的出资额进行转让、赠与、委托管理或设置任何形式的担保;被激励对象不得就其对伯埙仲篪或和舟益彰的出资额签署任何影响股权激励政策实施的任何承诺、合同或协议等文件。

2.限售安排

(1)份额锁定

自公司股票在证券交易所上市交易之日起**一年内**(具体锁定期以监管当局的最终审核要求为准),被激励对象不得对持有的伯埙仲篪或和舟益彰的出资额进行转让、赠与、委托管理或设置任何形式的担保;被激励对象不得就激励股份及其对伯埙仲篪或和舟益彰的出资额签署任何影响股权激励政策实施的任何承诺、合同或协议等文件。

点评

上市之前的员工持股计划视同发起人,自公司股票在证券交易所上市交易之日起锁定1年。

（2）份额解锁

锁定期满后，被激励对象可以在指定窗口期向平台的普通合伙人申请减持激励股份，申请减持上限如下：

申请时间	可减持的持股比例上限
锁定期满后的第1个月－第12个月	10%
锁定期满后的第13个月－第24个月	20%
锁定期满后的第25个月－第36个月	30%
……	

3. 离职等特殊情况下的合伙份额处理

（1）离职员工的合伙份额处理

若被激励对象于公司IPO申请受理之日前主动或因自身过错等归责于员工的原因（以下简称“员工责任原因”）而离职的，被激励对象应根据实际控制人书面通知将所持有的持股平台合伙份额转让予实际控制人或其指定的第三方，***转让价格为原始出资额加上同期银行存款利息计算***。

若被激励对象于公司IPO申请受理之日后因员工责任原因而离职的，按以下规则处理：

①在IPO申报后的审核期间内，如实际控制人书面通知离职员工转让合伙份额，则转让给实际控制人或其指定的第三方，***转让价格为对应出资额加上同期银行存款利息计算***；

②如***实际控制人书面通知同意离职员工保留合伙份额***，则需按照离职时点遵循相应的***收益权上缴***约定，具体规定如下：

<table>
<tr><th>离职时间</th><th>收益上缴比例</th><th>收益上缴比例说明</th></tr>
<tr><td>IPO申请受理之日起至上市后的12个月内</td><td>100%</td><td rowspan="5">收益上缴比例是指员工所持股份中多少比例股份形成的增值收益需上缴。
以上市后的第13个月－第24个月离职情况为例，离职时需要将其初始获得的全部股权份额（包括本次激励及后续激励取得的股权）中90%股权的收益上缴。</td></tr>
<tr><td>上市后的第13个月－第24个月</td><td>90%</td></tr>
<tr><td>上市后的第25个月－第36个月</td><td>80%</td></tr>
<tr><td>上市后的第37个月－第48个月</td><td>70%</td></tr>
<tr><td>上市后的第49个月－第60个月</td><td>55%</td></tr>
</table>

续表

离职时间	收益上缴比例	收益上缴比例说明
上市后的第61个月–第72个月	40%	收益上缴金额=收益上缴部分股份的减持对价–收益上缴部分股份的持股成本;其中***持股成本为原始出资额加上同期银行存款利息计算***。
上市后的第73个月–第84个月	20%	
上市满84个月后	0%	

点评

1. 离职员工保留合伙份额的,收益上缴,离职得越早,收益上缴得越多。
2. 说句实话,上表要求得挺苛刻的。

(2)离世员工的合伙份额处理

公司股票首发上市前,若出现员工离世的情形,该离世员工的股份将按照相关法律法规,***由其法定承继人继续持有***。如承继人有意退出持股,则需将合伙份额转让给实际控制人或其指定第三方,***转让价格原则为对应出资额加上同期银行存款利息***。

(3)退休员工的合伙份额处理

正常退休员工不适用离职员工的合伙份额限价转让或收益权上缴约定,仅需遵循相应的限售约定。

伯埙仲篪与和舟益彰的合伙协议以及激励对象签署的《青岛朗夫包装有限公司股权激励计划》对纳税安排并未约定,因此纳税安排根据税务相关的法律、法规、规章和规范性文件的规定执行。

……

经比较,***两平台的合伙协议不存在实质性差异***。

点评

两个员工持股计划嵌套,若合伙协议有差异,会不知道应该遵从哪个的规定。

三、员工持股计划的实施合法合规，不存在损害发行人利益的情形

> **点评**
>
> 被问及员工持股计划的合法合规性，发行人可根据《证券期货法律适用意见第17号》及各板块的规定逐一核查、回答。

1. 员工持股计划的实施合法合规

(1)员工持股平台依法设立且有效存续

公司的员工持股计划系通过伯埙仲篪与和舟益彰两个有限合伙企业性质的持股平台实施。根据《中华人民共和国合伙企业法》、《中华人民共和国合伙企业登记管理办法》，伯埙仲篪与和舟益彰依法成立并完成工商注册登记。伯埙仲篪与和舟益彰成立后，历次份额结构的变化均经过了全体合伙人同意并完成了工商变更登记。

(2)参与员工持股计划的对象均为公司员工

参与员工持股计划的对象均为公司员工，均为具备完全民事行为能力的自然人，***不具有公务员、党政机关法人的干部和职工、军人或县级以上党和国家机关退(离)休干部等身份***。

> **点评**
>
> 上文是在检查股东的适格性。公务员、现役军人、县以上党和国家机关退(离)休干部以及党政机关在职干部、职工是绝对禁止持股的主体，更详细的内容请参见“疑难点1股东适格性”。

(3)激励对象认缴的出资份额均已实缴完毕

48名激励对象认缴的伯埙仲篪或和舟益彰的出资份额均***按照相应的合伙协议约定的期限实缴***完毕。

> **点评**
>
> 员工入股应主要以货币出资，并按约定及时足额缴纳。

(4)不存在激励对象代他人出资或代他人持有员工持股平台份额的情形

48名激励对象以自有资金及向实际控制人的借款投入，***不存在代他人出资或***

代他人持有伯埙仲篪或和舟益彰财产份额的情形。

综上,员工持股计划的实施合法合规。

2. 员工持股计划的实施不存在损害发行人利益的情形

(1)伯埙仲篪入股发行人的价格不存在异常

伯埙仲篪入股发行人的价格不存在异常,定价依据具有合理性。

(2)员工持股计划的实施未占用发行人的资金

员工持股计划的资金来源为激励对象的自有资金及***向实际控制人的借款,未占用发行人的资金***。

点评

可以借款参加员工持股计划,可以跟公司、关联方、实际控制人借,也可以跟银行借。

综上,员工持股计划的实施不存在损害发行人利益的情形。

8-11 灿勤科技 2021-10

根据申报文件,哈勃投资为华为投资控股有限公司全资子公司,截至2020年12月31日,穿透到最终持有人为华为投资控股有限公司工会委员会持股99.19%、任正非持股0.81%。哈勃投资就工会委员会无法提供参与人员名单,并以邮件形式确认参与人员情况:截至2019年12月31日,华为控股的工会员工持股计划参与人数为104,572人,参与人均为华为公司员工。

请发行人说明:采用与华为员工邮件沟通方式进行股东核查,是否充分合理,是否能够满足相关指引要求。

| 回复 |

取得并查阅了哈勃投资填写的股东调查表以及出具的声明与承诺;查询了国家企业信用信息公示系统网站(http://www.gsxt.gov.cn)、企查查网站(http://www.qcc.com);取得并查阅了哈勃投资的《营业执照》和公司章程;登录华为的官方网站(http://www.huawei.com/cn)并查阅了华为官方网站披露的信息;取得并查阅了华为投资控股发布的《2019年年度报告》、《2020年年度报告》及中期票据募集说明书;取得并查阅了哈勃投资出具的书面说明、《确认函》和《说明

函》;取得并查阅了华为投资控股出具的《说明函》;取得并查阅了发行人与华为员工的沟通邮件。

发行人对哈勃投资进行股东核查所履行的核查方式结合了华为的公告信息、声明与承诺、书面说明、《确认函》、《说明函》、股东调查表、哈勃投资的《营业执照》和公司章等材料,以及第三方信息查询。

其中,关于发行人与华为的**邮件**沟通,系与哈勃投资专门负责灿勤科技投资项目的主要人员进行沟通,***对方通过华为公司邮箱予以回复,具有可信度***。在本次注册环节问题下发后,哈勃投资于2021年6月26日又专门出具了《***说明函***》,再次***确认***:华为投资控股持有哈勃投资的100%股权;华为投资控股是由华为员工100%持有的企业,股东为华为投资控股有限公司工会委员会(以下简称"华为工会")与任正非;华为投资控股通过华为***工会***实行***员工持股计划,参与人均为华为公司员工***,没有任何政府部门、机构持有华为投资控股的股权。2021年9月,华为投资控股对华为工会的参与人员情况进行了确认。

点评

1. 本案例通过工会实施员工持股计划,现在已经不鼓励用工会、职工持股会持股了,参见"疑难点1 股东适格性"之"一、绝对禁止持股的主体"之"1. 职工持股会、工会"。

2. 对于工会、职工持股会持股或者自然人股东人数较多的情形,考虑到发行条件对发行人股权清晰、控制权稳定的要求,发行人控股股东或实际控制人存在职工持股会或工会持股情形的,应当予以清理。但是,对于间接股东存在职工持股会或工会持股情形的,如不涉及发行人实际控制人控制的各级主体,发行人不需要清理,但应予以充分披露。

3. 有无代持、关联关系等,企业自己比外人清楚,得企业自己先确认。

发行人和中介机构经上述核查确认:

1. 哈勃投资是所持发行人股权的实际持有人,哈勃投资持有的发行人股权不存在受***委托持股***的情况或***代持***股情况或类似安排。

2. 哈勃投资不存在中国法律法规规定禁止持有发行人股份的情形,其唯一股东为华为投资控股,无其他股东。哈勃投资与本次发行的中介机构及其负责人、高级管理人员、经办人员均不存在***关联关系***,不存在以发行人股权进行不当***利益输送***的情形。

3. 根据对发行人***提交申请前12个月内新增股东***的信息披露要求,发行人在招股说明书中充分披露了哈勃投资的基本情况、入股原因、入股价格及定价依据。哈勃投资与发行人其他股东、董事、监事、高级管理人员均不存在关联关系,与本次发行的中介机构及其负责人、高级管理人员、经办人员均不存在***关联关系***,也不存在***股份代持***的情形。

同时,哈勃投资承诺:自发行人股票上市之日起***三十六个月***之内,不转让或者委托他人管理所持有的发行人股份,也不由发行人回购该等股份。

4. 华为投资控股是由华为员工100%持有的企业,股东为华为工会和任正非。华为通过华为工会实行员工持股计划,参与人员均为华为公司员工,无任何政府部门、机构持有华为股份。截至2019年12月31日,华为工会的员工持股人数为104,572人,截至2020年12月31日,员工持股计划参与人数为***121,269***人。华为工会的***员工人数处于经常性的变动中***。

其中,任正非先生自1988年任华为公司总裁至今,截至2020年12月31日,任正非先生对华为投资控股的总出资比例为0.90%,穿透到发行人层面为12.38万股,占发行人总股本的0.04%。

5. 截至本回复报告出具日,华为工会参与人员均为华为公司员工,通过哈勃投资、华为投资控股和华为工会间接持有发行人***10万股及以上***的华为员工中不存在***证监会系统离职人员***。

点评

1. 工会、职工持股会核查的复杂之处就是人数特别多。像本案例,人数多达1.2万人,难以一一核查,最后通过群邮件进行确认,这个方法值得我们借鉴。

2. 对于历史沿革涉及较多自然人股东的发行人,可以核查历史上自然人股东入股、退股(含工会、职工持股会清理等事项)是否按照当时有效的法律法规履行了相应程序,入股或股权转让协议、款项收付凭证、工商登记资料等法律文件是否齐备,并抽取一定比例的股东进行访谈。

3.《监管规则适用指引——发行类第2号》要求核查证监会系统离职人员入股。本案例的股东人数实在太多,只能设置10万股的重要性水平去核查,当然

> 也可以只查持股比例不低于0.01%的股东,这是运用"重要性原则"的体现,更详细的内容见"疑难点1-3证监会系统离职人员"。

综上,考虑到:①哈勃投资入股发行人的目的系加强华为与发行人双方既有业务的合作关系,并非经第三方介绍或利用原职务影响谋取的投资机会,入股过程不存在利益输送;②哈勃投资对发行人的入股不存在利用违法违规"造富"的情形;③经哈勃投资***确认***,其对灿勤科技的出资均为***自有资金***,资金来源合法。

因此,发行人和中介机构的上述核查方式较为充分合理,能够满足相关指引要求。

疑难点 9

股份支付

为了留住核心人才、提高员工的积极性、加速企业的发展、提升企业的核心竞争力，绝大多数企业会在上市前会实施股权激励，即通过增资或转让股份等形式让高管或核心技术人员、员工、主要的业务伙伴持股。极少企业没在上市前做过股权激励，加之股份支付的会计处理一直是监管机构关注的重点。因此，股份支付成为了问询的必做题。

一、三大问题

股份支付一般会涉及以下三大问题：

■ 问题一：什么人会构成股份支付的对象？

■ 问题二：股份支付该如何定价？

■ 问题三：股份支付费用是一次性计入发生当期还是在服务期内分摊呢？

股份支付的约束主要来自《监管规则适用指引——发行类第 5 号》第 5 - 1 部分[之前，解答在《首发业务若干问题解答》(2020 年 6 月修订)问题 25、26，内容有修改、新增]与《企业会计准则第 11 号——股份支付》、《企业会计准则第 22 号——金融工具确认和计量》、《企业会计准则解释第 3 号》、《监管规则适用指引——会计类第 1 号》、《上市公司股权激励管理办法》等规定。

另外，2021 年 5 月财政部发布的“股份支付准则应用案例”也给我们提供了很好的指导。它集中解决了实务中普遍存在争议的问题，包括：实际控制人从持股平台受让其他离职员工的股份是否构成股份支付、授予日的确定、限制性股票与期权的区分、员工以公允价格认购股份但不承担股价下跌的损失是否属于股份支付、隐含的服务条件是否构成等待期。以上内容笔者将放在案例中介绍、点评。

二、厘清整体脉络

首先，支付对象是关联人还是非关联人将从根本上决定是不是股份支付；其次，光是关联人还不够，还得看支付价格是不是公允，有没有以换取服务为目的；最后，若是股份支付，支付的条件将决定计量的方式，进而会严重影响到财务报表。方案可以设计成将费用一次性计入当期的非经常性损益，也可以设计成把费用在等待期内分摊，并计入经常性损益，二者差别极大。

整体思路如图 9－1 所示：

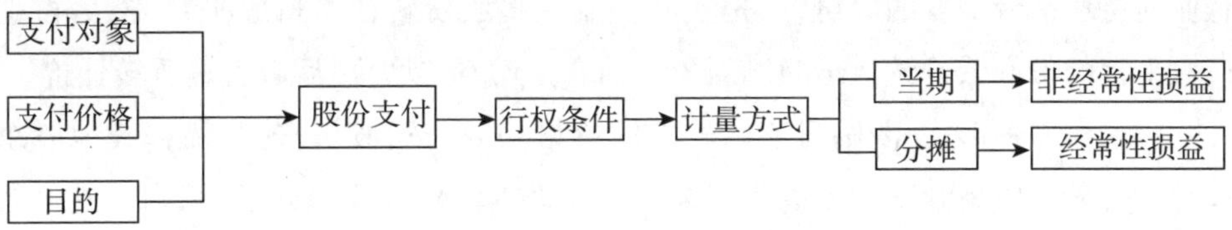

图 9－1　股份支付的整体脉络

三、监管态度

现在，股权激励涉及的问题越来越复杂。一些特殊情形，不同企业在判断是否构成股份支付以及该如何进行会计处理时，有不同的理解、操作。

面对特殊情形，其实监管机构心里也没有答案，因为股份支付有些方面现在还没有明确统一的会计准则可循。在未明确违反会计准则的前提下，监管机构关注的核心在于：企业的处理方式对利润的影响程度。

若经测算，即便确认为股份支付也不会导致净利润大幅度下降，监管机构会排除企业操纵利润的嫌疑，一般也不会再追究。

疑难点 9－1　如何认定

判断是否属于股份支付，一看支付对象是不是关联人，二看支付对象有无获得利益,三看企业有无以换取服务为目的。

一、股份支付的本质

企业实施股权激励,有员工持股平台、直接持股、股票期权等形式。其中,最常见的是设立员工持股平台。持股平台通常为有限合伙企业,普通合伙人一般由实际控制人或其指定的企业高管担任。

持股平台持有企业股份的来源有二:一是企业向持股平台定向增发,这会增加企业的股份;二是实际控制人向持股平台转让,这不会增加企业的股份。相对应的,激励对象得到持股平台份额有两种形式:一是激励对象以较低的价格认购企业向持股平台增发的股份;二是实际控制人将股份转让给持股平台,然后再把持股平台的份额低价转让给激励对象。前者关键看定增价,后者着重看转让价。

对于第一种形式,激励对象以较低的价格获取公司股份,这会稀释其他股东权益。交易本质是激励对象以非现金的劳动资本作价入股,其他股东为其支付对价,企业享有员工的服务。

对于第二种形式,实质上是企业接受股份支付对象的服务,但由股东支付激励对象的服务,企业享受员工的服务。

其实,从交易的角度分析,这两种形式是相同的,因为最后都是由企业或实际控制人、主要股东支付对价。企业或实际控制人、主要股东减少或让渡新的利益,牺牲短期利益去换取长期利益,而企业获得了激励对象的服务,企业壮大后,股东期望的长期利益便可以实现。这是股份支付当前较新颖的理论,参见案例“9-9 新巨丰 2021-09”。

二、支付对象

《监管规则适用指引——发行类第5号》第5-1部分第1条中明确规定:

发行人向职工(含持股平台)、顾问、客户、供应商及其他利益相关方等新增股份,以及主要股东及其关联方向职工(含持股平台)、客户、供应商及其他利益相关方等转让股份,发行人应根据重要性水平,依据实质重于形式原则,对相关协议、交易安排及实际执行情况进行综合判断,并进行相应会计处理。有充分证据支持属于同一次股权激励方案、决策程序、相关协议而实施的股份支付，原则上一并考虑适用。

股份支付的范围从宽管理，只要与公司利益稍微沾边的"关联人"，都可能构成股份支付，如不想支付现金顾问费而授予股权的外部顾问，还有职工、客户、供应商等。如果股份支付的对象为完全不沾边的非"关联人"，则不属于股份支付，如外部投资者 VC、PE 等。

虽说"关联人"是从宽，但为了防止"关联人"的范围被无限放大，我们需要提防，有些非关联人"伪装"成"关联人"，用股份支付掩盖低价入股，参见案例"9 - 3 金沃精工 2021 - 04"。

值得一提的是，除了一般的商业行为之外，IPO 申报企业应当尽量与客户、供应商保持适当距离，尤其涉及股权关系时。虽然有客户或供应商入股 IPO 企业且成功过会的案例，但这些案例涉及的入股比例小、价格公允，未被认定为股份支付、存在利益输送。

三、有无获得利益

即使支付对象是"关联人"，构不构成股份支付还得再看关联人有无从企业、实际控制人、主要股东处获得利益。而是否获益，一般看支付的价格是否合理、公允，即公司股权的公允价值与支付对象对价的差额是否为零。如果是员工持股平台，则依据员工是否以低于公允价值的价格取得持股平台的份额来判断。股份支付的公允价值将在下一节"疑难点 9 - 2 如何定价"中讨论。

以上述方式来判断的道理很简单，如果是用公允价得到股份，相当于在活跃的二级市场买卖股票，相当于在投资，受让人占不到任何便宜，何来"激励"一说呢？

四、以换取服务为目的

《企业会计准则第 11 号——股份支付》第 2 条第 1 款在定义股份支付时，特别强调了"提供服务"：

股份支付，是指企业为获取职工和其他方提供服务而授予权益工具或者承担以权益工具为基础确定的负债的交易。

其中的“其他方”是指为企业提供服务的除职工之外的“关联人”,比如,比较常见的外聘专家顾问,通常会被纳入股权激励范围。

企业在股份支付交易中意在获取“关联人”提供的服务或取得这些服务的权利,而服务本质上是一种资产,获取这些服务或权利的目的在于激励“关联人”更好地工作、生产经营、与企业共同成长。所以,构成股份支付的前提得以换取服务为目的,否则,可能构成低价入股、突击入股等。

《监管规则适用指引——发行类第5号》第5-1部分第1条中规定:

解决股份代持等规范措施导致股份变动,家族内部财产分割、继承、赠与等非交易行为导致股份变动,资产重组、业务并购、转换持股方式、向老股东同比例配售新股等导致股份变动,有充分证据支持相关股份获取与发行人获得其服务无关的,不适用《企业会计准则第11号——股份支付》。

一般情况下,股份代持还原和家族内部财产的分割、继承、赠与属于非交易行为,如果有充分证据证明企业在交易中不是为了获得服务,一般无须作为股份支付处理,参见案例“9-9 新巨丰 2021-09”。

五、确认股份支付的小公式

关于是否属于股份支付的问题,笔者在研究众多案例后,总结了一个小公式,这小公式是笔者在这本书中算是最引以为傲的研究心得:

关联人+获益+换取服务=股份支付

构成股份支付需要3个条件,且缺一不可,用笔者总结的公式去判断,八九不离十。判断的流程如图9-2所示。

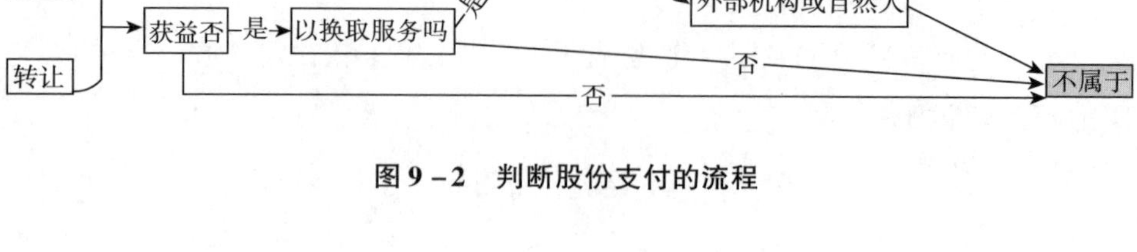

图9-2 判断股份支付的流程

六、疑难情形

（一）过渡期安排

持股平台设立时，按激励对象是否已经出资以及持股平台是否已经持有企业股份可划分为以下 4 种情形：

（1）持股平台设立时，激励对象已经对持股平台出资，但持股平台尚未取得企业的股份。

（2）持股平台设立时，激励对象已经对持股平台出资，且持股平台已经取得了企业的股份。

（3）持股平台设立时，激励对象尚未对持股平台出资，持股平台亦未取得企业的股份。

（4）持股平台设立时，激励对象尚未对持股平台出资，但持股平台已经取得了企业的股份。

多数企业采取预设持股平台、预留股份，即以第 4 种情形进行股权激励。

上述 4 种情形中，无论持股平台是否设立，只要企业股东大会明确了激励对象以及授予的穿透至企业激励工具的数量，就应当在授予日进行股份支付处理；但如果在持股平台设立时，尚未明确激励对象，或者虽然已经明确了激励对象，但未明确授予的穿透至企业激励工具的数量，无论持股平台是否已经取得了企业的股份，只要有确凿证据表明持股平台出资者仅是暂时地持有持股平台的份额，都无须进行股份支付处理。参见案例“9－4 云从科技 2021－06”“9－26 股份支付准则应用案例——授予日的确定”。

（二）离职员工退还持股份额

离职员工退还持股平台的份额，一般会转让给企业的普通合伙人（假设由实际控制人担任）或者其指定的新的激励对象，或者是持股平台的其他成员。

1. 由普通合伙人暂时代持

此类情况常见于持股平台中，员工离职时会将所持有的平台份额按原价或者少量溢价转回给普通合伙人或普通合伙人指定的第三方，由其暂时代持，其间不享有受让份额对应的投票权和股利分配等受益权。之后，普通合伙人在合理的时间内将份额再次授予其他激励对象。这种回收后短时间内再授予的行为不符合股份支付的定义,不属于股份支付。

换而言之,离职员工将份额转回,由他人暂时代持。未获益、没有以换取服务为目的,不符合笔者在上文总结的构成股份支付的三大要件,即“关联人+获益+换取服务=股份支付”,无须作为股份支付处理,当然也不会造成实际控制人变更。参见案例“9-12 股份支付准则应用案例——实际控制人受让股份是否构成新的股份支付”“9-13 未来电器 2021-12”。

2. 普通合伙人受让后未转让给其他人

此类情况下,如果员工离职后,将份额转回给实际控制人(普通合伙人),而实际控制人(普通合伙人)将其据为己有呢?

这得按离职员工股份当初的来源去区分判断。如果股份来源于实际控制人的低价存量转让,离职员工将持股平台的份额转回给实际控制人(普通合伙人)实质上是实际控制人在收回之前支付的成本,未获益,与换取服务无关,无须作为股份支付处理,参见案例“9-14 豪恩汽电 2021-10”“9-28 股份支付准则应用案例——以首次公开募股成功为可行权条件”;如果股份是来源于企业向持股平台的低价定向增发,离职员工将持股平台份额按非公允价转给实际控制人(普通合伙人),实质是把之前企业、股东让渡给离职员工的利益转移给了实际控制人,实际控制人获益了,应当认定为股份支付,参见案例“9-33 润阳股份 2022-09”。

3. 转让给持股平台内成员

如果离职员工不经普通合伙人的手,直接将份额以非公允价转让给持股平台内的其他成员,或者与持股平台内成员自愿在平台内部以非公允价交易,这算不算股份支付呢?这在实务中有很大争议。

有的观点认为,份额转让只是员工之间自发的行为,企业、实际控制人及主要股东并未让渡新的股权利益,并未承担新的成本。因此,不能确认为股份支付。

还有的观点认为,持股平台内成员以非公允价受让离职员工的份额,获益了,应当确认为股份支付。这是主流做法,参见案例“9-18 万凯新材 2021-09”“9-29 北交所会计监管动态——可行权条件认定 2022-01”。

其实,就算确认为股份支付,股份支付费用对净利润的影响一般较小。该怎么处理,监管机构也未完全掌握,若问询,也只是在试探,因为暂时还没有明确的规定。

持股平台内成员自愿在平台内部以非公允价交易份额与此同理。

4. 转让给新的激励对象

如果离职员工不经普通合伙人的手,直接将份额以非公允价转让给新的激励对象,企业或实际控制人、主要股东让渡了新的利益,新的激励对象获益,应当确认为股份支付。这种情形,在实务中争议并不大。

5. 普通合伙人收回后在合理的时间内低价转让

承接前文"1. 由普通合伙人暂时代持",若实际控制人(普通合伙人)在合理的时间内将代管的份额低价转让给其他人,这构不构成了新的股份支付呢?这种情形,相当于离职员工间接地将份额转让给其他人。此种情况下同样得区分受让者是平台内成员还是新的激励对象,原理与"3. 转让给持股平台内成员""4. 转让给新的激励对象"相同。不过,这些都是理论。

实务中,收回后不管是低价授予给谁,从"9-17 华塑科技 2021-08""9-35 拓荆科技 2021-10"等案例来看,更倾向于构成新的股份支付。

(三)非同比例增资

《上市公司股权激励管理办法》第 8 条第 2 款第 1 句规定:

单独或合计持有上市公司 5% 以上股份的股东或实际控制人及其配偶、父母、子女,不得成为激励对象。

而《深圳证券交易所创业板股票上市规则》(深证上〔2023〕702 号)第 8.4.2 条第 2 款规定:

单独或合计持有上市公司 5% 以上股份的股东或实际控制人及其配偶、父母、子女以及上市公司外籍员工,在上市公司担任董事、高级管理人员、核心技术人员或者核心业务人员的,可以成为激励对象。上市公司应当充分说明前述人员成为激励对象的必要性、合理性。

《上海证券交易所科创板股票上市规则》第 10.4 条亦有类似的规定。可见,在创业板、科创板中,实际控制人及其配偶、父母、子女可以成为激励对象。实践中,科创板、创业板中实际控制人成为股权激励对象的情况越来越普遍,那么这就涉及是否需要确认股份支付的问题。

对于同比例配售新股,《监管规则适用指引——发行类第 5 号》第 5-1 部分第 1 条中规定:

……向老股东同比例配售新股等导致股份变动,有充分证据支持相关股份获取与发行人获得其服务无关的,不适用《企业会计准则第11号——股份支付》。

对于非同比例增资,《监管规则适用指引——发行类第5号》第5-1部分第1条中规定:

为发行人提供服务的实际控制人/老股东以低于股份公允价值的价格增资入股,且超过其原持股比例而获得的新增股份,应属于股份支付。如果增资协议约定,所有股东均有权按各自原持股比例获得新增股份,但股东之间转让新增股份受让权且构成集团内股份支付,导致实际控制人/老股东超过其原持股比例获得的新增股份,也属于股份支付。实际控制人/老股东原持股比例,应按照相关股东直接持有与穿透控股平台后间接持有的股份比例合并计算。

先举个例子,A公司为拟上市公司,股份数量为100万股,实际控制人甲、高管乙及其他股东分别持有A公司30%、6%及64%的股份。某年,甲向A公司以10元/股的价格增资20万股,增资日A公司股份的公允价值为20元/股,其他老股东未参与该次增资。

例子中,实际控制人甲为公司提供服务,属于《企业会计准则第11号——股份支付》以及《监管规则适用指引——发行类第5号》第5-1部分规定的适用范围。实际控制人甲原持股比例为30%,该次增资中共新增20万股。所以,甲按照其原持股比例能获得的股份数为6万股,超出的14万股应按照增资日公允价值与购买价格之间的差额,确认股份支付费用140万元。

为什么要这么处理呢?《监管规则适用指引——发行类第5号》第5-1部分之所以要这么规定,主要是为了防止企业通过规避股份支付来调节利润、输送利益。

通俗地解释,如果所有股东均有权按各自原持股比例获得新增的股份,即同比例增资,不管入股价多少,大家的持股比例都不变,都获益或者说大家都没占到便宜,此种情况不属于股份支付。但是,如果实际控制人/老股东以超过其原持股比例获得了新增股份,即非同比例增资,对股东并未一视同仁,实际控制人/老股东穿透后的持股比例上升,获得了利益,此种情况应当确认为股份支付。而那些穿透后的持股比例不变或者股权被稀释的股东,没有获得利益,不属于股份支付。参见案例"9-8 载德科技 2021-04""9-19 善水科技 2021-08"。

到了这里,读者可能开始明白了,原来构不构成股份支付是看增资者持股比例的变动。然而持股比例的变动只是表象，关键还得看增资对象有无从中获得利益，详见案例“9－7豪江智能2021－12”。

举例说明：某企业股本为1000万股，穿透后实际控制人甲持有企业100%的股份。后来，设立员工持股平台对企业增资，实际控制人甲对员工持股平台的持股比例为10%，员工持股平台按照1元/股的价格对企业增资了100万股，增资后3个月内，该企业引入外部投资者的价格为5元/股。实际控制人甲虽然低价认购了股份，但其穿透后的持股比例降低。在该案例中，实际控制人甲在该次增资中利益受损，不应确认为股份支付。

（四）企业合并作价差异

《监管规则适用指引——发行类第5号》第5－1部分第1条中规定：

……资产重组、业务并购、转换持股方式……等导致股份变动，有充分证据支持相关股份获取与发行人获得其服务无关的，不适用《企业会计准则第11号——股份支付》。

企业合并中，发行权益工具取得其他企业净资产的交易，适用企业合并准则，无须执行股份支付准则。

非同一控制下企业合并中，对被购买方不同股份的作价差异是被收购方原股东之间的利益调整与平衡，与高管过去或者将来要提供的服务无关，不作为股份支付处理。

（五）亏损兜底

公司实际控制人向全体员工承诺，如对参与人范围、可参与的股份数等均无明确规定，只有实际控制人的兜底承诺是明确的，无法证明实际控制人支付给响应倡议的员工的补亏款是为了补偿员工为企业提供的服务，一般不认定为股份支付，而应当认定为员工的投资行为；如果明确是以获取员工的服务为目的，则属于股份支付，参见案例“9－11股份支付准则应用案例——‘大股东兜底式’股权激励计划”。

同理，如果员工持股计划只在二级市场按公允价值买卖公司股票，不属于股份支付。如果发起员工持股计划时，实际控制人向员工承诺亏损时会补偿，则该员工持股计划属于一项特殊的职工薪酬安排。

（六）无偿赠与

若关联人，如高管、员工、股东、顾问等的股份来源于实际控制人、控股股东、主要股东、公司的无偿赠与,根据笔者总结的小公式"关联人 + 获益 + 换取服务 = 股份支付",无偿赠与很明显,关联人获益了,只要企业是以换取关联人的服务为目的,就构成股份支付。

七、常见问询

■ 说明 × × × 增资未确认股份支付的原因、依据及合理性,是否符合《企业会计准则》的要求;以及是否存在其他应确认股份支付而未确认的情形。

■ 说明 × × × 执行事务合伙人变更是否涉及股份支付,会计处理是否符合《企业会计准则》的规定。

■ 说明报告期内员工持股平台各股东股份的增减变动情况,涉及增资及退出的,请披露增资及退出的背景、价格公允性以及股份支付确认情况,是否存在应确认股份支付而未确认的情形。

9 - 1 善水科技 2021 - 08

首轮问询回复显示,2017 年发行人副董事长阮环宇以 1 元/股的价格向发行人增资 471 万元,发行人未确认股份支付。

请发行人按照中国证监会《首发业务若干问题解答(2020 年 6 月修订)》问题 26[①] 的要求,说明阮环宇相关增资未确认股份支付的原因、依据及合理性,是否符合《企业会计准则》的要求;以及是否存在其他应确认股份支付而未确认的情形。

| **回复** |

一、会计差错调整的原因和金额

上海派能能源科技股份有限公司(以下简称"派能科技")首次公开发行股票申请文件显示:深圳市新维投资合伙企业(有限合伙)(以下简称"新维投资")系发行人派能科技股东,新维投资的部分合伙人根据控股股东委派担任公司董事、监事,***未与公司签署劳动合同、未从公司领薪***,派能科技对上述担任董事、监事的新维投资的部分合伙人持有的公司股份***确认股份支付***。

阮环宇虽未与发行人签署劳动合同、未从发行人处领薪,但***担任发行人副董***

① 现参考《监管规则适用指引——发行类第 5 号》第 5 - 1 部分即可。

事长期间参与公司治理和履行董事职责。相关情况与上述可比案例相似，因此对阮环宇持有的发行人股份***补充确认股份支付***。阮环宇该次认购股份数量为471.00万股，认购价格为1.00元/股，授予日公允价值参照***同次增资***时员工持股平台计算股份支付时确定的公允价值1.16元/股，补充确认股份支付金额=***471.00万股×(1.16元/股-1元/股)***=75.36万元。

点评

1.股份支付的范围从宽管理，只要与公司有关的关联人都可能构成股份支付，包括主要股东及其关联方的职工、客户、供应商、为企业提供服务的外部第三方等。本案例中，阮环宇虽然未与发行人签署劳动合同，未在发行人处领薪，但从谨慎出发，应确认为股份支付以评估对财务报表的影响。

2.不过，为了避免不必要的麻烦，最好和发行人签个劳务合同，尽量贴近"关联人"，这与"疑难点8员工持股计划"同理。

二、本次调整确认股份支付对报告期业绩影响情况

本次股份支付金额的调整确认对发行人报告期内的财务报表影响如下：

资产负债表方面，上述股份支付金额的确认对公司报告期各期末的资产总额、负债总额、净资产均不产生影响，***仅权益类科目内部有所调整***。利润表方面，上述股份支付金额的确认不影响公司报告期各期数据，但导致2017年度的***净利润***有所下降，具体如下：

项目	调整前后变动金额(万元)	变动比例
管理费用	75.36	3.25%
营业利润	-75.36	-0.98%
利润总额	-75.36	-0.93%
净利润	-75.36	-1.11%
归属于母公司股东的净利润	-75.36	***-1.09%***

发行人2017年度净利润减少75.36万元，占调整前净利润的比例为***1.11%***，对发行人2017年度的业绩***影响较小***。

上述股份支付金额计入2017年度的***非经常性损益***，***对发行人2017年度的扣***

除非经常性损益后的净利润不产生影响。

点评

1. 对于权益结算的股份支付,一般借记"管理费用",贷记"资本公积",会影响利润总额和调整股东权益内部的科目,但不会影响到股东权益的总额。

2. 对股份支付金额的调整,属于前期会计差错更正事项,监管层担心会对报告期内的利润造成重大影响。如果股份支付费用是一次性计入非经常性损益,则对扣非后的净利润没有影响。

9-2 普源精电 2021-09

招股说明书披露,锐进合众和锐格合众系发行人为稳定核心团队和业务骨干,充分调动中高层管理人员和核心骨干员工的积极性和凝聚力,激励相应员工而设立的持股平台。公司股权激励平台锐进合众股东包括非公司员工。

请发行人说明:向非公司员工进行股权激励的原因及合理性,入股价格是否异常。

| 回复 |

截至本问询函回复出具日,锐进合众和锐格合众的直接或间接合伙人中,除朱铁军(系公司的供应链精益顾问)外,其他合伙人均为或*曾*为公司及其子公司的员工。

朱铁军自2017年2月起至今一直担任公司的供应链精益*顾问*,为公司的供应链精益作出了较大贡献,且朱铁军看好公司的发展,自愿通过锐进合众投资公司,经双方协商一致,朱铁军受让王悦所持有的锐进合众1.25%的份额(对应合伙企业出资额5万元),公司向朱铁军进行股权激励具有合理性。

王悦向朱铁军转让其所持有的锐进合众的财产份额的转让价格为5.39元/1元出资额,转让价格系由双方协商一致确定,且*不低于同期员工入股价格*,朱铁军的*入股价格不存在明显异常*。

综上,公司向非公司员工朱铁军进行股权激励具有合理性,朱铁军的入股价格不存在明显异常。

点评

1. 股份支付的范围比员工持股计划要宽得多，与公司利益稍有关联的人都可以构成股份支付的对象，如该案例中仅担任公司项目顾问的朱铁军。《监管规则适用指引——发行类第5号》第5-1部分还特意强调，发行人的顾问以低于股份公允价值的价格取得股份，发行人获取顾问的服务的，应构成股份支付。

2. 从严处理的主要原因是，股份支付会形成费用而不是利润，得评估对财务报表的影响，所以，需要更加谨慎对待。

3. 实务中还有一种情形：之所以给外部顾问等股权激励替代工资，是因为若向外部顾问等定期支付顾问等费用，可能会对公司的经营现金流产生一定的影响，故以向外部顾问等授予股权的非现金方式作为报酬，一是可以节约公司的现金流，二是可以将外部顾问等与公司的利益长期绑定，一箭双雕。

9-3 金沃精工 2021-04

2017年5月，发行人新增股东衢州成伟、张统道、程安靖，分别持股3%，其中衢州成伟系由董事长杨伟和总经理郑立成合计持股100%的公司。本次增资价格为均为4.04元/1元注册资本，公允价格为14.16元/1元注册资本，发行人共计提股份支付费用2,250.01万元。

请发行人补充披露：

一、张统道、程安靖入股发行人的背景，是否参与公司的实际经营，两人按照与衢州成伟相同的价格进行增资的原因，增资价格低于公允价格是否存在利益输送

| 回复 |

2017年5月，张统道、程安靖入股发行人，主要因其***看好公司发展前景***，愿意长期投资发行人。当时发行人虽有一定经营基础，但收入规模和业绩情况尚不十分突出，公司仍处于高速发展过程中，***亟需补充资本金***以保障日常资金需求并扩充产能。张统道、程安靖系发行人***实际控制人的朋友***，对公司情况较为熟悉。张统道曾在中国石化工作并担任工程师职务，***在发行人前期的生产管理中提供了指导***；程安靖为职业投资人，***在发行人融资和经营管理等方面提供了帮助***。

鉴于上述情形,经公司与张统道、程安靖协商一致,由张统道、程安靖按照与衢州成伟相同的价格增资入股,既满足了公司资金需求,又兼顾了张统道、程安靖为公司日常生产管理、融资和经营管理等方面做出的***贡献***。因此该增资价格具有合理性,不存在利益输送的情形。

二、张统道、程安靖非发行人员工,由发行人计提股份支付费用是否符合《企业会计准则》相关规定,是否存在损害发行人及其他股东利益的情形

|回复|

1.由发行人计提股份支付费用符合《企业会计准则》相关规定

根据《企业会计准则第11号——股份支付》的规定,股份支付是指企业为获取职工和其他方***提供服务***而授予权益工具或者承担以权益工具为基础确定的负债的交易。股份支付分为以权益结算的股份支付和以现金结算的股份支付。以权益结算的股份支付,是指企业为获取服务以股份或其他权益工具作为对价进行结算的交易。

根据中国证监会《首发业务若干问题解答》,发行人报告期内为获取职工和其他方提供服务而授予股份的交易,在编制申报会计报表时,应按照《企业会计准则第11号——股份支付》相关规定进行处理。

鉴于张统道曾***为公司提供生产管理方面的指导***,程安靖***为公司提供过融资和经营管理方面的帮助***,两人以***低于公允价的价格***对发行人进行***增资***,属于《企业会计准则》规定的股份支付,应由发行人***计提股份支付费用***。上述会计处理符合《企业会计准则》及中国证监会《首发业务若干问题解答》的规定。

点评

1.虽说股份支付的对象范围可从宽管理,但也不是可以无限扩张的。

2.张统道、程安靖只是实际控制人的朋友,而根据笔者总结的小公式——股份支付=关联人+获益+换取服务,实际控制人的朋友谈不上是关联人。而且,为了满足第三个条件"换取服务",案例中发行人一方辩称"张统道曾为公司提供生产管理方面的指导,程安靖为公司提供过融资和经营管理方面的帮助",这理由似乎不够支撑二人可以以低于公允价多达2250万元入资。并且,此理由口说无凭,无法验证,笔者个人认为,此案例有被发觉后,以股份支付掩饰低价入股、输送利益之嫌。或许监管机构意识到了这个问题,才问询"是否存在损害发行人及其他股东利益的情形?"

3. 为了避免不必要的麻烦，该案例应与案例“9－1 善水科技 2021－08”一样，最好和发行人签个劳务合同，尽量向“关联人”方向论述。

2. 不存在损害发行人及其他股东利益的情形

上述增资事项已履行发行人股东会审议程序，并在工商登记部门办理完成相关手续。2017 年 5 月 22 日，金沃有限股东会作出决议，一致同意注册资本增至 2,472.5274 万元，衢州成伟、张统道、程安靖分别以货币资金 300 万元认缴 74.1758 万元注册资本。2017 年 5 月 23 日，公司办理了本次增资的工商变更登记。因此，张统道、程安靖本次增资行为***已取得金沃有限当时全体股东认可***，不存在***损害发行人及其他股东利益***的情形。

针对衢州成伟、张统道、程安靖增资事项，发行人于 2017 年度计提股份支付费用 2,250.01 万元，上述事项未对公司正常经营造成不利影响，未影响公司 2017 年度扣除非经常性损益后归属于母公司所有者净利润，***未损害发行人利益***。

综上所述，张统道、程安靖增资入股事项不存在损害发行人及其他股东利益的情形。

三、张统道、程安靖是否与发行人及其控股股东、实际控制人、董监高、其他核心人员、主要客户或供应商存在亲属关系、关联关系、委托持股等利益安排

｜回复｜

保荐机构及发行人律师查阅了张统道、程安靖、发行人及其控股股东、实际控制人、董监高、其他核心人员出具的《调查问卷》及书面说明，并比对上述人员和发行人在张统道和程安靖出资前后的***银行流水***，取得了发行人报告期各期前五大客户和前五大供应商出具的书面说明，并对发行人报告期各期前五大客户和前五大供应商进行了走访。经核查，张统道、程安靖与发行人及其控股股东、实际控制人、董监高、其他核心人员、发行人报告期各期前五大客户或前五大供应商***不存在亲属关系、关联关系、委托持股***等利益安排。

9－4　云从科技 2021－06

请发行人说明：发行人员工持股平台是否存在其他需按照股份支付进行会计处理的情形。

｜回复｜

发行人2017年1月增设2个员工持股平台，并***预留***公司当时实收资本份额的***15%***，作为未来的***股权激励池***；2018年6月，将原2个员工持股平台变更为新设的5个员工持股平台；2019年9月，将原5个员工持股平台中的4个平台，变更为新设的4个员工持股平台。

根据公司历次《章程》规定，公司股东按照***实缴出资***享受分红权、表决权等各项***股东权益***。而5个员工持股平台一直到2019年6月份和9月份，才向云从有限***实缴出资***，才享有公司《章程》约定的分红权、表决权等各项***股东权益***。

点评

1. 设立员工持股平台，并预留股份作为股权激励池，未来再将平台份额逐步低价授予给激励对象，这属于过渡期安排，是股权激励常规的做法。

2. 持股平台设立后，激励对象尚未对持股平台出资，由此，持股平台亦未对公司出资。

在此之前一方面，***员工持股平台由于并未实缴出资而不享有公司的股东权益***；另一方面，***员工持股平台也未明确被激励对象员工***，因此员工持股平台仅仅是公司预留的股权激励池，***不存在***根据《企业会计准则》需要按照***股份支付***进行会计处理的情况。

点评

预设了持股平台，未对公司实缴出资，更重要的是未明确被激励对象，这相当于还没跟激励对象签协议，不能确认股份支付。确定了股权激励对象及授予股份数量之日才是授予日，详见案例"9－26 股份支付准则应用案例——授予日的确定"。

9－5 宇邦新材 2021－08

请发行人：补充披露股份支付的金额和占比。

｜回复｜

根据《企业会计准则第11号——股份支付》第四条：以权益结算的股份支付

换取职工提供服务的，应当以授予职工权益工具的公允价值计量。公允价值是指熟悉市场情况的买卖双方在公平交易的条件下和自愿的情况下所确定的价格，或无关联的双方在公平交易的条件下一项资产可以被买卖或者一项负债可以被清偿的成交价格，即股份支付中权益工具的公允价值的确定，应当以市场价格为基础。

公司在2015年以前的历次股权演变主要为原股东肖锋、林敏的增资及股权结构的调整，***不涉及新股东引进，不存在对其他员工的激励***，故不适用《企业会计准则第11号——股份支付》的规定。

2015年6月，公司参照2014年12月31日的每股净资产即5.54元/股向苏州宇智伴定向增发250.00万股，对应2014年净利润PE倍数为2.97倍，***增资价格合理、公允***。同时，根据《苏州宇智伴企业管理合伙企业(有限合伙)合伙协议》，并无有关参股员工服务年限的要求，***并非为换取参股员工对公司提供服务***。因此，根据《企业会计准则第11号——股份支付》会计核算规定在授予日计入相关成本费用金额***(即公司股权的公允价值与管理层投资人员支付对价的差额)为零***，在授予日不需要进行会计处理，不涉及股份支付。

点评

增资价格公允，表明公司股权的公允价值与管理层支付对价无差异，管理层未获益，而且不是为了换取服务。根据笔者总结的小公式——股份支付＝关联人＋获益＋换取服务，后两个条件不符合，不构成股份支付。

2015年11月，公司参照2015年6月30日的每股净资产以及公司成长性等因素，按照每股净资产的1.1倍即5.90元/股向巨元投资、何志豪、李定武、季军、顾婉定向增发1,200.00万股，对应2014年净利润PE倍数为3.16倍，***增资价格合理、公允***。本次增资的对象均为***外部机构及外部自然人***，无公司员工，因此亦不适用《企业会计准则第11号——股份支付》的规定。

2018年7月，参照2015年11月认购价加计每年***8%单利***即7.22元/股，公司实际控制人和控股股东回购巨元投资、何志豪、李定武所持有的全部股份，对应2017年净利润PE倍数为13.89倍，***转让价格合理、公允***。本次股权转让的对象为公司实际控制人及控股股东，不涉及新股东引进或对其他员工的激励，不涉及股份支付。

2020年6月,公司参照2020年6月末每股净资产及公司成长潜力因素,按照8.63元/股向全普、刘军、刘正茂、无锡中元、浙创好雨及天合智慧能源定向增发850.00万股,对应2019年净利润PE倍数为13.73倍,***增资定价合理、公允***。本次增资的对象均为***公司外部机构/人员***,无公司员工,因此不适用《企业会计准则第11号——股份支付》的规定。

点评

1. 该案例中,增资/转让价格合理、公允,对象均为外部机构、自然人,根据笔者总结的小公式——股份支付=关联人+获益+换取服务,与前两个条件不符合,不构成股份支付。

2. 此处没论证增资价格具体合理、公允之处。

综上所述,公司历次股权变动不涉及股份支付。

9-6 宁新新材2022-01

申报文件及首轮问询回复显示:

(1)发行人股东盛通投资系持股平台,于2015年8月设立,合伙人包括发行人三名共同实际控制人、邓达琴配偶的亲属、6名在职员工和2名离职员工。

(2)2016年、2018年和2019年盛通投资陆续有合伙人退出和加入。其中2018年4月,发行人三名共同实际控制人入伙,李海航担任普通合伙人;2019年钟志文入伙。入伙价格均为1元/份。

(3)发行人未对实际控制人入伙盛通投资事项进行股份支付处理。发行人解释称盛通投资不属于为实施员工持股计划、股权激励计划等情况而设立的合伙企业,不构成股份支付。

请发行人:结合共同实际控制人、离职和在职员工入伙盛通投资的时间、入伙原因等进一步分析说明相关人员低价入伙不构成股份支付的理由是否充分。

| 回复 |

一、各合伙人入伙盛通投资情况

各合伙人入伙盛通投资时,均按照其投资金额并以1元/合伙份额的价格计入其出资额。入伙盛通投资后,各合伙人按照其投资金额向发行人增资或从二级市场买入发行人股份。具体情况如下：

1. 向发行人***增资***

2015年8月，宁新有限第二次增资，因投资金额较小，为了便于管理新进投资者胡小平、胡尔丹等30人的股权，前述人员于2015年8月设立盛通投资，并通过盛通投资向宁新有限增资。盛通投资设立时，胡小平、胡尔丹等30人作为初始合伙人，***以1元***/合伙份额的入伙价格入伙盛通投资，盛通投资***以1元***/份出资额的增资价格向宁新有限增资。（***宁新有限本次增资时，包含机构投资者、原股东在内的各出资人的增资价格均为1元/份出资额***。）

2. 从***二级市场***买入发行人股份

2018年4月，李海航、邓达琴、李江标入伙盛通投资，合伙出资额分别112.77万元、100.80万元和100.80万元。2018年5月，盛通投资通过股转系统买入发行人股份51.90万股，每股6.20元（系购买当日的***二级市场价格***），李海航、邓达琴、李江标分别对应18.70万股、16.60万股和16.60万股发行人股份。

二、各合伙人通过盛通投资间接持有发行人股份情况

各合伙人入伙盛通投资时，按照其投资金额确认其在盛通投资的出资额和出资比例。截至本问询回复出具日，按照盛通投资合伙人协议，各合伙人通过盛通投资持有发行人的股份数量、比例以及相应的利润分配、亏损承担比例，则***按照其投资额认购发行人增资份额或二级市场购买的股份为依据***，具体如下表所示：

可比公司	第一大品牌厂商	在合伙企业中的出资额比例	在合伙企业中持有发行人的股份比例
李海航	普通合伙人	23.26%	8.4083%
邓达琴	有限合伙人	20.79%	7.4640%
……			

上表所示各合伙人享有的发行人股份权益的比例的计数基础为其入伙盛通投资时向发行人增资或购入发行人股份的数量。

三、盛通投资为持股平台，各合伙人通过盛通投资持有发行人股份不构成股份支付

根据《企业会计准则第11号——股份支付》，“股份支付，是指企业为获取职工和其他方***提供服务***而授予权益工具或者承担以权益工具为基础确定的负债的交易。"根据中国证监会《首发业务若干问题解答》,"发行人报告期内为获取职工和其他方提供服务而授予股份的交易,在编制申报会计报表时,应按照《企业会计准则第11号——股份支付》相关规定进行处理。……对于为发行人提供服务的实际控制人/老股东以低于股份公允价值的价格增资入股事宜,如果根据增资协议,***并非所有股东***均有权按各自原持股比例获得新增股份,对于实际控制人/老股东***超过其原持股比例***而获得的新增股份,应属于股份支付;如果增资协议约定,所有股东均有权***按各自原持股比例***获得新增股份,但股东之间转让新增股份受让权且构成集团内股份支付,导致实际控制人/老股东超过其原持股比例获得的新增股份,也属于股份支付。对于实际控制人/老股东原持股比例,应按照相关股东直接持有与穿透控股平台后间接持有的股份比例合并计算"①。

1. 盛通投资作为持股平台,其设立目的是为了便于管理2015年8月新进股东胡小平、胡尔丹等30人的股权。前述人员于2015年8月设立盛通投资,并通过盛通投资向宁新有限增资,认购186.50万份出资额,认购价格为1元/份出资额,***入股价格与该次增资的机构股东、原股东等其他股东价格一致***。因此盛通投资合伙人本次入伙及向宁新有限增资***不构成股份支付***。

点评

所有股东均按各自原持股比例获得新增股份,入股价格一致,这是同比例增资,大家都获益或者说大家都没占到便宜,根据笔者总结的小公式,股份支付=关联人+获益+换取服务,不符合第二个条件,不构成股份支付。

2. 2018年4月共同实际控制人李海航、邓达琴、李江标入伙盛通投资,2018年5月通过盛通投资在***二级市场***购入发行人股票,为购买当日的二级市场价格,因发行人股票在二级市场交易较为活跃,故其购买***价格公允***,且***分别按其购入的发行人股份数量享有利润分配和亏损承担比例***;三人入伙盛通投资目的是为了提高

① 《监管规则适用指引——发行类第5号》第5-1部分第1条中将此条更新为:"……为发行人提供服务的实际控制人/老股东以低于股份公允价值的价格增资入股,且超过其原持股比例而获得的新增股份,应属于股份支付。如果增资协议约定,所有股东均有权按各自原持股比例获得新增股份,但股东之间转让新增股份受让权且构成集团内股份支付,导致实际控制人/老股东超过其原持股比例获得的新增股份,也属于股份支付。实际控制人/老股东原持股比例,应按照相关股东直接持有与穿透控股平台后间接持有的股份比例合并计算。"

三人的股权比例，并通过支配盛通投资表决权以稳定其对发行人的共同控制权，***不属于“为获取职工和其他方提供服务而授予股份的交易”***，不构成股份支付。

3. 戴琳受让刘燕A合伙份额（对应发行人5万股）、刘旦受让戴琳合伙份额（对应发行人5万股）、钟志文受让熊伟合伙份额（对应发行人7万股），均为按照转让时发行人的***二级市场价格***转让所对应的发行人股份，***并非从发行人或实际控制人处获得***，因此不符合股份支付的认定。

点评

发行人股票在二级市场交易较为活跃，在二级市场购入股票，价格公允，且未提供服务。根据笔者总结的小公式——关联人+获益+换取服务=股份支付，不符合第二、三个要件，不构成股份支付。

综上，各合伙人入伙盛通投资***并非***是因发行人为获取其***提供的服务***而作出的安排，且各合伙人通过盛通投资持有的发行人股份的价格与其他同批次的股东不存在差异，不存在低价获取发行人股份的情况。盛通投资作为发行人的持股平台，设立目的是为了便于管理持股数量较少的小股东而作出的安排。三位共同实际控制人李海航、邓达琴、李江标入伙，同时全体合伙人一致同意李海航担任执行事务合伙人，并同意盛通投资作为三位***共同实际控制人***的***一致行动人***，是为了提高三位共同实际控制人的表决权比例，保持实际控制人控制地位的稳定性。因此，相关人员入伙盛通投资不构成股份支付。

9-7　豪江智能 2021-12

申报材料显示：启源资本、启辰资本系以合伙制企业实施员工持股计划的持股平台，启辰资本包括5名外部自然人，其中合伙人宫振芳为发行人控股股东、实际控制人宫志强之姨母，启源资本包括4名外部自然人，其中合伙人臧建系宫志强之配偶、臧勇系宫志强之妻弟，启辰资本和启源资本中外部自然人出资比例分别为75.55%、83.96%。

请发行人：补充披露各个持股平台增资发行人是否属于股份支付。

| 回复 |

点评

此案例值得认真阅读。

启德投资增资发行人均属于股份支付,具体情况如下:

一、基本情况

启德投资的合伙人全部由公司员工组成,之后以员工向启德投资缴纳的出资为来源于2018年2月以2元/股的价格向公司增资1,000.00万元,持有公司500.00万股。启德投资持有的发行人股份为基于员工对企业的贡献和服务而授予的权益工具,因此本次持股平台增资发行人构成股份支付。本次授予权益工具的***公允价值***确定为4元/份权益工具,为参考2018年4月发行人引入***外部投资者时的增资价格***予以确认。

二、未计提股份支付费用原因概述

启德投资向发行人增资时,公司实际控制人、控股股东宫志强本次通过持有启德投资合伙份额而间接持有的发行人股份,***无需确认股份支付费用***;公司总经理于廷华也曾***短期***持有启德投资合伙份额但***无需确认股份支付费用***,具体情况及原因如下:

1. 关于宫志强持有的启德投资份额

启德投资于2017年12月12日成立,成立时普通合伙人为宫志强(持有90%合伙份额,计900万元出资额)、有限合伙人为于廷华(持有10%份额,计100万元出资额);同日,发行人召开股东大会,审议通过了同意启德投资以2元/股的价格入股的议案;2017年12月26日,发行人就该增资事项办理了工商变更登记手续。此时发行人具体***员工股权激励安排尚待最终确定***,启德投资中的份额分配为***过渡期安排***。之后,在确定员工具体持股安排后,宫志强、于廷华减少了其未缴纳的部分启德投资出资额并由发行人员工通过增资的方式予以补足,最终在2018年4月以宫志强为核心的相关***员工***取得了本次授予的激励股权。

根据《首发业务若干问题解答(2020年6月修订)》问题26的指导意见:"对于为发行人提供服务的实际控制人/老股东以低于股份公允价值的价格增资入股事宜,如果根据增资协议,***并非所有股东均有权按各自原持股比例获得新增股份***,对于实际控制人/老股东***超过其原持股比例而获得的新增股份,应属于股份支付***。

对于实际控制人/老股东***原持股比例***，应按照相关股东***直接***持有与***穿透***控股平台后***间接***持有的股份比例***合并***计算。”参照前述指导意见的精神，基于：

(1)宫志强作为为发行人提供服务的实际控制人、控股股东，本次以***低于股份公允价值的价格***被授予发行人215万股(***间接***)；

(2)启德投资增资前的股东启航投资未参与本次增资；

(3)在启德投资增资前，宫志强作为自然人股东直接持有发行人90%的股份、通过启航资本间接持有发行人9.00%的股份，共***直接和间接***持有发行人***99.00%***的股份；在被正式授予激励股权后，宫志强作为自然人股东直接持有发行人81.82%的股份、通过启航资本间接持有发行人8.18%的股份、通过启德投资间接持有发行人3.91%的股份，共***直接和间接***持有发行人***93.91%***的股份。首先，从本次增资前后整体股权角度考虑，在被正式授予激励股权前后，***实际控制人控制的发行人股权比例(表决权角度)未发生变化，均为100%***(注:2018年1月8日，启德投资有限合伙人宫志强与原普通合伙人/执行事务合伙人于廷华交换了合伙人身份，宫志强成为启德投资新的普通合伙人/执行事务合伙人，启德投资实际控制人由于廷华变更为宫志强。在股权激励实施前后，启德投资持有的发行人股份均由宫志强控制)，***但实际控制人因原有股权被稀释，直接和间接的持股比例(财产权益角度)反而下降***。考虑到股权激励实质侧重于授予股份所关联的财产权益而非表决权以达到激励效果，***宫志强由于股权比例被稀释带来的损失超过了低价增资获得的利益，实质上丧失了现实利益***，因此宫志强本次被授予股权未同时满足应计提股份支付费用的两个条件——***获益***并***提供服务***，故发行人***未确认***宫志强本次被授予股权的***股份支付费用***。其次，从认购本次增资新增股份角度考虑，本次***增资前***以***穿透***原则计算则宫志强直接和间接持有发行人99.00%的股份、于廷华直接和间接持有发行人1.00%的股份，而宫志强参与了本次新增股份的认购、于廷华未参与本次新增股份的认购，从两名老股东角度来看，宫志强认购的新增股份占二者认购比例的***100%***，超过了其原占比***99.00%***，但考虑到***超过比例仅为1%，重要性水平较低，在此不做股份支付处理***。

因此，宫志强本次通过启德投资增资发行人而间接持有的豪江智能新增股份***无需确认股份支付费用***。

点评

1. 股份支付 = 关联人 + 获益 + 换取服务,构成股份支付的3个条件缺一不可,实践中容易出现分歧的是后两个条件——获益、换取服务。

2. 官志强认购的新增股份占认购比例的100%,超过了其原占比99.00%,构成了非同比例增资。虽然案例中辩称,新增股份1%的重要性水平较低,用重要性水平去"偷懒",不作为股份支付处理,但这不是案例所述发行人行为的本质。

3. 同比例增资跟非同比例增资,可参考《监管规则适用指引——发行类第5号》第5-1部分第1条中规定:"为发行人提供服务的实际控制人/老股东以低于股份公允价值的价格增资入股,且超过其原持股比例而获得的新增股份,应属于股份支付。如果增资协议约定,所有股东均有权按各自原持股比例获得新增股份,但股东之间转让新增股份受让权且构成集团内股份支付,导致实际控制人/老股东超过其原持股比例获得的新增股份,也属于股份支付。实际控制人/老股东原持股比例,应按照相关股东直接持有与穿透控股平台后间接持有的股份比例合并计算。"本案例中,股东启航投资未参与本次增资,不满足"所有股东均有权按各自原持股比例获得新增股份"这一条件,且实际控制人官志强虽然以低于公允价值的价格增资入股,但"由于股权比例被稀释带来的损失超过了低价增资获得的利益",持股比例不升反降,并未获益,不作为股份支付处理。

2. 关于于廷华持有的启德投资份额

如上所述,发行人总经理于廷华在2017年12月至2018年4月间为启德投资合伙人,但其所持份额为***过渡期安排,未实际缴纳出资并未真实授予激励股权***,因此对于于廷华短期持有的启德投资份额***无需确认股份支付费用***。

点评

合伙人暂时代持,未实际缴纳出资,期间不享有受让份额对应的受益权,这属于过渡期安排,无须作为股份支付处理。

9-8　载德科技 2021-04

根据申报材料:2018 年 1 月 16 日,载德有限通过股东会决议,同意将注册资本增至 1000 万元,由齐俊认缴新增出资 271.75 万元、段仕勇认缴新增出资 91.25 万元、罗军认缴新增出资 47.25 万元、梅晗认缴新增出资 14.75 万元,另由新增股东嘉兴勤德认缴新增出资 300 万元、新增股东嘉兴宽德认缴新增出资 150 万元,增资价格为 2 元/注册资本。

请发行人:补充披露 2018 年仅确认齐俊、段仕勇涉及的股份支付金额的原因,罗军、梅晗、嘉兴宽德以同样的价格入股却不确认股份支付的合理性。

| 回复 |

2018 年 2 月,载德有限注册资本由 125 万元增至 1000 万元,由齐俊认缴新增出资 271.75 万元、段仕勇认缴新增出资 91.25 万元、罗军认缴新增出资 47.25 万元、梅晗认缴新增出资 14.75 万元,另由新增股东嘉兴勤德认缴新增出资 300 万元、新增股东嘉兴宽德认缴新增出资 150 万元,其他股东同意上述增资并放弃参与该次增资,增资价格为 2 元/注册资本。

针对本次***非同比例增资***,公司已对其中满足股份支付条件的齐俊及段仕勇***持股比例增加部分确认了股份支付费用***。罗军***增资前后持股比例未发生变化,故无需确认股份支付***;梅晗增资前后***持股比例减少亦无需确认股份支付***;持股平台嘉兴勤德、嘉兴宽德合伙人为齐俊及段仕勇,公司已对持股平台***穿透后二人直接及间接***持有公司***股份增加部分***确认了股份支付费用。

点评

1. 对于同比例增资和非同比例增资,《监管规则适用指引——发行类第 5 号》第 5-1 部分第 1 条中有详细的指引:超过其原持股比例而获得的新增股份,应属于股份支付。注意,应当在穿透后看持股比例的变化,而不是股份数的变化,计算股份支付时才看股份的变化数量。

2. 本案例中,对老股东齐俊、段仕勇持股比例增加部分确认了股份支付费用;而老股东罗军增资前后持股比例不变,未获益,无须确认为股份支付;老股东梅晗增资后持股比例减少,未获益反而受损,更无须确认为股份支付。

2018年度,对于本次非同比例增资公司共计确认股份支付金额9,899.70万元。

公司职工身份的股东通过本次增资直接及通过持股平台间接持有公司股份比例变化情况如下:

单位:万元

员工	增资**前**持股比例	增资**后**持股合计	持股比例变化	是否涉及股份支付
齐俊	48.60%	53.25%	4.65%	是
段仕勇	23.00%	37.00%	14.00%	是
罗军	5.40%	5.40%	-	**否**
梅晗	4.20%	2.00%	***-2.2%***	**否**
本次***非同比例增资***员工身份股东持股比例***增加***A				18.65%
公司***估值***B				61,800.00
股权取得成本C				1,626.00
确认股份支付金额D=A*B-C				9,899.70

点评

在公司估值的基础上,按增加的持股比例,减去股权取得成本,大致计算出股份支付的金额。其实,这里的公司估值就是股份的公允价格。

9-9 新巨丰2021-09

申报文件及问询回复显示:2016年10月,发行人设立西藏诚融信作为员工股权激励平台并认购发行人10%的股权,其中,袁训军通过珠海聚丰瑞向刘宝忠等激励对象借出资金共计1,408万元以完成股权激励出资,报告期内,西藏诚融信的普通合伙人袁训军受让部分合伙人的退伙份额。

请发行人:说明报告期内部分合伙人退伙份额,以及西藏诚融信减少注册资本相关退出份额涉及的股份支付费用是否应在退伙合伙人持有期间(或减资前)分摊,相关会计处理是否符合《企业会计准则》的规定。

| **回复** |

一、报告期内,达孜优宏以及达孜吉厚部分合伙人退伙行为不属于股份支付

情况，符合《企业会计准则》的规定

达孜优宏合伙人牛岩因***离世***，直系***亲属***邱实、牛秋力、牛子文进行财产***继承***导致股份发生变动，根据《监管规则适用指引——发行类第5号》第1条规定家族内部因继承等非交易行为导致股权变动，一般无须作为股份支付处理，故不构成股份支付。

点评

股份代持还原和家族内部财产的分割、继承、赠与属于非交易行为，没有换取服务，无须作为股份支付处理。

除牛岩外，其他合伙人退伙行为均为原员工离职退出持股平台将平台份额***转让给普通合伙人***袁训军，不属于发行人向职工（含持股平台）、客户、供应商等新增股份，以及主要股东及其关联方向职工（含持股平台）、客户、供应商等转让股份，***公司实际控制人或者主要股东并未因获取职工提供服务而让渡新的利益***，不属于《监管规则适用指引——发行类第5号》第1条规定的股份支付适用情形。

点评

1. 这里提到一个概念：让渡新的利益。股份支付的本质是企业、实际控制人、主要股东减少或让渡新的利益，牺牲短期的利益去换取长期利益，而企业以此获得激励对象的服务。

2. 原员工离职退出持股平台，将平台份额转让给普通合伙人，由普通合伙人暂时代持是过渡期安排，并非交易行为。普通合伙人未获益，企业并没换取服务，不属于股份支付。

二、西藏诚融信减少注册资本相关退出份额，不属于股份支付情况，符合《企业会计准则》的规定

2019年6月，刘宝忠、隗功海、马仁强、焦波和罗博按照同期发行人其他市场投资人股份转让价格即4.76元/股（整体估值17亿元），通过西藏诚融信向领誉基石转让了发行人约1.01%股份，转让价款合计1709万元，扣缴个人所得税后全部用于偿还2016年10月股权激励高管出资借款。2020年6月，西藏诚融信相应办理了刘宝忠、隗功海、马仁强、焦波和罗博减少出资的工商变更登记程序。

西藏诚融信***减少注册资本相关退出份额不属于***发行人向职工(含持股平台)、客户、供应商等***新增股份***,以及主要股东及其关联方向职工(含持股平台)、客户、供应商等转让股份,***公司实际控制人或者主要股东并未因获取职工提供服务而让渡新的利益***,不属于《监管规则适用指引——发行类第5号》第1条规定的股份支付使用情形。

点评

1. 相对于传统理论,"公司实际控制人或者主要股东是否因获取职工提供服务而让渡新的利益"是当前较新理论中一个判断股份支付非常重要的标准。

2. 股份支付强调的是新增股份,案例中,西藏诚融信为了减少注册资本,退出份额,当然不属于股份支付。

三、公司进行股权激励系一次性确认股份支付,不涉及退伙份额对应的股份支付费用在退伙合伙人持有期间(或减资前)分摊问题,符合《企业会计准则》的规定

公司设立西藏诚融信员工持股平台对管理层和骨干员工实施股权激励,是为补偿激励对象以前年度为公司提供的服务,于2016年度授予时***一次性***确认股份支付费用8616.30万元,不涉及退伙份额对应的股份支付费用在退伙合伙人持有期间(或减资前)***分摊***问题,符合《企业会计准则》的规定。

点评

一次性确认与分摊股份支付费用的问题是个互斥问题,详见"疑难点9-3如何计量"。

9-10 恒茂高科 2021-12

申报文件显示:2016年7月,发行人实际控制人郭敏将其持有的发行人前身恒茂电子合计1,048.825万元股权转让给蒋汉柏、七名外部股东、三个员工持股平台兆和惟恭、兆和亚特、兆和众泰,转让价格为2.5元/注册资本。

请发行人:发行人实际控制人是否对发行人员工入股恒茂有限提供财务资助,发行人是否应对此确认股份支付。

回复

2016年7月、8月，发行人内部员工拟入股恒茂有限时，蒋汉柏、邓以华、廖北平、周春平、李永康、朱祖林均为已入职发行人多年的员工，出于对公司未来发展前景的看好，其六人均有意愿入股发行人。考虑到本次入股价格系由内部员工及外部股东协商一致确定，上述六人入股发行人需一次性支付的入股金额较大。因此，为筹集资金，上述六人组成联保小组***向银行借款***1200万元，扣除联保小组保证金后，实际获得贷款总额为1080万元。上述银行借款资金，其中，蒋汉柏、廖北平实际取得的上述贷款主要用于投资入股恒茂有限，除蒋汉柏外，其余五人实际获得贷款超过投资入股恒茂有限的部分，***转借***予蒋汉柏。

2019年8月，上述贷款到期后，因上述公司高管或核心骨干暂无足额闲置资金，郭敏给予蒋汉柏、邓以华、廖北平、周春平、李永康、朱祖林合计***借款***1,045万元，以用于支持上述对象偿还前述银行借款。上述对象均已与郭敏***签订了借款及还款协议***，并约定了明确的***借款利率***，同时附有明确的还款期限及还款计划，上述借款实质并非郭敏为上述对象入股恒茂有限提供的财务资助。截至招股说明书签署日，蒋汉柏已偿还郭敏145万元外，其余借款暂未归还。

根据《监管规则适用指引——发行类第5号》第1条，发行人报告期内为获取职工和其他方提供服务而授予股份的交易，在编制申报会计报表时，应按照《企业会计准则第11号——股份支付》相关规定进行处理。2019年8月，公司上述高管或核心骨干其向银行的贷款到期后，因暂无足额闲置资金，郭敏给予蒋汉柏、邓以华、廖北平、周春平、李永康、朱祖林等***借款***（签订借款及还款协议），***并非为换取职工提供服务而授予股份的交易行为，不构成股份支付***。

点评

可以借款参加员工持股计划，详细请参见“疑难点8 员工持股计划”。尽管是借款，并非为换取职工提供服务而授予股份的交易行为，不太可能是股份支付，但根据笔者总结的股份支付的小公式——股份支付=关联人+获益+换取服务，去判断才较为稳妥。

9-11 股份支付准则应用案例——“大股东兜底式”股权激励计划

甲公司实施一项股权激励计划,甲公司按照公允价值从二级市场回购甲公司股票并授予自愿参与该计划的员工,授予价格为授予日股票的公允价值,激励对象在甲公司*服务满3年后*可以一次性解锁所授予的股份。该股权激励计划同时约定,*甲公司控股股东对员工因解锁日前股票价格变动产生的损失进行兜底*,即甲公司股票价格上涨的收益归员工所有,*甲公司股票价格下跌的损失由甲公司控股股东承担且以现金支付损失*。

| 分析 |

本例中,甲公司***控股股东承担了甲公司员工因股票价格下跌而产生的损失***,属于企业集团与职工之间发生的交易;该交易安排要求员工为***获得收益***(享有股票增值收益且不承担贬值损失)***连续3年为公司提供服务***,因此***该交易以获取员工服务为目的;该交易的对价与公司股票未来价值密切相关***。综上,该交易符合股份支付的定义,适用股份支付准则。

点评

根据笔者总结的小公式——股份支付=关联人+获益+换取服务,本案例三大条件都满足,是股份支付。

控股股东交付现金的金额与甲公司股票价格下行风险相关,该股份支付属于为获取服务承担以股份为基础计算确定的交付***现金***的交易,在控股股东***合并报表***中,应当将该交易作为***现金结算***的股份支付处理。***甲公司作为接受服务企业,没有结算义务,应当将该交易作为权益结算的股份支付处理***。

点评

甲公司作为接受服务的企业,没有结算义务或授予本企业职工的是其本身权益工具的,应当将该股份支付交易作为权益结算的股份支付处理。

9-12 股份支付准则应用案例——实际控制人受让股份是否构成新的股份支付

上市公司甲公司设立员工持股平台(有限合伙企业)用于实施股权激励计划,

甲公司*实际控制人为持股平台的普通合伙人*，该实际控制人同时为甲公司核心高管，除实际控制人以外的其他激励对象为有限合伙人。20×1年4月，持股平台合伙人以*5元/股*的价格认购甲公司向该平台*增发*的股份，股份设有*3年限售期*。协议约定，自授予日起，持股平台合伙人为公司*服务满3年*后可一次性解锁股份；有限合伙人于限售期内离职的，应当以*6元/股*的价格将其持有股份转让给普通合伙人，普通合伙人受让有限合伙人股份后，*不享有受让股份对应的投票权和股利分配等受益权*，普通合伙人须在股权激励计划3年限售期内将受让股份以*6元/股*的价格*再次分配给员工持股平台的其他有限合伙人*。

| **分析** |

普通合伙人受让有限合伙人股份后，不享有受让股份对应的投票权和股利分配等受益权，且其必须***在约定的时间***(*3年*限售期内)、以***受让价格***(6元/股)将受让股份***再次分配***给员工持股平台的合伙人，上述事实表明***普通合伙人未从受让股份中获得收益***，仅以***代持***身份***暂时***持有受让股份，该交易不符合股份支付的定义，不构成新的股份支付。实务中，判断普通合伙人受让股份属于***代持行为***通常需要考虑下列证据：(1)受让前应当***明确约定***受让股份将***再次***授予其他激励对象；(2)对***再次***授予其他激励对象有明确***合理的时间***安排；(3)在***再次***授予其他激励对象之前的持有期间，受让股份所形成合伙份额相关的利益安排(如股利等)与***代持***未形成明显的冲突。

点评

1. 员工以5元/股认购，离职时以6元/股转回给作为员工持股平台普通合伙人的实际控制人或其指定的人，并明确约定必须在合理的时间以6元/股将受让的股份再次分配给员工持股平台内的其他人。这对离职员工来说是结算，对普通合伙人来说只是暂时代持，普通合伙人并未获益，不以换取服务为目的，不构成股份支付。

2. 此案例中，持股平台的股份来源是企业增发。倘若实际控制人代持后，未再次分配给其他人，而是据为己有，这意味着实际控制人获益了，可能需认定为股份支付。笔者之所以用“可能”二字，是因为这一块在实务中有争议。

9-13 未来电器 2021-12

请发行人披露:报告期内员工持股平台财产份额转让情况。

| 回复 |

报告期内,发行人以浩宁投资与层叠管理作为员工持股平台实施了股权激励。

时间	转让人	受让人	是否涉及股份支付	间接转让价(元/股)	间接转让股数(万股)
2018年8月	陈桂平	朱文明	否	2.09	8.06
	谢刚华	朱文明	否	2.09	7.40

2018年8月,陈桂平、谢刚华、徐波及龚明才因人员变动***向执行事务合伙人指定第三方***转让持股平台财产份额。

点评

员工离职后转回的份额,可以由执行事务合伙人、普通合伙人代持,也可以是他们指定的第三方,不一定得是实际控制人。

根据财政部《***股份支付准则应用案例——实际控制人受让股份是否构成新的股份支付***》之规定:"普通合伙人未从受让股份中获得收益,仅以代持身份暂时持有受让股份,该交易不符合股份支付的定义,不构成新的股份支付。实务中,判断普通合伙人受让股份属于代持行为通常需要考虑下列证据:(1)受让前应当***明确约定***受让股份将***再次授予***其他激励对象;(2)对再次授予其他激励对象有明确***合理的时间***安排;(3)在***再次授予***其他激励对象之前的持有期间,受让股份所形成合伙份额相关的利益安排(如股利等)与***代持***未形成明显的冲突。"

由于上述合伙企业财产份额在***三个月内***即***再次转出***,符合"对再次授予其他激励对象有明确合理的时间安排",属于***暂时***持有受让股份,不构成股份支付。

点评

1.员工离职后,股份被收回后在合理的时间内再授予给其他人,只是暂时代持,没有以换取服务为目的,没有获益,不是股份支付。

2. 注意,上个案例"9－12 股份支付准则应用案例——实际控制人受让股份是否构成新的股份支付"谈到的"对再次授予其他激励对象有明确合理的时间安排"中"合理的时间"无论长短,合理就行。如案例 9－12 是约定"3 年限售期内",而本案例是约定"三个月内"。

9－14 豪恩汽电 2021－10

申报文件显示:

(1)华恩泰、盈华佳、华泰华原为豪恩电子的持股平台,豪恩电子停止经营后,其部分员工离职并入职发行人工作;华恩泰、盈华佳、华泰华通过从豪恩电子和豪恩集团处受让股权以及认购发行人新增注册资本的方式取得发行人股权,成为发行人的员工持股平台。

(2)报告期内,发行人实施的员工持股计划中员工系按照公允价格取得公司股权因而未进行股份支付处理。

请发行人:结合持股平台的员工离职情况、新加入员工情况,说明报告期内未确认股份支付费用的合理性。

| 回复 |

点评

请认真阅读此案例。

一、报告期内持股平台中员工的离职及其离职后的股份处置情况

报告期内,员工持股平台华恩泰、华泰华、盈华佳、佳富泰、佳恩泰、佳平泰共有 17 名员工离职,具体情况如下表所示:

……

根据合伙协议或投资协议相关约定,员工离职后可以将其持有的激励份额转让,需经普通合伙人同意。如上表所示,报告期内员工从发行人处离职,按照员工自愿原则将其持有的持股平台的股权/财产份额进行了转让,***转让价格为其取得时的成本价格***转让给陈清锋、朱政昌或公司的其他员工,符合《合伙协议》等相关约定。

经核查,上表中第1-13项中离职员工转出的股份原本即来自于陈清锋,在其***离职后将从陈清锋处取得的股份又转回给了陈清锋及其代持人朱政昌***,所以***未做股份支付***;第14-21项员工离职后转出的股份,除吴妮儒外,其他均是按照同期外部投资者相同的估值价格转让给陈清锋及张渝川,***不存在转让价格差异,所以也未作股份支付***;第19项,为凑足30人后可以现场一次性办理工商设立登记,佳恩泰设立时将吴妮儒作为合伙人进行登记,吴妮儒***不实际持有该部分权益***,且其认缴的佳恩泰的财产份额***未实缴出资***,***转让给陈清锋后由陈清锋实缴出资***,所以吴妮儒按照***1元价格***转让陈清锋也未做股份支付。

点评

1. 公司对激励平台预留股权激励池,由实际控制人持有但不实缴出资,这只是过渡性安排,待确定激励对象后再将份额逐步转让给激励对象,由激励对象实缴,此时才构成股份支付。

2. 另外,此处,笔者建议吴妮儒把未实缴出资以0元转让给陈清锋更佳,详见本系列已经出版的第一册《IPO问询疑难点论证及案例剖析》中"疑难点10 未实缴出资额转让"。

二、持股平台中新加入员工的入股情况及入股金额

华恩泰、华泰华、盈华佳三个旧平台,报告期内新加入人员为陈清锋、朱政昌和熊勇;佳富泰、佳恩泰、佳平泰三个新平台为报告期内新设立的,其发起设立的权益人和后续受让人均为报告期内新加入员工。

1. 报告期内,华恩泰、华泰华、盈华佳三个旧平台中新加入人员情况

华恩泰、华泰华、盈华佳三个旧平台中,陈清锋原已持有平台的权益,报告期内因受让离职员工转出的权益(***按照离职员工取得股权时付出的成本作价转让***)增加了持有的权益数量;朱政昌是代陈清锋受让权益从而加入持股平台,并在代持期间按照陈清锋的指示将部分权益转让给熊勇,剩余权益转给陈清锋,***解除代持***;熊勇从朱正昌处受让权益,5个月后又转给了陈清锋。

报告期内,朱政昌按照陈清锋的指示将其代陈清锋持有的权益转让给陈清锋及熊勇,熊勇受让权益后又转给回陈清锋的详情如下表所示:

受让人	持股平台	取得时间	取得方式	转让人	受让份额（万份）	受让价格（万元）
熊 勇	华恩泰	2020.07	受让权益	朱政昌	2.00	2.00
陈清锋		2020.10	***代持还原***	朱政昌	19.00	0
陈清锋		2020.12	受让权益	熊 勇	2.00	2.00

由上表可知，持股平台华泰华股东朱政昌19万份额转让给陈清锋，实质是***股权代持的还原，所以股权转让价格为零***；朱政昌2万份额转让给熊勇，实质是陈清锋向熊勇转让股权，系因熊勇原为公司拟引入的员工，所以给其股权激励，***但熊勇最终没有入职公司，将拟激励给熊勇的股份又转让回给陈清锋***，故股权激励***不存在股份支付***。

点评

解决股份代持等规范措施导致股份变动，与服务无关，不属于股份支付。

2. 报告期内，佳富泰、佳恩泰、佳平泰三个新平台设立及后续新加入员工情况

2020年12月，发行人员工成立新持股平台佳平泰、佳富泰、佳恩泰，并按照7元/股价格***间接***受让取得发行人的股份；新员工持股平台成立后，加入新员工持股平台的人员情况如下表所示：

……

由上表可知，***转让价格均为1元，主要系转让人转让权益时尚未实缴出资，由受让人履行实缴出资义务***，所以转让价格为1元/合伙份额。报告期内，***新加入员工***从***非离职人员***处受让权益，受让人履行了实缴出资义务，按照发行人4.83亿元的估值间接取得发行人的股权，***与同期外部投资人入股发行人的估值相同***，故股权激励***不存在股份支付***。

点评

员工持股平台先认缴“占个坑位”，然后再择机转让给激励对象，这是过渡期安排。

三、未确认股份支付会计处理符合《企业会计准则第11号——股份支付》及相关规定

1. 华恩泰、华泰华、盈华佳三个平台中，实际控制人回购退出持股平台员工份额不涉及新的股份支付

如前文所述，报告期内，华恩泰、华泰华、盈华佳三个平台中12名权益人退出后均将股权转让给了陈清锋及陈清锋的股权代持人朱政昌，且朱政昌最终将代持的股权还原给陈清锋，解除了代持。陈清锋受让该等权益未做股份支付符合《企业会计准则第11号——股份支付》及相关规定，理由如下：

(1) 实际控制人陈清锋受让股权过程中未获得收益

公司前述激励员工离职，自愿将其持有的激励份额，转让给实际控制人，实际控制人回购员工所持有持股平台股权。***公司员工持股，所持份额均来源于实际控制人转让或代持人转让***，员工离职退出时***由实际控制人或代持人回购***，股权流转过程为"***实际控制人→发行人员工→实际控制人***"。实际控制人***按照原来转让价格再回购受让股份***，在股权激励转让、回购受让过程中并***未获得收益***。

点评

1. 员工离职后，将从陈清锋处取得的股份又转回给了陈清锋及其代持人朱政昌。因为离职员工的股份是从陈清锋处取得的，离职后转回给陈清锋，即使陈清锋未再授予给其他人，据为己有，也无须确认为股份支付。

2. 根据笔者总结的小公式——股份支付 = 关联人 + 获益 + 换取服务，本案例中，员工离职退出时由实际控制人或代持人按照原来转让价格回购，未获得收益，不满足第二个条件，不构成股份支付。

(2) 不存在对实际控制人陈清锋进行股权激励的动机和意图

发行人的董事和实际控制人陈清锋，发行人的董事朱政昌，***二人均非发行人的员工，实际控制人陈清锋受让股份与公司获得其服务无关***。公司员工持股平台份额转让后不再持有公司股权，也不再享有公司的经营利益，没有其他利益安排，不存在对实际控制人进行股权激励的动机和意图。

综上，实际控制人陈清锋和代持人朱政昌按照原其取得成本价回购员工持股平台离职员工股权不涉及股份支付。

点评

"二人均非发行人的员工"并非构成股份支付的关键，因为股份支付的对象范围很广，有职工、客户、供应商、顾问和主要股东及其关联方的职工等利益相关方。根据笔者总结的小公式——股份支付 = 关联人 + 获益 + 换取服务，本案例中，三个条件都不满足，不是股份支付。

2. 佳富泰、佳恩泰、佳平泰三个平台中，离职和新进入员工均按照公允价值转让及入股，所以无需做股份支付

如前文所示，2020 年 12 月，发行人引进员工持股平台佳平泰、佳富泰、佳恩泰成为新股东，此次转让价格参考了智享捌期、资正管理转让价格，***与同期外部股东入股价格一致，定价公允***，因此***不涉及股份支付***。

同时，报告期内，佳富泰、佳恩泰、佳平泰三个平台中离职退出的 6 名权益人和新加入的 2 名权益人的转让价格和受让价格与同期外部投资人入股价格相同，***与公允价值不存在差异***，所以***无需做股份支付***。

点评

与同期外部股东的入股价格一致，根据笔者总结的小公式——股份支付 = 关联人 + 获益 + 换取服务，不满足第二个条件，无须确认为股份支付。

9－15　恒烁股份 2022－01

请发行人补充披露：激励对象退出的相关会计处理。

｜回复｜

背景：XIANGDONG LU 是发行人***实际控制人***。

报告期内，发行人共有 3 名员工离职，处理情况如下：

姓名	股份处理方式
金荣	保留
张娜	按出资金额退出
郦晨侠	按出资金额退出

根据张娜、郦晨侠所签署的《股权激励协议》,因个人原因与公司解除劳动合同关系,乙方(激励对象)无条件向***甲方(XIANGDONG LU)或甲方指定的对象***转让其持有的深圳恒芯全部合伙份额。2020年8月25日,张娜、郦晨侠分别与XIANGDONG LU签订《财产份额转让协议》,二人按照授予时***出资价格***向XIANGDONG LU转让其持有的全部深圳恒芯合伙份额。

员工金荣离职后,其持有的合肥恒联股权得以***保留***;员工张娜、郦晨侠离职后,根据协议***向XIANGDONG LU转让***其持有的全部深圳恒芯合伙份额。发行人授予金荣、张娜和郦晨侠股份属于***立即执行的股份支付(无等待期)***,是为了补偿激励对象在此前已经提供的商品或服务,股份支付费用确认与授予后发生的情况变化无关,***后续不论发生何种情况,均不再调整冲回***。因此,发行人***未就激励对象退出做会计处理***。

点评

职工离职时,不管实际控制人(普通合伙人)或其指定的对象是不是以原始价格回收,对离职职工来说只是结算,普通合伙人或其指定的对象只要未从中受益,未换取服务,就不算是股份支付。

9-16 晶导微2021-08

据招股说明书披露:2017年9月,孔凡伟向晶圣投资转让发行人股权、12月晶圣投资合伙份额转让暨股权激励涉及股份支付,以发行人2017年5月外部投资者增资价格4元/股作为公允价格,合计确认股份支付费用1,381.00万元;2020年6月,发行人通过晶圣投资对发行人高管进行了股权激励,共实施激励份额322.50万份。

请发行人:披露2020年6月股份支付事项相关公允价值确定依据。

| 回复 |

一、2017年9月,设立晶圣投资作为员工持股平台

2017年9月,孔凡伟将其持有的晶导微有限9.64%的股权以2,000.00万元的价格转让给晶圣合伙,为1元/注册资本。

本次孔凡伟向晶圣投资转让发行人股权过程中,实际属于向自身转让的1999万元发行人出资额不属于股份支付的情形;实际属于***向张皓劼转让***的1万元发行

人出资额属于***股份支付***的情形。公允价值的确定主要参考 2017 年 5 月***外部投资者***对晶导微电子的增资入股价格 4 元/股,对应市盈率约为 17 倍。

二、2017 年 12 月,第一次股权激励

2017 年 12 月 20 日,晶圣合伙全体人作出变更决定同意***普通合伙人孔凡伟将其持有的相应晶圣合伙财产份额转让给***陆新城、代勇敏、黄超阳、张皓劼等 13 人,同意受让方成为***有限合伙人***并审议通过新的合伙协议。同日,孔凡伟与受让方签署《合伙企业财产份额转让协议书》。

本次孔凡伟向其他受让方转让晶圣投资财产份额构成股份支付。公允价格的确定主要参考 2017 年 5 月***外部投资者***对晶导微电子的增资入股价格 4 元/股,对应市盈率约为 17 倍。

三、2020 年 6 月,第二次股权激励

2020 年 4 月 25 日,晶圣合伙全体合伙人作出变更决定,同意***普通合伙人孔凡伟将其持有的相应晶圣合伙财产份额转让***给张皓劼、胡丹雯等 14 人,同意受让方成为***有限合伙人***,并审议通过新的合伙协议。同日,孔凡伟与受让方签署《合伙企业财产份额转让协议书》。

本次孔凡伟向其他受让方转让晶圣投资财产份额构成股份支付。公允价格的确定主要参考熟悉情况并按公平原则自愿交易的各方最近达成的入股价格或相似股权价格确定公允价值,即近期合理的 PE 入股价。2019 年 12 月,***外部投资者***冯焕培及飞科投资入股价格为 3.83 元/股(对应 4.98 元/晶圣合伙份额),本次股权激励转让的 322.5 万元晶圣投资合伙份额产生的股份支付金额为 316.05 万元,即 322.5 万元合伙份额乘以(4.98 元/合伙份额 -4 元/合伙份额)。本次股份支付的市盈率约为 18 倍。

点评

1. 大股东孔凡伟向激励平台——晶圣合伙平移自己的股份,只是股权激励的一个步骤。大股东作为普通合伙人将股权激励平台的份额低价转让给员工时才构成股份支付。

2. 公允价格主要参考外部投资者的入股价格,参见“疑难点 9 -2 如何定价”。

9-17 华塑科技 2021-08

申报文件显示:2020年12月2日,经员工持股平台宁波敦恒全体合伙人协商一致同意,宁波敦恒执行事务合伙人由杨典宣变更为皮丘拉控股,后杨典宣将其持有的宁波敦恒11.4685%的财产份额转让给皮丘拉控股。

请发行人:说明2020年12月2日宁波敦恒执行事务合伙人变更是否涉及股份支付,相关会计处理是否符合《企业会计准则》的规定。

| 回复 |

公司为操作方便,持股平台设立时约定***由创始股东杨典宣代表皮丘拉控股持有宁波敦恒的财产份额***,便于将***员工持股平台原预留的份额***向部分绩效考核较优的***员工***及部分新入职员工***转让***,以及在必要时***受让离职人员***的财产份额。

根据三位创始股东出具的《确认函》,以及杨冬强、李明星、杨典宣和皮丘拉控股签订的《协议》,确认杨典宣所持宁波敦恒出资中,4.63万元出资系杨典宣个人直接所有,其余的出资均系杨典宣作为皮丘拉控股代表持有用于员工激励股权。

杨典宣在公司股权激励计划完成后,将其代表持有的财产份额转回给皮丘拉控股,同时将员工持股平台的执行事务合伙人由杨典宣变更为皮丘拉控股。

2020年12月2日,杨典宣转让给皮丘拉控股的宁波敦恒11.4685%的财产份额由两部分组成,一部分系第一次股权激励授予给皮丘拉控股9.2701%的财产份额,另一部分系受让离职员工2.1984%的财产份额,具体情况如下:

1.第一次股权激励授予情况

2019年3月1日,华塑有限股东会作出决议,同意设立***宁波敦恒***作为员工持股平台实施股权激励计划,该激励计划拟授予激励对象华塑有限的股权数量为24.29万股,对应员工持股平台财产份额224.91万元。华塑有限第一次授予皮丘拉控股、聂孟建、许仁牛等激励对象共计19.05万股(对应财产份额176.42万元,持有份额占比78.4380%),为方便操作,***授予给皮丘拉控股的份额由杨典宣代表持有***,授予数量为2.25万股(对应财产份额20.85万元,持有份额占比9.2701%),此部分已在2019年***确认股份支付***。2020年12月2日,***杨典宣将其持股平台的9.2701%份额转回给皮丘拉控股,实际系创始股东收回属于自己的股权,未确认股份支付***。

点评

由创始股东杨典宣代表皮丘拉控股持有员工持股平台——宁波敦恒的财产份额，这是一个嵌套的员工持股平台。2019年，授予给皮丘拉控股的份额由杨典宣代表持有，已经确认为了股份支付。之后，同上个案例"9-16晶导微2021-08"一样，杨典宣向员工持股平台宁波敦恒转入、转出份额，只是股份支付的一个步骤，无须确认股份支付。

公司持股平台宁波敦恒设立时，杨典宣持有宁波敦恒财产份额73.98万元，其出资资金主要来源于两部分，一部分为皮丘拉控股转给杨典宣的40万元，一部分为收到公司税后分红款40.80万元；聂孟建、许仁牛等激励对象持有宁波敦恒财产份额合计150.94万元，其出资资金来源均为个人自有资金；以上款项于2019年4月全部支付完毕。

2. 受让离职员工财产份额的情况

2020年6月10日，经宁波敦恒全体合伙人协商一致同意，将离职员工及因病去世员工持有宁波敦恒的财产份额***转让给杨典宣***，数量为0.59万股（对应财产份额5.49万元，持有份额占比2.4398%）。2020年8月6日，公司实施第三次股权激励计划，杨典宣***将其受让离职员工的财产份额***0.2414%份额***用于股权激励，在授予时确认股份支付***；2020年12月2日，***杨典宣将其受让离职员工的剩余2.1984%份额转回给皮丘拉控股，实际系创始股东收回属于自己的股权，未确认股份支付***。

点评

1. 员工的激励股份来源于普通合伙人，离职后将股份转回给普通合伙人，不管普通合伙人是不是暂时代持，都不属于股份支付，但如果再次低价将其用于股权激励，应当再次确认股份支付。

2. 本案例中，员工在员工持股平台的份额来源于杨典宣，员工离职后将份额转回给杨典宣，无须确认股份支付。但杨典宣将收回的份额再次低价用于股权激励，实务中倾向于再次确认股份支付。

综上，2020年12月2日，宁波敦恒执行事务合伙人变更不涉及股份支付，本次宁波敦恒财产份额转让由两部分组成，一部分为第一次股权激励授予给皮丘拉控股9.2701%的财产份额,已在2019年确认股份支付;另一部分为受让离职员工及因病去世员工2.1984%的财产份额,实际系创始股东收回属于自己的股权,未确认股份支付,相关会计处理符合《企业会计准则》的规定。

9-18 万凯新材 2021-09

申报文件显示,报告期内发行人共有2个员工持股平台海宁万兴及海宁万鸿,分别持有发行人1.71%股份、1.16%股份。海宁万兴部分合伙人为离职员工、发行人控股股东员工、关联方员工,海宁万鸿合伙人中包含正凯集团。

请发行人说明:报告期内员工持股平台股份支付对应权益工具的公允价值及确定依据,股份支付费用的计算过程。

| 回复 |

背景:正凯集团是发行人的***控股股东***,***是员工持股平台的有限合伙人***。

1.2020年5月

2020年5月,离职员工杨晓东将其通过海宁万兴间接持有公司的18.89万股股份以3.90元/股的价格***转让给公司控股股东正凯集团***,截至审计报告出具日,控股股东正凯集团已授予其中14.00万股股份,剩余4.89万股股份,此次股权交易***构成股份支付***,对应权益的公允价值为576,168.62元。此次公允价值系参考2019年11月***外部投资者***入股发行人的价格11.79元/股确定,对应股份支付费用的计算过程如下:

单位:万元

合伙人	取得合伙份额	对应万凯新材股份	参考公允价格(元/股)	股权公允价值	取得股权成本	股份支付金额
正凯集团(回购杨晓东股份)	12.71	4.89	11.79	57.62	19.05	38.57

2.2020年10月

2020年10月,离职员工詹应斌、谢飞分别将其通过海宁万鸿间接持有公司的100.00万股股份、20.00万股股份以4.87元/股的价格***转让给公司控股股东正凯集团***,此次股权交易为按权益结算的***股份支付***,对应权益的公允价值为14,142,577.93元。此次公允价值系参考2019年11月***外部投资者***入股发行人的价格 11.79 元/股确定，对应股份支付费用的计算过程如下：

单位：万元

合伙人	取得合伙份额	对应万凯新材股份	参考公允价格（元/股）	股权公允价值	取得股权成本	股份支付金额
正凯集团（回购詹应斌股份）	500.00	100.00	11.79	1,178.55	487.09	691.46
正凯集团（回购谢飞股份）	100.00	20.00	11.79	235.71	97.42	138.29

3. 2021 年 1 月

2021 年 1 月，离职员工张杰将其通过海宁万兴间接持有公司的 10.00 万股股份以 4.87 元/股的价格***转让给公司控股股东正凯集团***，此次股权交易为***按权益结算的股份支付***，对应权益的公允价值为 1,178,548.16 元。此次公允价值系参考 2019 年 11 月外部投资者入股发行人的价格 11.79 元/股确定，对应股份支付费用的计算过程如下：

单位：万元

合伙人	取得合伙份额	对应万凯新材股份	参考公允价格（元/股）	股权公允价值	取得股权成本	股份支付金额
正凯集团（回购张杰股份）	26.00	10.00	11.79	117.85	48.70	69.15

点评

1. 离职员工将份额以非公允价转让给持股平台内的其他成员，算不算股份支付呢？这在实务中有很大争议。

2. 本案例中，正凯集团虽是控股股东，但只不过是员工持股平台内的有限合伙人，不是普通合伙人、执行事务合伙人。多名离职员工将份额低价转让给正凯集团，正凯集团获益了，被确认为按权益结算的股份支付。

疑难点 9－2　如何定价

回顾一下笔者在上一节总结出来的小公式：

关联人＋获益＋换取服务＝股份支付

关于是否属于股份支付的问题，一看支付对象是不是关联人，二看支付对象有无获得利益，三看是否以换取服务为目的。其中，第二个条件，支付对象有无获益，即本节所要解释的内容，其判断大部分看支付股份的价格是否公允。

一、股份支付工具的主要类型

按照股份支付的方式和工具类型，股份支付工具主要可划分为两大类、四小类。

（一）以权益结算的股份支付

以权益结算的股份支付，是指企业为获取服务而以股份或其他权益工具作为对价进行结算的交易。以权益结算的股份支付最常用的工具有两类：限制性股票和股票期权。

以权益结算的股份支付，不会给企业带来大的资金支付和财务压力，但会带来公司控制权变化的风险。

1. 限制性股票

限制性股票是指职工或其他方按照股份支付协议规定的条款和条件，从企业获得一定数量的本企业股票。企业授予职工一定数量的股票，在一个确定的等待期内或在满足特定业绩指标之前，职工出售股票要受到持续服务期限条款或业绩条件的限制。

相较于股票期权和股票增值权这两种股份支付方式，限制性股票能够使得员工在更短时间内成为公司股东，但限制性股票的锁定期更长，使得激励对象想要获得权益就需要尽可能缩短锁定期时间。

实务中，多数公司选择了限制性股票作为激励方式，参见案例“9－23 股份支付准则应用案例——授予限制性股票”。

2. 股票期权

股票期权是指企业授予职工或其他方在未来一定期限内以预先确定的价格

和条件购买本企业一定数量股票的权利。

相较于限制性股票，股票期权在价格的确认与计量上存在一定的劣势。

(1)股票数量

《证券期货法律适用意见第17号》[该文件发布并生效前，以下内容在《首发业务若干问题解答》(2020年6月修订)问题25]要求股票数量比例不得超过15%、设置预留权益：

发行人全部在有效期内的期权激励计划所对应股票数量占上市前总股本的比例原则上不得超过百分之十五，且不得设置预留权益。

(2)其他

《证券期货法律适用意见第17号》对设立、行权时机、实际控制人、减持等也有要求：

(1)激励对象应当符合相关上市板块的规定；

(2)激励计划的必备内容与基本要求，激励工具的定义与权利限制，行权安排，回购或终止行权，实施程序等内容，应参考《上市公司股权激励管理办法》的相关规定执行；

……

(5)在审期间，发行人不应新增期权激励计划，相关激励对象不得行权；最近一期末资产负债表日后行权的，申报前须增加一期审计；

(6)在制定期权激励计划时应充分考虑实际控制人稳定，避免上市后期权行权导致实际控制人发生变化；

(7)激励对象在发行人上市后行权认购的股票，应承诺自行权日起三十六个月内不减持，同时承诺上述期限届满后比照董事、监事及高级管理人员的相关减持规定执行。

(二)以现金结算的股份支付

以现金结算的股份支付，是指企业为获取服务而承担的以股份或其他权益工具为基础计算的交付现金或其他资产的义务的交易。最常用的工具有两类：模拟股票和现金股票增值权。

模拟股票和现金股票增值权，是用现金支付模拟的股权激励机制，即与股票挂钩，但用现金支付。除了不需实际行权和持有股票之外，现金股票增值权的运作原理与股票期权是一样的,都是一种增值权形式的与股票价值挂钩的薪酬工具。除不需要实际授予股票和持有股票之外,模拟股票的运作原理与限制性股票是一样的。

以现金结算的股份支付,结算时支付的是广义的现金概念,不涉及股本,不会稀释公司的股权。

二、权益工具公允价值的确定

股份支付的定价本质上是公允价值的计量。股份支付中,权益工具的公允价值的确定,应当以市场价格为基础。一些限制性股票和股票期权并没有一个活跃的交易市场,此时应当考虑估值技术。

(一)股份

对于授予的股份,企业应按照其股份的市场价格计量,如果企业股份未公开交易,则应考虑其条款和条件估计其市场价格。例如,如果股份支付协议规定了期权股票的禁售期,则会对可行权日后市场参与者愿意为该股票支付的价格产生影响,进而影响该股票期权的公允价值。

1. 确定公允价值的五因素

如何确定权益工具的公允价值,《监管规则适用指引——发行类第5号》第5-1部分第2条给我们提供了指引:

确定公允价值,应综合考虑以下因素:(1)入股时期,业绩基础与变动预期,市场环境变化;(2)行业特点,同行业并购重组市盈率、市净率水平;(3)股份支付实施或发生当年市盈率、市净率等指标;(4)熟悉情况并按公平原则自愿交易的各方最近达成的入股价格或股权转让价格,如近期合理的外部投资者入股价,但要避免采用难以证明公允性的外部投资者入股价;(5)采用恰当的估值技术确定公允价值,但要避免采取有争议的、结果显失公平的估值技术或公允价值确定方法,如明显增长预期下按照成本法评估的净资产或账面净资产。判断价格是否公允应考虑与某次交易价格是否一致,是否处于股权公允价值的合理区间范围内。

2. 实务中确定公允价值的顺序

企业在公允价值计量方法上有自由选择权,存在操作空间。上文《监管规则适用指引——发行类第5号》第5-1部分第2条并没有明确给出确定公允价值的顺序，笔者研究了大量案例，并参考《企业会计准则第 22 号——金融工具确认和计量》与《企业会计准则第 39 号——公允价值计量》规定的公允价值计量所使用的输入值划分的三个层次，从实用性出发，建议依次参考以下方法：

A. 二级市场交易价。如果是公众公司，存在公开活跃的股份转让市场，交易价是最公允的，常见于沪深北的上市公司。但 IPO 申报企业不存在理想的公开市场，最多是从新三板转板，而新三板不一定算是一个活跃市场，股价易被操控，参见案例“9－22 保丽洁 2021－12”。

B. 最近一次非关联方投资者的入股价格，或者公司原股东近期转让给外部非关联方的转让价格，但是价格明显不公允的除外。这是上文《监管规则适用指引——发行类第 5 号》第 5－1 部分第 2 条中提到的第 4 点，实务中用得最多，参见案例“9－19 善水科技 2021－08”。

C. 参考相同或类似上市公司的市盈率、市净率、并购重组市盈率，即《监管规则适用指引——发行类第 5 号》第 5－1 部分第 2 条中提到的第 2、3 点。

D. 评估公司的评估值，即《监管规则适用指引——发行类第 5 号》第 5－1 部分第 2 条中提到的第 5 点。投前增资的用投前估值，投后才增资的用投后估值。该方法理论上科学，但现实适用存在一定差异，因为估值模型、参数选取太主观且估值结果对输入参数太敏感。有的企业为了更加谨慎，同时参考外部投资者的入股价格与评估值。参见案例“9－20 嘉戎技术 2021－08”。

E. 企业成立初期，实在不想大费周章，就“拍脑袋估”，即“参考市场平均估值水平并由双方协商确定”，即《监管规则适用指引——发行类第 5 号》第 5－1 部分第 2 条中提到的第 1 点。

对于 B 方法，通常来说，PE 投资者的主要目的是获取资本回报，入股时会在附带业绩条件或者签对赌协议等同时极力压低入股价，企业也想让 PE 带来资源或其他利益因而会在入股价格上做些让步。双方的实力、要求、谈判技巧都会影响价格，甚至会导致入股价格明显不公允。而老股东是企业内部人，把股权转让给无关第三方，通常属于纯粹的市场行为，交易价格也能代表企业的公允价值。如果没有老股东的股权转让价可参考，相比其他方法，外部投资者入股的过程算是可控的，人为操纵空间较小，所以在实务中被参考得最多。

如果两次时间点间隔少于 6 个月，且期间公司的基本面未发生明显变化，可以不用重新定价，直接在入股价、评估值的基础上加减净资产期间的变化值，特别是对于 D 方法,不太可能经常花钱请人评估。请参见案例“9 - 20 嘉戎技术 2021 - 08”“9 - 21 科创板发行上市审核动态——公允价值的确定 2022 - 04”“9 - 22 保丽洁 2021 - 12”“9 - 24 前沿生物 2020 - 04”,以及本系列已经出版的第一册《IPO 问询疑难点论证及案例剖析》中“疑难点 9 实缴股权转让”。

(二)股票期权

授予职工的股票期权,因通常受到一些不同于交易期权的条款和条件的限制,因而在许多情况下难以获得市场价格。如果不存在条款和条件相似的交易期权,就应通过期权定价模型来估计所授予的期权的公允价值。

所有适用于估计授予职工期权的定价模型至少应考虑以下因素:

- 期权的行权价格;
- 期权期限;
- 基础股份的现行价格;
- 股价的预计波动率;
- 股份的预计股利;
- 期权期限内的无风险利率。

此外,企业选择的期权定价模型应不考虑包括那些在确定期权公允价值时不考虑的可行权条件和再授予特征因素,但要考虑提早行权的可能性。

常见的期权定价模型有二叉树、Black - Scholes - Merton(BSM)模型、蒙特卡洛模拟法。可能有些考过注册会计师(CPA)、特许金融分析师(CFA)的读者会认为这些模型很简单,考试的时候将数据代入公式就好了。然而,实务可不比考试,考试是条件已知的,但实务中,条件、数据都得自己去找。

期权定价模型对输入参数很敏感,更重要的是,参数选取既主观又缺乏历史数据、经验。选取不同的参数应用到同一种模型计算,最终获得的结果可能会大相径庭,这便为企业操纵利润提供了空间,参见案例“9 - 24 前沿生物 2020 - 04”。

1. 行权价格

《证券期货法律适用意见第 17 号》在解释发行人存在首发申报前制定的期权激励计划时,要求:

> 期权的行权价格由股东自行商定确定,但原则上不应低于最近一年经审计的净资产或评估值。

除了《证券期货法律适用意见第17号》要求参考《上市公司股权激励管理办法》的约束之外，多个案例显示，行权价格可在参考最近一期的经审计或经评估的每股净资产或同行业上市公司首发当日的市净率的平均值后，再根据员工入职年限、职级资历、对公司的贡献程度商定，参见案例"9-25 载德科技 2021-04""9-36 普源精电 2021-09"。

2. 预计波动率

预计波动率是对预期股份价格在一个期间内可能发生的波动金额的度量。期权定价模型中所用的波动率的量度，是一段时间内股份的连续复利回报率的年度标准差。实务中，可选用可比上市公司的股价历史波动率代替。

3. 预计股利

如果职工被授予期权，并有权在授予日和行权日之间取得基础股份的股利或股利等价物（可现金支付，也可抵减行权价格），所授予的期权应当像不支付基础股份的股利那样进行估价，即预计股利的输入变量应为0。实务中也多数设为0，方便计算。

如果职工对等待期内或行权前的股利或股利等价物没有要求权，对股份或期权在授予日公允价值的估计就应考虑预计股利因素。

4. 无风险利率

无风险利率，有的企业选择债券回购利率，有的选择一年期国债收益率，有的选择一年期零存整取利率或 年期定期存款利率，可谓是"五花八门"。

三、疑难情形

2023年2月出台的《监管规则适用指引——发行类第5号》第5-1部分第1条给我们解释了两种疑难情形。其实，用笔者总结的小公式：关联人+获益+换取服务=股份支付，可以轻易解疑。

1. 顾问或实际控制人/老股东亲友获取股份

《监管规则适用指引——发行类第5号》第5-1部分第1条中规定：

发行人的顾问或实际控制人/老股东亲友（以下简称当事人）以低于股份公允价值的价格取得股份，应综合考虑发行人是否获取当事人及其关联方的服务。

发行人获取当事人及其关联方服务的，应构成股份支付。

实际控制人/老股东亲友未向发行人提供服务,但通过增资取得发行人股份的,应考虑是否实际构成发行人或其他股东向实际控制人/老股东亲友让予利益,从而构成对实际控制人/老股东的股权激励。

顾问或实际控制人/老股东亲友,其实都是关联人,以低于股份公允价值的价格取得股份,且得为发行人提供服务,"关联人+获益+换取服务"三个条件都满足了才可能构成股份支付。如果未向发行人提供服务,不满足第三个条件;而"应考虑是否实际构成发行人或其他股东向实际控制人/老股东亲友让予利益",这其实是回到了"疑难点9-1如何认定"中"六、疑难情形"之"(三)非同比例增资"所讨论的有无获益。

参见案例"9-2普源精电2021-09"。

2.客户、供应商获取股份

《监管规则适用指引——发行类第5号》第5-1部分第1条中规定:

发行人客户、供应商入股的,应综合考虑购销交易公允性、入股价格公允性等因素判断。

购销交易价格与第三方交易价格、同类商品市场价等相比不存在重大差异,且发行人未从此类客户、供应商获取其他利益的,一般不构成股份支付。

购销交易价格显著低于/高于第三方交易价格、同类商品市场价等可比价格的:(1)客户、供应商入股价格未显著低于同期财务投资者入股价格的,一般不构成股份支付;(2)客户、供应商入股价格显著低于同期财务投资者入股价格的,需要考虑此类情形是否构成股份支付;是否显著低于同期财务投资者入股价格,应综合考虑与价格公允性相关的各项因素。

客户、供应商是公司的关联人/利益相关方,本身就是在为公司服务,根据"关联人+获益+换取服务"这三个条件,只需再满足"购销交易/入股价格显著不公允",即"获益"这一条件就可轻易构成股份支付。

四、常见问询

■ 发行人股东中存在员工持股平台,请结合股权转让的价格说明相关股份支付的情况,相关会计处理是否符合《企业会计准则》的规定。

■ 分别说明报告期内三轮股权激励定价的依据及公允性；披露按照外部融资估值及估值报告确认股份支付金额的计算过程，结合每股价值的差异情况说明采用外部融资及估值报告确认股份支付金额的合理性。

■ 说明期权价值的计算方法及计算过程；期权价值的计算过程中参考的股权价值的公允性。

9-19 善水科技 2021-08

自 2017 年 4 月起，发行人通过两次增资、一次股权转让引入多名新股东，并存在员工持股平台。

请发行人披露：发行人股东中存在安睿投资与龙欣投资两家员工持股平台，请结合股权转让的价格说明相关股份支付的情况，相关会计处理是否符合《企业会计准则》的规定。

| 回复 |

发行人历史上发生的两次股份支付行为，相关会计处理情况如下：

1.2017 年 4 月发行人增资

2017 年 4 月，发行人增加注册资本 11,797.65 万元，其中公司高管、中层管理人员、核心技术人员和普通员工通过员工持股平台以每股 1.00 元价格购买公司新增股份 710.76 万股，董事阮环宇以每股 1.00 元价格直接购买公司新增股份 471.00 万股，授予日每股公允价值为 1.16 元，股权公允价值与实际出资差额为 113.72 万元。发起人股东黄国荣、吴新艳、吴秀荣***因本次增资后持股比例低于原持股比例，其增资股份未作为股份支付处理***。

点评

根据《监管规则适用指引——发行类第 5 号》第 5-1 部分第 1 条对非同比例增资的规定，“因本次增资后持股比例低于原持股比例”表明股东黄国荣、吴新艳、吴秀荣三人未从增资中获益。根据笔者总结的小公式——股份支付 = 关联人 + 获益 + 换取服务，不满足第二个条件，不属于股份支付。参见案例“9-7 豪江智能 2021-12”，其情况更复杂。

本次股份公允价值的确定依据:由于发行人当时为未上市股份有限公司,且尚未在全国中小企业转让系统挂牌,其股份***缺乏活跃的交易市场***,也***难以找到类似的企业股份交易案例评估发行人股份的公允价值***,考虑到发行人在2016年度的实际业绩状况,***参照市盈率8.5倍的估值确定公司的股份公允价值***。

点评

1. 新三板不算是个活跃市场,所以,新三板挂牌企业的股价、市盈率等不能轻易用来参考。

2. 至于市盈率8.5是怎么定出来的,文中没交代。

本次股份支付的会计处理如下:

借:管理费用189.08万元

　　贷:资本公积189.08万元

2.2019年6月员工持股平台份额转让

2019年6月,公司实际控制人之一吴新艳向公司高管转让员工持股平台的出资份额,所转让出资份额对应的公司股份为70.00万股,其中40.00万股转让价格为***4.00***元/股,30.00万股转让价格为***2.40***元/股,***授予日每股公允价值为7.20元***,股权公允价值与转让价格差额为272.00万元。

点评

一部分的转让价格是4元/股,另一部分是2.4元/股。转让份额时,依关系不同可有不同的转让价格,将与公允价值的差额作为股份支付费用。

本次股份公允价值的确定依据:同期***2019年6月***,***非关联方***鼎丰投资向发行人增资,增资价格为7.20元/股,按照该次股份转让价格确定股份公允价值。

点评

实务中,股份公允价值参考近期非关联方投资者入股的估值最常见,但间隔最好不要超过6个月。本案例中,2019年6月的股权激励用2019年6月非关联方的增资价格,很贴近。

本次股份支付的会计处理如下：

借：管理费用 272.00 万元

　贷：资本公积 272.00 万元

综上，发行人历次股份支付，股份支付数量认定准确、股份公允价值确认合理，股份支付相关会计处理符合《企业会计准则》的规定。

9-20　嘉戎技术 2021-08

申报材料显示：(1)报告期各期，发行人期间费用分别为 2,205.17 万元、5,092.51万元、11,202.70 万元、1,859.40 万元，占当期营业收入的比重分别为 15.11%、17.03%、19.45%、14.10%。(2)2018-2019 年度，发行人实施了三轮股权激励，形成较高的期间费用。

请发行人：(1)分别说明报告期内三轮股权激励定价的依据及公允性；(2)披露按照外部融资估值及估值报告确认股份支付金额的计算过程，结合每股价值的差异情况说明采用外部融资及估值报告确认股份支付金额的合理性。

｜回复｜

一、分别说明报告期内三轮股权激励定价的依据及公允性

1. 股份支付相关的背景情况

2018 年 11 月，公司主要管理人员和业务骨干通过员工持股平台嘉戎盛美合伙向公司***增资，构成股份支付***。

2019 年 7 月，公司主要管理人员和业务骨干通过员工持股平台嘉戎盛美合伙向公司***增资，构成股份支付***。

2019 年 12 月，公司和科诺思主要管理人员和业务骨干通过员工持股平台嘉戎盛怡、厦门嘉信向公司***增资，构成股份支付***。

2. 公司历次股份支付定价的依据及公允性

根据《***企业会计准则第 39 号——公允价值计量***》及其应用指南的相关规定，公司在确定发行人股权的公允价值时，应按以下三个层次顺序参考：①公司股份价值有活跃市场的，参考活跃市场价格；②公司股份价值无活跃市场的，可参考最近一次外部投资者入股价格；③无外部投资者入股价格的，应采取合理估值方法确定。由于公司为非公众公司，不存在公开活跃的股份转让市场，无法取得活跃的股份市场价格。

公司股份价值无活跃市场,公司股份支付的定价结合最近一次外部投资者入股价格和合理的估值方法确定。

点评

最近一次外部投资者入股价格和估值,二者选其一就可以了,但本案例更加谨慎,两种方法双管齐下。

(1)第一次股份支付的定价依据及公允性

2018 年 8 月1 日,公司召开 2018 年第五次临时股东大会,全体股东同意公司注册资本由 2,800.00 万元增加至 2,826.00 万元,新增注册资本 26.00 万元由新股东嘉戎盛美合伙以货币进行出资,***增资价格为 2.50 元/股***。

2018 年 12 月21 日,公司召开 2018 年第八次临时股东大会,全体股东同意公司注册资本由 2,826.00 万元增加至 2,995.56 万元,新增注册资本 169.56 万元由股东厦门泛荣高技术服务业创业投资合伙企业(有限合伙)以货币出资 56.52 万元,股东厦门高新科创天使创业投资有限公司以货币出资 42.39 万元,股东鼎新二期股权投资基金(平潭)合伙企业(有限合伙)以货币出资 70.65 万元。***本次增资定价依据系参考市场平均估值水平并由双方协商确定,增资价格为 35.39 元/股***。

点评

2018 年 8 月的增资价格为 2.50 元/股,2018 年 12 月的增资价格为 35.39 元/股,短短 4 个月,价格约是原来的 14 倍。“参考市场平均估值水平”这一点,文中未细说。

公司本次股份支付采用最近一次引入***无关联***关系的***外部投资者***的价格作为定价依据,***因本次增资发生于外部投资者入股公司之前***,具体定价根据外部投资者入股公司的***投前估值***确定,定价方式具备合理性及公允性。

点评

1. 尽管《监管规则适用指引——发行类第 5 号》第 5 - 1 部分第 2 条将“熟悉情况并按公平原则自愿交易的各方最近达成的入股价格或股权转让价格,如近期合理的外部投资者入股价,但要避免采用难以证明公允性的外部投资者入股价”排在确定公允价值的第4位，但这一点在实务中是最常用的。

2. 评估得先增资而行，投前增资就用投前估值。

（2）第二次股份支付的定价依据及公允性

2019年7月15日，公司召开2019年第二次临时股东大会，全体股东同意公司注册资本由2,995.56万元增加至3,065.86万元，新增注册资本70.30万元由股东嘉戎盛美合伙以货币进行出资，增资价格为***3.50元/股***。

公司第二次股份支付采用最近一次引入无关联关系的外部投资者的价格作为定价依据，***因本次增资发生于外部投资者入股公司之后***，具体估值根据外部投资者入股公司的***投后估值***确定，定价方式具备合理性及公允性。

点评

投后才增资，用投后估值。

（3）第三次股份支付的定价依据及公允性

2019年11月24日，公司召开2019年第六次临时股东大会，全体股东同意公司注册资本由8,584.41万元增加至8,736.71万元，新增注册资本由嘉戎盛怡、厦门嘉信分别以货币出资107.90万元、44.40万元，增资价格为***5.00元/股***。

2019年度公司业务规模、经营业绩与2018年度相比有较大幅度提升，***为保证公允***，公司聘请厦门市大学***资产评估***土地房地产估价有限责任公司对公司股权的公允价值进行***估值***，并以本次估值价值作为第三次股份支付公允价值的计算基础。2020年4月15日，厦门市大学资产评估土地房地产估价有限责任公司出具《厦门嘉戎技术股份有限公司因实施股份支付涉及的股东全部权益市场价值估值报告》（大学评估估值字[2020]840008号）（以下简称“《估值报告》”）。截至2019年10月31日，发行人股东全部权益评估值为138,200.00万元。

点评

请人评估是《企业会计准则第39号——公允价值计量》给出的最后一招，花费相对较高，所以企业尽量不使用该方法。

公司第三次股份支付采用《估值报告》确定的评估值作为定价依据,***本次增资发生于评估基准日之后***,具体估值根据本次评估值确定,定价方式具备合理性及公允性。综上,发行人三次股权激励采用的外部融资及估值报告确认股份支付金额,定价依据合理,具有公允性。

二、披露按照外部融资估值及估值报告确认股份支付金额的计算过程,结合每股价值的差异情况说明采用外部融资及估值报告确认股份支付金额的合理性

2018年11月、2019年7月和2019年12月公司进行了共三轮员工股权激励,分别确认了855.00万元、2,165.73万元和1,656.43万元的股份支付费用。根据《企业会计准则第39号——公允价值计量》及其应用指南的相关规定,公司在确定发行人股权的公允价值时,应按以下三个层次顺序参考:①公司股份价值有活跃市场的,参考活跃市场价格;②公司股份价值无活跃市场的,可参考最近一次外部投资者入股价格;③无外部投资者入股价格的,应采取合理估值方法确定。由于公司为非公众公司,不存在公开活跃的股份转让市场,无法取得活跃的股份市场价格。公司股份价值***无活跃市场***,公司股份支付的定价结合***最近一次外部投资者***入股价格和合理的估值方法确定。历次股权激励涉及股份支付金额的计算过程如下:

1.2018年11月第一次股份支付

2018年8月1日,公司召开2018年第五次临时股东大会,全体股东同意公司注册资本由2,800.00万元增加至2,826.00万元,新增注册资本26.00万元由新股东嘉戎盛美合伙以货币认购。本次增资后,嘉戎盛美合伙持有公司股权比例为0.92%。2018年12月21日,公司召开2018年第八次临时股东大会,全体股东同意公司注册资本由2,826.00万元增加至2,995.56万元,新增注册资本169.56万元由股东厦门泛荣高技术服务业创业投资合伙企业(有限合伙)以货币出资56.52万元,股东厦门高新科创天使创业投资有限公司以货币出资42.39万元,股东鼎新二期股权投资基金(平潭)合伙企业(有限合伙)以货币出资70.65万元。本次增资定价依据系参考市场平均估值水平并由双方协商确定,增资价格为***35.39元/股***。本期股份支付金额具体计算过程如下表所示:

单位：万元

授予单位	授予单位持有发行人的股权比例①	发行人所有股权公允价值②	每股公允价值（元/股）	持股平台入股的每股价格（元/股）	本期发行人授予员工的股份的行权成本③	本期发行人授予员工的股份的公允价值④＝①＊②	本期股份支付金额⑤＝④－③
嘉戎盛美合伙	0.92%	99,999.58	***35.39***	***2.50***	65.00	920.00	855.00

2.2019 年 7 月股份支付

2019 年 7 月15 日，公司召开 2019 年第二次临时股东大会，全体股东同意公司注册资本由 2,995.56 万元增加至 3,065.86 万元，新增注册资本 70.30 万元由股东嘉戎盛美合伙以货币进行出资。2019 年 6 月公司引入外部投资者，注册资本由 2,826.00 万元增加至 2,995.56 万元，嘉戎盛美合伙持有公司股份***稀释***至 0.87%。本次股权激励后，嘉戎盛美合伙持有公司股份***增加***至 3.14%，增加 2.27%。

本期股份支付金额具体计算过程如下表所示：

单位：万元

授予单位	授予单位持有发行人的股权比例①	发行人所有股权公允价值②	每股公允价值（元/股）	持股平台入股的每股价格（元/股）	本期发行人授予员工的股份的行权成本③	本期发行人授予员工的股份的公允价值④－①＊②	本期股份支付金额⑤＝④－③
嘉戎盛美合伙	2.27%	106,245.63	***34.65***	***3.50***	246.05	2,411.78	2,165.73

3.2019 年 12 月股份支付

2019 年 11 月 24 日，公司召开 2019 年第六次临时股东大会，全体股东同意公司注册资本由 8,584.41 万元增加至 8,736.71 万元，新增注册资本由嘉戎盛怡、厦门嘉信分别以货币出资 107.90 万元、44.40 万元。本次增资后，嘉戎盛怡和厦门嘉信持有公司股权比例分别为 1.24% 和 0.51%。

2019 年度公司业务规模、经营业绩与 2018 年度相比有较大幅度提升，为保证公允，公司聘请评估公司对公司股权的公允价值估值，并以本次估值价值作为第三次股份支付公允价值的计算基础。

厦门市大学资产评估土地房地产估价有限责任公司出具《厦门嘉戎技术股份

有限公司因实施股份支付涉及的股东全部权益市场价值估值报告》(大学评估估值字[2020]840008号)(以下简称"《估值报告》")。截至***2019年10月31日***,发行人股东全部权益评估值为138,200.00万元。

点评

如果时间间隔少于6个月,且期间公司的基本面未发生明显变化,可以不用重新定价,直接在入股价、评估值的基础上加减净资产期间的变化值。但此案例,公司基本面发生了重大变化,得重新评估。

本期股份支付金额具体计算过程如下表所示:

单位:万元

授予单位	授予单位持有发行人的股权比例①	发行人所有股权公允价值②	每股公允价值(元/股)	持股平台入股的每股价格(元/股)	本期发行人授予员工的股份的行权成本③	本期发行人授予员工的股份的公允价值④=①*②	本期股份支付金额⑤=④-③
嘉戎盛美合伙	1.24%	138,961.50	***15.91***	***5.00***	539.50	1,713.03	1,173.53

点评

2019年7月每股公允价值是34.65元,2019年10月竟然下降至15.91元,与文中所谓的"2019年度公司业务规模、经营业绩与2018年度相比有较大幅度提升"有矛盾,难以自圆其说。

综上,发行人三次股权激励采用的外部融资及估值报告确认股份支付金额,定价依据合理,具有公允性。

9-21 科创板发行上市审核动态——公允价值的确定2022-04

2018年7月,发行人C聘请的评估机构出具《评估报告》,确定截至2018年6月30日公司股东全部权益评估价值为3.63亿元。2018年11月,发行人员工认购发行人新股,认购价格对应公司估值为3.24亿元。申报时,公司认定员工增资

价格参考《评估报告》并经实际控制人与参与人员协商拟定，入股价格公允，不属于股份支付。但根据公司2019年4月提交的首发上市申请材料，公司预计首次公开发行后市值为19.95亿元。

发行人D公司对员工实施股权激励，由于不存在相近期间合理的外部投资者入股价作为参考，公司在确认股份支付公允价值时，主要参考了以下两方面的因素：一是股权价值评估值。公司在前次股权激励时，以2018年8月31日为评估基准日对公司股权价值进行了评估，评估值对应2018年度净利润PE值为11.56倍。二是可比公司股权收购时的PE倍数。2018年–2019年上市公司收购可比公司的PE值在13–14倍之间，平均值为13.52倍。公司认为股权激励时点与前次股权评估时间间隔不长，市场环境未发生重大变化，参考同期上市公司收购行业可比公司的市盈率倍数，确定公司公允价值PE倍数为13.5倍。

｜分析｜

在确定权益工具公允价值时，应综合考虑有关因素，如：入股时期，业绩基础与变动预期，市场环境变化；行业特点，同行业并购重组市盈率、市净率水平；股份支付实施或发生当年市盈率、市净率等指标；熟悉情况并按公平原则自愿交易的各方最近达成的入股价格或股权转让价格，如***近期合理的外部投资者入股价***。

发行人应避免采取有争议的、结果显失公平的估值技术或公允价值确定方法，如***明显增长预期下按照成本法评估的净资产或账面净资产***。判断价格是否公允应考虑与某次交易价格是否一致，是否处于股权公允价值的合理区间范围内。

发行人C虽然股权激励前后不存在外部投资者入股，但其确定的股份支付价值低于前期公司权益评估水平，且***与随后首发上市申报材料里的预计市值差异较大***。审核过程中，公司根据***同时期上市公司并购新三板同行业企业的平均收购市盈率***，重新确定股份支付的公允价值，并补充确认了股份支付费用。

发行人D在确定股权激励公允价值评估方法时，在前期股权价值评估基础上，以同时期上市公司收购可比公司的市盈率水平作为参考，合理考虑了公司业绩和市场环境变化和行业特点，确定的股份支付公允价值具有合理性。目前，发行人已发行上市。

点评

1. 如果两次时点间隔少于6个月,且公司的基本面未发生明显变化,可以不用重新定价,直接在入股价、评估值的基础上加减净资产期间的变化值。

2. 基本面有无重大变化要全面观察,不仅要往后看,还要往前回顾。案例中的发行人C,才过了6个月,公司的估值将从3.24亿元上升到预期的19.95亿元,市场环境发生了重大变化,之前的估值不能用。

3. 相比之下,发行人D谨慎了许多,由于近期没有合理的外部投资者入股价可以参考,用评估和可比公司两种方法双管齐下,择优选取。

9-22 保丽洁2021-12

审核问询回复显示:2016年12月发行人实施了第一轮员工股权激励计划,股份的公允价值以2015年6月完成的定向发行价格为基础确定;2019年7月发行人实施了第二轮员工股权激励计划,股份的公允价值以2019年6月30日股东权益评估价值确定;2020年9月,发行人实施第一轮员工持股计划,股份的公允价值以2019年6月30日股东权益评估价值经调整后确定。

请发行人:补充披露上述员工股权激励计划和员工持股计划实施时同期发行人股票在新三板成交价格情况,未将新三板成交价作为股份的公允价值的原因。

| 回复 |

一、员工股权激励计划和员工持股计划实施时同期发行人股票在新三板成交价格情况

公司员工股权激励计划和员工持股计划实施时同期发行人股票在新三板成交价格情况如下:

项目	股份授予日	交易换手率	股份支付公允价值对应的动态市盈率
2016年12月股权激励	2016-12-31	*0.19%*	15.48
2019年7月股权激励	2019-7-31	*0.07%*	9.22
2020年9月员工持股计划	2020-9-30	*1.90%*	14.39

二、未将新三板成交价作为股份的公允价值的原因

2016年12月发行人实施了第一轮员工股权激励计划，股份的***公允价值***参照当时***最近一次定向增发价格调整***确定（以***2015年6月***完成的定向发行价格为基础，考虑***期间每股净资产增加额***确定）；2019年7月发行人实施了第二轮员工股权激励计划，股份的公允价值以第三方评估机构江苏华信资产评估有限公司对发行人股东权益价值进行***评估的价值***确定（评估的股东全部权益在2019年6月30日的每股公允价值为10.02元）；***2020年9月***，发行人实施第一轮员工持股计划，股份的公允价值以***2019年6月***30日股东权益***评估价值***为基础，考虑***期间每股净资产增加额***确定。

点评

1. 公司的基本面在6个月内未发生重大变化，可以不用重新定价，在最近入股价、评估值的基础上加减净资产期间的变化值。这的确是个好方法，不用频繁评估，省钱又省力。

2. 案例中用了两次这种方法。第一次是2016年12月在2015年6月定向发行价格上，加上期间每股净资产的增加额；第二次是2020年9月在2019年6月评估价值加减期间每股净资产的变化额。可惜的是，第一次间隔了18个月，第二次间隔了15个月，都不太适合这么操作，这也是笔者在本系列已经出版的第一册中"疑难点9 实缴股权转让"里面重点强调的内容。

发行人未将新三板成交价作为股份的公允价值的原因如下：

①公司新三板交易期间***成交换手率低，交易不活跃***，无法准确反映公司每股的公允价值

据上述原则确定的2016年12月股权激励、2019年7月股权激励和2020年9月员工持股计划每股公允价值分别为8.05元/股、10.02元/股和10.56元/股。三次股份支付授予日前6个月的交易***换手率仅为0.19%、0.07%和1.90%，由于新三板交易不活跃，交易数量占比小、换手率低，因此无法准确反映公司每股的公允价值***。

②新三板交易价格波动并未反映公司业绩变化

同时，新三板成交价格的波动往往不能准确反映公司发展趋势，如2019年7月股权激励时与2016年12月股权激励时相比新三板成交均价呈下降趋势，与公

司业绩增长趋势不一致;2020年9月员工持股计划时与2019年7月股权激励时相比,***新三板成交均价涨幅较大,但公司同比业绩出现下降,成交价格趋势与公司业绩增长趋势不一致***。

③公司非连续竞价交易方式使得交易不符合会计准则确定的有序交易定义

根据《企业会计准则第39号——公允价值计量》及应用指南,"公允价值"是指市场参与者在计量日发生的有序交易中,出售一项资产所能收到或者转移一项负债所需支付的价格。企业在确定一项交易是否为有序交易时,应当全面理解交易环境和有关事实。企业应当基于可获取的信息,如市场环境变化、交易规则和习惯、价格波动幅度、交易量波动幅度、交易发生的频率、交易对于信息、交易原因、交易场所和其他能够获得的信息,运用专业判断对交易行为和交易价格进行分析,以判断该交易是否为有序交易。

前述股权激励计划、员工持股计划实施时同期发行人股票均采用***非连续竞价***交易方式,从上述成交价格情况可以看出:I、公司股票交易不活跃、交易数量小、换手率低;II、公司股票成交均价受交易机制、市场情绪等因素的影响,成交均价的变动趋势与公司经营业绩的变动趋势存在较大偏差。

基于上述原因,发行人认为公司股票交易不满足企业会计准则及应用指南中有序交易的条件,故***未将新三板成交价作为股份的公允价值***。

点评

1. 新三板换手率低,交易不活跃,体现不出股份的公允价值。

2. 请读者回忆"疑难点2-1 申报前新增股东"之"五、核查与锁定豁免"的内容:通过集合竞价、连续竞价新增加的股东可以申请核查、锁定豁免,这是因为这两种交易方式相对来说交易比较频繁,价格比较公允。本案例未采用非连续竞价的成交价格作为公允价值,道理是一样的。

④公司选取的公允价值符合《首发业务若干问题解答(2020年6月修订)》相关问答要求

《首发业务若干问题解答(2020年6月修订)》问题26中明确规定,存在股份支付事项的,发行人及申报会计师应按照企业会计准则规定的原则确定权益工具的公允价值,在确定公允价值时,应综合考虑五方面的因素。对比公司选取的公允价值,

是符合《首发业务若干问题解答(2020 年 6 月修订)》相关问答要求,具体如下:

Ⅰ、2016 年 12 月发行人实施了第一轮员工股权激励计划,以**最近一次定向增发价格**为基础确定公允价值,符合《首发业务若干问题解答(2020 年 6 月修订)》问题 26 考虑因素的第四点:"熟悉情况并按公平原则自愿交易的各方最近达成的入股价格或相似股权价格确定公允价值,如近期合理的 PE 入股价"①。

Ⅱ、2019 年 7 月发行人实施了第二轮员工股权激励计划,以第三方评估机构江苏华信资产评估有限公司对发行人股东权益价值进行**评估**的价值确定,符合《首发业务若干问题解答(2020 年 6 月修订)》问题 26 考虑因素的第五点:"采用恰当的估值技术确定公允价值"。

Ⅲ、2020 年 9 月,发行人实施第一轮员工持股计划,股份的公允价值以 2019 年 6 月 30 日股东权益**评估价值**为基础,考虑期间的每股净资产增加情况确定。

具体而言:**经评估的每股价值为 10.02 元,2019 年 6 月 30 日至 2020 年 6 月 30 日每股净资产增加 0.54 元,以此确定的股份支付每股公允价值为 10.56 元**,符合《首发业务若干问题解答(2020 年 6 月修订)》问题 26 考虑因素的第五点:"采用恰当的估值技术确定公允价值"。

根据上述原则计算的 2016 年 12 月股权激励、2019 年 7 月股权激励和 2020 年 9 月员工持股计划每股公允价值分别为 8.05 元/股、10.02 元/股和 10.56 元/股,以股份支付当年的扣非每股收益计算的动态市盈率分别为 15.48、9.22 和 14.39,与**可比公司**雪浪环境、龙净环保同期收购的动态市盈率(8.97 和 11.22)**无明显差异**,符合《首发业务若干问题解答(2020 年 6 月修订)》问题 26 考虑因素的第二点:"行业特点、同行业并购重组市盈率、市净率水平"。

点评

如何确定权益工具的公允价值,《监管规则适用指引——发行类第 5 号》第 5－1 部分第 2 条中并没有规定参考顺序,哪个适用就用哪个。

---

① 《监管规则适用指引——发行类第 5 号》第 5－1 部分第 2 条中将此条更新为:"熟悉情况并按公平原则自愿交易的各方最近达成的入股价格或股权转让价格,如近期合理的外部投资者入股价,但要避免采用难以证明公允性的外部投资者入股价。"

9-23 股份支付准则应用案例——授予限制性股票

甲公司于20×1年7月向公司高级管理人员、技术骨干等激励对象授予500万股限制性股票,授予价格为5元/股,锁定期为3年。激励对象如果自授予日起为公司服务满3年,且公司年度净利润增长率不低于10%,可申请一次性解锁限制性股票。

情形一,第一类限制性股票。激励对象在授予日按照授予价格出资购买限制性股票;待满足可行权条件后,解锁限制性股票;若未满足可行权条件,甲公司按照授予价格5元/股回购限制性股票。

情形二,第二类限制性股票。激励对象在授予日无须出资购买限制性股票;待满足可行权条件后,激励对象可以选择按授予价格5元/股购买公司增发的限制性股票,也可以选择不缴纳认股款,放弃取得相应股票。

| 分析 |

对于第一类限制性股票,甲公司为获取激励对象的**服务**而以其自身股票为对价进行结算,属于以**权益结算**的股份支付交易。甲公司应当在**授予日**确定授予**股份**的公允价值。在等待期内的**每个资产负债表日**,甲公司应当以对可行权的股权数量的最佳**估计**为基础,按照授予日授予股份的公允价值,将当期取得的服务计入相关**成本**或**费用**和**资本公积**。授予日授予股份的公允价值应当以其当日的市场价格为基础,同时考虑授予股份所依据的条款和条件(不包括市场条件之外的可行权条件)进行调整,但**不应考虑在等待期内转让的限制,因为该限制是可行权条件中的非市场条件规定的**。对于因回购产生的义务确认的**负债**,应当按照《企业会计准则第22号——金融工具确认和计量》相关规定进行会计处理。

第二类限制性股票的实质是公司赋予员工在满足可行权条件后以约定价格(授予价格)购买公司股票的**权利**,**员工可获取行权日股票价格高于授予价格的上行收益,但不承担股价下行风险**,与第一类限制性股票存在差异,为一项**股票期权**,属于以**权益结算**的股份支付交易。在等待期内的每个资产负债表日,甲公司应当以对可行权的股票期权数量的最佳**估计**为基础,按照**授予日**股票**期权**的公允价值,计算当期需确认的股份支付费用,计入相关**成本**或**费用**和**资本公积**。采用**期权定价模型**确定授予日股票期权的公允价值的,该公允价值包括期权的内在价值和时间价值,**通常高于同等条件下第一类限制性股票对应股份的公允价值**。

点评

1. 一种是限制性股票，另一种是股票期权，都属于以权益结算的股份支付，按授予日权益工具的公允价值计量，但二者的估值方法却截然不同：限制性股票采用股份的公允价值，而股票期权用期权的公允价值。

2. 除了立即可行权的股份支付外，二者在授予日均不进行会计处理，在等待期内的每个资产负债表日以授予日的公允价值为基础计量，借记“管理费用”等，贷记“资本公积”。

3. 第二类限制性股票，在授予日无须出资，通常价格比同等条件下第一类限制性股票贵。

9－24 前沿生物 2020－04

发行人在首发申报前存在期权激励计划。

请发行人：

一、请发行人逐条对照《上海证券交易所科创板发行上市审核问答》第12问的要求说明是否符合相关规则要求和披露要求

｜**回复**｜

报告期内，发行人曾先后采取***股票期权***和***员工持股平台***间接持股两种方式向员工实施股权激励，在2019年3月发行人股票期权激励对象行权前，发行人变更股权激励方式为员工持股平台间接持股，因此不适用于《上海证券交易所科创板发行上市审核问答》第12问的披露要求。

点评

《上海证券交易所科创板发行上市审核问答》第12问的内容与《首发业务若干问题解答》(2020年6月修订)问题25类似，现在参考《监管规则适用指引——发行类第5号》第5－1部分第1条。

二、说明期权价值的计算方法及计算过程;期权价值的计算过程中参考的股权价值的公允性,与前后增资或转让股份价格之间的差异情况及差异原因

| 回复 |

点评

以权益结算的股份支付有限制性股票、股票期权两类。前者较好估值,后者如果没有足够的数学、金融背景知识,要全面了解期权定价模型,不太容易。

(一)期权及员工持股计划价值的计算方法及计算过程

根据《企业会计准则第11号——股份支付》,以权益结算的股份支付换取职工提供服务的,应当以授予职工权益工具的公允价值计量。对于授予的不存在活跃市场的期权等权益工具,应当采用期权定价模型等确定其公允价值,选用的期权定价模型至少应当考虑以下因素:(1)期权的行权价格;(2)期权的有效期;(3)标的股份的现行价格;(4)股价预计波动率;(5)股份的预计股利;(6)期权有效期内的无风险利率。

发行人的股票期权的公允价值是根据**二项式点阵模型**进行估计。二项式点阵模型也包含提早行使期权的预测。发行人***聘请艾华迪商务咨询(上海)有限公司***(以下简称"艾华迪")***对期权授予日2016年9月1日和2016年12月15日的期权公允价值进行了评估***并出具了J18-2058号《价值分析报告》,对期权授予日2018年5月26日的期权公允价值进行了评估并出具了J18-2160号《价值分析报告》。对于2017年4月9日授予员工的期权,由于发行人在2016年12月15日至2017年4月9日期间并未出现新药研发取得重大突破等对发行人企业价值有重大影响的里程碑事件,且在此期间***新药研发成果没有实质性变化***,因而发行人整体估值未有重大变化,所以沿用2016年12月15日经评估的期权公允价值。***同时,发行人聘请北京中同华资产评估有限公司(以下简称"中同华")对艾华迪出具的评估报告进行了复核***并出具了中同华咨报字(2019)第110259号和中同华咨报字(2019)第110260号的《复核报告》,复核结论均为"分析方法选用适当、取价依据较充分,分析结论基本合理"。

点评

同时请了两家评估机构评估、复核，足见模型的复杂程度。这样做的好处是估值结果的操作空间大，如添加禁售期后，公允价值会大幅度下降，可减少股份支付费用；坏处是，请人评估耗钱耗时。

此外，发行人聘请中同华对2019年3月18日授予的员工持股计划的公允价值进行评估，并出具了中同华咨报字（2019）第110262号的《估值报告》。对于2019年11月25日授予的员工持股计划，由于发行人在***2019年3月18日至2019年11月25日***期间并***未***出现新药研发取得重大突破等对发行人企业***价值有重大影响***的里程碑事件，且***在此期间新药研发成果没有实质性变化，因而发行人整体估值未有重大变化***，所以该次授予***沿用***2019年3月18日经评估的权益工具公允价值。

点评

公司整体无重大变化，6个月内一般不用再重新评估。不过，此处已经略超过6个月了，勉强算6个月内。

1. 采用***二项式点阵模型***确定历次授予日期权及员工持股计划公允价值的关键参数及评估结果

点评

二项式点阵模型就是BSM模型，需要以下6个参数，这在CPA、CFA、金融风险管理师（FRM）考试中有介绍。

在二项式点阵模型中，影响该等权益工具的公允价值的关键参数具体如下：

关键参数	2019年11月25日新增的权益工具
现行股价	20.00元/股
行权/认股价格	3.00元/股
股价预计波动率	54.12% -55.04%

续表

关键参数	2019 年 11 月 25 日新增的权益工具
权益工具的有效期	3 年至 6 年
预计股利	***0.00%***
无风险利率	3.27% -3.52%

2016 年度至 2019 年度,发行人历次授予的权益工具的公允价值评估结果如下表所示:

……

2. 关键参数的选取依据

根据相关评估报告,上述关键参数具体选取依据如下:

(1)现行股价:根据发行人评估基准日***最近一次股权转让价格***来确定;

点评

非上市公司没有现行股价,可用最近一次向非关联方的转让价格或评估价替代。

(2)***行权/认股价格:取自发行人与员工签订的期权授予协议或者员工持股计划协议***;

点评

《证券期货法律适用意见第 17 号》规定,期权的行权价格由股东自行商定确定,但原则上不应低于最近一年经审计的净资产或评估值。有的案例会被问及其行权价格是如何确定的。

(3)股价预计波动率:发行人为非上市企业,选用***可比上市公司的股价波动率***作为替代,以可比公司平均年化股价波动率作为发行人***预计***股价波动率;

(4)权益工具的有效期:取自发行人与员工签订的期权授予协议或者员工持股计划协议;

(5)预计股利:发行人是一家创新型生物医药制造企业,目前新药的商业化尚处于起步阶段并且产品管线联合疗法与 AB001 均处于研发阶段,导致在一定期间内发行人没有发放股利的预期，因此***预计股利为0%***；

(6)无风险利率：根据与期权在评估基准日至到期日的年限相等之***中国国债在评估基准日之收益率***。

期权授予日2016年9月1日、2016年12月15日和2018年5月26日对应的评估报告中涉及的上述关键参数确定依据系艾华迪依据其专业判断及公开数据的基础上确定的，并***经过***中同华***复核***；2019年3月18日员工持股计划对应的评估报告中涉及的上述关键参数确定依据系中同华依据其专业判断及公开数据的基础上确定的。上述关键参数反映了各评估基准日公司对未来经营情况以及相关宏观经济、行业和自身风险因素的最佳估计。因此该等关键参数的选取标准符合行业惯例，具备合理性。

点评

模型的参数很难获取，无论如何解释，可能也难以被准确了解。

(二)期权及员工持股计划价值的计算过程中参考的股权价值的公允性

依据《企业会计准则》的规定，发行人以各期股权激励的股东会或员工持股平台的合伙人会议决议日作为股份支付的授予日。

据中国证监会《首发业务若干问题解答(二)》之股份支付的相关解答，存在股份支付事项的，发行人及申报会计师应按照《企业会计准则》规定的原则确定权益工具的公允价值。在确定公允价值时，可合理考虑入股时间阶段、业绩基础与变动预期、市场环境变化、行业特点、同行业并购重组市盈率水平、股份支付实施或发生当年市盈率与市净率指标等因素的影响；也可优先参考熟悉情况并按公平原则自愿交易的各方最近达成的入股价格或相似股权价格确定公允价值，如近期合理的PE入股价。

由于历次期权及员工持股计划价值的评估基准日与上述私募投资机构增资或转让股份的***时点间隔较短***，且发行人新药研发情况在此期间未发生明显重大变化，发行人按照***最近一期私募投资机构投资价格***确认公允价格合理。

三、说明上述股份支付的授予日、可行权条件、等待期、考核目标等的具体情况

| 回复 |

根据《企业会计准则第11号——股份支付》规定："授予日是指股份支付协议获得批准的日期。其中'获得批准'，是指企业与职工或其他方就股份支付的协议条款和条件已达成一致,该协议获得股东大会或类似机构的批准。”

等待期,是指可行权条件得到满足的期间。对于可行权条件为规定服务期间的股份支付,等待期间为授予日至可行权日的期间。可行权日,是指可行权条件得到满足,职工和其他方具有从企业取得权益工具或现金的权利的日期。

发行人2016年至2018年期间所授予员工的股票期权,均属于一次授予分期行权的安排,即在授予日***一次授予***职工若干股票期权,之后分***四批***达到可行权。***每个批次是否可行权的结果是相对独立的,即每一批是否达到可行权条件并不会直接决定其他三批是否能够达到可行权条件,在会计处理时将其作为四个独立的股份支付计划处理***。

点评

“一次授予、分期行权”,即在授予日一次授予员工若干权益工具,之后每年分批达到可行权条件,每个批次是否可行权的结果通常是相对独立的,每一期是否达到可行权条件并不会直接影响其他几期是否能够达到可行权条件。在会计处理时,应将其作为同时授予的几个独立的股份支付计划。

同时,发行人要求职工在授予的权益工具可行权时仍然在职,即包含了***服务期限***条款——职工需服务至可行权日。

2019年3月18日《员工持股协议》签订后,股权激励计划的实施方式由授予激励对象公司股票期权的方式调整为激励对象通过员工持股平台建木商务间接持股公司方式。根据《员工持股协议》,激励对象作为建木商务的有限合伙人,对其认缴的股份享有表决权,也承诺其承担分期实缴认股款的义务,同时,当激励对象未达到《员工持股协议》中约定的服务期限及绩效考核条件,则其在建木商务中的权益将转让给南京建木指定的受让方。若未完成约定服务期限的员工将其拥有的合伙企业份额转让给发行人其他员工,则作为***一项权益工具的失效及一项新权益工具的授予***。同时,2019年11月25日授予的员工持股计划与2019年3月18日的条款保持一致。

9-25 载德科技 2021-04

根据申报材料:发行人第一期股票期权激励计划已于2020年6月24日获得

发行人2019年年度股东大会批准，发行人将向激励对象定向发行合计不超过562.50万股公司股票，已设置公司层面业绩考核要求、个人层面绩效考核要求的行权条件。

请发行人：补充披露第一期股票期权激励计划行权价格的确定依据，和最近一年经审计的净资产或评估值的差异与原因，行权条件确定的合理性。

| 回复 |

一、期权行权价格的确定原则和最近一年经审计的净资产或评估值的差异与原因

本次股票期权激励的***行权价格由股东自行商定确定***，报告期公司无新增外部投资人，故公司以最近一次评估即银信资产评估对载德科技截至***2019年8月***31日的股东全部权益价值进行的追溯评估中以收益法评估的股东全体权益价值为7.36亿元，对应的每股公允价值***16.36元***为定价基准，同时为更好地体现员工激励效果，公司决定以基准价格的75%且四舍五入至***12元***/股，作为期权行权价格。

本次股票期权激励的行权价格***高于***最近一年截至***2019年12月31日经审计***的每股***净资产5.64***元；***低于***最近一次截至***2019年8月***31日***经评估***的每股***净资产***16.36元，主要原因系公司为更好实现员工激励效果，故行权价格设定***略低于***评估值。

点评

《证券期货法律适用意见第17号》中规定，期权的行权价格由股东自行商定确定，但原则上不应低于最近一年经审计的净资产或评估值。此处，股票期权激励的行权价格12元高于案涉公司当时最近一年截至2019年12月31日经审计的每股净资产5.64元，并没有犯规。

二、行权条件确定的合理性

公司为本次股票期权激励设置了公司层面业绩考核要求及个人层面绩效考核要求。

公司层面业绩考核要求主要针对营业收入。第一个行权期的业绩考核要求为“2021年营业收入增长率不低于2019、2020年营业收入增长率的平均值”、第二个行权期的业绩考核要求为“2022年营业收入增长率不低于2020、2021年营业收入增长率的平均值”、第三个行权期的业绩考核要求为“2023 年营业收入增长率不低于 2021、2022 年营业收入增长率的平均值”。报告期内公司营业收入稳步增长且行业向好,***该行权条件具有可实现性***。

个人层面绩效考核要求为激励对象行权年度综合评级。评级为 A 级或 S 级的,按可行权股票期权比例的 100% 行权;评级为 B 级的,按可行权股票期权比例的 80% 行权;评级为 C 级的丧失可行权年度的行权资格。根据公司历史员工年度考评记录,年度考评为 A 级或 S 级的员工占比约为 65%,B 级约为 27%,C 级不到 10%,股票期权激励计划中的激励对象历史年度综合评级均为 A 级或 S 级,故***该个人层面业绩考核亦具有可实现性***。

点评

1. 考核目标要可望又可及,行权条件不能设置得难以实现,要设置成可实现的目标。

2. 企业经常以打分的方式考核业绩。

综上,上述行权条件在设置时已充分考虑了自身实际经营情况及未来行业发展前景,具有可实现性,可以充分体现增强公司凝聚力、维护公司长期稳定发展的向导,行权条件设置合理。

疑难点 9-3　如何计量

股份支付条件决定了股份支付的计量,影响股份支付费用的去向。

一、计量方式

《监管规则适用指引——发行类第 5 号》第 5-1 部分第 2 条中明确规定:

股份立即授予或转让完成且没有明确约定等待期等限制条件的,股份支付费用原则上应一次性计入发生当期,并作为偶发事项计入非经常性损益。设定等待期的股份支付,股份支付费用应采用恰当方法在等待期内分摊,并计入经常性损益。

如果企业实施的股权激励可以立即行权,意味着激励对象没有等待期或服务已经提供完毕,支付给激励对象的股份是支付员工过往已经提供的服务,股份支付费用应当一次性计入发生当期,并作为偶发事项计入非经常性损益;如果企业实施的股权激励有等待期,意味着激励对象将在等待期内提供服务等,企业支付给激励对象的股份是为了购买员工未来的服务,股份支付费用应当在等待期内分摊,并计入经常性损益。

至于股份支付费用计入哪个具体科目,应根据被激励对象的服务性质,计入生产成本、销售费用、管理费用和研发费用等。

二、股份支付的环节

股份支付的环节如图 9 – 3 所示。

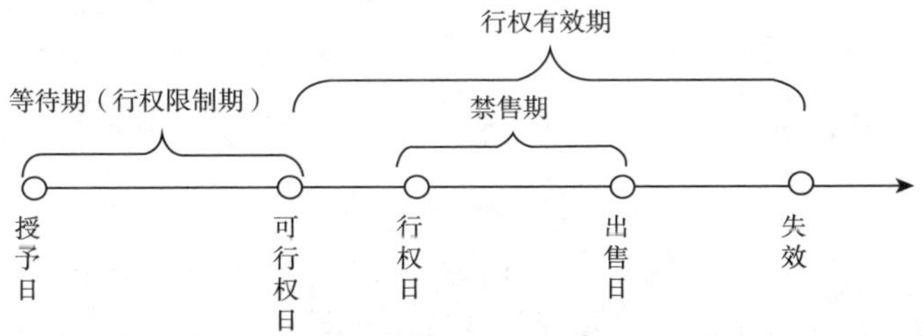

图 9 – 3　股份支付的环节

1. 授予日

授予日是指股份支付协议获得批准的日期。其中,“获得批准”,是指企业与职工或其他方就股份支付的协议条款和条件已达成一致,该协议获得股东大会或类似机构的批准。这里的“达成一致”,是指在双方对该计划或协议内容充分形成一致理解的基础上,均接受条款和条件。如果按照规定,在提交股东大会或类似机构之前存在必要程序或要求,则应履行该程序或满足该要求。

如果公司的股东大会审议通过了股权激励方案,并确定了授予价格,只是满足了“批准”条件,但未确定拟授予股份的激励对象及股份数量等,未达到“达成一致”的条件,故该股东大会审议通过之日实际上并不是授予日,参见案例“9 – 26 股份支付准则应用案例——授予日的确定”。

除了立即可行权的股份支付之外,无论是权益结算的股份支付还是现金结算的股份支付，企业在授予日均不作会计处理。

2. 可行权日

可行权日是指可行权条件得到满足、职工或其他方具有从企业取得权益工具或现金权利的日期。例如，持有股票期权的职工行使了以特定价格购买一定数量的本公司股票的权利，该日期即为行权日。行权是按期权的约定价格实际购买股票，一般是在可行权日之后至期权到期日之前的可选择时段内行权。

有的股份支付协议是一次性可行权，有的则是分批可行权。只有已经可以行权的股票期权，激励对象才算是真正拥有了"财产"，才能择机去行权。可以说，到了可行权日，激励对象才在某种程度获得了"股份"。

所以，若股权激励方案中约定了"激励对象自授予之日即可享受分红"，意味着激励对象在授予之日就已经拥有了"股份"，授予日即是可行权日，无等待期，费用一次性计入当期非经常性损益，参见案例"9－30 龙华薄膜 2021－08"。

3. 等待期、服务期

《企业会计准则第 11 号——股份支付》第 6 条第 3、4 款规定：

> 等待期，是指可行权条件得到满足的期间。
>
> 对于可行权条件为规定服务期间的股份支付，等待期为授予日至可行权日的期间；对于可行权条件为规定业绩的股份支付，应当在授予日根据最可能的业绩结果预计等待期的长度。

从授予日至可行权日的时段，是可行权条件得到满足的期间，被称为"等待期"，又称"行权限制期"。而"服务期"是指员工须完成规定的服务期限方可从股权激励计划中获益。当约定的服务期的起始日与授予日不同时，等待期可能不等于服务期，因为不光服务期，非市场条件也会影响等待期。

能不能行权应当看等待期，有无等待期非常重要。若不存在等待期，授予日即可行权日，费用应当一次性计入发生当期，并作为偶发事项计入非经常性损益；若有等待期，在等待期内每个资产负债表日，企业应将取得的职工提供的服务计入成本、费用，而成本、费用金额应当按照权益工具的公允价值计量。而这存在一个弊端：由于股权激励计划等待期的长短由企业自主决定，等待期长，每一期分摊的成本费用就少，否则成本费用就多。企业可以延长或缩短等待期，以此调节当期费用，进而操控利润。

另外，财政部会计司编写组编写的《企业会计准则讲解 2010》一书明确规定，资产负债表日不仅包括会计年度末，还包括会计中期期末，即半年末、季末等。对于需要披露季报和半年报的上市公司而言，应当在每个中期资产负债表日（每季度末、半年末）对预计可行权数量和是否达到业绩条件进行估计，分摊确认股份支付费用。

三、行权条件

《企业会计准则解释第 3 号》（财会〔2009〕8 号）第 5 条第 1 款在回答"在股份支付的确认和计量中，应当如何正确运用可行权条件和非可行权条件"时指出：

企业根据国家有关规定实行股权激励的，股份支付协议中确定的相关条件，不得随意变更。其中，可行权条件是指能够确定企业是否得到职工或其他方提供的服务、且该服务使职工或其他方具有获取股份支付协议规定的权益工具或现金等权利的条件；反之，为非可行权条件。可行权条件包括服务期限条件或业绩条件。服务期限条件是指职工或其他方完成规定服务期限才可行权的条件。业绩条件是指职工或其他方完成规定服务期限且企业已经达到特定业绩目标才可行权的条件，具体包括市场条件和非市场条件。

股份支付条件的种类如图 9－4 所示。

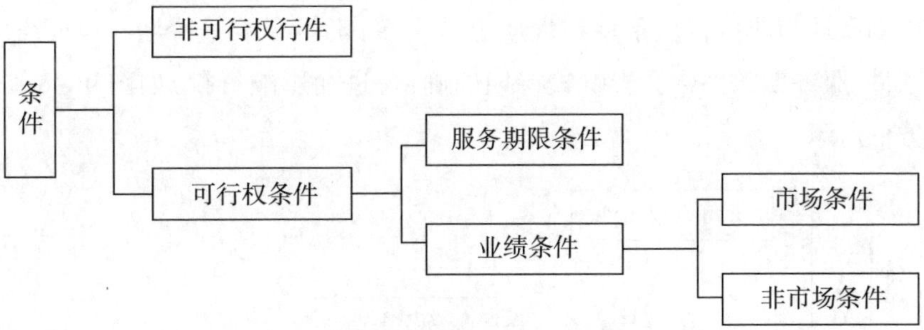

图 9－4　股份支付条件的种类

1. 辨别可行权条件与非可行权条件

《企业会计准则解释第 3 号》（财会〔2009〕8 号）第 5 条并没明确地告诉我们何为"非可行权条件"，只是用了排除法：不是可行权条件就是非可行权条件。

那么,哪些属于非可行权条件呢?在翻阅了多个会计准则后未发现相关例子,因此,只能在案例中积累。不过,2023 年版 CPA 考试的会计教材在案例中粗略提到:“不影响可行权……是非可行权条件。”

笔者的理解是,不影响公司对预计可行权情况的估计的条件就是非可行权条件,如“要求管理层成员将部分薪金存入统一账户保管”、限售期、锁定期等不影响行权的,就属于非可行权条件,参见案例“9－30 龙华薄膜 2021－08”。

设置了额外限售期等非可行权条件将减少限制性股票的公允价值,可以减少股份支付费用。但实务中,有部分公司采用较为激进的估值方法,导致设置了额外限售条件确认的股份支付费用较常规方案大幅减少,这可能会被质疑该公司意在减少确认股份支付费用。

2. 区分市场条件、非市场条件

市场条件是指行权价格、可行权条件以及行权可能性与权益工具的市场价格相关的业绩条件。如股份支付协议中关于股价上升至何种水平,职工或其他方可取得多少股份的规定。这些都不是光靠自身努力就可以达成的,如股价。

非市场条件是指除市场条件之外的其他业绩条件。如股份支付协议中关于达到最低盈利目标或销售目标方可行权的规定,这些可以靠自身努力达到。

市场条件只是影响到权益工具的公允价值,但是否得到满足并不影响企业对预计可行权情况的估计。对于可行权条件为市场条件的股份支付,只要职工满足了其他所有非市场条件(如利润增长率),企业就应当确认已取得的服务。

市场条件与非可行权条件在性质上差不多,都不影响等待期。换而言之,非市场条件、服务期条件皆会影响等待期的确认,进而影响行权,如图 9－5 中涂灰色的方框所示。

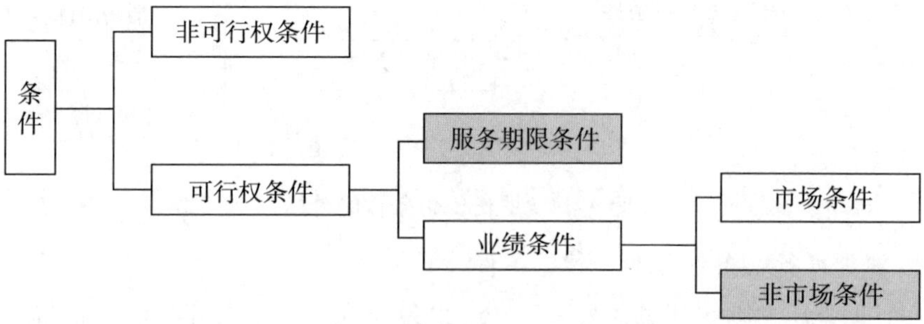

图 9－5　非市场条件、服务期条件会影响等待期

四、回购条款

等待期与之对应的概念是可行权条件，服务期、非市场条件皆会影响等待期。实务中，有些特殊情形很难判断有无隐含着等待期，笔者开始对这块也难以准确把握，在研究了大量的案例之后写了初稿。《监管规则适用指引——发行类第5号》第5－1部分在2023年2月出台之后，与之对比发现其内涵与笔者初稿内涵异曲同工、相差无几。

怎么判断回购条款有无隐含等待期，《监管规则适用指引——发行类第5号》第5－1部分第3条新增了三种特殊情形：

发行人应结合股权激励方案及相关决议、入股协议、服务合同、发行人回购权的期限、回购价格等有关等待期的约定及实际执行情况，综合判断相关约定是否实质上构成隐含的可行权条件，即职工是否必须完成一段时间的服务或完成相关业绩方可真正获得股权激励对应的经济利益。

发行人在股权激励方案中没有明确约定等待期，但约定一旦职工离职或存在其他情形（例如职工考核不达标等非市场业绩条件），发行人、实际控制人或其指定人员有权回购其所持股份或在职工持股平台所持有财产份额的，应考虑此类条款或实际执行情况是否构成实质性的等待期，尤其关注回购价格影响。回购价格公允，回购仅是股权归属安排的，职工在授予日已获得相关利益，原则上不认定存在等待期，股份支付费用无需分摊。回购价格不公允或尚未明确约定的，表明职工在授予日不能确定获得相关利益，只有满足特定条件后才能获得相关利益，应考虑是否构成等待期。

1.发行人的回购权存在特定期限

发行人对于职工离职时相关股份的回购权存在特定期限，例如固定期限届满前、公司上市前或上市后一定期间等，无证据支持相关回购价格公允的，一般应将回购权存续期间认定为等待期。

2.发行人的回购权没有特定期限，且回购价格不公允

发行人的回购权没有特定期限或约定职工任意时间离职时发行人均有权回购其权益，且回购价格与公允价值存在较大差异的，例如职工仅享有持有期间的分红权、回购价格是原始出资额或原始出资额加定期利息等，发行人应结合回购

价格等分析职工实际取得的经济利益,判断该事项应适用职工薪酬准则还是股份支付准则。

3. 发行人的回购权没有特定期限,且回购价格及定价基础均未明确约定

发行人的回购权没有特定期限,且回购价格及定价基础均未明确约定的,应考虑相关安排的商业合理性。发行人应在申报前根据股权激励的目的和商业实质对相关条款予以规范,明确回购权期限及回购价格。

离职或非市场业绩不达标等时,约定的回购权是否构成等待期需要考虑两个方面:一是期限;二是回购价格。

(一)第一种情形:特定期限+回购价格不公允

第一情形:回购权存在特定期限,且回购价格不公允。这在实务中是最常见的,一般应将回购权存续期间认定为等待期。

1. 存在特定期限

特定期限,例如固定期限届满前、公司上市前或上市后一定期间等,实务中常见的是约定"上市后"。

例如,部分股权激励计划约定员工须服务至企业成功完成首次公开募股,否则其持有的股份将以原认购价或补贴少许溢价回售给企业或其实际控制人。该约定表明员工须完成规定的服务期限方可从股权激励计划中获益,属于可行权条件中的服务期限条件,而企业成功完成首次公开募股属于可行权条件中业绩条件的非市场条件,符合图9-5中灰色方框指示的情形。企业应当合理估计未来成功完成首次公开募股的可能性及完成时点,将授予日至该时点的期间作为等待期,并在等待期内每个资产负债表日对预计可行权数量作出估计,确认相应的股权激励费用。等待期内企业估计其成功完成首次公开募股的时点发生变化的,应当根据重估时点确定等待期,截至当期累计应确认的股权激励费用扣减前期累计已确认金额,作为当期应确认的股权激励费用,参见案例"9-28 股份支付准则应用案例——以首次公开募股成功为可行权条件"。

2. 回购价格不公允

回购价格不公允是指回购价格与公允价值有较大差异。如约定了锁定期内激励对象离职,只能以成本价(原始出资额)或补贴少许利息等不公允的价格把份额转让给公司、实际控制人或其他员工。激励对象离职,转让时并未因持有股份而在未来行权后获益,难以认定员工已取得从公司获取权益工具的权利,这其实

是暗含着等待期，而非锁定期，参见案例“9－27 科创板发行上市审核动态——等待期的确定 2022－04”之发行人 A 情形、“9－28 股份支付准则应用案例——以首次公开募股成功为可行权条件”、“9－29 北京证券交易所会计监管动态——可行权条件认定 2022－01”、“9－33 润阳股份 2022－09”、“9－34 奥比中光 2021－11”。

（二）第二种情形：无特定期限＋回购价格不公允

第二种情形：回购权没有特定期限，且回购价格不公允，需判断适用职工薪酬准则还是股份支付准则：如果职工因回售股份取得的收益与企业自身权益工具价值相关，则属于股份支付；如果职工回售取得的收益与企业自身权益工具价值没有密切关系，则不属于股份支付，应当按照职工薪酬准则的规定，在职工为取得该收益提供服务的期间内分期确认职工薪酬费用。

实务中比较难辨析的是在限售期、锁定期、离职条款中加入回购价格不公允的回购条款，参见案例“9－27 科创板发行上市审核动态——等待期的确定 2022－04”之发行人 B 情形、“9－30 龙华薄膜 2021－08”、“9－35 拓荆科技 2021－10”。

（三）第三种情形：无特定期限＋回购价格未明确

第三情形：回购权没有特定期限，且回购价格及定价基础均未明确约定。应当明确回购权期限及回购价格，才可以进行会计处理。

五、区分限售期、锁定期和等待期、服务期

笔者须强调，实务中经常用到的限售期、锁定期和等待期、服务期并不是同一个概念。限售、锁定只是在履行法律法规规定、合同约定的禁售义务，并不要求员工在未来一段时间内继续为企业服务或者应该达到约定的业绩条件。限售期、锁定期本身与可行权日无关，既不影响激励股份的行权，也不影响员工从股权激励计划中获益，更不能作为股份支付费用分摊的依据。员工只有度过了等待期，满足了行权条件后才能够行权。能够行权就意味着拥有了“股份”，拥有了股份才有锁定、限售的需要。总而言之，限售期、锁定期是针对股东权利的安排，和等待期、服务期是不同节点的不同概念。

实务中千变万化，要区分限售期、锁定期和等待期、服务期并非易事。笔者总结后认为，可以从以下两个角度区分。

1. 二者的要求对象不同

等待期、服务期,被要求的是"员工",是人,而限售期、锁定期被要求的"股份""份额",是物。但这只是初步判断,还应着重研究回购条款。

2. 回购条款

限售期、锁定期被加入回购价格不公允的回购条款,就可能变成了等待期、服务期。回购条款的第一种情形表面看起来是针对"股份""份额"的锁定期、限售期,其实不然;而第二、三种情形,非常容易混淆,需要通过细节进一步判断。

参见案例"9－31 华塑科技 2021－08""9－32 保丽洁 2021－12"。

六、股权激励方案该如何设计

股份支付费用若在等待期内分摊,需估算,计算会很复杂。目前,拟 IPO 企业实施的股权激励计划大多采用立即授予或转让完成的方式,即不设明确的服务期限、非市场条件等限制条件。这么做可以在授予日一次性将费用计入发生当期的非经常性损益,减弱股份支付费用对扣非后净利润的影响。

那么,股权激励方案该如何设计才能将费用一次性计入当期非经常性损益呢?研究了多个案例,笔者总结了以下几种方式:

■ 不设置服务期和业绩考核。

■ 约定激励对象自授予之日即可享受分红。

■ 不设置回购条款,或在回购条款中约定回购时以公允价格回购。

■ 不设置回购条款,或不设置特定的回购期限,如不要将"上市"作为行权条件。

■ 不要在限售期、锁定期、离职条款中加入回购价格不公允的回购条款。

七、疑难情形

笔者归纳了以下几种关于股份支付的疑难情形。

(一)一次授予、分期行权

"一次授予、分期行权",即在授予日一次授予给员工若干权益工具,之后每年分批达到可行权条件。也就是说,权益工具在同一个授予日授予,而可行权状态是分阶段实现的。行权的一个重要条件是员工在可行权之日仍然在职,这实际上隐含了员工须服务至可行权日的条款,股份支付费用应该在等待期内合理分摊。

每个批次是否可行权的结果通常是相对独立的,即每一期是否达到可行权条件并不会直接影响其他几期是否能够达到可行权条件。在会计处理时应作为同时授予的几个独立的股份支付计划。

例如,在一次授予、分三年行权的股份支付计划中,应当视同为三个独立的股份支付计划,分别确定每个计划的等待期。公司应根据每个计划在授予日的公允价值估计股份支付费用,在相应的等待期内,按照各计划在某会计期间内等待期长度占整个等待期长度的比例进行分摊。

参见案例“9－24 前沿生物 2020－04”。

(二)终止了原方案、推出新方案

有些公司在原股权激励计划尚未实施完毕的情况下,终止了原股权激励方案,并同时推出新方案。新方案在激励人员、授予价格等方面与原方案有所不同,公司一般认为新方案是对原方案的替代,而不是原方案的取消。会计处理上,部分公司错误地将原方案确认的股份支付费用冲销后,按照新方案重新确认股份支付费用。

根据相关准则,若视为取消,则须作为加速行权处理,将剩余等待期内应确认的股份支付费用在当期一次性确认;若视为替代,则应当根据修改是有利修改或不利修改进行相应的会计处理。

对于视为取消还是替代的问题,准则层面存在一定的判断空间,须结合新旧股权激励方案的条款、激励对象、激励价格、行权安排、替换原因等综合分析后确定。

(三)集团内股份支付

企业集团内发生股份支付交易的,接受服务企业应确认股份支付费用;结算企业是接受服务企业母公司的,应确认对接受服务企业的长期股权投资。

1. 母公司向子公司高管授予股份支付时,合并财务报表中子公司股权激励费用的分摊

母公司向子公司高管授予股份支付,在计算子公司少数股东损益时,虽然子公司的股权激励全部是由母公司结算,但子公司少数股东损益中应包含按照少数股东持股比例分享的子公司股权激励费用。

2. 受激励高管在集团内调动

如果受到激励的高管在集团内调动导致接受服务的企业发生变更，但高管人员应取得的股权激励并未发生实质性变化，则应根据受益情况，在等待期内按照合理的标准（例如按服务时间）在原接受服务的企业与新接受服务的企业间分摊该高管的股权激励费用，即谁受益，谁确认费用。

3. 非控股股东授予职工公司股份

集团内股份支付，包括集团内任何主体的任何股东，并未限定结算的主体为控股股东；非控股股东授予职工公司的权益工具满足股份支付条件时，也应当视同集团内股份支付进行处理。

如发行人通过股东对员工实施了股权激励，具体方式为发行人员工低价认缴股东的新增注册资本，应对股东全部权益进行评估，依据评估值与认购价格之间的差额确认股份支付费用。

（四）递延所得税

根据税法的相关规定，对于附有业绩条件或服务条件的股权激励计划，企业按照会计准则的相关规定确认的成本费用在等待期内不得税前抵扣，待股权激励计划可行权时方可抵扣，可抵扣的金额为实际行权时的股票公允价值与激励对象支付的行权金额之间的差额。因此，公司未来可以在税前抵扣的金额与等待期内确认的成本费用金额很可能存在差异。公司应根据期末的股票价格估计未来可以税前抵扣的金额，以未来期间很可能取得的应纳税所得额为限确认递延所得税资产。

此外，如果预计未来期间可抵扣的金额超过等待期内确认的成本费用，超出部分形成的递延所得税资产应直接计入所有者权益，而不是计入当期损益。

八、常见问询

■ 说明报告期内股份支付费用的计算过程，股权激励是否附行权条件、服务期限等，相关会计处理是否符合企业会计准则的规定。

■ 说明服务期确定的依据，业绩考评打分的依据，股份支付费用的分配是否准确。

■ 结合财政部“股份支付准则应用案例”中关于“以首次公开募股成功为可

行权条件”的案例和发行人上市前离职条款的要求，说明员工持股平台与股份支付相关的会计处理是否符合《企业会计准则》的规定。

■ 结合 IPO 申报企业、上市公司类似股份支付会计处理情况，说明一次性确认股份支付费用的合理性，是否合理反映交易实质，是否符合《企业会计准则》以及《监管规则适用指引——发行类第 5 号》第 5－1 部分的规定。

9－26　股份支付准则应用案例——授予日的确定

上市公司甲公司通过二级市场回购股份的方式实施股权激励计划。20×1 年 10 月 15 日，甲公司股东大会审议通过股权激励方案，并确定了授予价格，但未确定拟授予股份的激励对象及股份数量，股东大会授权董事会确定具体激励对象及股份数量。20×1 年 12 月 1 日，甲公司董事会确定了具体激励对象及股份数量，并将经批准的股权激励方案与员工进行了沟通并达成一致。

分析

本例中，甲公司股权激励方案虽于20×1 年10 月15 日***获得股东大会批准***，但该日***并未确定拟授予股份的激励对象及授予股份数量***，不满足授予日定义中“获得批准”的要求，即“企业与职工就股份支付的协议条款或条件已达成一致”。***20×1年 12 月 1 日***，甲公司***董事会确定了股权激励对象及授予股份数量***，该日***企业与职工就股份支付的协议条款或条件已达成一致***。因此，该股份支付交易的***授予日应为20×1 年 12 月 1 日***。授予股份的公允价值应当以***授予日***授予股份的市场价格为基础，同时考虑授予股份所依据的条款和条件（***不包括市场条件之外的可行权条件***）进行调整，但***不应考虑在等待期内转让的限制***，因为该***限制是可行权条件***中的***非市场条件***规定的。

点评

1. 哪一天是授予日非常重要，因为授予股份的公允价值以授予日的公允价值为基础计量。

2.“批准”“达成一致”两个条件都得到满足的日期才是授予日。此案例中，虽然股权激励方案已经获得了股东大会的批准，但未确定激励对象、授予股份的数量，股东大会日不是授予日。此后，董事会确定了股权激励对象及授予股份数量之日才是正宗的授予日。

9-27 科创板发行上市审核动态——等待期的确定 2022-04

发行人A对核心人员进行股权激励,协议中约定:在授予日至*上市前*,若激励对象正常离职,必须以规定价格转让其所持持股平台财产份额,授予后一年内离职的转让价格为*原始出资额*,超过一年的参照*公司净资产值*定价;在*上市后禁售期*内,激励对象离职需参照*公司净资产值*确定转让对价,转让持股平台份额;禁售期满后,激励对象可参照减持之日公司股票交易价格转让持股平台财产份额。报告期内,激励对象离职均按上述条款实际执行,*退出价格不公允*。申报时公司认为*离职条款*不构成公司对服务期的明确约定,授予后股份支付费用一次性计入当期损益。

发行人B对员工实施股权激励,协议中约定员工任何时间离职,均应将激励股权转让给实际控制人或其指定的其他人员,*价格由双方协商确定*。自授予至今,共计5名被激励员工因个人原因离职并退出股权,退出价格经协商确定为授予时的*原价*,*退出价格不公允*。申报时,公司认定股权激励不存在服务期,一次性确认股权激励费用。

分析

股份立即授予或转让完成且***没有明确约定等待期***等限制条件的,原则上应***一次性***计入发生当期。***设定等待期***的股份支付,股份支付费用应采用恰当方法在等待期内***分摊***。中介机构应对发行人是否约定等待期或隐含等待期进行专业判断。

实践中,对于等待期的确定,发行人应结合股权激励方案及相关决议、入股协议、服务合同、发行人回购权的***期限***、***回购价格***等有关等待期的约定及实际执行情况,综合判断相关约定是否实质上构成隐含的可行权条件,即职工是否必须完成一段时间的服务或完成相关业绩方可真正获得股权激励对应的经济利益。

发行人在股权激励方案中没有明确约定等待期,但约定一旦职工离职或存在其他情形(例如职工考核不达标等非市场业绩条件),发行人、实际控制人或其指定人员有权回购其所持股份或在职工持股平台所持有财产份额的,应考虑此类条款或实际执行情况是否构成实质性的***等待期***,尤其关注***回购价格***影响。***回购价格公允***,回购仅是股权归属安排的,***职工在授予日已获得相关利益,原则上不认定存在等待期***,股份支付费用无须分摊。***回购价格不公允或尚未明确约定的***,表明职工在授予日不能确定获得相关利益,只有满足特定条件后才能获得相关利益,应考虑是否构成等待期。

发行人的回购权没有特定期限，且回购价格及定价基础均未明确约定的，应考虑相关安排的商业合理性。发行人应根据股权激励的目的和商业实质对相关条款予以规范，明确回购权期限及回购价格。

对发行人A，虽然未明确约定服务期限，但根据约定，激励对象在***禁售期***满前一旦离职，需以***原始出资价格或参照公司净资产值定价***转让所持持股平台份额。实际执行过程中，退出价格***显著低于同期公允价值***。退出的被激励对象***未***能获得股份增值的***市场化收益***，在授予日不能确定获得相关利益，应考虑此类条款或实际执行情况是否构成实质性的等待期。审核过程中，发行人A对前期财务报表进行了会计差错更正，将授予日至***上市后禁售期满***认定为***等待期***，并对股权激励费用予以***分摊***。目前，发行人已发行上市。

对发行人B，协议约定离职员工转让股权以***协商***方式确定价格、***未明确约定协商定价基准***，亦***未约定回购权的期限***。但从实际执行来看，离职员工均按照***原价***转让，***不具有公允性***，反映可能实质上存在***隐含***的可行权条件。审核过程中，发行人B对激励方案予以补充及明确，约定在授予日至***上市后三年内离职***需要以***出资额***或***出资金额加上同期存款利息***转让股权，***之后***可***按市场价格转让***等。根据上述协议，B公司对前期财务报表进行差错更正，以授予日至预计***上市日后三年认定为等待期***，并对股权激励费用予以***分摊***。目前，发行人已发行上市。

点评

1. 发行人A、B的协议中都存在回购条款。发行人A属于第一种情形：回购权存在特定期限，且回购价格不公允；而发行人B属于第二种情形：回购权没有特定期限，且回购价格不公允。

2. 发行人A在禁售期加入回购条款，把禁售期变成了等待期，回购权期限是上市后禁售期满；而发行人B整改前的方案是在离职条款中加入回购条款，且未明确约定回购价与回购权的期限，对员工压根起不到激励的作用。实务中，发行人B整改之前的情形倾向按照职工薪酬准则处理。

3. 离职条款中约定的回购价格公不公允直接决定是否存在等待期。离职时的回购价格不公允，意味着员工未能获得股权激励的正常收益，其间构成等待期，股份支付费用应当在等待期内分摊确认。

9－28 股份支付准则应用案例——以首次公开募股成功为可行权条件

甲公司实际控制人设立员工持股平台(有限合伙企业)以实施一项股权激励计划。实际控制人作为该持股平台的*普通合伙人将其持有的部分甲公司股份以名义价格*转让给持股平台,甲公司员工作为该持股平台的*有限合伙人*以约定价格(认购价)认购持股平台份额,从而间接持有甲公司股份。该股权激励计划及合伙协议*未对员工的具体服务期限作出专门约定*,但明确约定*如果自授予日至甲公司成功完成首次公开募股时员工主动离职,员工不得继续持有持股平台份额*,实际控制人将以自有资金*按照员工认购价*回购员工持有的持股平台份额,*回购股份是否再次授予其他员工由实际控制人自行决定*。

| 分析 |

本例中,甲公司实际控制人通过持股平台***将其持有的部分甲公司股份***授予甲公司员工,属于企业集团内发生的股份支付交易。***接受服务企业(甲公司)没有结算义务***,应当将该交易作为**权益**结算的股份支付处理。

点评

接受服务企业没有结算义务或授予本企业职工的是其本身权益工具的,应当将该股份支付交易作为权益结算的股份支付处理。

根据该股权激励计划的约定,甲公司员工须***服务至甲公司成功完成首次公开募股***,否则其持有的股份将***以原认购价回售给实际控制人***。该约定表明,甲公司员工须完成规定的***服务期限***方可从股权激励计划中***获益***,属于可行权条件中的***服务期限***条件,而甲公司成功完成首次公开募股属于可行权条件中业绩条件的***非市场条件***。甲公司应当合理估计未来成功完成首次公开募股的可能性及完成时点,将授予日至该时点的期间作为***等待期***,并在等待期内每个***资产负债表日***对预计可行权数量作出估计,确认相应的股权激励费用。***等待期***内甲公司估计其成功完成首次公开募股的时点发生变化的,应当根据***重估***时点确定等待期,截至当期累计应确认的股权激励费用扣减前期累计已确认金额,作为当期应确认的股权激励费用。

点评

1. 离职条款非常重要,其中可能暗含了回购条款。本案例存在的回购条款,属于第一情形:回购权存在特定期限,且回购价格不公允。

2. 本案例中,员工若未服务至公司成功完成首次公开募股,须以原认购价回售给实际控制人,回购价格不公允。这意味着员工期间离职,不能获得股份,本质上是其未因持有股份而在未来行权后获益。这其实隐含了服务期,属于准则规定的"可行权条件中的服务期限条件",回购权期限是成功完成首次公开募股之前。注意,即使不是以原认购价回售,而是原认购价加少许利息,回购价格照样不公允,同理,也是服务期,而非锁定期。

3. 首次公开募股能否成功是靠企业自身努力可以达成的,属于可行权条件中业绩条件的非市场条件。

4. 服务期、非市场条件皆会影响等待期,进而影响费用进度的确认。

5. 此案例还有一个要点,可能很少人会关注到。实际控制人(普通合伙人)回购员工持有的持股平台份额,是否再次授予其他员工由实际控制人自行决定,回购时需不需要确认为股份支付呢?案例中,离职员工当初的份额是实际控制人低价转让的,而不是企业低价定向增发的,离职员工将份额转回给实际控制人,实际控制人是在回收自己的份额,无须作为股份支付处理。

6. 若离职条款约定,在公司成功首次发行股票并上市之前,如果因任何原因使合伙人与公司或其控制企业之间解除雇佣关系,公司有权决定是否收回员工的股权,回购股份价格为"公司当期每股净资产值 ×80% × 合伙人按合同计算持有股数"。对此的分析与本案例同理,员工实质上须完成公司上市的业绩条件和授予日至成功上市期间的服务期限才能获得股权激励收益,其间构成等待期,股份支付费用应当在等待期内分摊确认。

9-29　北京证券交易所会计监管动态——可行权条件认定 2022-01

A 公司按照市场有效参考价的一定折扣向员工持股计划发行股票,约定激励对象从员工持股计划所获股票的*锁定期为 36 个月*,锁定期内激励对象离职的,只能以*成本价*转让持股计划份额给*员工持股计划内适格的其他员工*,但公司不会从员工持股计划中回购注销股票。公司在确认相关股份支付费用时,应一次性确认

还是在36个月内分摊?

| **分析** |

根据《企业会计准则解释第3号》(财会〔2009〕8号),***可行权条件***是指能够确定企业是否得到职工或其他方提供的服务、且该服务使职工或其他方具有获取股份支付协议规定的权益工具或现金等权利的条件。可行权条件包括服务期限条件或业绩条件。服务期限条件是指职工或其他方完成规定服务期限才可行权的条件。

A公司向员工持股计划发行股票,约定了36个月的锁定期。锁定期内激励对象离职的,尽管公司不从员工持股计划回购注销股票,但离职员工转让持股计划份额存在转让价格和转让对象的限制,***相当于公司将持股计划份额回购后再重新授予其他适格员工***,即锁定期内离职的,***激励对象实际未获得股份***。因此,该股权激励的可行权条件属于***服务期***限条件,相关股权支付费用应在***等待期内分摊***确认。

点评

1. 本案例在锁定期加入回购条款,导致锁定期变成了等待期。本案例属于回购条款的第一情形:回购权存在特定期限,且回购价格不公允。回购权期限是36个月的锁定期。

2. 虽然明确约定了激励对象从员工持股计划所获股票须锁定36个月,但离职条款"锁定期内激励对象离职的,只能以成本价转让持股计划份额给员工持股计划内适格的其他员工"中,转让价格不公允,暗含着等待期。

3. 分析中称"锁定期内离职的,激励对象实际未获得股份",这很关键,离职员工未因持有股份而在未来行权时获益,即使回购时补贴少许利息,也不公允。

4. 离职员工将份额以非公允价格转让给持股平台内成员,成员获益了,应确认为股份支付。

5. 若把案例中"约定激励对象从员工持股计划所获股票的锁定期为36个月,锁定期内激励对象离职的,只能以成本价转让持股计划份额给员工持股计划内适格的其他员工"改成"《员工持股协议》明确约定了三年服务期,若员工在服务期三年届满之前离职,仅能获取支付对价及相应的利息",同理,若员工未能满足服务期的要求,仅能够获得利息收益,这意味着回购价格不公允,难以认定员工已取得从公司获取权益工具的权利，服务期构成了等待期，应当在等待期分期确认股份支付费用。

9-30 龙华薄膜 2021-08

申报文件及首轮问询回复显示：2019年公司员工持股平台盛龙华汇、聚龙华智拟按照4.50元/股的价格认购公司新增股份400.00万股，且发行人聚龙华智合伙份额于2020年9月发生1次变动。

请发行人：结合财政部《股份支付准则应用案例》中关于"以首次公开募股成功为可行权条件"的案例和发行人上市前离职条款的要求，说明两个员工持股平台与股份支付相关的会计处理是否符合《企业会计准则》的规定。

｜回复｜

一、公司《股权激励方案》主要条款

根据《四川龙华光电薄膜股份有限公司股权激励方案》（简称《股权激励方案》）及两个持股平台的《合伙人协议》，公司股权激励方案主要条款如下：

股权激励主要条款	具体约定	相关说明
关于承诺***服务期和业绩考核***	九、承诺服务期和业绩考核 本次股权激励是通过定向增发限制性股份的方式进行，并综合考虑了公司发展、员工的历史贡献、员工基本情况、员工持股成本等多方面的因素，故***本次股权激励主要考虑限售期方面的限制，本次股权激励不设置服务期和业绩考核***。	发行人在《股权激励方案》中明确了本次激励***不设置服务期和业绩考核***
关于***限售期***	六、本激励方案的限售期 （1）激励对象持有持股平台的财产份额实行限售，***限售期为4年***，自持股平台持有公司定增股份完成工商变更登记之日起算。如公司成功上市，则不论原4年限售期是否届满，持股平台财产份额限售期自动改按持股平台所持上市公司股票限售期执行，并同步解禁。如原4年限售期届满时，公司上市申请正处于审核期间，则持股平台财产份额继续限售，若公司成功上市则限售期按前述规定执行，若公司最终未能成功上市则持股平台财产份额只继续限售至公司撤回上市	1.发行人的股权激励方案仅约定限售期，以及限售期内上市或限售期结束后上市需要遵循相关法律法规关于限售的规定，***限售期中不存在隐含"以***

续表

股权激励主要条款	具体约定	相关说明
	申请或上市申请被终止为止。 (2)限售期内,激励对象所持有的持股平台财产份额及其对应的公司激励股份不得转让、用于担保、偿还债务及设置其他权利限制。因司法裁决、继承、回购等原因导致持股平台财产份额持有人变更的,后续持有人应继续执行限售期的规定。 (3)如公司筹备上市、申请上市或成功上市,有关法律法规或监管要求对持股平台持有公司股份的限售期限等作具体规定的,持股平台应当严格执行。对持股平台所持龙华薄膜股份的限售期限及其他有关要求自动适用于激励对象所持持股平台的财产份额。 (4)限售期限届满后的减持 ***限售期限届满且公司未申请上市的***,激励对象减持其财产份额时,应转让给持股平台其他合伙人或公司董事会同意的其他人员,其交易价格由交易双方自行协商确定,公司董事会同意的其他人员享有优先购买权,经龙华薄膜董事会批准亦可按照退伙程序办理。 限售期限届满且公司已成功上市的,激励对象可以向持股平台申请集中安排通过二级市场依法减持,相关减持损益及税金、费用由该激励对象自行承担。	***首发上市"作为行权条件的约定;*** 2. 限售期限届满且公司未申请上市的,激励对象可转让其持股份额给持股平台其他合伙人或公司董事会同意的其他人员(有优先权),其***交易价格由交易双方自行协商确定***。由此也可知,本次股权激励不以"首发上市"作为行权条件
限售期内激励对象发生异动的处理	十一、限售期内激励对象发生异动的处理 限售期内,如激励对象发生以下任一情形的,则公司***董事会有权***指定持股平台其他合伙人或符合本激励方案股权激励条件的其他员工,***按照原认购价格回购***该激励对象所持有的全部激励股份,回购方式为按照该激励对象原始出资价格受让激励对象所持有的持股平台财产份额: (1)激励对象***辞职***或擅自***离职***的; (2)激励对象在劳动合同到期后不再与公司或其下属公司、分支机构续签劳动合同,或公司或其下属公司、分支机构***不与其续签劳动合同***的; (3)激励对象因违反法律、行政法规或公司规章制度而给公司或其下属公司、分支机构造成重大损失,或被公司或其下属公司、分支机构解除劳动合同的; (4)激励对象违反有关同业竞争、竞业限制、商业秘密保护或知识产权保护法律法规规定或协议约定的。 (5)违反《合伙协议》及其补充协议等相关约定、义务(包括其陈述、承诺、保证的义务以及应当履行的	1. ***董事会有权指定人员按原认购价格回购***的期间系在整个限售期内,并未与"首发上市"时间相挂钩,不存在"以首发公开募集成功为可行权条件"; 2. 限售期内,***激励对象离职,并不必然导致董事会指定人员回购,具体是否选择行使回购权由董事会确定***;

续表

股权激励主要条款	具体约定	相关说明
	协助或配合义务); (6)公司董事会认定的合伙人其他重大过错情形。 激励对象触发上述回购情形后,**若公司董事会决不指定人员回购激励股份的,则激励对象可以继续持有激励股份**,但不影响公司依据相关规定或约定追究激励对象的相关责任,同时激励对象应继续严格遵守股权激励各项规定和约定,再次触发回购情形,公司董事会有权再次决定是否指定持股平台其他合伙人或符合本激励方案股权激励条件的其他员工回购该激励对象所持激励股份。 除上述回购情形外,激励对象因无过失性辞退、裁员、退休而离职或死亡的,激励对象或其继承人**可以继续持有**激励股份,并继续严格遵守股权激励各项规定和约定。如该激励对象或其继承人触发回购情形的,公司董事会**有权决定**是否指定持股平台其他合伙人或符合本激励方案股权激励条件的其他员工回购该激励对象或其继承人所持激励股份。	3.除必须要回购的6种情形外,激励对象因无过失性辞退、裁员、退休而离职或死亡的,激励对象或其继承人可以继续持有激励股份,即激励对象从激励计划中受益并不必然需要完成规定的服务期限
分红政策	十、分红政策 (一)持股平台收到公司分配的现金红利后,由持股平台按照各激励对象**实缴**的出资比例分取红利,持股平台代扣代缴个人所得税。 (二)激励对象因各种原因不再持有持股平台财产份额的,则自动丧失该财产份额对应的激励股份,激励对象不再享受分红收益及其他收益或权利。	***激励对象自授予之日即可享受分红***,属于***立即授予***可行权,***无服务期限***的模式

二、两个员工持股平台与股份支付相关的会计处理是否符合《企业会计准则》的规定

1.会计准则的相关规定

根据《企业会计准则解释第3号》规定,可行权条件是指能够确定企业是否得到职工或其他方提供的服务、且该服务使职工或其他方具有获取股份支付协议规定的权益工具或现金等权利的条件;反之,为非可行权条件。可行权条件包括服务期限条件或业绩条件。……。***股份支付存在非可行权条件的,只要职工或其他方满足了所有可行权条件中的非市场条件(如服务期限等),企业应当确认已得到服务相对应的成本费用***。

根据《企业会计准则第 11 号——股份支付》第六条：等待期，是指可行权条件得到满足的期间。对于可行权条件为规定服务期间的股份支付，等待期为授予日至可行权日的期间；对于可行权条件为规定业绩的股份支付，应当在授予日根据最可能的业绩结果预计等待期的长度。

根据《监管规则适用指引——发行类第 5 号》第 1 条规定，确认股份支付费用时，对增资或受让的股份立即授予或转让完成且没有明确约定服务期等限制条件的，原则上应当一次性计入发生当期，并作为偶发事项计入非经常性损益。

2. 会计处理是否符合《企业会计准则》的规定

根据"1. 公司股权激励方案中主要条款约定"，结合《股份支付准则应用案例》以及相关会计准则规定，对公司股权激励会计处理分析如下：

(1) 关于可行权条件

根据公司《股权激励方案》"承诺服务期和业绩考核"条款，本次股权激励不设置服务期和业绩考核，故公司股权激励通过向持股平台非公开定向发行的股份的方式实现，***激励对象在授予日即实现行权，不存在等待期***。根据股权激励方案"***分红政策***"亦可知，***员工已实际行权并享有对应权利***。

点评

本来，《股权激励方案》中不设置服务期、业绩考核，加之授予激励对象自授予之日即可享受分红，这意味着激励对象在授予之日就已经拥有了"股份"，无等待期，授予当日即可行权。但是，该案例中存在回购条款，需要进一步判断。

根据公司《股权激励方案》"本激励方案的限售期"条款，若限售期满后公司未能成功上市，员工可继续持有股份或转让给持股平台其他合伙人或公司董事会同意的其他人员，交易价格双方协商确定，故公司***并非以首次公开募股成功为可行权条件***。

点评

若以首次公开募股成功为可行权条件，可参见案例"9－28 股份支付准则应用案例——以首次公开募股成功为可行权条件"。

(2)关于限售期

根据公司《股权激励方案》"激励方案的限售期"条款，***限售期属于非可行权条件。非可行权条件是否得到满足，不影响公司对预计可行权情况的估计***。股份支付存在非可行权条件的，只要职工或其他方满足了所有可行权条件中的***非市场条件***(如服务期限等)，企业应当确认已得到服务相对应的成本费用。

点评

在《企业会计准则解释第3号》中，根据字面理解，限售期、锁定期既不属于服务期限条件，也不属于业绩条件，属于非可行权条件，所以，不影响等待期、行权。但是，若限售期被加入了回购条款，内涵可能就变质了。

(3)关于员工触发回购情形的处理

《股权激励方案》中设置"限售期内激励对象发生异动的处理"条款，一方面为了维持团队稳定，但同时也考虑了限售期内员工择业自由，如约定激励对象辞职、劳动合同到期后不再与公司续签劳动合同触发的回购条款；二是当员工出现重大过错，从维护公司自身利益角度制定回购条款，如激励对象擅自离职、违反法律、行政法规或公司规章制度而给公司或其下属公司、分支机构造成重大损失、同业竞争等情形处罚的回购条款等。

根据公司《股权激励方案》"***限售期内激励对象发生异动的处理***"，公司董事会***有权***指定持股平台其他合伙人或符合本激励方案股权激励条件的其他员工回购激励对象所持有的部分或全部激励股份，***董事会也可决定不指定人员回购激励股份，激励对象可以继续持有激励股份***，但不影响公司依据相关规定或约定追究激励对象的相关责任。

此外，根据《股权激励方案》"限售期内激励对象发生异动的处理"，除***必须要回购***的6种情形外，激励对象因无过失性辞退、裁员、退休而离职或死亡的，激励对象或其继承人可以***继续持有***激励股份。即激励对象从激励计划中受益并不必然需要完成规定的服务期限。

由上述规定可知，公司董事会可根据实际情况***自主决定***在股权限售期内，员工离职公司是否回购，***并非"离职即回购"***，亦未和是否成功上市挂钩，上述回购情形规定不属于服务期约定，亦不属于可行权条件中的服务期限条件。

点评

1. 本案例的回购条款非常复杂,其他条款正常,但对于"限售期内激励对象发生异动的处理"这一条款,笔者个人认为,"必须要回购"的情形远远多于"继续持有"的情形,而且发生的概率也比较大,如"必须要回购"的6种情形中的"激励对象辞职"这个在工作期间应该是最容易发生的。"必须要回购"的6种情形被触发后,要不要回购股份的主动权在公司,而非员工。员工能否持有到可以行权获益存在不确定性,这能否表明回购权没有特定期限呢?为了避免歧义,笔者建议删去或更改此条款。

2. 本案例的《股权激励方案》设计得很巧妙,建议详细阅读、参考。

(4)公司股权激励情况与《股份支付准则应用案例》对比分析

《股份支付准则应用案例——以首次公开募股成功为可行权条件》应用案例中,股权激励计划及合伙协议未对员工的具体服务期限作出专门约定,但明确约定如果自授予日至甲公司成功完成首次公开募股时员工主动离职,员工不得继续持有持股平台份额,实际控制人将以自有资金按照员工认购价回购员工持有的持股平台份额,回购股份是否再次授予其他员工由实际控制人自行决定。该约定表明,甲公司员工须完成规定的服务期限方可从股权激励计划中获益,属于可行权条件中的服务期限条件,应用案例中甲公司成功完成首次公开募股属于可行权条件中业绩条件的非市场条件。

而根据龙华薄膜《股权激励方案》,***明确约定不设置服务期和业绩考核***,公司并非以首次公开募股成功为可行权条件设置潜在的服务期限、回购情形规定并非*实质意义上的服务期*,公司的股权激励属于***立即授予***或转让完成且没有明确约定服务期等限制条件的股权激励。

点评

不设置服务期和业绩考核并不意味着不存在等待期,因为回购条款也可能隐含着等待期。

综上,公司根据《监管规则适用指引——发行类第5号》第1条的规定,***应当一次性计入发生当期,并作为偶发事项计入非经常性损益***。公司持股平台与股份支付相关的会计处理符合《企业会计准则》的规定。

点评

实务中偏向于不设明确的服务期、非市场条件等限制条件，将股份支付费用一次性计入发生当期非经常性损益。

(5)根据未来成功完成首次公开募股的可能性并预估完成时点，假设按照服务期限分期摊销确认股份支付，***模拟测算对公司财务数据的影响***

发行人2019年12月完成对激励对象的股份授予，并按照《企业会计准则》的相关规定在2019年进行账务处理，并将股份支付一次性计入发生当期，上述账务处理系在2021年5月财政部《股份支付准则应用案例》前即已完成。***如果***按照2021年5月财政部《股份支付准则应用案例》中“以首次公开募股成功为可行权条件”进行会计处理对公司报表的影响如下：

根据创业板IPO上市审核周期，假设首次公开募股完成时点为2021年12月，并将股权激励授予日至该时点的期间作为等待期，对报告期内股份支付费用进行***分摊***，模拟测算对公司利润表的影响，具体如下：

1)资产负债表

单位：万元

2020年12月31日		
受影响报表项目	**测算调整数**	**影响比例**
资本公积	-900.00	-1.72%
盈余公积	90.00	4.26%
未分配利润	810.00	4.32%

2)利润表

单位：万元

2020年度		
受影响报表项目	**测算调整数**	**影响比例**
管理费用	900.00	18.19%
利润总额	-900.00	-12.07%
净利润	-900.00	-13.01%

同时，由于公司估计成功完成首次公开募股的时点为 2021 年 12 月，2021 年为等待期第 2 年，截止 2020 年 12 月 31 日未摊销的股份支付金额为 900.00 万元，若公司 2021 年内完成上市，上述未摊销的股份支付金额将导致公司 2021 年度*净利润减少 900.00 万元*。

点评

将费用一次性计入当期的非经常性损益和把费用在等待期内分摊，并计入经常性损益，二者差别极大。监管机构关注的核心在于：若把费用从“一次性”变为“分摊”，对净利润的影响几何。

9-31 华塑科技 2021-08

申报文件显示：根据华塑科技被激励对象出具的《承诺函》约定，激励对象承诺服务期限为自签署承诺函之日起至发行人上市后满 3 年。但如果双方协商一致的情况下，激励对象可在劳务服务期限内离职，需将其持有的出资额转让给执行事务合伙人或执行事务合伙人制定的第三方。

请发行人：结合 IPO 申报企业、上市公司类似股份支付会计处理情况，说明一次性确认股份支付费用的合理性，是否合理反映交易实质，是否符合《企业会计准则》以及《首发业务若干问题解答（2020 年 6 月修订）》问题 26 的规定。

| 回复 |

一次性确认股份支付费用的合理性，合理反映交易实质，符合《企业会计准则》以及《首发业务若干问题解答（2020 年 6 月修订）》问题 26 的规定。

公司实施股权激励计划时，激励对象出具的《承诺函》***第 3 条***约定，“贵方以低于实际价值的价格向本人转让股权，系基于本人作为拟上市主体员工已经为公司提供劳动***服务***并且将继续勤勉、尽责地为公司提供***服务***，并且不发生以下行为或情形：(1)***因本人原因提前与公司终止劳动合同关系或劳动合同期满后本人不愿与公司续签劳动合同（此项承诺自本人签署本承诺函之日起至拟上市主体完成上市后满 3 年失效）***”；《承诺函》***第 4 条***约定，***若违反第 3 条承诺的行为发生在首次公开发行股票并上市之前，则应将持有的持股平台股权转让给原股东或其签署股权指定主体***，转让价格为实缴金额加上同期银行存款利率计算的利息；***若违反第 3***

条承诺的行为发生在首次公开发行股票并上市之后，则应向原股东追加股权激励的对价，每份出资额追加的对价为违反承诺行为发生之上月最后一个交易日股价的50%。

本次股权激励主要系对员工历史贡献的回报，《承诺函》未限制激励对象行使被授予股权权利，未对服务期限条件作出明确的约定，股权激励无等待期，亦不构成股权激励的业绩条件，即本次股权激励***授予即行权***，因此公司***一次性***在授予当期确认了相关股份支付费用。具体情况分析如下：

1. 根据《企业会计准则第11号——股份支付》等相关规定："企业为获取职工和其他方提供服务而授予权益工具，应确认相应股份支付费用；以权益结算的股份支付换取职工提供服务的，应当以授予职工权益工具的公允价值计量；授予后立即可行权的换取职工服务的以权益结算的股份支付，应当在授予日按照权益工具的公允价值计入相关成本或费用，相应增加资本公积"。公司于2019年实施股权激励，***授予即行权，故一次性确认股份支付并计入当期损益***，符合企业会计准则的相关规定。

2. 根据中国证监会《首发业务若干问题解答（2020年6月修订）》相关规定："确认股份支付费用时，对增资或受让的股份立即授予或转让完成且没有明确约定服务期等限制条件的，原则上应当一次性计入发生当期，并作为偶发事项计入非经常性损益。对设定服务期的股份支付，股份支付费用应采用恰当的方法在服务期内进行分摊，并计入经常性损益"。[①] 公司2019年实施股权激励，***《承诺函》中的期限并非为强制性的服务期限***，使得企业获取服务与服务期限存在一定的不确定性，***不确定的服务期限不构成股份支付中的可行权条件***。承诺函中**锁定期**以公司上市为目的，实质系作为普通合伙人对有限合伙人的权益保障，上述锁定期的约定偏重于员工所持股权处置时点约定，***而非员工的可行权条件***，《承诺函》条款未要求获取股权激励的员工在特定服务期后才可行权，亦未设立业绩条件作为行权条件，公司对员工实施股权激励系为奖励员工过去为公司做出的贡献，且本次股权激励实施后，公司不存在降低员工持股平台所涉及员工的薪酬的情形。故

---

① 《监管规则适用指引——发行类第5号》第5-1部分第3条中将此条更新为："股份立即授予或转让完成且没有明确约定等待期等限制条件的，股份支付费用原则上应一次性计入发生当期，并作为偶发事项计入非经常性损益。设定等待期的股份支付，股份支付费用应采用恰当方法在等待期内分摊，并计入经常性损益。"

一次性确认股份支付并计入当期损益,符合中国证监会《首发业务若干问题解答》的相关规定。

点评

1. 服务期,被要求的是"员工",而限售期、锁定期被要求的是"股份",二者的要求对象,或者说宾语不同。

2. 本案例在离职条款中加入回购条款。激励对象出具的《承诺函》中第3、4条约定被辩称是锁定期,不是可行权条件。但约定中多次提到"服务"一词,而且被要求的对象是员工,不是股份,看上去的确有服务期之嫌。所以,授予即行权,即在授予日马上进行会计处的理由不够充分,故后来删去该约定。

3. 若想避开被认为是服务期之嫌,企业相关文件中最好不要总是出现"服务"二字。相比之下,上个案例"9－30 龙华薄膜 2021－08"的方案就设计得比较有技巧。

3. IPO申报企业、上市公司类似股份支付会计处理情况。

单位简称	约定服务期	确认方法
超捷股份(301005. SZ)	激励对象无论任何原因从公司离职,除非激励对象自取得股权之日起已为公司**服务8年**以上或发生退休、死亡特殊情况,公司实际控制人宋广东有权回购其通过员工持股平台持有的公司股权;2021年4月,修订《激励办法》**消除了当出现激励对象自取得股权之日起未满8年以上离职而可能发生的回购情况**	一次性进损益
奥普特(688686. SH)	激励对象承诺**服务期限**自取得合伙企业合伙份额之日起不少于5年或公司上市后3年(以后到的时间为准)	
四会富仕(300852. SZ)	合伙协议约定:本合伙企业持有公司股权之日起(以工商变更登记完成之日为准),持股平台的员工在公司的**服务期限**不少于五年	
美迪西(688202. SH)	出资人在成为合伙人后**3年内,无论何种原因从公司离职**,必须将所持合伙企业出资额按约定价格转回给普通合伙人或其指定的第三方	

由上表可知,以上公司对于类似的股权激励计划均一次性确认股份支付费用。

点评

单看上表内容,笔者认为无法确定第二个、第三个、第四个企业一次性确认股份支付费用的理由是足够充足的,因为与本案例一样出现“服务”二字,被要求的是“人”,似乎隐含着服务期。

4.2021 年 5 月,宁波敦恒全体合伙人签署了补充协议,公司、宁波敦恒及三位创始股东出具了《豁免函》,豁免了之前被激励对象出具的《承诺函》***第 3 条***第(1)项之承诺,即“(1)因本人原因提前与公司终止劳动合同关系或劳动合同期满后本人不愿与公司续签劳动合同(此项承诺自本人签署本承诺函之日起至拟上市主体完成上市后满 3 年失效)”。

此次签署《补充协议》和《豁免函》,***消除了激励对象在公司上市后未满 3 年提前离职而可能发生的回购情况***,进一步明确本次股权激励计划的目的系对激励对象历史贡献的回报,避免对授予即行权产生误解。由于本次股权激励,在授予日即行权,故公司根据修订前后的《承诺函》和《豁免函》,公司授予日当期一次性确认股份支付符合企业会计准则的相关规定。

点评

1. 文中《承诺函》的第 4 条约定,有被认为是以首次公开发行股票并上市成功作为可行权条件的可能,笔者个人认为,也应当删去。

2. 若股权激励方案设计得不周全,后期就需要“打补丁”。

综上,《承诺函》未限制激励对象行使被授予股权相关的权利,未对服务期限条件做出明确的约定,股权激励无等待期,亦不构成股权激励的业绩条件;且《豁免函》进一步明确了本次股权激励系对员工历史贡献回报的目的,避免了对授予即行权的误解。由于本次股权激励,在授予日即行权,因此公司授予日当期一次性确认股份支付,合理反映交易实质,符合《企业会计准则》以及《首发业务若干问题解答(2020 年 6 月修订)》问题 26 相关规定。

9-32 保丽洁 2021-12

请发行人补充披露:服务期的判断是否准确,在存在锁定期情况下发行人一次性确认股份支付费用是否符合相关规定。

| 回复 |

一、公司员工股权激励计划、持股计划中均未约定服务期限

依据公司的《第一轮员工股权激励计划草案(修订稿)》《第二轮员工股权激励计划草案(修订稿)》及《第一轮员工持股计划草案》,上述 2 次股权激励和 1 次持股计划中均***未约定服务期限***,激励对象在支付转让对价后,即获得了相应员工持股平台的份额,并办理了工商登记。

发行人员工股权激励计划、员工持股计划中授予股份的激励对象主要是在公司工作做出多年贡献的员工,发行人向员工授予股份的目的主要是对这些员工过去多年为公司做出的贡献的认可及奖励。激励对象取得股份后,基于与公司共同长期发展的意愿及相关法律法规的要求,向公司作出了***锁定期限***的承诺,该***锁定期并非股权激励的获授条件***。后续当激励对象离职转让合伙企业份额时,***由于可行权条件已经满足,激励对象服务已于授予日之前提供,不冲回已经确认的股权激励费用***。因此股份支付费用***一次性计入发生当期***符合《企业会计准则第 11 号——股份支付》《首发业务若干问题解答(2020 年 6 月修订)》等相关规定。

点评

员工已经真正拥有了"股份",才有锁定的需要,而员工需完成服务期后才能拥有"股份";所以,锁定期通常在服务期之后。

具体的锁定期约定如下:

①2016 年 12 月第一轮、2019 年 7 月第二轮股权激励计划锁定期安排:激励对象持有合伙企业出资***份额***的锁定期将自其取得出资份额完成工商登记之日起算。本计划项下的***锁定***期均为 36 个月。如果锁定期届满,但公司 A 股 IPO 尚在进行过程中,经公司董事会确认,***锁定期需要延长***的,则锁定期自动延长至公司 A 股 IPO 股票上市之日起 12 个月,同时遵守激励对象在公司 A 股 IPO 过程中所作出的锁定期承诺及相关监管机构的其他规定。经董事会确定后,激励对象需按照相关监管要求自动延长前述锁定期。

②2020年9月第一轮员工持股计划锁定期安排：本计划参与对象通过本计划获授的合伙***份额锁定***期为36个月，自参与对象获授合伙***份额***事宜完成工商变更登记之日起计算。如公司A股股票成功上市，本计划约定锁定期期满时间距离公司A股股票上市之日起未满12个月的，锁定期自动延长至公司A股股票上市之日起满12个月。

③锁定期离职股权处置约定：转让给持股平台普通合伙人或其指定人员，***转让价格为有限合伙人取得激励份额的原始价格加上同期银行存款利息，离职前取得的股权分红不追溯收回***。

点评

与上个案例"9－31 华塑科技 2021－08"比，这里被要求的对象是"份额"，而且多次出现"锁定"二字，可以初步判定是锁定期，而非服务期。然而，该案例的离职条款中被加入了回购价格不公允的回购条款。

上述锁定期相关条款，主要是对保持上市前及上市后12个月内高管、核心技术人员和关键岗位员工的持续稳定的保护性措施，并不是获取激励对象锁定期间的服务，锁定期间本身没有设置获取股权激励对应的业绩条款。

二、一次性确认股份支付费用符合《企业会计准则》规定

按照《企业会计准则——股份支付》，可行权条件是指能够确定企业是否得到职工或其他方提供的服务，且该服务使职工或其他方具有获取股份支付协议规定的权益工具或现金等权利的条件；反之，为非可行权条件。等待期是授予日至可行权日的时段，是可行权条件得到满足的期间。

如上所述，相关合伙协议中设置锁定期及锁定期离职相关条款，主要是对保持上市前及上市后12个月内高管、核心技术人员和关键岗位员工的持续稳定的保护性措施，并不是获取激励对象锁定期间的服务，锁定期间本身没有设置获取股权激励对应的业绩条款。如果由于客观和主观原因，上述员工在锁定期内离职时，一方面合伙份额转让价格考虑了员工投资成本对应的同期银行存款利息，另一方面，发行人并不会追溯收回员工离职前取得的***股权分红，员工仍然享有离职前的分红收益，这表明激励对象享受了离职前的股东权利***。

点评

员工几时有分红权就意味着几时拥有"股份",授予即行权,案例"9－30 龙华薄膜 2021－08"中也这么约定。

综合上述,发行人认为上述***锁定期及锁定期离职相关条款属于非可行权条件***,按照企业会计准则,股份支付存在非可行权条件的,只要职工或其他方满足了所有可行权条件中的非市场条件,企业应当确认已得到服务相对应的成本费用。合伙协议也未约定明确的服务期限,因此属于***授予后立即可行权***的股份支付,在授予日***一次性***计入当期成本费用。后续当激励对象离职转让合伙企业份额时,由于可行权条件已经满足,激励对象服务已于授予日之前提供,不冲回已经确认的股权激励费用。发行人一次性确认股份支付费用符合《企业会计准则》规定。

三、一次性确认股份支付费用符合《首发业务若干问题解答(2020 年 6 月修订)》相关规定

根据《首发业务若干问题解答(2020 年 6 月修订)》问题 26:确认股份支付费用时,对增资或受让的股份立即授予或转让完成且没有明确约定服务期等限制条件的,原则上应当一次性计入发生当期,并作为偶发事项计入非经常性损益。员工股权激励计划、员工持股计划及合伙协议均没有约定明确的服务期限,且激励对象享有在职期间的资金收益和分红收益。因此,发行人将股份支付费用在授予日一次性计入当期费用,并作为***偶发***事项计入***非经常性损益***,符合《首发业务若干问题解答(2020 年 6 月修订)》的相关要求。

四、公司员工股权激励计划、持股计划与财政部股份支付准则应用案例的差异

公司员工股权激励计划、持股计划与 2021 年 5 月 18 日财政部发布的《股份支付准则应用案例——以首次公开募股成功为可行权条件》中案例的主要差异如下:

①公司员工股权激励计划、持股计划是针对员工以往工作的奖励,约定的***锁定期***是为了保持员工稳定,并非可行权条件中的服务期限条件

公司员工股权激励计划、持股计划是针对已在公司服务多年的管理层和核心员工的奖励,激励对象对公司的贡献主要体现在历史的服务期中,约定服务期条件主要是保持 IPO 前的员工稳定,因此与案例中认定的:"属于***可行权条件***中的***服***

务期限条件，而甲公司成功完成首次公开募股属于可行权条件中业绩条件的非市场条件”存在差异。

②公司员工股权激励计划、持股计划中锁定期内离职的员工也可以从股权激励计划中获益

公司员工股权激励计划、持股计划约定**锁定**期内离职的人员较少，***转让价格为有限合伙人取得激励份额的原始价格加上同期银行存款利息***，且***离职员工可以享受持股期间的分红收益***（2017 年至 2020 年，公司每年均存在现金分红），这表明***公司员工未完成服务期限也可以从股权激励计划中获益***。这与案例中描述的：“甲公司员工须完成规定的***服务***期限方可从股权激励计划中获益”存在差异。

点评

案例“9－28 股份支付准则应用案例——以首次公开募股成功为可行权条件”“9－29 北京证券交易所会计监管动态——可行权条件认定 2022－01”中都是按照离职员工的认购价回购，离职员工未获益。而此案例，离职员工在转回时还可以得到一些利息，但不是因持有股份到行权时获益，其中依旧暗含等待期。所以，此处把“转让价格为有限合伙人取得激励份额的原始价格加上同期银行存款利息”作为抗辩理由，不太妥当，“离职员工可以享受持股期间的分红收益”才是较好的理由。

综上，公司员工股权激励计划、持股计划与应用案例存在一定差异，可以视为股权激励对象在授予日实质上已行权。

点评

案例“9－28 股份支付准则应用案例——以首次公开募股成功为可行权条件”中约定“如果自授予日至甲公司成功完成首次公开募股时员工主动离职，员工不得继续持有持股平台份额，实际控制人将以自有资金按照员工认购价回购员工持有的持股平台份额……”，其中反复出现“服务”一词，被要求的是“人”，而本案例被要求的是“份额”，此处做法十分巧妙。

9-33 润阳股份2022-09

(1)针对离职转让,发行人将其作为失效的股权激励计划处理,冲回前期已经确认的股份支付费用,并在受让人获得新的合伙份额时,作为新的股权激励补充确认股份支付费用;

(2)针对发行人授予新的股权激励的转让情形,由于该等股权激励重新授予对象为发行人员工,授予目的为获取员工服务,因此发行人根据转让时和授予时的公允价值变动差额补充确认股权支付费用;

(3)王震将原为外部人员代持的上海富桦股权转让于员工肖斌生、段波,该等转让为授予新的股权激励;张尧、杨灼坚将其持有的部分份额分别转让于员工李军勇、罗巧云、赵汝强、肖斌生,转让为新授予部分核心员工股权激励;

(4)离职转让中授予时的公允价值为4.28元,新授予转让中授予时的公允价值为21.98元。

请发行人:详细说明离职转让、将外部人员代持股权转让给员工、张尧和杨灼坚将其持有的部分份额转让给员工的相关会计处理及是否符合《企业会计准则》的规定。

| 回复 |

在2019年11月发行人股权激励实施之后,报告期内,发行人员工持股平台上海富桦和深圳润徽发生了离职转让、将外部人员代持股权转让给员工、张尧和杨灼坚及陶龙忠将其持有的部分份额转让给员工等情形,基本情况如下所示:

……

上述转让原因和背景为:

a.汪保卫、杨健为发行人***前员工***,其在报告期内因个人原因***离职***,按照其签署的《持股安排协议》,退出了员工持股平台,并将持有的发行人股权***转让给***员工持股平台上海富桦的***普通合伙人***杨灼坚。宋光普为发行人***前员工***,其在报告期内因个人原因***离职***,按照其签署的《持股安排协议》,退出了员工持股平台,并将持有的发行人股权***转让给***员工持股平台深圳润徽的***普通合伙人***陶龙忠。

b.王震将原为***外部人员***代持的上海富桦股权***转让于员工***肖斌生、段波,该等转让为授予***新***的股权激励。

c.张尧、杨灼坚将其持有的部分份额分别***转让于时任员工***李军勇、罗巧云、赵汝强、肖斌生,转让为***新授予***部分核心员工股权激励。陶龙忠将其持有的部分份额**转让于员工**杨阳，转让为**新授予员工股权激励**。

一、离职转让

2020年9月和2021年3月，汪保卫和杨健分别因个人原因**离职**，按照《持股安排协议》的规定，退出了员工持股平台，并将其持有员工持股平台的份额**转让给普通合伙人杨灼坚**。2022年3月，宋光普因个人原因离职，按照《持股安排协议》的规定，退出了员工持股平台，并将其持有员工持股平台的份额**转让给普通合伙人陶龙忠**。汪保卫、杨健、宋光普为发行人**前员工**，根据其同发行人签署的《持股安排协议》，如激励对象在发行人上市前离职或上市后的禁售期内离职的，员工持股平台普通合伙人可以要求激励对象退出员工持股平台并将合伙份额**转让给普通合伙人或普通合伙人指定的发行人其他员工，转让价格具体为：如其在发行人上市前离职的，转让价格以成本价格加算利息**（按年化6%的利率计算）转让其持有的合伙份额。

根据激励对象和发行人签署的《持股安排协议》和《企业会计准则第11号——股份支付》的有关规定，汪保卫、杨健、宋光普须完成规定的**服务期限方可从股权激励计划中获益**，属于**可行权条件**中的**服务期限**条件。若员工离职导致股权激励计划不满足行权条件，则应将其作为**失效**的股权激励计划，**冲回前期已确认的股份支付费用，受让员工获得的持股平台份额，应作为新的股份支付进行会计处理**。

点评

1. 此处《持股安排协议》中的离职条款约定：如在发行人上市前离职或上市后的禁售期内离职的，员工持股平台普通合伙人可以要求激励对象将合伙份额转让给普通合伙人或普通合伙人指定的发行人其他员工，转让价格为转让价格以成本价格加算利息。这意味着此处存在回购条款，属于第一情形：回购权存在特定期限，且回购价格不公允。

2. 约定了锁定期内激励对象离职，把份额转让给公司、实际控制人或其他员工，不管以成本价（认购价），还是补贴少许利息，只要回购价格不公允，激励对象转让时并未因持有股份而在未来行权时获益，就暗含着等待期。

3. 案例“9－28 股份支付准则应用案例——以首次公开募股成功为可行权条件”“9－29 北京证券交易所会计监管动态——可行权条件认定2022－01”中

都是约定按照离职员工的认购价回购,而此案例与上个案例"9-32 保丽洁 2021-12"都是约定成本价格加少许利息,本质上没差别,都暗含了等待期,而非锁定期,股份支付费用都应当在等待期分期摊销。

针对汪保卫、杨健离职,发行人在股份支付处理上,***在离职时点,发行人将其作为失效的股权激励计划处理,冲回前期已确认的股份支付费用***;同时,发行人在***受让人杨灼坚***获得***新***的合伙份额时,***作为新的股权激励***按照新授予日的相关权益工具公允价值(每股 29.92 元)和员工入股成本价(每股 4.28 元)的差额***在等待期内分期***确认股份支付费用,等待期为新授予日至预计 2022 年发行人上市后员工持股平台股份锁定期届满(2023 年 12 月)的期间。

针对宋光普离职,发行人在股份支付处理上,***在离职时点,发行人将其作为失效的股权激励计划处理***,冲回前期已确认的股份支付费用;同时,发行人在***受让人陶龙忠***获得***新***的合伙份额时,***作为新的股权激励***按照新授予日的相关权益工具公允价值(每股 36.31 元)和员工入股成本价的差额***一次性***确认股份支付费用。

上述股份支付费用计算过程如下所示:

类别	激励对象	股份数量(万股)	员工入股价格(元/股)	授予日每股公允价值(元/股)	报告期各期摊销金额(万元)		
					2022 年 1-6 月	2021 年度	2020 年度
离职	汪保卫	16.04	4.28	21.98	-	-	-11.36
新授予	***杨灼坚***	16.04		29.92	61.70	123.40	41.13
离职	杨健	5.00		21.98	-	-24.78	21.24
新授予	***杨灼坚***	5.00		29.92	22.63	37.71	-
离职	宋光普	3.00		21.98	-27.62	12.75	12.75
新授予	***陶龙忠***	3.00		36.31	96.08	-	-
合计					**152.79**	**149.08**	**63.76**

点评

1. 员工离职时,将份额转回给实际控制人(普通合伙人)持有,是否构成新的股份支付要看离职员工股份当初的来源，着重分析实际控制人（普通合伙人）有无得到利益。这一点，实务中是有争议的。

2. 汪保卫、杨健离职时，将份额转让给普通合伙人杨灼坚，宋光普离职时将份额转让给普通合伙人陶龙忠。案例中并未交代汪保卫、杨健、宋光普三人当初股权激励份额的来源，就直接判断构成新的股份支付。

二、将外部人员代持股权转让给员工

1. 业务背景及会计处理情况

发行人于2019年11月启动股权激励计划时，曾存在2名***外部人员通过王震代为持有***发行人股权，共计26.00万股，入股成本价为每股4.28元；2020年10月和2021年3月，发行人完成上述***代持清理***，王震与被代持人解除股权代持关系；后王震于2020年11月和2021年6月将上述股权***以成本价4.28元***分别转让给员工肖斌生4.90万股、段波21.10万股。

点评

此处没交代清楚王震与被代持人解除股权代持关系具体是怎么解除的。从上下文的逻辑来看，应该是被代持人将股权转让给了代持人王震。

在代持关系存续期间，发行人***外部人员以明显低于公允价值的方式取得股权***，同样适用《企业会计准则第11号——股份支付》。因此，按照上述股权***授予日的公允价值***（每股***21.98***元）和入股成本价（每股4.28元）的差额确认股份支付费用。

点评

根据笔者总结的小公式，股份支付＝关联人＋获益＋换取服务，外部人员以明显低于公允价值取得股权，满足第二个条件，第三个条件是否满足案例中没说清楚，但外部人员不是关联人，第一个条件明显不满足。笔者个人认为，此处将外部人员找人代持确认为股份支付不太妥当，有用股份支付掩饰无关联方低价入股、输送利益的可能，参见案例“9－3 金沃精工2021－04”。

在原代持股权另行转让时,前述股权***以成本价重新授予***发行人员工肖斌生、段波以获取员工服务,适用《企业会计准则第11号——股份支付》,且***属于新的股权激励***事项。因新授予时点发行人估值发生了重大变化,因此,以***新授予日相关权益工具公允价值***(每股***29.92***元)与2019年11月所对应权益工具公允价值(每股21.98元)的差额,在剩余等待期内补充确认股份支付费用,计算过程如下所示:

……

2. 不同计算方式下的模拟测算及对报表影响情况

如发行人***将外部人员股权代持解除作为失效的股权激励***,在代持解除当期冲回前期已确认外部人员的股份支付费用,并同时在股权激励的新授予时点按照当时公允价值(每股***29.92***元)和成本价(每股***4.28***元)的差额分期确认股份支付费用,则***模拟计算***对应股份支付费用如下:

……

点评

发行人可能认为将外部人员找人代持确认为股份支付有些不妥,于是进行了模拟计算,测度了此项对财务会计可能产生的影响。

结合上述对王震向肖斌生和段波转让股权对应的股份支付费用模拟测算,模拟测算前后股份支付费用差异情况如下所示:

……

由上表可知,2019年度,模拟测算金额和申报报表无差异;2020年度、2021年度和2022年1-6月,模拟测算金额和申报报表差异分别为-19.75万元、-103.33万元和30.74万元,占当期利润总额的比例分别为***-0.03%***、***-0.21%***和***0.05%***,差异金额较小,***明显低于***报告期内发行人的与财务会计信息相关的***重要性水平***(根据利润总额的***5%***确定合并财务报表的重要性水平)。

综上,针对王震将外部人员代持股权转让给员工、张尧和杨灼坚及陶龙忠将其持有的部分份额转让给员工两种情形下,上述模拟测算结果汇总情况如下所示:

项目	2022 年 1－6 月	2021 年度	2020 年度	2019 年度
模拟测算金额(万元)	－380.11	244.14	107.58	744.53
申报报表确认金额(万元)	221.74	316.53	220.23	744.53
差异金额(万元)	－601.85	－72.39	－112.65	－
利润总额(万元)	64,333.41	49,927.16	60,012.73	27,788.95
差异金额占利润总额比例	***－0.94%***	***－0.14%***	***－0.19%***	－

由上表可知,两种股权转让情形模拟测算汇总后,2019 年度,模拟测算金额和申报报表无差异;2020 年度、2021 年度和 2022 年 1－6 月,模拟测算金额和申报报表差异分别为－112.65 万元、－72.39 万元和－601.85 万元,分别占当期利润总额的比例 ***－0.19%***、***－0.14%*** 和 ***－0.94%***,差异金额较小,***明显低于***报告期内发行人的与财务会计信息相关的***重要性水平***(根据利润总额的***5%***确定合并财务报表的重要性水平)。

上述张尧和杨灼坚转让所涉及股权相关的等待期预计于 2023 年届满,上述陶龙忠所涉及股权相关的等待期预计于 2025 年届满,按照申报报表和模拟测算两种方式确认股份支付费用,对发行人未来的财务报表差异情况对比如下:

项目	2025 年度	2024 年度	2023 年度	2022 年度
模拟测算确认股份支付费用金额(万元)	335.04	335.04	521.91	466.07
申报报表确认股份支付费用金额(万元)	149.88	149.88	305.82	280.84
差异金额(万元)	185.16	185.16	216.09	185.24
利润总额(万元)	177,240.59	177,240.59	177,240.59	177,240.59
差异金额占利润总额比例	***0.10%***	***0.10%***	***0.12%***	***0.10%***

注:为分析差异金额对利润总额的影响,发行人预计 2022 年度利润总额为 177,240.59 万元,暂以 2022 年预计利润总额作为 2023 年度、2024 年度、2025 年度利润总额测算。

综上,针对王震将外部人员代持股权转让给员工以及张尧、杨灼坚和陶龙忠将其持有的部分份额转让给员工两种情形下,上述模拟测算结果对发行人未来财务报表影响汇总情况如下所示:

项目	2025 年度	2024 年度	2023 年度	2022 年度
模拟测算确认股份支付费用金额(万元)	335.04	335.04	771.01	715.17
申报报表确认股份支付费用金额(万元)	149.88	149.88	493.43	468.46
差异金额(万元)	185.16	185.16	277.57	246.71
利润总额(万元)	177,240.59	177,240.59	177,240.59	177,240.59
差异金额占利润总额比例	***0.10%***	***0.10%***	***0.16%***	***0.14%***

点评

笔者个人认为,虽然最后测算的结果差不多,但直接将新授予日的权益工具公允价值(每股29.92元)与入股成本价(每股4.28元)的差额确认为股份支付即可,无须拆分为两段。

9-34 奥比中光2021-11

请发行人进一步说明:公司员工持股计划关于离职回购条款的具体约定情况;2019年12月公司层面股份支付的费用金额计算过程。

| 回复 |

一、公司员工持股计划关于离职回购条款的具体约定情况

报告期内,公司员工持股计划关于离职回购条款具体约定情况主要包括两大类:

第一类:员工持股计划***不存在任何回购条款和服务期***约定

该类型员工持股计划主要是激励过往在公司创业、发展过程中有突出贡献的人,包括首席技术官肖振中以及骨干创始员工、核心管理团队人员,合计13个人。考虑到这些激励对象为公司作出的历史贡献或过往业绩,股权激励相关协议中未约定离职回购条款。

经取得并核查前述人员劳动合同,并经中介机构对前述人员逐一访谈确认,公司在劳动合同中亦不存在约定服务期或类似服务期的条款。同时,公司亦未与前述人员签订其他任何包含约定服务期或类似服务期条款的协议或合同。

第二类：员工持股计划带有52个月隐含***服务期***约定

该类型员工持股计划主要是激励公司其他业务及技术骨干，为其未来提供的服务进行激励。回购触发条件是，在协议签署之日起***自奥比中光完成IPO之日起【根据授予日期确定】月内***，如相关员工主动或被动***离职***，实际控制人有权要求激励对象***按原始出资价格将其份额转让给实际控制人或者实际控制人指定的第三方***（持股平台其他合伙人或奥比中光其他员工）。

点评

1. 离职条款被嵌入了回购条款中，属于第一情形：回购权存在特定期限，且回购价格不公允。

2. 与案例"9－28 股份支付准则应用案例——以首次公开募股成功为可行权条件""9－29 北京证券交易所会计监管动态——可行权条件认定2022－01""9－33 润阳股份2022－09"同理，激励对象离职，把份额转让给公司、实际控制人或其他员工，不管以成本价（认购价），还是补贴少许利息，只要回购价格不公允或尚未明确约定，都暗含等待期。

具体回购条款如下：

"3、若发生下列任一情形（统称为"触发事件"），乙方（实际控制人，下同）有权行使本协议本条第5款约定之财产份额收购权：(1)丙方（***激励对象***，下同）发生或存在违反国家法律法规的行为（如：利用职务之便，收受他人回扣或接受其他形式的贿赂等），对丁方（发行人，下同）造成伤害的；(2)在其与丁方的劳动关系存续期间，未经丁方书面同意，丙方与其它用人单位建立劳动关系或建立兼职关系；(3)违反其与丁方达成的竞业禁止协议、保密协议、知识产权协议等合同或协议，或泄露丁方商业秘密；(4)丙方任职或受聘于从事与丁方主业相关的竞争对手；(5)丙方在职期间违反丁方发布的《员工行为规范和纪律规定》《员工手册》等公司规章制度的；(6)符合《合伙协议》的约定，丙方拟转让其在甲方中的全部或部分财产份额的；(7)其他丙方存在法律法规及证券监督管理机关认为不适格作为丁方间接股东的情形的。

4、丙方声明及承诺，***丙方***自本协议签署之日起至***奥比中光完成IPO之日***起【根据授予日期确定】月内不得发生下列任一情形（统称为"触发事件"），否则，乙方有权行使本协议本条第5款约定之财产份额收购权:(1)丙方主动离职;(2)丙方被丁方或其下属企业单位解除劳动合同,或其他原因双方终止劳动合同(如因丙方拒不签署相关终止劳动合同相关文件的,以奥比中光发出正式终止合同邮件或者其他符合法律规定的方式通知即视同为双方终止劳动合同)。

5、若发生本条第3款、第4款约定之任一触发事件,实际控制人有权要求***激励对象***(且激励对象有义务)***按原始的财产份额出资价格***将激励对象在合伙企业中的全部财产份额转让给实际控制人或者实际控制人指定的第三方,实际控制人或实际控制人指定的第三方为合伙企业合作人或者其他符合条件的奥比中光的员工。同时,执行事务合伙人也有权按照实际控制人的决定对该等合伙人的转让义务予以书面豁免,但如该等豁免不符合相关法律法规及证券监管要求的则不予豁免。”

为确保所有员工***服务期相同***,体现激励公平性。公司根据不同员工取得股权时间不同,分别与其约定“***IPO之日起N个月***”的具体时间。例如,授予时点为2018年12月,则N为12个月;授予时点为2019年12月,则N为24个月。公司预计2022年4月份上市,以2018年12月为授予日,IPO之日起12个月内不能离职,对应隐含***服务期***为52个月(=2023年4月-2018年12月)。如果以2019年12月为授予日,IPO之日起24个月内不能离职,对应隐含***服务期***同样为52个月(=2024年4月-2019年12月)。

对于约定离职回购条款的部分,报告期内历次股份支付分摊期间长度相等,***均为52个月***。

点评

案例“9-28 股份支付准则应用案例——以首次公开募股成功为可行权条件”中约定“员工须服务至甲公司成功完成首次公开募股”,以IPO成功为可行权条件,而本案例是约定员工须服务“IPO之日起N个月”。另外,两个案例都是约定,如不成功,按照认购价回购,都隐含了等待期。

二、2019年12月公司层面股份支付的费用金额计算过程

根据2021年5月财政部发布的《股份支付准则应用案例》并基于审慎原则,公司对存在回购条款的员工股权激励相关的股份支付费用的会计处理进行了修正，由在授予日一次性确认更正为在**等待期**（按照上市完成日为 2022 年 4 月 30 日为基准确认）内每个资产负债表日对预计可行权数量作出**估计**，并按照授予日授予股份的公允价值确认相应的股份支付费用（对于**未约定**回购条款的员工股权激励相关的股份支付费用**一次性**确认）。

由于部分**约定了回购条款的员工在等待期内离职，其已确认股份支付费用应在回购后于离职当期冲回并导致以后期间股份支付金额减少**；同时，**实际控制人对部分离职员工回购义务予以豁免的，该股份按照加速行权处理，即离职当期剩余股份支付费用在离职豁免回购义务时一次性确认**。

点评

如果企业在等待期内取消或结算了所授予的权益工具（因未满足可行权条件而被取消的除外），企业应当将取消或结算行为作为加速可行权处理，立即确认原本应在剩余等待期内确认的金额。本案例中，员工在等待期内离职，回购义务被豁免的，按照加速行权处理。

（1）股份支付费用总金额计算过程

本次股权激励相关股份支付费用计算过程中，**公允价值取数依据为其之后最近一次融资**，即 2020 年 5 月上海云鑫新增融资前的公允价值 1,173,623.45 万元。

……

（2）未约定回购条款部分（一次性确认）及约定回购条款部分（在服务期内分摊）分配计算过程

本次股份支付授予对象包括未约定回购条款的肖振中等 12 人和其他员工，因此上述股份支付费用应按照相应股份比例进行分配，具体计算过程如下：

项目	未约定离职回购条款	约定离职回购条款	小计
授予对象	肖振中等 12 人	其他员工	-
授予股份比例	4.6364%	1.6292%	6.2656%
对应股份支付金额（万元）	54,056.72	***18,997.41***	73,054.13

（3）约定回购条款部分在各期间**分摊**情况

对于约定回购条款部分，本次股权激励授予时点为 2019 年 12 月，协议约定

“4、丙方(激励对象,下同)声明及承诺,丙方自本协议签署之日起至奥比中光完成IPO之日起24个月内不得发生下列任一情形(统称为“触发事件”)……”,即***离职回购条款终止时点为完成IPO之后24个月***(按照2022年4月30日***完成IPO测算为2024年4月***),因此本次股权激励相关股份支付费用中约定回购条款部分***分摊***期间为2020年1月至***2024年4月***。

根据前述计算结果,在不考虑员工离职的情况下,***约定回购条款***分期确认股份支付费用金额为***18,997.41***万元。由于部分员工在上述服务期内离职,其已确认股份支付费用应于离职当期冲回并导致以后期间股份支付金额减少;同时,实际控制人对其离职员工回购义务予以豁免的,对于豁免部分股份按照加速行权处理,即离职当期剩余未确认的股份支付费用一次性确认(相关会计处理下同)。

基于上述,该部分股份支付费用于各期间分摊的计算逻辑为:***按照股份支付总额和分摊月份算出不考虑离职情况的股份支付金额-当期离职回购部分对应当期及以前年度股份支付金额+当期离职豁免回购部分对应以后期间股份支付金额-前期已离职部分对应的在本期无需继续分摊的金额***(下同)。

因此,本次股权激励约定回购条款部分最终确认股份支付费用的计算过程如下表所示:

单位:万元

项目	2020年度	2021年1-6月	尚未确认部分
股份支付总额(A)	18,997.41	18,997.41	18,997.41
分摊期间(月)(B1)	12	6	34
累计分摊期间(月)(B2)	***12***	***18***	***52***
不考虑离职情况应确认股份支付金额(C=A/***52*** *B1)	4,384.02	2,192.01	12,421.38
当期全部离职人员对应股份支付总额(D1)	1,382.67	908.55	-
前期已离职人员对应股份支付金额(D2)	-	1,382.67	2,291.22
当期离职人员豁免回购部分对应股份支付总额(E)	542.23	115.58	-

续表

项目	2020 年度	2021 年 1－6 月	尚未确认部分
减：当期离职回购冲回已确认股份支付金额[F＝(D1－E)/52 * B2]	193.95	274.49	-
加：当期离职豁免回购部分一次性确认金额[G＝E/52 *(52－B2)]	417.10	75.57	-
减：前期已离职本期无需分摊部分(H＝D2/52 * B1)	-	159.54	1,498.10
最终确认股份支付金额(I＝C－F＋G－H)	**4,607.17**	**1,833.55**	**10,923.28**

点评

股份支付费用若在等待期内进行分摊，其计算会异常复杂，且存在可操作的空间。所以，拟 IPO 企业实施的股权激励计划大多采用立即授予或转让完成的方式，一是测算不用那么复杂，二是可以在一定程度上削弱股份支付费用对净利润的影响。

9－35　拓荆科技 2021－10

根据首轮问询回复：发行人报告期内存在激励对象离职的情况，根据发行人 2020 年通过的《员工持股计划》，持股对象取得获授份额后本人主动提出离职或者因违反相关法律法规或公司制度被解聘、解除劳动合同，持股对象应当在完成离职手续前以其取得获授份额的成本价格按照管理委员会确定的数量转让其所持部分或全部获授份额给管理委员会指定的符合员工持股计划规定条件的公司员工。

请发行人说明：结合相关的离职及退出条款、报告期内实际离职人员的股份处理情况说明是否存在实质上的服务期，将离职人员股份转让予公司员工的会计处理，相关会计处理是否符合《企业会计准则》的规定。

｜回复｜

一、股权管理办法中相关离职及退出条款的约定情况

公司设立至今，就员工股权激励的制度安排先后制定了《沈阳拓荆科技有限公司股权激励管理办法》(以下简称"《股权激励管理办法》")、《沈阳拓荆科技有限公司员工持股计划》(以下简称"《员工持股计划》")及相应的补充条款,同时持股平台合伙协议中对退伙情形也做了相应规定。

(1)锁定期条款不构成服务期

公司股权管理办法中均***未约定服务期***,《员工持股计划》中的***锁定期***条款主要系根据闭环原则的要求针对持股平台所具体制定,设置该等条款的目的只是为了保持员工团队的稳定。持股平台合伙协议中均未约定服务期。

针对持股平台的锁定期要求,结合财政部公布的《股份支付准则应用案例——以首次公开募股成功为可行权条件》之案例,公司实际情况与应用案例具体关键条款对比如下:

项目	应用案例	公司情况	差异
服务条件	股权激励计划及合伙协议无具体服务期限约定,但明确约定如果甲公司***成功完成首次公开募股之前***员工主动离职,员工不得继续持有平台份额,而应以原认股价转让给实际控制人	①服务期:股权管理办法未约定服务期,***约定公司首次公开发行并上市前***,持股对象***不得转让***其所持获授份额或从持股平台退伙,但经管理委员会***同意的除外***。 ②离职员工份额的处理:未与上市与否挂钩,沈阳员工持股平台内有股权的离职股东***可继续持有股权***,共青城员工持股平台内持有股权的***离职股东可继续持有经管理委员会确定数量的股权***	①经管理委员会同意,持股平台员工所持股份可以转让给符合管理办法的公司员工,具有流通性; ②离职员工所持股份***经批准可以继续持有、全部转让或部分继续持有***
业绩条件	成功完成首次公开募股属于可行权条件中业绩条件的***非市场条件***	员工离职股份是否回收***不与公司上市与否挂钩***	员工离职股份是否回收不与公司上市与否挂钩
回购的处理	首次公开募股之前员工***主动离职***,实际控制人将以自有资金***按照员工认购价***回购员工持有的持股平台份额	以其取得获授份额的***成本价格***按照管理委员会确定的数量转让其所持部分或全部获授份额给管理委员会指定的其他公司员工	—

由上表,公司员工股权管理办法与应用案例存在一定差异,员工离职股份是否回收不与公司上市挂钩,***离职员工所持股份经批准后可以继续持有、全部转让或部分继续持有***,股权管理办法中的锁定期条款***不构成实质上的服务期***。

点评

1. 员工持股计划中的离职条款非常重要，应当关注有无被嵌入回购条款。

2. 案例“9－28 股份支付准则应用案例——以首次公开募股成功为可行权条件”中是约定员工离职后，按照员工认购价回购员工持有的持股平台份额，回购一定会发生；而此案例是员工离职后经批准后可以继续持有，主动权在公司，回购不一定会发生，这是否表明回购权没有特定期限呢？案例“9－30 龙华薄膜 2021－08”中也有相同的问题。

(2) 历次股权授予已合理考虑服务期

公司历次股权激励均系以股权管理办法为指引，具体授予份额及行权条件由董事会决议或董事会授权的总经理审批/员工持股委员会决议，公司账务处理上进而据此区分股票期权、授予后立即可行权的权益工具等并作出相应的会计处理。其中，公司早期的股权激励以股票期权为主，设置有 3－5 年不等的服务期，对应的持股平台为沈阳员工持股平台，账务处理上根据服务期***分摊***股份支付费用，截至 2019 年底均已行权完毕。2019 年及以后为授予后立即可行权的权益工具，对应的持股平台为共青城员工持股平台，账务处理上于股份支付的授予日将确认的股份支付费用***一次性***计入损益。

(3) 不同持股平台离职员工股权处理方式不一致的原因

同时，结合上表，沈阳员工持股平台和共青城员工持股平台就员工离职的股权处理规定有所区别，主要系公司成立初期为促进公司发展壮大，吸引优秀人才，就离职人员所持员工持股平台财产份额的处理，公司采取了较为宽松的政策并制定了《股权激励管理办法》。后随着公司的发展，为进一步完善激励约束机制，规范员工持股管理，促进员工与公司长期共同发展，公司于 2020 年 4 月通过了新的《员工持股计划》。且在制定新的《员工持股计划》时，公司考虑沈阳员工持股平台设立于公司成长初期，持股平台的员工在职时间长，获授股份早且均已行权完毕，对公司贡献较大，故《员工持股计划》中规定对于沈阳员工持股平台离职员工所持份额的管理仍沿用《股权激励管理办法》的相关规定。

二、报告期内实际离职人员的股份处理情况

报告期内离职员工所持员工持股平台财产份额的处理严格按照前述股权管理办法的规定执行。结合离职员工适用的管理办法，报告期内离职员工所持员工持股平台财产份额的处理方式包括继续全部持有、全部转让或部分持有、部分转让。即离职情况下**沈阳员工**持股平台除因员工个人原因选择转让外一般均为离职人员**继续全部持有**;**共青城员工**持股平台则以**全部转让**为主,存在综合考虑员工在职贡献的情况下部分转让、部分持有的情况。部分持有的份额一般系公司与离职员工充分沟通后**最终由员工持股管理委员会确定**。

(1)不同处理方式下涉及到的员工人数

报告期内不同处理方式下涉及的离职员工人数(人次)情况汇总如下:

单位:人

持股平台	离职年份	处理情况			
		继续全部持有	全部转让	部分持有、部分转让	合计离职人次
沈阳员工持股平台	2020 年度	4	–	3	7
共青城员工持股平台	2020 年度	–	37	2	39

(2)不同处理方式下的份额情况

报告期内不同处理方式下涉及的股权获授份额处理情况汇总如下:

单位:万元

持股平台	离职年份	继续全部持有①	全部转让②	部分持有、部分转让			总计离职前持有份额⑤=①+②+③	总计离职转让份额⑥=②+④	总计继续持有份额⑦=⑤-⑥
				离职前持有份额③	因离职转让份额④	转让后仍持有份额			
沈阳员工持股平台	2020 年度	26,500	–	13,850	10,080	3770	40,350	10,080	30,270
共青城员工持股平台	2020 年度	–	511,800	1,055,000	705,000	350,000	1,566,800	1,216,800	350,000

截至2021年3月31日,沈阳员工持股平台存在偶发性的离职员工转让股权的情况,且份额较小;共青城员工持股平台部分持有、部分转让的股权处理方式下转让后仍持有份额计410,860份。

公司要求获授股权的激励对象上市前离职需转让出资份额主要出于维持员工团队的稳定考虑而设置。在实际执行中,离职员工**经批准后**仍可以部分持有、部分转让共青城员工持股平台的份额,系公司结合该等离职员工贡献度与离职员工充分沟通后最终由员工持股管理委员会所确定，不具有规律性。因此，***虽有离职转让限制的约定，但并不构成隐含的服务期***。获授股权时间相同且离职时间相近的离职员工离职后继续持有的份额占比各不相同、入职时间相近且离职年份相近的离职员工离职后继续持有的份额占比也各不相同，离职转出份额系沟通后协商结果，不具有规律性。

点评

承接上个点评，此处发行人辩称“虽有离职转让限制的约定，但并不构成隐含的服务期”。坦白讲，回购的主动权在公司而不是员工，一方面，离职后员工可能会被批准继续持有其份额，另一方面，也可能审批通不过。此处模棱两可，从谨慎的角度出发，在笔者认为，这其实隐含了等待期。案例“9－30 龙华薄膜 2021－08”同理。

（3）不构成实质上的服务期

综合上述，结合股权管理办法中相关离职及退出条款和报告期内实际离职人员的股份处理情况，不存在实质上的服务期，主要原因如下：

①公司员工持股相关管理办法及持股平台合伙协议中未约定服务期；

②经对比《***股份支付准则应用案例——以首次公开募股成功为可行权条件***》，公司员工股权管理办法与应用案例存在一定差异，离职员工所持股份***经批准后***可以继续持有、全部转让或部分继续持有，股权管理办法中的锁定期条款不构成实质上的服务期；

③公司根据不同发展阶段的管理需要对离职员工所持股份做出不同的处理规定，报告期内离职员工的股份处理情况严格按照相关规定进行，处理方式具体包括全部继续持有、全部转让和部分转让、部分继续持有，其中涉及离职转出的份额系沟通后确定的结果，与相应人员的入职时间、股份授予时间及离职时间不存在明显的内在联系，不具有规律性。

三、离职人员股份转给公司员工的会计处理及相关会计处理是否符合《企业会计准则》的规定

报告期内公司收回离职人员间接所持公司股份计 1,326,020 份，***收回后全部重新授予给其他符合条件的公司员工***，并办理了员工持股平台的工商变更登记备案手续,属于授予后立即可行权的股权激励。公司对该等***重新授予的情形根据授予日权益工具公允价值与激励对象行权成本之差及股权激励份额确认一次性股份支付费用***,并计入相应年度的非经常性损益,不存在应确认股份支付而未确认的情形,公司的相关会计处理符合《企业会计准则》的规定。

点评

公司或实际控制人(普通合伙人)收回离职人员的股份,再低价重新授予给其他激励对象的,一般构成股份支付。

9-36 普源精电2021-09

招股说明书披露,锐进合众和锐格合众系发行人为稳定核心团队和业务骨干,充分调动中高层管理人员和核心骨干员工的积极性和凝聚力,激励相应员工而设立的持股平台。发行人2020年确认股份支付金额为8,139.21万元,2021年确认股份支付金额达到峰值9,207.79万元,之后开始逐年递减,并在2024年实施完毕,其中2022年至2024年各年预计确认股份支付金额分别为5,537.62万元、1,268.09万元、182.99万元。公司股权激励平台锐进合众股东包括非公司员工。

请发行人说明:2020年多次股权激励的行权价格存在较大差异的原因;服务期确定的依据,业绩考评打分的依据,股份支付的会计处理是否准确,股份支付费用的分配是否准确。

| 回复 |

一、2020年多次股权激励的行权价格存在较大差异的原因

2020年1月、6月及12月分别授予公司员工股份的行权价格的差异主要为***行权价格***计算的基数及参数不同所导致。

1. 第一期股权激励行权价格

2019年12月,普源精电完成股份制改革,由上海申威资产评估有限公司出具沪申威评报字(2019)第2076号的股份制改革涉及资产及负债价值***评估***报告,确定了***每股净资产***的***经评***估价格为3.82元/股。2020年1月的行权价格由公司实际控制人王悦结合股份制改革时经评估的每股净资产及参考各部门负责人意见,并结合相关激励对象的工作年限、职级资历、岗位贡献及稀缺性等方面综合考量后确定，***行权价格介于人民币1.62元至5.39元每股。激励员工入职时间越长、职级资历越高、岗位贡献越多或人才稀缺性越强，则其受让时的行权价格相对较低***，反之，行权价格根据上述四项因素进行调整。所有上述激励人员均签署了合伙协议及财产转让协议，对行权价格无异议。

点评

“激励员工入职时间越长、职级资历越高、岗位贡献越多或人才稀缺性越强，则其受让时的行权价格相对较低”，这表明行权价格可以不同，就是后面计算费用时会复杂许多。

2. 第二及第三期股权激励行权价格

公司对于第二期及第三期的股权激励行权价格，通过统计2018年至股权激励实施前归属于仪器仪表行业或生产销售仪器仪表/电子测量仪器的***上市公司的首发当日市净率的平均值***作为第二期及第三期股权激励行权价格的基数，具体情况如下：

证券简称	上市当日市净率
燕麦科技	7.75
华盛昌	3.38
……	
平均市净率	**4.08**

公司于2019年12月完成股改，并由申报会计师出具德师报(审)字(20)第S00461号的净资产报告，确定了每股净资产为***1.61元/股***。公司实际控制人王悦***结合每股净资产价格与平均市净率确定第二期及第三期的行权价格***。

点评

《证券期货法律适用意见第17号》要求，行权价格由股东自行商定确定，但原则上一般不应低于最近一年经审计的净资产或评估值。不过，也会存在例外情况，如本案例中便是结合每股净资产价格与平均市净率确定行权价格。

二、服务期确定的依据，业绩考评打分的依据，股份支付的会计处理是否准确，股份支付费用的分配是否准确

1. 服务期确定的依据

2020 年 1 月锐格合众及锐进合众合伙人王悦、王铁军及李维森以平均价格 3.95 元/份额向锐格合众及锐进合众有限合伙人转让两家持股平台总计份额 495 万份，并签署财产转让协议、认缴出资确认书、入伙协议、合伙企业变更决定书及合伙协议；2020 年 6 月锐格合众及锐进合众合伙人王悦、王铁军及李维森以价格 6.99 元/份额向锐格合众及锐进合众有限合伙人转让两家持股平台总计份额 289 万份，并签署财产转让协议、认缴出资确认书、入伙协议、合伙企业变更决定书及合伙协议；2020 年 12 月锐进合众合伙人王悦以 6.99 元/份额向锐进合众有限合伙人转让锐进合众总计份额 26 万份。根据合伙协议第八章 8.6 及 8.7 规定，公司对作为激励对象的公司员工及外部顾问设定绩效考评机制以及转让财产份额的期间要求，该期间视为实际的服务期条款，属于***可行权条件***中的***服务期***限条件，相关股份支付费用应在此期间分摊确认。

综合三期股份支付的授予情况（时间及份额），对于合伙协议第八章 8.6 绩效考核条款及 8.7 考核期后分期解锁安排的分析，如下表所述：

股权激励（期）	考评（次）	解锁（轮）	服务期间	服务期
第一期股权激励 495.00 万股（100%）2020 年 1 月	第一次考评 247.50 万股（50%）2020 年 6 月	第一轮解锁；1,237,500.00 股（25%）2021 年 12 月	2020 年 1 月 – 2021 年 12 月	24 个月
		第二轮解锁；618,750.00 股（12.5%）2022 年 6 月	2020 年 1 月 – 2022 年 6 月	30 个月

2. 业绩考评打分的依据

根据锐格合众及锐进合众合伙协议第八章 8.6 规定，若有限合伙人（公司员工及外部顾问）***未达到既定的绩效考评分数，则需要按照既定比例将持有的股份转回至执行事务合伙人***。

按照绩效管理办法，从岗位绩效考核及价值观评估两个维度出发进行综合绩效考评，对于管理类岗位与技术/专业类岗位的绩效考评量化方式有所区别：对于管理类岗位，主要集中于战略部署目标及绩效，而对于技术或专业类岗位，则主要

集中于项目突破/创新及绩效,具体绩效考评量化公式如下:

(1)管理类岗位

战略目标评分=(组织目标得分*60%+个人目标得分*40%);

绩效评分=(战略部署目标得分*40%+个人目标得分*60%)*50%;

业绩考评得分=(战略目标评分+绩效评分)×核心价值观。

(2)技术/专业类岗位

项目评分=(组织目标得分*60%+个人目标得分*40%)*50%;

绩效评分=(战略部署目标得分*40%+个人目标得分*60%)*50%;

业绩考评得分=(项目评分+绩效评分)*核心价值观。

注:据绩效考评管理办法及量化公式,截至2021年6月30日,***考评合格率为100%***。

点评

很多参数都是企业自己说的算,怎么考评的,别人不清楚,解释得通就行。

3.股份支付的会计处理是否准确,股份支付费用的分配是否准确

(1)股份支付的会计处理

根据《企业会计准则》的具体要求,股份支付的会计处理必须以完整、有效的股份支付协议为基础。

①企业会计准则规定及会计处理方式

A.授予日

依据企业会计准则第11号第五条,"授予日,是指股份支付协议获得批准的日期。"

根据《企业会计准则第11号——股份支付》应用指南,除了立即可行权的股份支付外,无论权益结算的股份支付或者现金结算的股份支付,企业在***授予日***都不进行会计处理。且授予日是指股份支付协议获得批准的日期。其中"获得批准",是指企业与职工或其他方就股份支付的协议条款和条件已达成一致,该协议获得股东大会或类似机构的批准。

公司实施的上述股权激励已签署合伙协议,并与被授予股份人员达成一致。合伙协议第五章合伙人的出资方式、数额和缴付期限已经明确约定各有限合伙人

相关出资金额及财产份额,也对股权激励的绩效考核、等待期等要素做了约定,因此公司认为合伙协议签订日期即为***“获得批准”的日期,将其确定为授予日***,对于第一期股权激励授予日为 2020 年 1 月 18 日,第二期股权激励授予日为 2020 年 6 月 18 日,第三期股权激励授予日为 2020 年 12 月 24 日。

B. 等待期内每个资产负债表日

依据《企业会计准则第 11 号——股份支付》应用指南,“1. 等待期内***每个资产负债表日***,企业应将取得的职工提供的服务计入成本费用,计入成本费用的金额应当按照权益工具的公允价值计量。

对于权益结算的涉及职工的股份支付,应当按照授予日权益工具的公允价值计入成本费用和资本公积(其他资本公积),不确认其后续公允价值变动。

等待期内每个资产负债表日,企业应当根据最新取得的可行权职工人数变动等后续信息作出最佳估计,修正预计可行权的权益工具数量。在可行权日,最终预计可行权权益工具的数量应当与实际可行权数量一致。根据上述权益工具的公允价值和预计可行权的权益工具数量,计算截至当期累计应确认的成本费用金额,再减去前期累计已确认金额,作为当期应确认的成本费用金额。”

根据上述应用指南中的规定,公司“权益结算的股份支付”在等待期内的每个资产负债日,应当根据权益工具的公允价值确认股权激励成本,同时***需要对可行权对象人数的变动作出最佳估计***,并且修订预计可行权的权益工具数量,并根据授予员工服务的公司和所对应的业务职能,确认如下会计分录:

借:相关费用—股权激励(***管理***、***销售***、***成本***、***研发***)

　　贷:资本公积—其他资本公积

公司结合服务期、授予股份数、入股价格、授予日公允价格、应确认服务月份、预计考评合格率、预计离职率等,计算股份支付费用。

各期股份支付费用 = 应确认服务月数/服务期 * 授予股份数 * (授予日公允价格 - 入股价格) * 预计考评合格率 * (1 - 预计离职率)

C. 可行权日之后

截止报告期末,尚无股权激励达到可行权条件。

(2)股份支付费用的分配

公司 2020 年的股份支付计算过程如下表所示:

股权激励	考评(次)	服务期	授予股权数(股)	入股价格(元/股)	授予日公允价格(元/股)	2020 年应确认服务月份	预计考评合格率	预计留职率	2020 年应确认股份支付金额(元)
计算公式		A	B	C	D	E	F	G	H = E/A * B * (D – C) * F * G
第一期股权激励	第一次考评	24 个月	1,237,500.00	3.95	40.25	12	*100%*	*85%*	18,523,943.75
		30 个月	618,750.00	3.95	40.25	12	*100%*	*85%*	7,409,577.50

……

公司 2021 年 1 – 6 月的股份支付计算过程如下表所示：

股权激励	考评(次)	服务期	授予股权数(股)	入股价格(元/股)	授予日公允价格(元/股)	2021 年 1 – 6 月应确认服务月份	预计考评合格率	预计留职率	2021 年 1 – 6 月应确认股份支付金额(元)
计算公式		A	B	C	D	E	F	G	H = E/A * B * (D – C) * F * G
第一期股权激励	第一次考评	24 个月	1,237,500.00	3.95	40.25	6	*100%*	*85%*	9,261,971.88
		30 个月	618,750.00	3.95	40.25	6	*100%*	*85%*	3,704,788.75

点评

对于权益结算涉及的职工的股份支付这一问题，在等待期内每个资产负债表日（包括每季度末、半年末、年度末），企业应当根据最新取得的可行权职工人数变动等后续信息作出最佳估计，修正预计可行权的权益工具数量。当然，既然是估计，就难免会有一定程度的主观因素。此处，全部股权激励的考试合格率都预计为 100%，预计留职率为 85%，大大简化了计算，这是笔者选取本案例的原因。

公司对上述股份支付均采取在相应服务期限内平均摊销的方式将股份支付费用计入各年度成本或费用中。***股份支付费用的分摊依据为激励对象的职能，管理层***的股份支付费用***归集在管理费用，研发人员***的股份支付费用归集在***研发费***

用,***销售人员***的股份支付费用归集在***销售费用***,***生产人员***的股份支付费用归集在***生产成本***。公司在会计核算上,每年按照股份支付费用激励对象所属的成本中心结转至对应的成本及各类费用中。根据上述归集分摊方法,2020年共确认股份支付费用8,139.21万元,其中,计入管理费用1,693.50万元、计入销售费用2,404.06万元、计入主营业务成本873.09万元、计入研发费用3,168.56万元;2021年1-6月共确认股份支付费用4,603.90万元,其中,计入管理费用1,043.40万元、计入销售费用1,206.34万元、计入主营业务成本473.00万元、计入研发费用1,881.15万元。

点评

股份支付费用依据激励对象的职能分摊,绝大部分归集到管理费用,但研发人员的归集到研发费用,销售人员的归集到销售费用,生产人员的归集到生产成本。